Rudolf Ruer

Metallographie in elementarer Darstellung

bremen
university
press

Rudolf Ruer

Metallographie in elementarer Darstellung

ISBN/EAN: 9783955621056

Auflage: 1

Erscheinungsjahr: 2013

Erscheinungsort: Bremen, Deutschland

bremen
university
press

METALLOGRAPHIE

IN

ELEMENTARER DARSTELLUNG

VON

DR. RUDOLF RUER

PRIVATDOZENT AN DER UNIVERSITÄT GÖTTINGEN

MIT 127 ABBILDUNGEN IM TEXT UND 5 TAFELN

HAMBURG UND LEIPZIG

VERLAG VON LEOPOLD VOSS

1907.

Vorwort.

Unsere Kenntnis über die Konstitution der Metallegierungen hat in den letzten Jahren überraschende Fortschritte gemacht, die wir im wesentlichen dem Studium der Erstarrungs- und Umwandlungsvorgänge und der Anwendung der Lehre vom heterogenen Gleichgewicht auf diese zu verdanken haben. Eine Darstellung der Methoden, mittels derer die Resultate gewonnen sind, wird daher stets auf Grundlage jener Lehre erfolgen müssen. Doch wendet sich die vorliegende Darstellung nicht ausschließlich an einen mit den Lehren der physikalischen Chemie vollkommen vertrauten Leserkreis, sondern ist für jeden bestimmt, der die Grundtatsachen der Experimentalchemie und Experimentalphysik kennt. Sie setzt daher nicht die Kenntnis der Gleichgewichtslehre voraus.

Aus diesem Grund habe ich es für nützlich gehalten, im Anfange wiederholt darauf hinzuweisen, wie das sogenannte Schmelzdiagramm durch Aneinanderfügung der Aussagen der einzelnen Versuche entsteht, um so seine ausschließliche Bedeutung als eine kurze, klare und anschauliche Zusammenfassung der experimentellen Ergebnisse dem Verständnis näherzubringen. Sodann habe ich von der Phasenregel keinen Gebrauch gemacht. Stellt man sie an die Spitze der Auseinandersetzungen, so kann man sich natürlich in vielen Fällen kurz fassen. Allein der Anfänger hat meistens eine gewisse Abneigung gegen ihre Anwendung, und, wie mir scheint, nicht ganz ohne Grund, denn sie liefert wohl eine Übersicht über die möglichen Gleichgewichte und ein Mittel zu ihrer Klassifikation, weniger aber den Schlüssel zum Verständnisse des einzelnen Falles. Schließlich erschien es nicht notwendig, die Gasphase zu berücksichtigen, da diese für die hier behandelten Probleme kaum eine praktische Bedeutung besitzt.

Manchem wird vielleicht der von den theoretischen Ausführungen beanspruchte Raum im Vergleich zu ihrem Inhalt etwas groß erscheinen. Ich wollte aber nach Möglichkeit verhindern, daß der sich für den vorliegenden Gegenstand interessierende Leser der späteren Schwierigkeiten nicht Herr wird und daher auf halbem Wege stehen bleibt. Auseinandersetzungen, deren Kenntnis für den Zusammenhang nicht notwendig ist, sind durch kleinen Druck gekennzeichnet oder am Schlusse einiger Kapitel zu einem Anhange zusammengefaßt. Beispiele habe ich nur in beschränkter Anzahl, soweit sie zur Illustration der allgemeinen Ausführungen dienlich erschienen, angeführt. Die im Anfange gebrachten Beispiele sind ziemlich ausführlich behandelt und in der Mehrzahl Arbeiten entnommen, die aus dem hiesigen Institut für anorganische Chemie hervorgegangen sind.

Im praktischen Teile habe ich nur diejenigen experimentellen Anordnungen eingehend geschildert, die im hiesigen Institut ausgearbeitet resp. im Gebrauch sind und die ich daher aus eigener Erfahrung kenne. Bei nicht allgemein bekannten Hilfsmitteln habe ich Dimensionen und Bezugsquelle hinzugefügt.

Die vorliegende Schrift soll den Leser in den Stand setzen, die einschlägige Literatur zu verstehen und gegebenenfalls die hier geschilderten, in ihrer Anwendbarkeit keineswegs auf die Metallographie beschränkten Methoden zur Lösung chemischer Fragen zu benutzen. In der deutschen Literatur existieren schon zwei Schriften mit ähnlichem Titel. E. Heyn's „Die Metallographie im Dienste der Hüttenkunde" verfolgt im wesentlichen den Zweck, in metallurgischen Kreisen Interesse und Verständnis für den Gegenstand zu erwecken. Das Ziel der „Einführung in die Metallographie" von Paul Goerens ist ungefähr das gleiche wie das der vorliegenden Schrift, doch ist der eingeschlagene Weg ein etwas anderer. Ich hoffe, daß auch meine Darstellung sich einen Freundeskreis erwerben wird.

Herr Professor Tammann hat mich in das hier behandelte Gebiet eingeführt. Bei Abfassung dieser Schrift hatte ich mich vieler wertvoller Ratschläge von seiner Seite zu erfreuen. Den Dank für seine stete Förderung möchte ich durch vorstehende Widmung zum Ausdruck bringen.

Beim Lesen der Korrekturen unterstützte mich Herr Dr. Fr. Doerinckel mit größtem Eifer und Verständnis.

Göttingen, im Juli 1907.

R. Ruer.

Inhaltsverzeichnis.

Einleitung.

I. Teil. Theoretischer Teil.

II. Teil. Praktischer Teil.

Einleitung.

Begriff und Zweck der thermischen Analyse.

Die Metallographie beschäftigt sich mit der Konstitution der Metallegierungen und den zu ihrer Erforschung dienenden Methoden.

Erstarrte Metalle und Legierungen besitzen ein kristallinisches Gefüge. Die Kristallisation einer wässerigen Lösung und die Erstarrung einer geschmolzenen Legierung sind zwei vollkommen analoge Vorgänge. Die Verschiedenheit der Temperatur, bei der sie stattfinden, verhindert jedoch, daß man die bekannten Untersuchungsmethoden für die Kristallisation in wässerigen Lösungen auf die analogen Vorgänge in Legierungen übertragen kann. Die direkte Beobachtung der Abscheidung der Kristalle, ihre Trennung von der ausgeschiedenen Mutterlauge durch Filtration zum Zwecke der chemischen Analyse sind Operationen, die sich nicht oder doch nur äußerst schwierig an einer bei ihrer Erstarrungstemperatur noch in glühendem Zustande befindlichen Metallegierung ausführen lassen. Man ist daher zunächst ausschließlich auf die Untersuchung der vollkommen erstarrten Legierungen angewiesen, doch kann eine allein auf dieser Grundlage gewonnene Erkenntnis naturgemäß nur unvollständig sein. Aus diesem Grunde hat man sich bemüht, Methoden zu finden, mittels deren man die bei der Kristallisation glühender Schmelzen stattfindenden Vorgänge, die Zusammensetzung der sich ausscheidenden Kristalle und die der zurückbleibenden Mutterlauge mit derselben Sicherheit ermitteln kann, wie dies mit Hilfe der alten Methoden für wässerige Lösungen schon längst möglich war.

Das Ziel ist dadurch erreicht worden, daß man gewisse, mit der Erstarrung verbundene Begleiterscheinungen systematisch studierte. Als solche könnte man beispielsweise die Volumveränderung wählen, die die Schmelze bei der Kristallisation erleidet. In gleicher Weise kann diesem Zweck die mit der Änderung des Aggregatzustandes verknüpfte Änderung des Wärmeinhaltes dienen. Diese letztere Methode ist für den vorliegenden Zweck besonders geeignet, da wir in der Beobachtung der Abkühlungs- bezw. Erhitzungsgeschwindigkeit eines Stoffes ein sehr bequemes Mittel haben, um einen ungefähren Anhalt für die Verschiedenheit seines Wärmeinhaltes bei verschiedenen Temperaturen zu gewinnen. Diese Methode, die von TAMMANN als thermische Analyse bezeichnet worden ist, werden wir im folgenden genau kennen lernen.

Es geht aus obigem hervor, daß ihre Anwendung nicht auf die Untersuchung der Metallegierungen beschränkt ist, sondern daß sie ganz allgemein zur Erforschung der Vorgänge in kristallisierenden Schmelzen dienen kann.[1]) Ihre Kenntnis ist daher für die anorganische Chemie von Wichtigkeit. Eine weitere Anwendung findet sie auf mineralogischem und geologischem Gebiete, soweit es sich um die Frage nach der Konstitution der aus dem Schmelzflusse entstehenden Mineralien und Gesteine handelt. Es sei hier auf die Arbeiten von DÖLTER,[2] VOGT,[3] DAY und ALLEN,[4] RINNE[5] hingewiesen. Jedoch bieten die Metallegierungen wegen ihrer guten Wärmeleitfähigkeit und ihres großen Kristallisationsvermögens der Anwendung der thermischen Analyse die geringsten experimentellen Schwierigkeiten und sind aus diesem Grunde ausgezeichnete Objekte zum weiteren Ausbau dieser für die Chemie, Mineralogie und Geologie gleich bedeutungsvollen Methode.

---

[1] Vergl. z. B. HEYN, Kupfer und Kupferoxydul, Mitteilungen der Königl. Techn. Versuchsanstalt Berlin (1900), 815; RUER, Über Bleioxychloride, Z. anorg. Chem. 49 (1906), 865; PLATO, Zeitschr. phys. Chemie 58 (1907), 350.

[2] Vergl. dazu DÖLTER, Physikalisch-chemische Mineralogie, Leipzig 1905.

[3] VOGT, Die Silikatschmelzlösungen, Christiania 1903.

[4] DAY und ALLEN, Zeitschr. f. phys. Chem. 54 (1906), 1.

[5] RINNE. Neues Jahrbuch f. Mineralogie 1905, I 122.

I. TEIL.

Theoretischer Teil.

1. Kapitel: Einstoff-Systeme.

§ 1. Graphische Darstellung.

Angenommen, ein Körper ändere fortwährend seine Temperatur, indem ihm abwechselnd Wärme zugeführt und entzogen wird. Wir wollen den Verlauf seiner Temperaturänderung verfolgen und entledigen uns dieser Aufgabe dadurch, daß wir in hinreichend kurzen Zeitintervallen, etwa alle 10 Sekunden, die Temperatur des Körpers bestimmen.

Die erhaltenen Resultate können wir in einer Tabelle (siehe Tabelle 1) zusammenfassen. In der ersten Spalte derselben findet

Tabelle 1.

Verflossene Zeit in Sekunden.	Temperatur in Graden.
0	10
10	30
20	50
30	70
40	90
50	105
60	120
70	132
80	145
90	153
100	162
110	170
120	175
130	181
140	186
150	187
160	188
170	175
180	162
190	138
200	110

man die seit Beginn der Beobachtung verflossene Zeit in Sekunlen,
in der zweiten Spalte die in den betreffenden Zeitpunkten gemessene
Temperatur in Graden. Wir können aus der Tabelle entnehmen,
dafs die Temperatur des Körpers zuerst schnell, dann immer langsamer angestiegen und darauf zuerst langsam, dann aber schnell
gefallen ist. Haben wir in hinreichend kleinen Zeitintervallen beobachtet, so können wir die Temperatur des Körpers auch für jede
zwischen zwei Beobachtungen liegende Zeit berechnen. Die Berechnung gestaltet sich am einfachsten, wenn wir annehmen, daß
die Temperatur sich in solch kleinen Zeitintervallen annähernd gleichmäßig verändert.

Wenn uns eine solche Tabelle auch, wie wir sehen, vollständige
Auskunft über den Temperaturzustand des Körpers während der
Beobachtungsperiode gibt, so leidet sie doch an dem Mangel an
Anschaulichkeit und Übersichtlichkeit. Wir können diesem Mangel
abhelfen durch die graphische Darstellung, indem wir die Tabelle
durch ein geometrisches Bild ersetzen. Wir wählen zu diesem
Zweck ein rechtwinkliges Koordinatensystem, d. h. wir ziehen in der
Ebene des Zeichenpapiers (als solches wählen wir zweckmäßig das
im Handel befindliche Koordinatenpapier) zwei sich rechtwinklig im
Punkte O (Figur 1) schneidende Gerade OM und ON. Der Punkt O

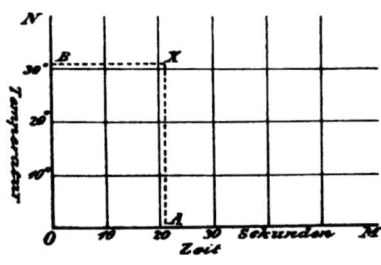

Fig. 1.

heifst der Koordinatenanfangspunkt, die beiden Geraden die Achsen
des Koordinatensystems, die horizontale Achse OM wird Abszissenachse, die vertikale ON Ordinatenachse genannt. Auf der Abszissenachse OM tragen wir von O aus gleichlange Strecken ab, die die
verflossene Zeit in der gewählten Einheit von 10 Sekunden darstellen. Auf die Ordinatenachse tragen wir in ganz analoger Weise
die Temperatur in Celsiusgraden auf. Jedem Punkte zwischen den
Koordinatenachsen, etwa X, entspricht dann eine gewisse Zeit, die

durch das Stück *OA* (auch Abszisse genannt) gegeben ist, welches
die von *X* auf *OM* gefällte Senkrechte von dieser abschneidet, und
eine gewisse Temperatur, gegeben durch das Stück *OB*, welches die
von *X* auf *ON* gefällte Senkrechte von dieser abschneidet und dessen
Länge auch ohne weiteres durch die Länge der zuerst gefällten
Senkrechten *XA* (auch Ordinate genannt) gegeben ist. In unserem
Beispiele entspricht der Punkt *X* einer Zeit von 21 Sekunden und
einer Temperatur von 31⁰.

In Figur 2 sind in der eben geschilderten Weise die Zahlen
unserer Tabelle graphisch dargestellt. Auf der Abszissenachse

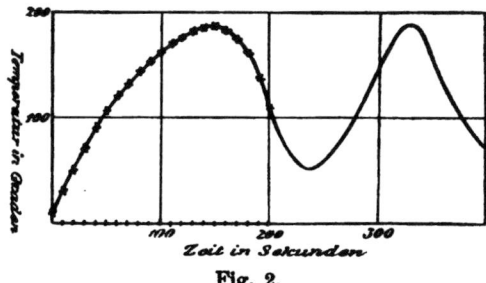

Fig. 2.

denken wir uns im Abstande von 10 zu 10 Sekunden Senkrechte
errichtet, deren Längen gleich der in dem betr. Zeitpunkte beobachteten Temperatur in dem gewählten Maßstabe sind. Die Endpunkte dieser gedachten Senkrechten sind durch Kreuze gekennzeichnet.

Verbinden wir diese Endpunkte durch einen kontinuierlichen
Linienzug, so können wir ohne weiteres die Temperatur, die der
Körper zu irgend einem zwischen zwei beobachteten Zeiten liegenden
Zeitpunkte hatte, ablesen. Der Abstand irgend eines Punktes der
Kurve von der Zeitachse gibt uns die Temperatur, das durch die
gefällte Senkrechte auf der Abszissenachse abgeschnittene Stück die
zugehörige Zeit. Prinzipiell ist dies Verfahren zur Ermittelung der
nicht direkt beobachteten Temperaturen sogar korrekter als die oben
erwähnte rechnerische Methode, welche während eines Zeitintervalles
eine gleichmäßige Temperaturänderung voraussetzt und geometrisch darauf hinauskommt, die beobachteten Punkte durch gerade
Linien an Stelle eines kontinuierlichen Kurvenzuges zu verbinden.
Natürlich kann man durch ein entsprechendes, allerdings etwas
weniger einfaches Verfahren auch auf rechnerischem Wege dasselbe

erreichen, wie auf graphischem Wege durch Verbindung der beobachteten Punkte zu einem kontinuierlichen Kurvenzuge erzielt wird.

Der Hauptvorteil der graphischen Darstellung liegt in ihrer
Anschaulichkeit und Übersichtlichkeit. Ist man in der Wahl des
Maßstabes nicht beschränkt, so kann man durch sie die Resultate
der Beobachtungen auch mit derselben Genauigkeit, wie durch die
Zahlen einer Tabelle wiedergeben. Im allgemeinen kann man
natürlich aus praktischen Rücksichten nicht über einen gewissen
Maßstab hinausgehen. Daher benutzt man gewöhnlich beide Dar-
stellungsarten, die tabellarische und graphische, erstere zur genauen
Wiedergabe der erhaltenen Versuchsresultate, letztere zu ihrer Veranschaulichung.

Wir werden im folgenden die graphische Darstellung vorziehen
und im allgemeinen die, wie wir annehmen, durch Beobachtung in
hinreichend kleinen Intervallen gewonnenen Resultate uns durch
einen kontinuierlichen Linienzug verbunden denken, ohne die einzelnen Beobachtungen zu markieren, so wie es im weiteren Verlauf der
Kurve (Figur 2) geschehen ist.

§ 2. Umwandlungen eines reinen Stoffes.

Die Erfahrung lehrt, daß ein reiner Stoff im allgemeinen ohne
Änderung seiner Zusammensetzung verschiedene Zustandsänderungen
erleiden kann. So verwandelt sich das Wasser durch Erwärmen in
Dampf, welcher durch Abkühlung sich wieder zu Wasser verdichtet
und bei niedriger Temperatur zu Eis erstarrt.

Auf die Wärmevorgänge, die bei der Änderung des Aggregatzustandes eines reinen Stoffes, speziell bei dem Übergang von dem
kristallisierten in den flüssigen Zustand, dem Schmelzen, und dem
umgekehrten, dem Kristallisieren, stattfinden, müssen wir hier kurz
eingehen.

Nach dem Vorgange TAMMANNS [1] wollen wir den Ausdruck „fest“
zur Bezeichnung eines Aggregatzustandes vermeiden, da er sich
wegen seiner Unbestimmtheit nicht zur Klassifikation eignet. Unter
fest hat man früher sowohl den kristallisierten, wie den amorphen,
glasigen Zustand eines Körpers zusammengefaßt, und als gemeinsames Merkmal die verhältnismäßig bedeutende Kraft angesehen,
die die einzelnen Teilchen des Körpers einer Verschiebung gegeneinander entgegensetzen. Nun ist aber ein Kristall dadurch cha-

---

[1] G. TAMMANN, Kristallisieren und Schmelzen. Leipzig 1903.

rakterisiert, daß seine Eigenschaften zum Teil „vektorieller Natur", d. h. nach verschiedenen Richtungen verschieden sind. Im Gegensatz hierzu sind bei amorphen, glasartigen Körpern die Eigenschaften nach allen Richtungen hin gleich, sie sind „isotrop", ebenso wie die Flüssigkeiten[1] und Gase, denen sie aus diesem Grunde näher stehen, als den kristallisierten Körpern. Wir können die amorphen, glasartigen Körper geradezu als Flüssigkeiten von höherer Viskosität ansprechen. In Übereinstimmung damit findet beim Erhitzen eines amorphen Körpers eine kontinuierliche Änderung der Viskosität und demgemäß ein kontinuierlicher Übergang von der glasartigen zu der leicht beweglichen Flüssigkeit statt, während die Umwandlung eines Kristalles zu einer isotropen Flüssigkeit sich diskontinuierlich, d. h. unter sprungweiser Änderung sämtlicher in Betracht kommender Eigenschaften vollzieht. Ein kontinuierlicher Übergang ist hier noch nicht beobachtet und nach der Auffassung Tammanns auch nicht möglich.

Eine große Anzahl reiner Stoffe lassen sich nun aus dem kristallisierten in den flüssigen Zustand überführen, ohne eine chemische Änderung zu erleiden, sie schmelzen unzersetzt. Andere Stoffe sind nicht unzersetzt schmelzbar. So werden wir im folgenden Beispiele dafür kennen lernen, daß ein kristallisierter Stoff sich durch Zuführung von Wärme in eine Schmelze und eine neue Kristallart zersetzt. Von solchen unter Zersetzung schmelzenden Stoffen wollen wir vorläufig absehen.

Schmilzt ein reiner Stoff, so geschieht dies bei einer bestimmten, unveränderlichen Temperatur, die wir als Schmelzpunkt des betreffenden Stoffes bezeichnen. Streng genommen ist allerdings der Schmelzpunkt vom äußeren Druck abhängig und steigt im allgemeinen mit steigendem Drucke; man kennt nur zwei Stoffe, Wasser und Wismut, deren Schmelzpunkt durch äußeren Druck erniedrigt wird. Die Abhängigkeit des Schmelzpunktes vom äußeren Druck ist jedoch sehr gering und übersteigt in keinem bekannten Falle 0.03° pro Atmosphäre. Da bei metallographischen Untersuchungen die Bestimmungen im allgemeinen unter dem Drucke einer Atmosphäre, d. h. in mit der Atmosphäre kommunizierenden Gefäßen ausgeführt werden, so betragen die durch das Schwanken des

---

[1] Von den „flüssigen Kristallen" ist hier abgesehen. Betrachtet man ihre Existenz als erwiesen, so würde man auch zwischen isotropen und kristallinischen Flüssigkeiten zu unterscheiden haben. Unter Flüssigkeit ist hier also stets eine isotrope verstanden.

Luftdruckes bewirkten Änderungen des Schmelzpunktes kaum ein Tausendstel Grad und liegen weit unterhalb der bei gewöhnlichen Temperaturbestimmungen zulässigen Fehler. Sie sollen daher unberücksichtigt bleiben.[1]

Es bedarf der Zuführung einer bestimmten Wärmemenge, um die Gewichtseinheit, etwa 1 g, eines Stoffes aus dem kristallisierten in den flüssigen Zustand überzuführen. Wir nennen diese Wärmemenge die Schmelzwärme des betreffenden Stoffes pro 1 g und messen sie in Calorien (cal.), d. h. derjenigen Wärmemenge, die erforderlich ist, um 1 g Wasser um 1° zu erwärmen.[2] Geht umgekehrt ein Stoff aus dem flüssigen in den kristallisierten Zustand über, so findet dies (von Unterkühlungen abgesehen) bei einer mit dem Schmelzpunkte identischen Temperatur, dem Kristallisations- oder Erstarrungspunkte statt, und es wird hierbei eine bestimmte Wärmemenge, die Kristallisations- oder Erstarrungswärme, frei, deren Betrag dem der Schmelzwärme gleich ist. Die Kristallisationswärme muß dem Körper in dem Maße, wie sie frei wird, entzogen werden, damit der Kristallisationsprozeß vor sich gehen kann. Unterbleibt die Wärmezufuhr oder Wärmeabfuhr, so kann einmal begonnene Schmelzung oder Erstarrung nicht fortschreiten, d. h. bei der Temperatur des Schmelzpunktes können Kristall und Schmelze beliebig lange nebeneinander existieren, sie sind beide „stabil". Bei Temperaturen oberhalb des Schmelzpunktes ist nur die Schmelze, unterhalb des Schmelzpunktes nur der Kristall stabil.

Aus obigen Auseinandersetzungen ergibt sich folgendes Verhalten eines kristallisierten, einheitlichen, unzersetzt schmelzbaren Stoffes bei Zuführung von Wärme durch eine äußere Wärmequelle. Zuerst steigt die Temperatur des Körpers allmählich an, bis der Schmelzpunkt erreicht ist. Bei dieser Temperatur beginnt erfahrungsmäßig die Schmelzung und es wird jedenfalls ein Teil der zugeführten Wärme verbraucht werden, um den Stoff aus dem kristallisierten in den flüssigen Zustand überzuführen. Ein wie großer Teil der zugeführten Wärme das ist, läßt sich a priori nicht sagen. Es wäre möglich, daß die Schmelzung eine gewisse meßbare Zeit erforderte, und daß die Zuführung der Wärme schneller erfolgen könnte als die Schmelzung vor sich geht. Es wäre anderer-

---

[1] Bei der hier zugrunde liegenden Darstellung wird also der Atmosphärendruck als mechanischer, auf der Schmelze lastender Druck angesehen.

[2] Vergl. dazu NERNST, Theoretische Chemie, IV. Aufl., S. 11.

seits auch möglich, daß die Schmelzgeschwindigkeit eine so große wäre, daß die Geschwindigkeit der Wärmezufuhr, und mag sie noch so groß sein, gegen sie zu vernachlässigen ist. Im ersteren Falle hat man einen, nach dem Verhältnisse der beiden Geschwindigkeiten zueinander mehr oder minder verzögerten Temperaturanstieg und nur im letzteren Falle eine Periode vollkommener Temperaturkonstanz bei der Temperatur des Schmelzpunktes zu erwarten. Die Erfahrung lehrt, daß das letztere stattfindet. Die Schmelzgeschwindigkeit ist bei der Temperatur des Schmelzpunktes so groß, daß gegen sie die mit den vorhandenen Hilfsmitteln erreichbare Geschwindigkeit der Wärmezufuhr nicht in Betracht kommt. Allerdings lassen einige in neuester Zeit von DAY und ALLEN[1] und DÖLTER[2] an Feldspat und an Quarz gemachte Beobachtungen sich so deuten, als ob speziell bei diesen Körpern eine Überhitzung möglich wäre. Doch können wir hier umso eher davon absehen, als bei den Metallen und Legierungen derartige Erscheinungen auch noch nicht andeutungsweise beobachtet und nach allen unseren Erfahrungen auch kaum zu erwarten sind. Die Temperatur unseres Körpers bleibt also beim Schmelzpunkt so lange konstant, bis der letzte Kristall geschmolzen ist; dann erst bewirkt Wärmezufuhr ein weiteres Steigen der Temperatur. Ein derartiger Erhitzungsversuch ist also ein Mittel zur Bestimmung des Schmelzpunktes.

Ein geschmolzener Stoff, den man allmählich durch Entziehung von Wärme bis unter seinen Erstarrungspunkt (= Schmelzpunkt) erkalten läßt, wird folgendes Verhalten zeigen. Zunächst bewirkt die Entziehung der Wärme ein Fallen der Temperatur. Ist die Temperatur des Erstarrungspunktes erreicht, so braucht erfahrungsmäßig keine Kristallisation einzutreten. Es ist möglich, viele Stoffe bis weit unter ihrem Schmelzpunkte in flüssigem oder amorph-glasartigem Zustande zu erhalten, und die Untersuchungen von TAMMANN[3] lassen es wahrscheinlich erscheinen, daß man bei genügend schneller Abkühlung Aussicht hat, die Mehrzahl der Stoffe als Gläser zu erhalten. Es gibt verschiedene Mittel, die Unterkühlung eines Stoffes aufzuheben. In vielen Fällen bedarf es zu diesem Zwecke nur des Rührens. Wenn dieses Mittel versagen sollte, ist es in den meisten Fällen möglich, durch Eintragen eines kleinen

---

[1] DAY und ALLEN, Zeitschr. phys. Chemie 54 (1906), 1.
[2] DÖLTER, Zeitschr. für Elektrochemie 12 (1906), 617.
[3] Kristallisieren und Schmelzen, S. 155.

Kristallsplitters, evtl. durch gleichzeitiges Rühren, die Unterkühlung aufzuheben.[1] Doch auch dieses Mittel ist nicht imstande, die Kristallisationsgeschwindigkeit beliebig zu vergrößern. Nach den Untersuchungen von TAMMANN (l. c. S. 131 ff.) hängt nämlich die Geschwindigkeit, mit der eine Flüssigkeit oder ein amorpher Körper in den kristallisierten Zustand übergeht, von folgenden zwei Faktoren ab:

1. Von der Anzahl der Kristallisationszentren, die sich in der Zeiteinheit in der Flüssigkeit bilden, und die in ganz ausgeprägtem Maße von der herrschenden Temperatur abhängt, und

2. von der linearen Kristallisationsgeschwindigkeit, d. h. der Geschwindigkeit, etwa gemessen in Millimetern pro Minute, mit der die in einem Punkte eingeleitete Kristallbildung, genügend schnelle Wärmeabfuhr vorausgesetzt, fortschreitet. Auch diese ist eine ausgesprochene Temperaturfunktion und variiert außerdem von Substanz zu Substanz in weitestem Maße.

Nun können wir durch Einimpfen nur die Anzahl der Kristallisationszentren vermehren, während die lineare Kristallisationsgeschwindigkeit hierdurch nicht beeinflußt wird. Ist nun die lineare Kristallisationsgeschwindigkeit in der Nähe des Schmelzpunktes sehr klein, so kann der Fall eintreten, daß trotz der infolge des Impfens und Rührens vorhandenen großen Anzahl von Kristallisationszentren die Kristallisationsgeschwindigkeit kleiner bleibt, als der durch die Versuchsbedingungen gegebene Wärmeabfluß, und wir werden in einem solchen Falle jedenfalls keine Periode konstanter Temperatur, sondern nur eine solche verringerten Temperaturabfalls beobachten können.

Eine geringe Kristallisationsgeschwindigkeit ist besonders vielen Silikaten, bei denen wir ja auch Andeutungen einer möglichen Überhitzung fanden, eigen und bildet ein großes Hindernis für die Aufklärung ihrer Konstitution. Bei den Metallen und Legierungen sind wir in dieser Hinsicht in einer besseren Lage. Freilich werden auch hier nicht selten Unterkühlungen der Schmelzen von beträchtlicher Größe beobachtet, doch bietet hier Impfen mit Rühren in allen Fällen ein ausreichendes Mittel zur Aufhebung derartiger Störungen, denn die lineare Kristallisationsgeschwindigkeit nahe

---

[1] Die Wirkung des Rührens beruht wahrscheinlich darauf, daß kleine Kristalle, die sich in den kälteren Teilen, z. B. an der Oberfläche der Schmelze gebildet haben, in dieser verteilt werden.

beim Schmelzpunkt ist hier nach unseren Erfahrungen stets von einer solchen Größe, daß die durch die üblichen Versuchsanordnungen bewirkte Geschwindigkeit des Wärmeabflusses dagegen zu vernachlässigen ist. Wir wollen hier und in dem ganzen theoretischen Teile von der Möglichkeit des Auftretens von Unterkühlungen absehen und annehmen, daß, sobald die abkühlende Schmelze die Temperatur des Schmelzpunktes erreicht hat, die Kristallisation beginnt und mit einer gegen die Wärmeabfuhr großen Geschwindigkeit stattfindet. Man sagt in solchem Falle kurz, daß die Reaktion nur „durch den Wärmefluß reguliert wird". Unter diesen Umständen wird die bei der Kristallisation frei werdende Wärme bewirken, daß die Temperatur beim Schmelzpunkte solange konstant bleibt, bis der letzte Tropfen Flüssigkeit kristallisiert ist. Erst dann kann durch weitere Wärmeentziehung ein Fallen der Temperatur bewirkt werden.

Die Schmelzung ist nicht die einzige Umwandlung, die ein kristallisierter Stoff ohne Änderung seiner Zusammensetzung erleiden kann. Wir müssen hier die Polymorphie erwähnen, d. h. die Fähigkeit eines Stoffes, in verschiedenen Kristallformen zu existieren. Durch die Arbeiten von O. LEHMANN, H. LE CHATELIER und G. TAMMANN ist erwiesen, daß der Polymorphismus eine weit verbreitete Eigenschaft der Stoffe ist. Wir wollen uns hier nur mit solchen polymorphen Umwandlungen beschäftigen, welche umkehrbar oder reversibel (nach O. LEHMANN enantiotrop) sind. Wir verstehen darunter solche Umwandlungen, die ebenso wie die Schmelzung und Kristallisation bei Wärmezufuhr in der einen Richtung, bei Wärmeentziehung in der anderen Richtung verlaufen und demnach eine vollkommene Analogie zum Schmelzen und Kristallisieren eines reinen Stoffes zeigen. In diesen Fällen, die allerdings den kleinsten Teil der beobachteten Fälle von Polymorphie ausmachen, existiert bei Atmosphärendruck eine ganz bestimmte Temperatur, die sogenannte Umwandlungstemperatur, oberhalb deren die eine, unterhalb deren die andere Kristallart existenzfähig ist. Nur bei der Umwandlungstemperatur sind beide Formen nebeneinander existenzfähig. Die bei der niedrigen Temperatur stabile Kristallform wird stets als α-Form bezeichnet, die bei höherer Temperatur stabile als β-Form, eine bei noch höherer Temperatur stabile als γ-Form usw. Um die Gewichtseinheit der α-Form in die β-Form überzuführen, bedarf es der Zuführung einer bestimmten Wärmemenge, die wir als Umwandlungswärme bezeichnen wollen,

diese Wärmemenge wird umgekehrt bei dem bei der Abkühlung stattfindenden Übergang der β-Form in die α-Form wieder frei. Die
Umwandlungswärme ist gewöhnlich geringer als die Schmelzwärme,
doch sind auch Fälle bekannt, bei denen das Umgekehrte stattfindet.
Das auffallendste Beispiel hierfür ist das Lithiumsulfat, bei dem
nach HÜTTNER und TAMMANN [1] die Umwandlungswärme fünfmal größer
als die Schmelzwärme ist.

Bei der Abkühlung und Erwärmung eines Stoffes, der eine (reversible) Umwandlung zeigt, werden wir ebenso wie beim Schmelzen
und Kristallisieren eine Periode konstanter Temperatur beim Umwandlungspunkte beobachten und haben hierdurch ein Mittel zu
seiner Bestimmung.

§ 3. Abkühlungs- und Erhitzungskurven reiner Stoffe ohne Umwand-lungen.

Wir haben gesehen, daß sich Umwandlungen, worunter wir also
sowohl Änderungen des Aggregatzustandes als auch (reversible) polymorphe Umwandlungen verstehen wollen, durch bestimmte Wärme-
wirkungen bemerkbar machen und daher durch Beobachtung des
Verhaltens der Körper beim Erwärmen und Erkalten aufgefunden
werden können.

Es soll unsere erste Aufgabe sein, den Vorgang der Abkühlung
eines reinen Stoffes ohne Umwandlungen kennen zu lernen. Wir
denken uns also einen festen Körper, etwa ein Stück Platin, welches
eine höhere Temperatur hat als die Umgebung. Wir setzen voraus,
daß die Wärmeleitfähigkeit so groß ist, daß meßbare Temperaturdifferenzen zwischen dem Innern und der Oberfläche des Metalles
nicht auftreten können. Der Körper befinde sich im luftleeren
Raume, um Abführung der Wärme durch Luftströmungen zu vermeiden. Die Temperatur der Umgebung sei konstant. Nach dem
NEWTONschen Erkaltungsgesetze, welches für nicht zu große Temperaturdifferenzen mit der Erfahrung hinreichend übereinstimmt. und
welches wir daher unseren Betrachtungen zugrunde legen können,
ist die in der Zeiteinheit abgegebene Wärmemenge dem jeweiligen
Überschusse der Temperatur des Körpers über die Temperatur der
Umgebung proportional. Ist die Temperatur des Körpers in einem bestimmten Zeitpunkt
T, die Temperatur der Umgebung stets T_0, so ist also die während

---

[1] HÜTTNER und TAMMANN, Z. anorg. Chem. 43 (1905), 220.

des kleinen Zeitraums z, während dessen die Temperatur T nicht merklich sinkt, abgegebene Wärmemenge

$$w = k z (T - T_0),\qquad(1)$$

wo k einen von der Oberflächenbeschaffenheit des Körpers abhängigen Proportionalitätsfaktor darstellt.

w können wir noch auf andere Weise ausdrücken. Es bringt nämlich die Zuführung und ebenso die Entziehung einer bestimmten Wärmemenge bei den verschiedenen Körpern eine verschiedene Temperaturerhöhung resp. Erniedrigung hervor. Bekanntlich bezeichnen wir als spezifische Wärme eines Körpers diejenige Wärmemenge in cal., die 1 g des Körpers zugeführt werden muß, um seine Temperatur um 1° C zu erhöhen. Hat sich ein Körper von der Masse m und der spezifischen Wärme c um $t°$ abgekühlt, so ist die abgegebene Wärmemenge

$$w = m c t.\qquad(2)$$

Durch Gleichsetzen beider Werte erhalten wir

$$m c t = k z (T - T_0)$$

oder

$$\frac{t}{z} = \frac{k}{m c} (T - T_0).\qquad(3)$$

t ist also die Temperaturerniedrigung, die der Körper während der kleinen Zeit z erleidet, der Quotient $\dfrac{t}{z} = v$ ist daher als Abkühlungsgeschwindigkeit zu bezeichnen. Wir können also Gleichung 3 auch schreiben

$$v = \frac{k}{m c} (T - T_0).\qquad(3\,\mathrm{a})$$

Für denselben Körper sind nun die Masse m und die Oberflächenbeschaffenheit, die durch k bestimmt wird, konstant, und auch die spezifische Wärme fester Körper können wir in erster Annäherung als von der Temperatur unabhängig betrachten. Wir ziehen also $\dfrac{k}{m c}$ in eine Konstante K zusammen und erhalten

$$v = K(T - T_0)\qquad(3\,\mathrm{b})$$

d. h. die Abkühlungsgeschwindigkeit ist in jedem Augenblicke dem jeweiligen Überschusse über die Temperatur der Umgebung proportional.

Der Körper kühlt sich also im Anfange, wenn seine Temperatur am höchsten ist, am schnellsten ab; die Temperatur sinkt in gleichen Zeitintervallen um so weniger, je niedriger die Temperatur des Körpers schon ist, und nähert sich, theoretisch wenigstens, asymptotisch der Temperatur der Umgebung, d. h. sie nähert sich ihr immer mehr, ohne sie je zu erreichen. Nach einer gewissen Zeit ist natürlich der Temperaturüberschuß über die Umgebung so gering geworden, daß er mit unsern Meſsinstrumenten nicht mehr wahrgenommen werden kann.

Fig. 3 Kurve I gibt die theoretische Abkühlungskurve eines nach dem Newtonschen Gesetze erkaltenden Körpers. Auf der

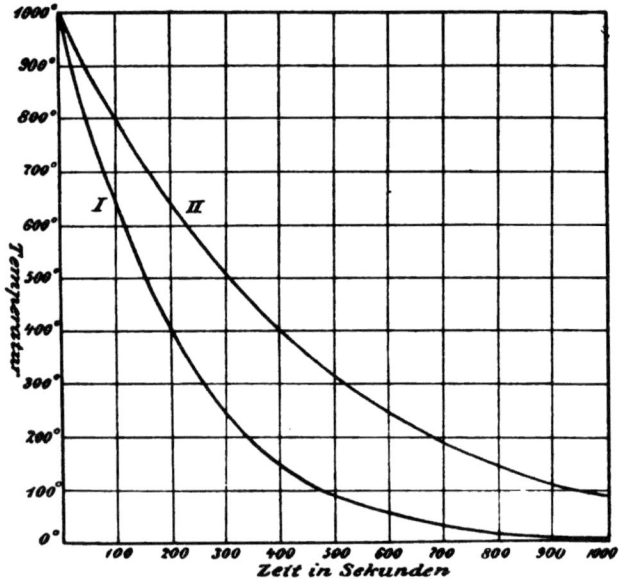

Fig. 8.

Abszissenachse ist die Zeit, auf der Ordinatenachse die Temperatur in der in § 1 erläuterten Weise graphisch dargestellt. Die Anfangstemperatur ist zu 1000°, die Temperatur der Umgebung, die auch Konvergenztemperatur genannt wird, zu 0° angenommen. Die Gestalt der Kurve ist nach Gleichung 3b durch den Faktor K eindeutig bestimmt. Da die Abkühlungsgeschwindigkeit bei einem Temperaturüberschusse von 1000° zu 50° in 10 Sekunden angenommen ist, so ergibt sich K (unter Annahme der Einheiten „Celsiusgrade" und „10 Sekunden") zu 1/20. Da $T_0 = 0$ ist, so haben wir

$$v = \frac{1}{20} T.$$

Der Körper kühlt also in 10 Sekunden bei 1000° um 50°, bei 800° um 40°, bei 200° um 10° usw. ab, wie auch aus der Kurve I zu ersehen ist. Die Kurve wird als eine logarithmische Kurve bezeichnet.

Doch kehren wir noch einmal zu der ersten Fassung der Gleichung für die Abkühlungsgeschwindigkeit v zurück, welche lautete

$$v = \frac{k}{m\,c} (T - T_0). \tag{3a}$$

Wir wollen diese Formel anwenden, um über die Abkühlungsgeschwindigkeiten zweier Körper aus verschiedenen Stoffen etwas auszusagen. Zu diesem Zweck wollen wir uns von der Beschaffenheit der Oberfläche, die den Faktor k bestimmt, in der Weise frei machen, daß wir beiden Körpern dieselbe Oberfläche erteilen, indem wir sie etwa in dasselbe Gefäß aus dünnem, poliertem Platinblech bringen. Ferner werden wir zu den vergleichenden Versuchen stets gleiche Gewichtsmengen der Körper verwenden. Dadurch wird außer k auch m konstant. Die spezifischen Wärmen der zwei zu vergleichenden Stoffe, die wir wiederum als von der Temperatur unabhängig betrachten, seien c_1 und c_2. Wenn nun für beide Körper noch $T - T_0$ gleich gewählt wird, so erhalten wir

$$\frac{v_1}{v_2} = \frac{c_2}{c_1} \tag{4}$$

d. h. also: haben zwei Körper gleichen Temperaturüberschuß über die Umgebung, so verhalten sich die Abkühlungsgeschwindigkeiten gleicher Gewichtsmengen bei gleicher Oberflächenbeschaffenheit umgekehrt wie die spezifischen Wärmen.

Durch die Abkühlungsgeschwindigkeiten sind natürlich auch die Abkühlungszeiten bestimmt. Es ist ja leicht einzusehen, daß ein sich bewegender Körper, der in jedem Punkte der Bahn die doppelte Geschwindigkeit hat wie ein anderer Körper, diese Bahn in der Hälfte der Zeit durchläuft wie jener andere Körper. In analoger Weise können wir hier sagen, daß ein Körper, der bei jeder Temperatur die doppelte Abkühlungsgeschwindigkeit hat wie ein anderer, nur die Hälfte der Zeit braucht, um dasselbe Temperaturintervall zu durchlaufen, wie jener. Nennen wir also die Zeiten Z_1 und Z_2, die zwei Körper mit den resp. Abkühlungsgeschwindigkeiten v_1 und v_2 brauchen, um sich um den gleichen Betrag abzukühlen, so erhalten wir

$$\frac{v_1}{v_2} = \frac{Z_2}{Z_1} = \frac{c_2}{c_1}, \tag{5}$$

d. h. also: die Zeiten, die zwei Körper von gleicher Masse und gleicher Oberflächenbeschaffenheit brauchen, um sich bei gleichem

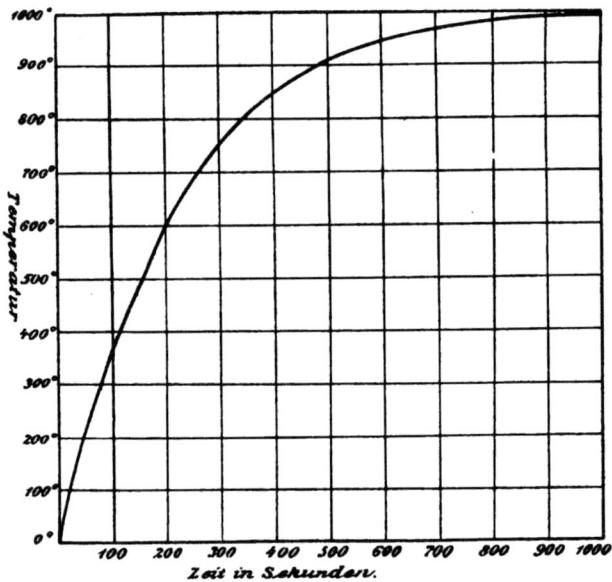

Fig. 4.

Überschusse über die Außentemperatur um gleiche Beträge abzukühlen, verhalten sich wie die spezifischen Wärmen.

Im Grunde ist dieses Resultat ja ohne weitere Herleitung verständlich; derjenige Körper, der die größere spezifische Wärme, d. h. also in der Gewichtseinheit den größten Wärmevorrat besitzt, wird unter sonst gleichen Verhältnissen auch die größte Zeit brauchen, um diesen Wärmevorrat an die Umgebung abzugeben.

Kurve II Fig. 3 gibt die theoretische Abkühlungskurve eines Körpers, der bei gleicher Anfangs- und gleicher Konvergenztemperatur, sowie bei gleicher Menge und gleicher Oberflächenbeschaffenheit wie der auf Kurve I abkühlende Körper, die doppelte spezifische Wärme hat. Man sieht, daß die Kurve II viel flacher zur Zeitachse verläuft als Kurve I, und daß die zum Durchlaufen derselben Temperaturintervalle benötigten Zeiten auf der Kurve II doppelt so groß sind, wie auf der Kurve I.

Dulong und Petit benutzten die durch Gleichung 5 angegebene Beziehung zur Bestimmung der spezifischen Wärme und entdeckten damit das nach ihnen benannte Gesetz über die Atomwärmen. Doch ist nach den Versuchen von Regnault die Genauigkeit dieser Methode keine große, besonders aus dem Grunde, weil die Forderung, daß die Wärmeleitfähigkeit so groß ist, daß keine meßbaren Temperaturdifferenzen im Versuchskörper auftreten können, in praxi nur bei gut leitenden festen Körpern und Flüssigkeiten angenähert zu erfüllen ist.

Erwärmt man einen Körper, der keinen Umwandlungspunkt hat, durch eine äußere Wärmequelle, so trifft man auf ganz analoge Verhältnisse; die Temperatur steigt zuerst schnell, dann immer langsamer und nähert sich asymptotisch einer oberen Temperatur, die wir hier ebenfalls als Konvergenztemperatur bezeichnen wollen, und die durch die Temperatur der äußeren Wärmequelle, sowie durch den durch die Versuchsanordnung gegebenen Schutz gegen Wärmeabgabe nach außen bedingt ist. Fig. 4 gibt eine in derselben Weise wie die Abkühlungskurven aufgezeichnete Erhitzungskurve.

§ 4. Abkühlungs- und Erhitzungskurven reiner Stoffe mit Umwandlungen.

Wir wollen nun die Abkühlungs- und Erhitzungskurven eines reinen Stoffes kennen lernen, wenn in dem betreffenden Temperaturgebiete Umwandlungspunkte liegen. Wir wollen uns zunächst auf eine einzige Umwandlung, den Übergang aus dem flüssigen in den kristallisierten Zustand, beschränken und nehmen also an, wir hätten einen bei 1000° flüssigen Körper, der bei einer bestimmten Temperatur, etwa 650°, zu einer Kristallart erstarrt. Die Wärmeleitfähigkeit des Körpers sei wieder so groß, daß meßbare Temperaturdifferenzen zwischen seinen verschiedenen Teilen nicht auftreten können. Unterkühlungen seien ausgeschlossen. Das Gefäß, in dem sich der Körper befindet, sei so dünn, daß seine Masse und demgemäfs sein Wärmeinhalt (auch Wärmekapazität genannt) gegenüber der Wärmekapazität unseres Versuchskörpers vernachlässigt werden

kann. Das Gefäß befinde sich im luftleeren Raume. Die Außentemperatur (Konvergenztemperatur) sei wiederum 0°. Wir nehmen
an, daß unsere Versuchsanordnung so gewählt ist, daß die Abkühlungsgeschwindigkeit zu Beginn des Versuchs (bei 1000°) dieselbe ist, wie die durch Kurve I Fig. 3 dargestellte, nämlich 50° in
10 Sekunden. Wenn keine Umwandlungen eintreten, wäre hierdurch
nach der Formel $v = K(T - T_0)$ der ganze Verlauf der Kurve bestimmt, sie wäre identisch mit Kurve I Fig. 3. Bei 650° beginnt

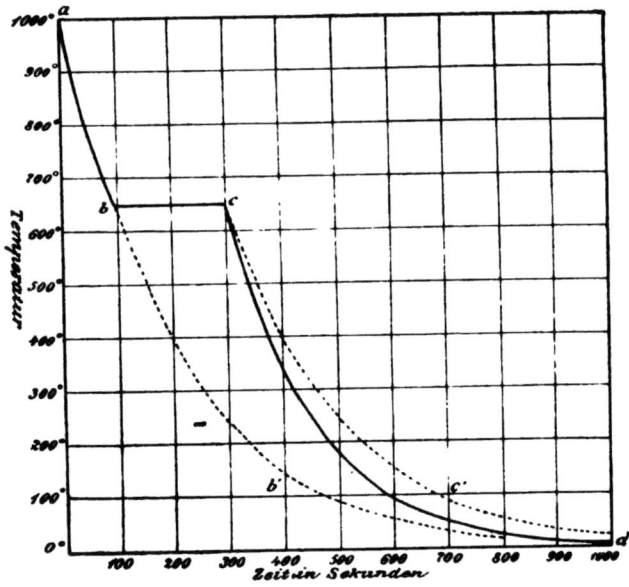

Fig. 5.

die Kristallisation, die frei werdende Kristallisationswärme habe
einen solchen Betrag, daß sie 200 Sekunden lang den Wärme-
verlust des Körpers an seine Umgebung deckt. Nach Ablauf dieser
Zeit sei der letzte Tropfen Flüssigkeit kristallisiert, die Wärmequelle
also versiegt. Die Temperatur des Körpers sinkt jetzt wieder nach
dem NEWTONschen Abkühlungsgesetz.

Nach obigem muß das Stück ab (Fig. 5) der Kurve identisch
sein mit dem entsprechenden Stücke der Kurve I Fig. 3. Von b an fällt
jedoch die Temperatur nicht entsprechend der gestrichelt gezeichneten
kontinuierlichen Verlängerung von ab weiter ab, sondern bleibt 200 Sekunden lang konstant. Dieser Periode der Temperaturkonstanz ent-

spricht das horizontale Stück bc der Abkühlungskurve. Man bezeichnet eine solche Periode konstanter Temperatur als Haltepunkt und spricht kurzweg von der Dauer oder Länge eines solchen Haltepunktes. Es wäre nun die einfachste Annahme die, daß von c ab die weitere Abkühlung in derselben Weise erfolgte, als ob die Umwandlung gar nicht stattgefunden hätte, d. h. also geometrisch, man würde die Verlängerung bb' der Kurve ab einfach um das Stück bc parallel mit sich selber zu verschieben haben und hätte damit den Verlauf der Abkühlung nach erfolgter Erstarrung durch das gestrichelte Stück cc' dargestellt. Damit würden wir aber eine Annahme machen, über deren Berechtigung wir a priori nichts aussagen können. Die im vorhergehenden Paragraphen (S. 13) abgeleitete Formel 3a für die Abkühlungsgeschwindigkeit lautet nämlich

$$v = \frac{k}{mc}(T - T_0).$$

Der die Abkühlungsgeschwindigkeit bei gegebenem Temperaturüberschusse über die Umgebung bestimmende Teil des Ausdruckes ist also

$$\frac{k}{mc}.$$

Nun ist die Masse natürlich und ebenso der durch die Oberflächenbeschaffenheit bestimmte Faktor k konstant geblieben, da wir die Abkühlung uns in einem Gefäße vor sich gehend gedacht haben. Aber die spezifische Wärme kann sich geändert haben. Wenn unsere Annahme, daß der Temperaturzustand des Körpers von c ab durch die gestrichelte Kurve $cc' \parallel bb'$ gegeben sei, richtig wäre, so würde das bedeuten, daß sich die spezifische Wärme des geschmolzenen Körpers beim Übergange in den kristallisierten Zustand nicht geändert hätte. Dem widerspricht aber die Erfahrung, denn ganz allgemein ist die spezifische Wärme eines Körpers im flüssigen Zustande größer, als im kristallisierten Zustande.

Nach dem Erstarren ist also die spezifische Wärme kleiner geworden als vorher. Der Ausdruck $\frac{k}{mc}$ und damit auch die Abkühlungsgeschwindigkeit bei gegebener Temperaturdifferenz ist also größer, als einer Parallelverschiebung des Kurvenastes bb' nach cc' entsprechen würde. Das ausgezogene Kurvenstück cd, welches den wirklichen Verlauf der Abkühlung wiedergeben soll, trägt dieser

Verringerung der spezifischen Wärme Rechnung, indem es steiler als *c c'* abfällt. Bei seiner Konstruktion ist eine Abnahme der spezifischen Wärme um 25 %, angenommen.

Findet in dem beobachteten Temperaturintervalle außer der Schmelzung noch eine polymorphe Umwandlung in eine andere Kristallart statt, so wird man, wenn die Wärmetönung dieser Umwandlung nicht verschwindend klein ist, eine zweite Periode konstanter Temperatur beobachten müssen. In Fig. 6 ist der Temperaturverlauf wiedergegeben, wenn nach der Erstarrung bei 650°

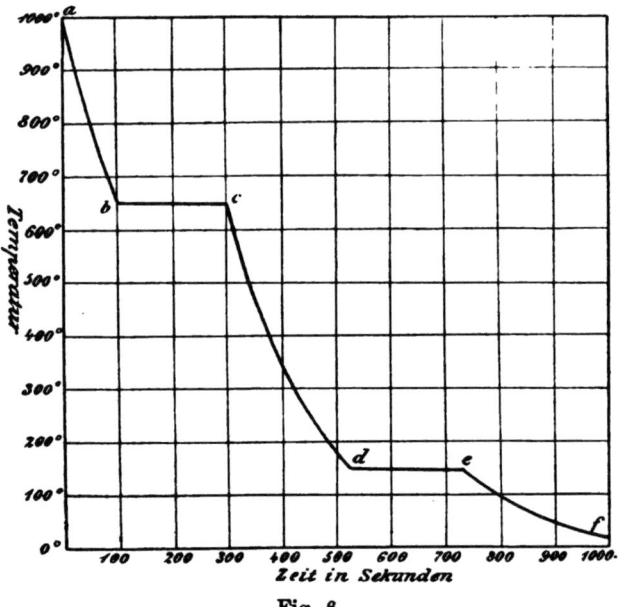

Fig. 6.

noch eine polymorphe Umwandlung bei 150° stattfinden würde. Der Haltepunkt *d e* bei der Umwandlung ist ebenfalls zu 200 Sekunden angenommen. Ferner ist der Einfachheit halber Gleichheit der spezifischen Wärmen der bei höherer Temperatur beständigen Kristallart (β-Form) und der bei niedriger Temperatur beständigen Kristallart (α-Form) angenommen worden. Allgemeine Erfahrungen, wie betreffs der spezifischen Wärme der Körper im kristallisierten und flüssigen Zustande, liegen hierüber nicht vor.

Man darf nun aus der gleichen Länge der Haltepunkte, d. h. der Strecken *b c* und *d e*, nicht auf eine gleiche Größe der Schmelzwärme und Umwandlungswärme schließen wollen. Doch kann man aus dem Verhältnisse beider Strecken zueinander Schlüsse auf das Verhältnis beider Wärmemengen zueinander ziehen und hat hierdurch [1] eine sehr bequeme Methode, zu einer ungefähren Kenntnis dieses Verhältnisses zu gelangen.

Das läßt sich in folgender Weise einsehen. Die Abkühlungsgeschwindigkeit bedeutet die in der Zeiteinheit stattfindende Temperaturerniedrigung.

$$v = \frac{t}{z}.$$

Nach Gleichung 2, Seite 13, ist die bei der Temperaturerniedrigung t abgegebene Wärmemenge $w = m\,c\,t$, wo m die Masse und c die spezifische Wärme bedeutet. Durch Eliminierung von t mit Hilfe der obigen Gleichung für die Abkühlungsgeschwindigkeit erhält man

$$w = m\,c\,v\,z.$$

w ist also die Wärmemenge, die der Körper bei der betreffenden Temperatur während der kleinen Zeit z an die Umgebung abgibt. Hierdurch würde die Temperatur um den kleinen Betrag t sinken. Verhindert nun die innere Wärmequelle, die dem Körper in Gestalt seiner Schmelzwärme resp. Umwandlungswärme zur Verfügung steht, ein Sinken der Temperatur, so muß diese innere Wärmequelle dem Körper die in jedem Zeitraum z nach außen abgegebene Wärmemenge wieder ersetzen. Ist nun die frei werdende Wärmemenge W imstande, während der Zeit Z die Temperatur konstant zu erhalten, so ist ihr Betrag

$$W = m\,c\,v\,Z$$

Man kann also mit Hilfe von Abkühlungskurven, die die Zeiten konstanter Temperatur und die Abkühlungsgeschwindigkeiten geben, das Verhältnis zweier beliebiger, frei werdender Wärmemengen W_1 und W_2 zueinander bestimmen, wenn man außerdem noch die Massen und spezifischen Wärmen der beteiligten Substanzen kennt.

$$\frac{W_1}{W_2} = \frac{m_1\,c_1\,v_1\,Z_1}{m_2\,c_2\,v_2\,Z_2} \tag{1}.$$

Durch Kenntnis des absoluten Betrages einer Wärmemenge, etwa von W_1 kennt man natürlich auch den absoluten Betrag der Wärmemenge W_2.

Bei Herleitung dieser Formel sind keine Annahmen betreffs der Abhängigkeit der Abkühlungsgeschwindigkeit von der Temperatur gemacht worden, sie setzt daher auch nicht die Gültigkeit des NEWTONschen Abkühlungsgesetzes voraus.

Vergleicht man, wie in unserem Falle, 2 auf derselben Abkühlungskurve frei werdende Wärmemengen, so heben sich m_1 und m_2 aus der Formel und wir erhalten

$$\frac{W_1}{W_2} = \frac{c_1\,v_1\,Z_1}{c_2\,v_2\,Z_2} \tag{2}.$$

[1] HÜTTNER und TAMMANN, Z. anorg. Chem. 43 (1905), 218.

Diese Formel scheint eine Unbestimmtheit zu enthalten. Die spezifische Wärme der Stoffe ist, wie wir sahen, im kristallisierten und flüssigen Zustand voneinander verschieden, beispielsweise wurde bei Konstruktion der Kurve Figur 6 angenommen, daß sie beim Erstarren um 25°/₀ abgenommen hat. Man könnte also, wenn wir unter den mit dem Index 1 versehenen Buchstaben die auf die Erstarrung bezüglichen Größen verstehen, darüber im Zweifel sein, welche spezifische Wärme man in die Formel einzusetzen habe, die des Körpers im geschmolzenen oder im kristallisierten Zustande. Es ist das jedoch gleichgültig, nur muß man natürlich die zugehörige Abkühlungsgeschwindigkeit wählen. Nach Gleichung 4, Seite 15, verhalten sich bei demselben Temperaturüberschusse über die Umgebung und unter sonst gleichen Umständen, d. h. bei gleicher Masse und gleicher Oberflächenbeschaffenheit die Abkühlungsgeschwindigkeiten umgekehrt wie die spezifischen Wärmen. Unterscheiden wir also die auf den flüssigen und kristallisierten Aggregatzustand bezüglichen Größen noch durch die Zusatzindizes ′ und ″ so erhalten wir

$$\frac{v_1{}'}{v_1{}''} = \frac{c_1{}''}{c_1{}'} \text{ oder } v_1{}' c_1{}' = v_1{}'' c_1{}'',$$

d. h. die Produkte aus den spezifischen Wärmen und zugehörigen Abkühlungsgeschwindigkeiten sind konstant. Wir können also in Formel 2 die Größen v_1 und c_1 nach Belieben entweder beide auf den kristallisierten oder beide auf den flüssigen Zustand beziehen und erhalten

$$\frac{W_1}{W_2} = \frac{c_1{}' v_1{}' Z_1}{c_2 v_2 Z_2} \tag{2a}$$

oder

$$\frac{W_1}{W_2} = \frac{c_1{}'' v_1{}'' Z_1}{c_2 v_2 Z_2} \tag{2b}.$$

Nun ist aber die spezifische Wärme fester Körper, falls keine polymorphen Umwandlungen eintreten, innerhalb ziemlich weiter Grenzen von der Temperatur unabhängig. Wählen wir also Formel 2b, in die wir die Abkühlungsgeschwindigkeit $v_1{}''$ und die spezifische Wärme $c_1{}''$ des Körpers nach erfolgter Erstarrung längs $b\,c$ (Figur 6) einzusetzen haben, so ist $c_1{}''$ bei 650° in allen Fällen sehr annähernd gleich der spezifischen Wärme des Körpers bei 150° vor Eintritt der polymorphen Umwandlung, und wir erhalten daher

$$\frac{W_1}{W_2} = \frac{v_1{}'' Z_1}{v_2 Z_2}$$

oder allgemeiner, wenn man auch auf die Möglichkeit der Änderung der spezifischen Wärme durch polymorphe Umwandlungen achtet

$$\frac{W_1}{W_2} = \frac{v_1{}'' Z_1}{v_2{}' Z_2} \tag{3}.$$

In dieser Formel bedeuten also W_1 die Schmelzwärme, W_2 die Umwandlungswärme im kristallisierten Zustande, Z_1 und Z_2 die Dauer der zugehörigen Haltepunkte, $v_1{}''$ die Abkühlungsgeschwindigkeit bei der Schmelztemperatur nach erfolgter Kristallisation und $v_2{}'$ die Abkühlungsgeschwindigkeit bei der Temperatur der polymorphen Umwandlung vor erfolgter Umwandlung.

Formel 3 enthält nur Größen, die unmittelbar aus den Abkühlungskurven abzulesen sind, verlangt also nicht die Kenntnis der spezifischen Wärmen.

In unserm Beispiel Figur 6 ist $Z_1 = Z_2 = 200$ Sekunden, $v_1'' = 48^0$ in 10 Sekunden, $v_2' = 10^0$ in 10 Sekunden, also ist das Verhältnis $\frac{W_1}{W_2} = 4{,}8$; mithin die Schmelzwärme 4,8 mal so groß, als die Wärme der polymorphen Umwandlung. Die zur Vereinfachung unserer Betrachtungen gemachten Annahmen betreffs vollkommener Wärmeleitfähigkeit des Stoffes, des Nichtauftretens von Unterkühlungen und des Stattfindens der Abkühlung im luftleeren

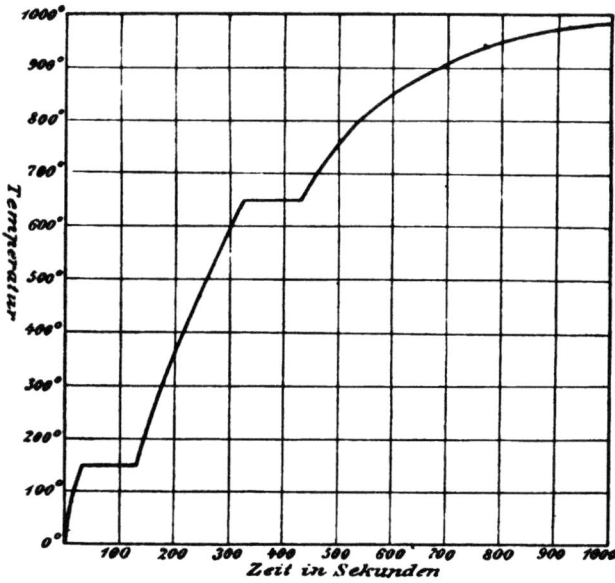

Fig. 7.

Raum gegen eine unveränderliche Konvergenztemperatur sind nun bei der Ausführung der Versuche zum Teil nur unvollständig, zum Teil nicht erfüllt. Es wird im praktischen Teil gezeigt werden, daß auf den Haltepunkten der unter gewöhnlichen Verhältnissen aufgenommenen Abkühlungskurven v nicht konstant ist. Ferner läßt sich die Zeitdauer der Haltepunkte wohl nur auf etwa 10% genau ermitteln, denn um so viel unterscheiden sich häufig die Resultate, die zwei unter gleichen Umständen angestellte Versuche ergeben. Daher läuft diese Methode im allgemeinen nur auf eine allerdings äußerst einfache und schnelle Schätzungsmethode heraus.[1]

Erwärmt man einen kristallisierten Körper durch eine konstante Wärmequelle, so zeigt die so ermittelte Erhitzungskurve event. vor-

---

[1] Über Veränderung der Abkühlungsbedingungen vergl. PLATO. *Zeitschr. phys. Chem.* 55 (1906), 721.

handene Umwandlungspunkte in ganz analoger Weise wie die Abkühlungskurve an. Die Temperatur (Fig. 7) steigt kontinuierlich bis
zu dem betreffenden Umwandlungspunkte, bei dem eine Periode konstanter Temperatur beobachtet wird. Ist die Umwandlung vollständig
vor sich gegangen, so erfolgt ein zweiter Anstieg der Temperatur bis
zu dem höher liegenden Umwandlungspunkte, in unserm Falle dem
Schmelzpunkte, wo ein zweiter Haltepunkt beobachtet wird. Nach
vollendeter Schmelzung setzt ein dritter Anstieg der Temperatur ein,
die sich nun asymptotisch einer oberen Grenze, in unserm Falle
1000° nähert. Die Erhitzungskurve hat eine gewisse praktische
Bedeutung zur Kontrolle der Abkühlungskurve und ferner auch aus
dem Grunde, weil den auf den Abkühlungskurven häufig auftretenden,
außerordentlich störenden Unterkühlungserscheinungen kein Analogon
auf der Erhitzungskurve in Form von Überhitzungen entspricht, so
lange es sich um einheitliche Stoffe handelt. Wir werden auf diesen
Punkt noch im praktischen Teil zurückzukommen haben. Für die
folgenden Auseinandersetzungen, in denen wir der Einfachheit halber
stets einen theoretischen Verlauf der Abkühlungskurve voraussetzen
wollen, genügt es natürlich, diese allein zu betrachten.

2. Kapitel: Heterogene Gleichgewichte.

In diesem Kapitel sollen einige Gesetze der chemischen Statik
besprochen werden, deren Kenntnis zum Verständnisse des folgenden
nützlich ist.

Bei jeder Untersuchung ist es wesentlich, den zu untersuchenden
Gegenstand vor unkontrollierbaren Wirkungen seitens der Aufsenwelt
zu schützen. Wir wollen derartige Untersuchungsobjekte, von denen
wir annehmen, daß wir sie gegen gewisse Wirkungen der Außen-
welt, etwa Zufuhr von Energie und Abgabe von Energie, abschließen
und daher in dieser Hinsicht gesondert betrachten können, ab-
geschlossene Systeme oder kurzweg Systeme nennen.

Wir teilen die Systeme ein in homogene und heterogene Systeme.
Wir nennen ein System homogen, wenn es in allen seinen Teilen,
soweit wir sie durch mechanische Mittel voneinander trennen
können, dieselben physikalischen und chemischen Eigenschaften besitzt; wir nennen es heterogen, wenn dies nicht der Fall ist. So
nennen wir ein Gas, eine Flüssigkeit, eine Kristallart ein homogenes
System, dagegen ein System bestehend aus einem Gase und einer
Flüssigkeit, oder zwei sich nicht mischenden Flüssigkeiten, oder zwei

oder mehreren Kristallarten usw. ein heterogenes System. Wir erkennen hieraus, daß wir ein heterogenes System als aus zwei oder mehreren homogenen Systemen zusammengesetzt betrachten können. Nach WILLARD GIBBS[1], dem Begründer der Lehre vom heterogenen Gleichgewichte, werden die homogenen Systeme, welche das heterogene System zusammensetzen, als Phasen des betreffenden Systems bezeichnet. Ein homogenes System besteht also aus einer einzigen Phase, ein heterogenes aus mindestens zwei Phasen.

Wenn ein System, beliebig lange sich selbst überlassen, keine Veränderung erleidet, so sagen wir, es befindet sich im Gleichgewichte. Dieses Kriterium ist theoretisch hinreichend, kann praktisch jedoch in gewissen Fällen, wenn nämlich die Reaktionsgeschwindigkeit der beteiligten Stoffe außerordentlich gering ist, zu Irrtümern führen. Ein bekanntes Beispiel dafür liefert ein Gemenge von Wasserstoff und Sauerstoff, das wir bei gewöhnlicher Temperatur jahrelang aufbewahren können, ohne daß eine Veränderung nachweisbar ist. Dennoch brauchen wir es nur an einer einzigen Stelle einen Moment genügend hoch zu erhitzen, z. B. einen elektrischen Funken durchschlagen zu lassen, um eine äußerst heftige Vereinigung einer beliebig großen Menge der beiden im richtigen Mischungsverhältnisse vorhandenen Gase zu Wasser zu bewerkstelligen. Umgekehrt ist es bekanntlich nicht möglich, durch momentanes starkes Erhitzen von Wasser oder Wasserdampf an einer Stelle eine von selbst fortschreitende Zersetzung des Wassers in Wasserstoff und Sauerstoff einzuleiten. Wir schließen daher, daß ein Gemenge von Wasserstoff und Sauerstoff sich nicht im Gleichgewichte befindet, und unsere Erfahrungen auf dem Gebiete der Reaktionsgeschwindigkeit führen uns zu der Annahme, daß auch bei gewöhnlicher Temperatur Wasserbildung stattfindet, jedoch so langsam, daß ihr Betrag nach Verlauf von Jahren mit unseren Hilfsmitteln noch nicht nachweisbar ist. Bei umkehrbaren (oder reversibeln) Vorgängen können wir nun nicht darüber im Zweifel sein, daß Gleichgewicht vorhanden ist. Beobachten wir beispielsweise, daß in einem abgeschlossenen Systeme, bestehend aus einer Kristallart und ihrer Schmelze, keine Veränderung der Menge beider Bestandteile vor sich geht, so können wir uns wegen der Umkehrbarkeit des Kristallisations- und Schmelzvorganges auf sehr einfache Weise davon überzeugen, daß Gleich-

---

[1] WILLARD GIBBS, Thermodynamische Studien, übersetzt von W. OSTWALD. Leipzig 1892.

gewicht vorhanden ist. Führen wir nämlich dem System Wärme zu und beobachten Abnahme der Menge der Kristalle, entziehen wir ihm Wärme und beobachten Zunahme derselben, so kann zu geringe Reaktionsgeschwindigkeit nicht die Ursache der Unveränderlichkeit unseres Systems gewesen sein. Das System befindet sich vielmehr im wirklichen Gleichgewichte. Im folgenden werden wir, ebenso wie bisher, von den durch geringe Reaktionsgeschwindigkeit bewirkten scheinbaren Gleichgewichten absehen.

Da die Erfahrung lehrt, daß vorhandene Temperaturdifferenzen und Druckdifferenzen das Bestreben haben sich auszugleichen, so schließen wir daraus, daß in einem im Gleichgewichte befindlichen System in allen Teilen gleiche Temperatur und gleicher Druck herrscht. (Von der Wirkung der Schwerkraft, der Kapillarkräfte usw. müssen wir dann natürlich absehen.)

Ferner ist ohne weiteres einzusehen, daß ein heterogenes System nur dann im Gleichgewichte sein kann, wenn in jedem der homogenen Systeme oder Phasen, aus denen es besteht, für sich Gleichgewicht herrscht. Daher sind Unterschiede in der Zusammensetzung verschiedener Teile einer einzigen Phase nicht möglich, da solche erfahrungsgemäß das Bestreben haben, sich durch Diffusion auszugleichen.

Dazu kommt noch als weitere Gleichgewichtsbedingung hinzu, daß die Phasen untereinander im Gleichgewichte sind. In dieser Hinsicht gilt nun in bezug auf den Einfluß der Menge der einzelnen Phasen der folgende allgemeine Satz:

Das Gleichgewicht ist unabhängig von der Menge der Phasen.

Wir wollen diesen Satz, der sich auch von molekulartheoretischen Gesichtspunkten aus begründen läßt,[1] als Erfahrungssatz ansehen, der sich bisher noch in allen Fällen bestätigt hat. Einige der einfachsten Tatsachen, die wir zur Begründung dieses Satzes vorläufig ins Feld führen wollen, sind folgende: Bei der Temperatur, bei der 1 kg Eis und 1 mg Wasser beliebig lange nebeneinander bestehen können, können auch 1 mg Eis und 1 kg Wasser beliebig lange nebeneinander bestehen. Bei der Temperatur, bei der eine gesättigte Lösung von 1 mg des Stoffes, mit dem sie gesättigt ist, nichts mehr löst, nimmt sie auch nichts mehr auf, wenn ihr 1 kg dieses Körpers zur Verfügung steht. Befindet sich also eine Kristall-

---

[1] Nernst, Theoretische Chemie, 4. Aufl. (1903), 459.

art mit einer Schmelze im Gleichgewichte, so wird dieses Gleichgewicht nicht gestört, wenn die Menge der Kristallart vergrößert oder verkleinert wird. Daraus ergibt sich auch, daß die Art, wie die Kristalle in der Schmelze verteilt sind, ob in Gestalt eines einzigen großen Kristalls oder in Form vieler kleiner Kristalle, ohne Einfluß auf den Gleichgewichtszustand ist. Denn da nach unserm Satze von der Unabhängigkeit des Gleichgewichtes von der Menge der Phasen ein einziger, kleiner Kristallsplitter genügt, um den Gleichgewichtszustand zu bestimmen, so kann es keinen Einfluß haben, wenn eine weitere Menge derselben Kristallart hinzugefügt wird, gleichgültig ob die neue Menge an einer Stelle zusammengehäuft oder in beliebiger Weise in der Flüssigkeit verteilt wird. Daraus folgt also, daß, wenn man ein System durch die Anzahl seiner Phasen charakterisieren will, man jede Kristallart unabhängig von ihrer Verteilung nur als eine Phase zu zählen hat.

Die letztere Bemerkung können wir zu folgendem zweiten Satz verallgemeinern:

Das Gleichgewicht ist unabhängig von der Anordnung der einzelnen Phasen.

Darnach kommt es auch nicht darauf an, welche Phasen miteinander in direkter Berührung sind. Wenn daher 2 Phasen B und C mit derselben dritten A im Gleichgewichte sind, so sind sie auch unter sich im Gleichgewichte. Der Beweis dieses an und für sich

Fig. 8 a.

schon einleuchtenden Satzes ist sehr einfach und beruht auf der Erfahrungstatsache, daß, wenn man zwei oder mehrere Stoffe, die miteinander reagieren, zusammenbringt, diese Reaktion schließlich einmal aufhört. Es tritt also in jedem System endlich einmal ein Gleichgewichtszustand ein, und wenn wir es jetzt vor Temperatur- und Druckänderungen schützen, so bleibt es fortan in Ruhe. Nun ist die Behauptung die, daß wenn dieser Gleichgewichtszustand eingetreten ist für ein System, dessen Phasen wie in Fig. 8a angeordnet sind, er auch bestehen bleibt, wenn man die beiden Phasen B und C direkt miteinander in Berührung bringt. Zum Beweise dessen ordnen wir die Phasen in einem Ring in der durch Fig. 8b angegebenen Weise an, so daß B und C sich jetzt direkt berühren. Der Ring sei vollständig geschlossen und seine Wände seien starr, so daß Druckänderungen der Atmosphäre ohne Einfluß auf das System sind. Zum Schutz vor Temperaturschwankungen befinde er sich in einem größeren Flüssigkeitsbade, welches wir auf konstanter Temperatur erhalten. Wenn nun B und C nicht im Gleichgewicht miteinander wären, so würde zwischen ihnen eine Reaktion stattfinden, durch die sie eine Veränderung erleiden. Dann wäre, wenn sich das Gleichgewicht zwischen B und C hergestellt hat, kein Gleich-

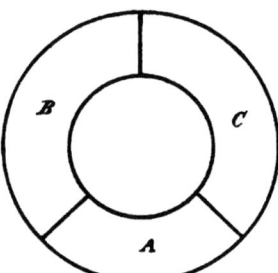

Fig. 8b.

gewicht mit A mehr vorhanden; hätte sich dieses wieder eingestellt, so wäre zwischen B und C kein Gleichgewicht vorhanden usw. Ein solches System würde also niemals zur Ruhe kommen, was mit der Erfahrung im Widerspruch steht (Unmöglichkeit des Perpetuum mobile zweiter Art). Daraus folgt also, daß B und C auch bei direkter Berührung im Gleichgewicht sein müssen.

Die obigen Ausführungen bedürfen allerdings einer kleinen Einschränkung in der Hinsicht, daß die Zerteilung einer Phase nicht soweit getrieben werden darf, daß die Oberflächenenergie wesentlich in Betracht kommt. So ist beispielsweise die Löslichkeit eines Stoffes von der Verteilung abhängig; große Kristalle besitzen eine geringere Löslichkeit als kleine Kristalle. Überschreitet die Feinheit der Zerteilung eine gewisse Grenze, so kann diese Löslichkeitsdifferenz merkliche Beträge erreichen. Von solchen Fällen, die für die hier behandelten Erscheinungen belanglos sind, wollen wir absehen.

Die obigen beiden Sätze sind von besonderer Wichtigkeit, weil sie uns ein Mittel liefern zur Unterscheidung der verschiedenen Arten von heterogenen Gleichgewichten, mit denen wir uns im folgenden zu beschäftigen haben. Der Gleichgewichtszustand eines Systems ist nach obigem vollständig charakterisiert durch folgende Angaben:

1. Angabe des Drucks, unter dem das System steht. Derselbe muß in allen Teilen des Systems der gleiche sein, wir wollen ihn stets unveränderlich gleich 1 Atmosphäre annehmen, die wir uns als mechanischen, auf dem Systeme lastenden Druck denken.

2. Angabe der Temperatur des Systems; sie muß ebenfalls in allen seinen Teilen die gleiche sein.

3. Angabe der Anzahl der Phasen des Systems.

4. Angabe der Zusammensetzung jeder einzelnen Phase und ihres Aggregatzustandes resp. bei Polymorphie der betreffenden Modifikation.

Eine Angabe der Mengen, mit denen die einzelnen Phasen im Systeme vertreten sind, sowie ihrer Anordnung ist also in dieser Hinsicht überflüssig. Veränderungen, die das System erleidet, z. B. durch Zuführung oder Abgabe von Wärme, können in Veränderung des Drucks, die wir hier nicht zulassen, und der Temperatur bestehen. Ferner können neue Phasen hinzutreten, vorhandene verschwinden. Schließlich können eine oder mehrere Phasen ihre Zusammensetzung ändern. Bewirkt Zuführung oder Entziehung von Wärme nur eine Veränderung der Mengen der Phasen, ohne daß sich ihre Zahl oder die Zusammensetzung wenigstens einer Phase ändert, so ist dies für den Gleichgewichtszustand belanglos, die Temperatur ändert sich nicht.

Wir wollen diese allgemeinen Beziehungen an einigen einfachen Beispielen erläutern und zunächst den reversibeln Vorgang des Schmelzens und Kristallisierens betrachten. Wir nehmen an, wir hätten einen unzersetzt schmelzenden einheitlichen Stoff unter Atmosphärendruck soweit erhitzt, daß ein Teil geschmolzen ist. Schützen wir dann das System vor Wärmezufuhr und Wärmeabgabe, so geht keine Veränderung in demselben vor sich, die Menge der Schmelze und der Kristalle bleibt beliebig lange unverändert, das System befindet sich im Gleichgewicht. Das Gleichgewicht ist charakterisiert durch den auf dem Systeme lastenden, als unveränderlich angenommenen Atmosphärendruck, durch die Temperatur und durch die (zwei betragende) Anzahl der Phasen, die wir als die kristallisierte und die flüssige bezeichnen, und die beide dieselbe prozentische Zusammensetzung haben. Wir führen nun unserm Systeme eine gewisse weitere Wärmemenge zu, die Folge ist die, daß eine bestimmte Menge der noch vorhandenen Kristalle ebenfalls in den flüssigen Zustand übergeht. Wird man dadurch gleichzeitig eine Temperaturerhöhung erzielen? Das wird nicht möglich sein, solange noch etwas von der kristallisierten Phase vorhanden ist. Denn wir wissen ja, daß der Gleichgewichtszustand nicht bedingt ist durch die Menge, mit der jede einzelne Phase in dem System vertreten ist. Durch die Zuführung von Wärme wird jedoch nur die Menge der Kristalle vermindert, die der Schmelze vermehrt, eine Änderung in der Zusammensetzung der beiden Phasen, der Kristalle und der Schmelze tritt nicht ein. Daher muß auch die Temperatur konstant bleiben, und zwar so lange, bis der letzte Kristallsplitter geschmolzen ist. Dann hat der Vorgang der Schmelzung durch vollständige Aufzehrung der einen Phase sein Ende erreicht und Zuführung von Wärme bringt nun eine Temperaturerhöhung hervor. Eine ganz analoge Betrachtung läßt sich anstellen, wenn wir unserm System Wärme entziehen. Solange noch ein Tropfen Schmelze vorhanden ist, muß die Temperatur konstant bleiben, denn auch hier ändern wir nur die Menge der betreffenden Phasen, aber weder ihre Zusammensetzung noch ihre Anzahl. Erst wenn das letzte Flüssigkeitströpfchen kristallisiert ist, ist der Vorgang beendet, und nun bringt Wärmeentziehung Temperaturerniedrigung hervor. Die Tatsache, daß reine Stoffe, welche ohne Zersetzung schmelzen, dies unter Atmosphärendruck bei einer bestimmten, unveränderlichen Temperatur tun, und daß sie bei eben dieser Temperatur auch wieder erstarren, ist also ein Spezialfall des allgemeinen Gesetzes, daß der Gleichgewichtszustand eines heterogenen Systems unabhängig von der Menge der das System aufbauenden Phasen ist.

Ebenso sind auch die bei einer bestimmten Temperatur stattfindenden polymorphen Umwandlungen Spezialfälle dieses allgemeinen Gesetzes.

Wir wollen nun einen weiteren speziellen Fall betrachten, welcher ein Beispiel liefert für eine bei den Metallegierungen häufig beobachtete Erscheinung, deren Aufklärung wir TAMMANN [1] verdanken. Es kommt oft vor, daß reine Verbindungen von Metallen untereinander nicht unzersetzt schmelzen, sondern sich bei genügend hohem Erhitzen nur teilweise verflüssigen und dabei eine Kristallart von anderer Zusammensetzung ausscheiden. Beim Erkalten der Legierung findet der umgekehrte Vorgang statt. So beobachtete VOGEL [2], daß die zwischen Gold und Blei bestehende Verbindung

---

[1] TAMMANN, Z. anorg. Chem. 37 (1903), 303.
[2] VOGEL, Z. anorg. Chem. 45 (1905), 11.

von der Formel Au_2Pb beim Erhitzen in eine Schmelze und eine neue Kristallart, nämlich reines Gold zerfällt. Es bedarf einer weiteren Temperaturerhöhung, um auch das Gold zum Schmelzen zu bringen und so eine homogene Schmelze zu erzielen. Läßt man umgekehrt eine Schmelze von der Zusammensetzung Au_2Pb erkalten, so scheiden sich zunächst Kristalle von reinem Golde aus, welche sich bei weiterem Sinken der Temperatur mit der restierenden Schmelze zu der Verbindung Au_2Pb umsetzen. Das stöchiometrische Verhältnis ergibt sich aus folgender Gleichung, deren Form auf den ersten Blick etwas befremdend erscheint:

$$Au_2Pb \rightleftharpoons 0.722\ Au + Schmelze\ (1.278\ Au + 1\ Pb).$$

In Worten bedeutet das: 1 G.-Molekül der Verbindung Au_2Pb liefert beim Erwärmen 0.722 G.-Atome Gold und eine Schmelze. Die Zusammensetzung der Schmelze in G.-Molekülen resp. Atomen ergibt sich natürlich aus der Differenz zwischen 1 G.-Molekül der Verbindung $Au_2Pb = 2\ Au + 1\ Pb$ und dem ausgeschiedenen Golde

$$zu \quad \frac{-\ 0.722\ Au}{1.278\ Au + 1\ Pb}.$$

In Prozenten drückt sich die Zusammensetzung dieser Schmelze zu 45 % Pb und 55 % Au aus.

Die beiden zu einem Gleichheitszeichen vereinigten Pfeile deuten die Reversibilität des Vorgangs an, wonach die Reaktion, je nachdem Wärmezufuhr oder Wärmeentziehung stattfindet, in der einen oder anderen Richtung verlaufen kann. Im speziellen Falle verläuft die Reaktion bei Wärmezufuhr von links nach rechts, d. h. die Verbindung zersetzt sich.

Wir werfen auch hier wieder die Frage auf, ob die Spaltung der reinen Verbindung und ihre Wiedervereinigung bei konstanter Temperatur vor sich geht oder nicht. Zu diesem Zwecke brauchen wir nur zu überlegen, was bei weiterer Wärmezufuhr stattfindet, nachdem wir unsere Verbindung zuerst soweit erhitzt haben, daß ihr Zerfall in Gold und Schmelze teilweise stattgefunden hat. Hat die Verbindung sich teilweise in reines Gold und Schmelze zersetzt, und schließen wir nun das System gegen Wärmezufuhr und Wärmeabgabe nach außen ab, so haben wir folgende Phasen im Gleichgewichte miteinander:

1. Eine Kristallart, bestehend aus der Verbindung Au_2Pb,
2. eine Kristallart, bestehend aus reinem Golde,
3. die Schmelze von der Zusammensetzung $1.278\ Au + 1\ Pb$.

Daß wir Gleichgewicht haben, lehrt die Beobachtung, daß keine Veränderung in dem abgeschlossenen Systeme vor sich geht; denn weder die Menge der beiden Kristallarten noch die der Schmelze ändert sich, und auch die Temperatur bleibt bei konstant gehaltenem Drucke konstant. Führen wir nun userm Systeme weiter Wärme zu, so bewirkt dies weitere Zersetzung der Verbindung Au_2Pb in reines Au und Schmelze. Dabei vermindert sich die Menge der Kristallart „Au_2Pb", während sich die Menge der Kristallart „reines Au" und ebenso die der Schmelze vermehrt. Die zuerst entstehende Schmelze hat aber natürlich dieselbe Zusammensetzung, wie die zuletzt entstehende. Es ändert sich also nur die Menge der einzelnen Phasen, nicht aber ihre Zusammensetzung. Es bleibt daher die Temperatur so lange konstant, bis sich der letzte Kristall von Au_2Pb in Schmelze und reines Gold gespalten hat. Mithin hat eine sich in der angegebenen Weise zersetzende Verbindung gerade so gut einen konstanten Zersetzungspunkt und ebenso Bildungspunkt, wie eine unzersetzt schmelzende Verbindung einen Schmelzpunkt und Erstarrungspunkt hat. Aus diesem Grunde wird auch bei unter Zersetzung schmelzenden Verbindungen diese Temperatur kurzweg als Schmelzpunkt bezeichnet.

Wir können unsere bisherigen Ergebnisse dahin zusammenfassen:

Ändert sich bei einem reversibeln Vorgange durch Zufuhr oder Entziehung von Wärme nur die Menge, nicht aber die Zusammensetzung der einzelnen Phasen, so bleibt während dieses Vorgangs bei konstant gehaltenem Drucke die Temperatur so lange konstant, bis eine Phase vollständig aufgezehrt ist.

Und umgekehrt:

Führen wir einem Systeme Wärme zu oder ab und beobachten, daß sich hierdurch bei konstantem Drucke die Temperatur nicht ändert, so schließen wir, daß sich die Menge der einzelnen Phasen, nicht aber ihre Zusammensetzung oder Anzahl geändert hat.

Unsere Überlegungen beruhen auf dem Satze, daß die Menge der Phasen keinen Einfluß auf das Gleichgewicht eines Systems hat. Sie erscheinen daher nur dann berechtigt, wenn das System während der Zuführung oder Entziehung der Wärme jederzeit im Gleichgewichte ist, d. h. also, wenn der Vorgang nicht nur theoretisch reversibel ist, sondern auch praktisch reversibel durchgeführt wird. Die Reaktionsgeschwindigkeit des betreffenden Vorganges muß daher so groß sein, daß sie die Geschwindigkeit der Zufuhr und Abgabe von Wärme in jedem Falle übertrifft; sie muß sich ausschließlich nach dem Wärmefluß regulieren. Geschieht dies nicht, so treten z. B. Unterkühlungen auf und unser Satz verliert seine Gültigkeit.

Ein im Gleichgewichte befindliches heterogenes System, in welchem durch Zufuhr oder Abgabe von Wärme bei konstant gehaltenem Drucke eine Änderung der Menge der einzelnen Phasen, nicht aber ihrer Zusammensetzung bewirkt wird, wollen wir nach ROOZEBOOM ein vollständiges heterogenes Gleichgewicht oder kurzweg ein vollständiges Gleichgewicht nennen.

Im Gegensatz zu diesem vollständigen Gleichgewichte steht das unvollständige (heterogene) Gleichgewicht, bei dem durch einen durch Zufuhr oder Abgabe von Wärme bewirkten, ebenfalls reversibel angenommenen Vorgang sich nicht nur die Menge der Phasen, sondern gleichzeitig auch die Zusammensetzung wenigstens einer Phase ändert. Das Gefrieren von Salzlösungen liefert für diese Art des heterogenen Gleichgewichtes ein einfaches Beispiel. Wir wissen, daß Wasser durch Wärmeentziehung zum Gefrieren, daß Eis durch Wärmezufuhr zum Schmelzen gebracht werden kann. Der Vorgang ist also ein reversibler, und wir können ihn schreiben

$$H_2O_{Eis} \rightleftarrows H_2O_{flüssig},$$

wo die zu einem Gleichheitszeichen verbundenen Pfeile wieder die Reversibilität des Vorgangs andeuten. Haben wir reines Wasser und Eis im Gleichgewichte miteinander und führen dem Systeme Wärme zu oder ab, so ändert sich die Menge der einzelnen Phasen, nicht aber ihre Zusammensetzung, der Vorgang findet daher unter Atmosphärendruck bei konstanter Temperatur (bekanntlich 0^0) statt, wir haben ein vollständiges Gleichgewicht.

Haben wir einen zweiten Stoff, etwa Kochsalz, in reinem Wasser aufgelöst, und entziehen wir der Lösung Wärme, so lehrt die Erfahrung, daß sich, wenigstens aus nicht übermäßig konzentrierten Lösungen, reines Eis ausscheidet, welches kein Kochsalz gelöst enthält. Wir nehmen also an, wir haben reines Eis im Gleichgewichte mit einer Kochsalzlösung. Die Gleichgewichtstemperatur des Systems braucht natürlich nicht dieselbe zu sein, wie die des Systems Eis-Wasser und ist es auch bekanntlich nicht. Wenn wir nun unserem Systeme weiter Wärme entziehen, so vermehrt sich die Menge der

kristallisierten Phase „Eis", während sich gleichzeitig die Menge
der flüssigen Phase vermindert. Da aber der flüssigen Phase nur
ein Bestandteil, das Wasser, entzogen wird, reichert sie sich an
Kochsalz an. Es ändert daher bei diesem Vorgange eine der Phasen
gleichzeitig ihre Zusammensetzung, d. h. wir haben ein unvollständiges Gleichgewicht. Es darf also hier bei Entziehung von Wärme
die Temperatur nicht konstant bleiben, und in der Tat lehrt die
Erfahrung, daß die Temperatur einer gefrierenden Kochsalzlösung
(bis zu einer gewissen Grenze) kontinuierlich sinkt, ehe sie vollständig in den kristallisierten Zustand übergegangen ist. Würde
jedoch (im Widerspruche mit der Erfahrung) das sich ausscheidende
Eis dieselbe Zusammensetzung haben, also Kochsalz in demselben
Prozentsatze gelöst enthalten, wie die flüssige Kochsalzlösung, so
wäre auch hier ein Gefrieren bei konstanter Temperatur zu erwarten.

Abgesehen von der Einteilung in vollständige und unvollständige Gleichgewichte müssen wir noch eine andere Einteilung der
heterogenen Gleichgewichte besprechen, von der allgemein und auch
in diesem Buch Gebrauch gemacht wird. Es ist die Einteilung nach
der Zahl der das System zusammensetzenden unabhängigen, d. h.
nach Willkür veränderlichen Bestandteile oder kurzweg Komponenten. Man unterscheidet nach ihrer Anzahl die Systeme als
Einstoff-Systeme, Zweistoff-Systeme oder binäre Systeme, Drei-
stoff-Systeme oder ternäre Systeme usw. Bei Metallegierungen ist
die Anzahl der unabhängigen Bestandteile gleich der der vorhandenen Metalle, wenigstens sofern sich die Untersuchung auf alle
möglichen Kombinationen der betreffenden Metalle miteinander erstrecken soll.

Genau genommen besitzt ein System soviel unabhängige Bestandteile oder
Komponenten, als verschiedene Stoffe notwendig und hinreichend sind, um
jede einzelne Phase des Systems herstellen zu können. Die Zahl derselben ist
daher eigentlich nicht eher anzugeben, bevor man die Zusammensetzung jeder
einzelnen Phase des zu untersuchenden Systems kennt. Sie hängt mithin auch
davon ab, welche Veränderungen des Systems man betrachtet und kann daher
nicht von vornherein der Anzahl der vorkommenden Elemente gleichgesetzt
werden. An einigen Beispielen wird dies klar werden. Betrachtet man das
System Eis-flüssiges Wasser, so lehrt die Erfahrung, daß das Eis beim Übergang in den flüssigen Zustand seine prozentische Zusammensetzung nicht ändert.
Die Angabe, das Eis enthält a gr H_2O, das flüssige Wasser b gr H_2O im Kubik-
centimeter ist also ausreichend, um die Zusammensetzung jeder einzelnen Phase
auszudrücken. Wir haben daher das System unter vorliegenden Verhältnissen
als Einstoff-System zu betrachten. Dasselbe gilt natürlich für jeden unzersetzt

schmelzenden reinen Stoff, sofern wir uns auf die Untersuchung des Systems Kristall-Schmelze beschränken.

Untersucht man jedoch einen unter Zersetzung schmelzenden Stoff, etwa die S. 31 besprochene Verbindung Au_2Pb, so findet man, daß die Zusammensetzung der einzelnen Phasen nicht durch die Angabe a, b resp. c gr Au_2Pb pro ccm ausgedrückt werden kann. Die eine aus der Verbindung sich bildende Phase ist ja, wie wir gesehen haben, bleifrei, sie besteht aus reinem Golde und die andere, die Schmelze, enthält Au und Pb ebenfalls in anderen Verhältnissen, als durch die Formel Au_2Pb ausgedrückt wird. Um die prozentische Zusammensetzung jeder einzelnen Phase ausdrücken zu können, brauchen wir daher zwei Stoffe, so viel sind notwendig, aber auch hinreichend, und wir haben daher das System als Zweistoff-System zu betrachten. Welche Stoffe wir als Bestandteile des Systems betrachten, bleibt in gewisser Beziehung unserm Ermessen überlassen. Als einen Stoff wählen wir Au, da reines Gold als besondere Phase vorkommt. Betrachtet man als den zweiten Stoff Pb, so ist die atomistische Zusammensetzung der drei Phasen gegeben durch Au, 2 Au + 1 Pb und 1,278 Au + 1 Pb, wie S. 31 erörtert. Betrachten wir die zwischen Gold und Blei existierende zweite Verbindung AuPb,[1] als zweiten unabhängigen Bestandteil, so muß die Zusammensetzung der drei Phasen in folgender Weise ausgedrückt werden:

1. Die Kristallart reines Gold durch Au.
2. Die Kristallart Au_2Pb durch $AuPb_2$ + 3 Au.
3. Die Schmelze 1,278 Au + 1 Pb durch $AuPb_2$ + 1,556 Au.

Beide Annahmen sind zulässig, sofern es durch Zusammenbringen der als Bestandteile angenommenen Stoffe wirklich möglich ist, das zu betrachtende System aufzubauen. Daraus folgt, daß zur Einteilung der Systeme nur die Zahl der unabhängigen Bestandteile herangezogen werden kann, nicht aber die in gewissen Grenzen willkürliche Festsetzung darüber, welcher Art (z. B. ob Elemente oder Verbindungen) die gewählten Komponenten sind.

Nehmen wir nun an, die Verbindung Au_2Pb erlitte unterhalb ihres Zersetzungspunktes eine polymorphe Umwandlung, so würden wir bei der Untersuchung eines solchen Systems aus zwei Kristallarten der gleichen Zusammensetzung dasselbe als Einstoff-System, bestehend aus Au_2Pb zu betrachten haben.

Betrachten wir ein System, hergestellt durch Zusammenschmelzen von Bleioxyd und Bleichlorid[2]; so haben wir es so lange als im höchsten Falle aus zwei unabhängigen Bestandteilen bestehend anzusehen, als in allen betrachteten Phasen des Systems Blei, Sauerstoff und Chlor in solchen Verhältnissen vorhanden sind, daß ihre Zusammensetzung durch die Angabe a gr PbO + b gr $PbCl_2$ in 1 ccm bestimmt werden kann. Sofern wir nur die ohne Zersetzung bei 693° vor sich gehende Schmelzung und Wiedererstarrung der Verbindung $PbCl_2$ + 2 PbO untersuchen, haben wir es sogar nur mit einem Einstoff-Systeme zu tun, trotzdem die Zahl der vorhandenen Elemente drei beträgt. Würde im Gegensatz hierzu bei irgend einer Veränderung des Systems sich die Verbindung $PbCl_2$ zersetzen, so daß wir etwa die Zusammen-

---

[1] VOGEL l. c.
[2] RUER, *Z. anorg. Chem.* **49** (1906), 365.

setzung der einen Phase durch a PbO + b PbCl, die der anderen Phase durch c PbO + d PbCl, ausdrücken müßten, so wäre das System für diese Veränderungen als Dreistoff-System anzusehen.

Ein aus Wasserstoff, Sauerstoff und Wasser bestehendes System würde bei gewöhnlicher Temperatur, bei der eine Vereinigung von Wasserstoff und Sauerstoff praktisch nicht stattfindet, als ein aus drei Stoffen bestehendes System zu betrachten sein, trotzdem die Anzahl der vorhandenen Elemente hier nur zwei beträgt. Bei höherer Temperatur, bei der sich Wasserstoff und Sauerstoff mit hinlänglicher Geschwindigkeit verbinden, würden wir es dagegen wieder mit einem Zweistoff-System zu tun haben. Das Gleiche würde durch Gegenwart eines Katalysators, z. B. Platinschwamm, erzielt werden. Derartige Fälle gehören jedoch nicht hierher, da wir stets wirkliches Gleichgewicht in jeder einzelnen Phase voraussetzen und diese scheinbaren Gleichgewichte ausgeschlossen haben.

Der Begriff der unabhängigen Bestandteile spielt in der Lehre vom heterogenen Gleichgewichte aus dem Grunde eine wichtige Rolle, weil nach der von WILLARD GIBBS[1] aufgestellten sogenannten Phasenregel eine sehr einfache Beziehung zwischen der Anzahl der Phasen eines vollständigen heterogenen Gleichgewichtes und der Anzahl seiner unabhängigen Bestandteile besteht. (Siehe den Anhang „Phasenregel" zum Kapitel IV.) Wir wollen jedoch von der Benutzung dieser Regel Abstand nehmen.

Wir haben uns im ersten Kapitel mit den Umwandlungen beschäftigt, die ein reiner Stoff ohne Änderung seiner Zusammensetzung erleiden kann, und daher dieses Kapitel als Einstoff-Systeme bezeichnet. Die Metallegierungen werden bekanntlich durch Zusammenschmelzen zweier oder mehrerer Metalle gewonnen. Wir werden uns daher im nächsten Kapitel mit den Zweistoff-Systemen und später mit den Dreistoff-Systemen zu beschäftigen haben. Jedoch hat sich die erst vor wenigen Jahren einsetzende Forschung fast ausschließlich mit den Zweistoff-Systemen befaßt. Über ternäre Legierungen liegen nur wenige, über quaternäre Legierungen noch keine systematischen Untersuchungen vor.

3. Kapitel: Zweistoff-Systeme.

Gegenseitige Löslichkeit und Aggregatzustand.

Die Fähigkeit zweier Substanzen, sich gegenseitig zu mischen, ist in ausgesprochenem Maße von ihrem Aggregatzustande abhängig.

Gase sind bekanntlich in allen Verhältnissen miteinander mischbar.

Beim flüssigen Zustande haben wir zwei Fälle zu unterscheiden,

---

[1] l. c.

indem zwei Flüssigkeiten entweder vollkommen miteinander mischbar sind wie Alkohol und Wasser und die Mehrzahl der geschmolzenen Metalle, oder sich gegenseitig nur in beschränktem Maße lösen. In letzterem Falle sondern sich die beiden Flüssigkeiten nach genügend langer Zeit in zwei Schichten nach ihrem spezifischen Gewichte. Im Gleichgewichtszustand hat natürlich jede der Flüssigkeiten von der andern bis zur Sättigung gelöst. Die Sättigungskonzentration variiert bei den verschiedenen Flüssigkeiten außerordentlich und ist ferner in hohem Maße von der Temperatur abhängig. Beispiele für beschränkte Löslichkeit bieten Wasser und Äther, bei Metallen, wo sie verhältnismäßig häufig auftritt, Blei und Zink, auf deren beschränkter Löslichkeit ineinander die Gewinnung des Silbers aus dem Blei durch das sogenannte Parkesieren beruht.

In kristallisiertem Zustande hat die Fähigkeit der Stoffe, sich miteinander zu mischen, noch weiter abgenommen. Trotzdem sind auch hier eine ganze Reihe von Körpern bekannt, die sich im kristallisierten Zustande gegenseitig in jedem beliebigen Verhältnisse lösen können, oder die, wie man sagt, eine lückenlose Reihe von Mischkristallen bilden. Als Beispiel hierfür seien an dieser Stelle Silber und Gold angeführt. Als Beispiel für beschränkte Mischbarkeit im kristallisierten Zustande mögen die Gold-Nickellegierungen dienen. Entsprechend der geringeren Mischbarkeit der Stoffe im kristallisierten Zustande beobachtet man häufig, daß eine im flüssigen Zustande homogene Mischung der Stoffe sich beim Kristallisieren entmischt. Läßt man die Kristallisation nicht vollständig vor sich gehen, so zeigt die Untersuchung der von der anhaftenden Mutterlauge befreiten Kristalle sehr oft, daß diese den einen Bestandteil in praktisch wenigstens reinem Zustande darstellen. Beispiele für diese Nichtmischbarkeit im kristallisierten Zustande bieten die täglich ausgeführten Kristallisationen aus wässerigen und anderen Lösungen. Als ein aus dem Gebiete der Legierungen entnommenes Beispiel mögen die Gold-Thalliumlegierungen dienen. Wir dürfen also in solchen Fällen vom praktischen Standpunkte aus von einer Nichtmischbarkeit im kristallisierten Zustande sprechen, wenngleich dieser Fall theoretisch nur als Grenzfall einer äußerst geringen Mischbarkeit anzusehen ist.

Der verschiedene Grad der Mischbarkeit im flüssigen und kristallisierten Zustande gibt uns in Verbindung mit der Existenz resp. dem Fehlen von Verbindungen ein Mittel zur Einteilung der Zweistoff-Systeme.

§ 1. **Es herrscht vollkommene Mischbarkeit im flüssigen, vollständige Nichtmischbarkeit im kristallisierten Zustande.**

An die Spitze der Betrachtungen wollen wir folgenden allgemeinen Erfahrungssatz stellen:

Sind zwei reine Stoffe im flüssigen Zustande mischbar, im kristallisierten Zustande nicht mischbar, so wird die Erstarrungstemperatur jedes dieser Stoffe durch Zusatz des andern erniedrigt.

Dieser Satz wird als das Gesetz der Gefrierpunkts- oder Schmelzpunktserniedrigung bezeichnet. Unter Erstarrungstemperatur verstehen wir die Temperatur des Kristallisationsbeginns.

Wie wir oben gesehen haben, bedeutet die vorausgesetzte Nichtmischbarkeit im kristallisierten Zustande, daſs jeder der beiden Stoffe sich im reinen Zustande aus der Schmelze ausscheidet. Ist dies nicht der Fall, so verliert das Gesetz der Gefrierpunktserniedrigung seine Gültigkeit.

A. Polymorphe Umwandlungen finden nicht statt, die Komponenten bilden keine chemischen Verbindungen miteinander.

1. Die Kristallisation wässeriger Kochsalzlösungen.

Wir wollen unter Berücksichtigung des Gesetzes der Gefrierpunktserniedrigung und der durch die Betrachtung der heterogenen Gleichgewichte gewonnenen Anschauungen uns nochmals mit der Kristallisation einer wässerigen Kochsalzlösung [1]) beschäftigen. Eine solche Lösung stellt ein Zweistoff-System mit den beiden Komponenten Wasser und Salz dar, und die Tatsache, daß sich beim Abkühlen einer verdünnten Kochsalzlösung zuerst das Wasser als reines Eis, beim Abkühlen einer konzentrierten, etwa bei 100° gesättigten Kochsalzlösung zuerst Kochsalz ebenfalls in reiner Form ausscheidet, beweist, daß die von uns verlangte „Nichtmischbarkeit im kristallisierten Zustande" wirklich besteht. Dem allgemeinen Sprachgebrauche vorläufig folgend, bezeichnen wir das Wasser als Lösungsmittel, das Kochsalz hingegen als gelösten Stoff.

Wir wollen nun annehmen, wir ließen eine verdünnte Kochsalzlösung, etwa von $2\frac{1}{2}$ Gewichtsprozenten vollständig gefrieren, indem

---

[1] Von den durch die Ausscheidung des Kochsalzhydrates $NaCl + 2H_2O$ (LANDOLT BÖRNSTEIN, Phys. Chem. Tabellen, 3. Aufl., S. 556) verursachten Komplikationen wollen wir hier absehen.

wir dabei fortwährend die Temperatur beobachten. Bei 0°, dem Gefrierpunkte des reinen Wassers, tritt wegen der durch den Kochsalzzusatz bewirkten Gefrierpunktserniedrigung des Wassers noch kein Gefrieren ein. Erst bei etwa — 1.5° ist die erste Ausscheidung von reinem Eis zu beobachten. Hierdurch reichert sich aber die zurückbleibende Lösung an Kochsalz an, wir haben ein unvollständiges Gleichgewicht und können demgemäß, wie wir wissen, kein Erstarren der ganzen Lösung bei — 1.5°, der Temperatur der beginnenden Kristallisation, erwarten. Wenn also vollständige Erstarrung bei — 1.5° nicht stattfindet, so ist es selbstverständlich, daß der Gefrierpunkt der angereicherten Lösung tiefer liegt als — 1.5°, denn höher kann er nicht liegen, da dann die Lösung bei — 1.5° nicht im Gleichgewicht wäre, sondern ein unterhalb seines Gefrierpunktes befindliches, also unterkühltes, d. h. labiles System vorstellen würde. Wir können also ganz allgemein sagen:

Sofern eine Lösung nicht bei konstanter Temperatur kristallisiert, muß ihr Gefrierpunkt durch fortgesetztes Ausfrieren sinken.

Wir müssen daher, um weitere Ausscheidung von Eis zu erzielen, die Temperatur weiter erniedrigen, d. h. also, in dem Maße wie die Kochsalzlösung konzentrierter wird, sinkt ihr Gefrierpunkt. Ist die Hälfte des Wassers als Eis ausgefroren, die zurückbleibende Kochsalzlösung daher 5prozentig geworden, so beobachten wir — 3.1°. Hat sie einen Gehalt von 10 resp. 15 Gewichtsprozenten NaCl erreicht, so ist die Temperatur auf — 6.7° resp. — 12.2° gefallen. Nun ist aber, zunächst rein erfahrungsgemäß, ein unbegrenztes Sinken des Gefrierpunktes der Kochsalzlösung nicht möglich. Wir müssen demnach einmal zu einer Lösung niedrigsten Gefrierpunkts kommen, und eine solche Lösung muß natürlich bei dieser Temperatur vollständig gefrieren, weil eben ein weiteres Sinken der Gefriertemperatur nicht stattfinden kann. Diese Temperatur liegt nun für eine Kochsalzlösung bei — 22.4°. Wir beobachten daher, wenn wir unsere Kochsalzlösung fortwährend weiter gefrieren lassen, ein kontinuierliches Sinken der Temperatur bis — 22.4°, dann tritt durch weitere Wärmeentziehung vorläufig keine Temperaturerniedrigung ein. Das Thermometer steht so lange bei dieser Temperatur, bis der letzte Rest von Flüssigkeit in den kristallisierten Zustand übergegangen ist. Dann erst fällt es weiter; die Temperatur konvergiert gegen die der Umgebung. Eine Analyse der bei — 22.4° erstarrenden Kochsalzlösung lehrt, daß sie 23% Kochsalz und 77%

Wasser enthält. Eine Lösung dieser Konzentration erstarrt demnach wie ein einheitlicher Körper bei konstanter Temperatur. Eine solche Periode konstanter Temperatur bei stattfindender Wärmeentziehung ist aber das Kriterium für das Bestehen eines vollständigen heterogenen Gleichgewichtes. Es kann sich also während derselben die Zusammensetzung und die Zahl der Phasen nicht ändern. Die ausfrierende Substanz muß demnach dieselbe Zusammensetzung haben wie die Lösung. Die Erfahrung läßt unsere Schlußfolgerung als berechtigt erscheinen, denn wenn man eine bei — 22.4° teilweise gefrorene Kochsalzlösung unter dem Mikroskop betrachtet, so kann man neben der Lösung zwei verschiedene Kristallarten, nämlich Eiskristalle und Kochsalzkristalle erkennen.

Durch diese Beobachtung ist der Mechanismus des Vorganges klar gestellt. Einer weiteren Konzentration der gefrierenden 23%igen Kochsalzlösung wird dadurch vorgebeugt, daß sich aus ihr bei fortgesetzter Wärmeentziehung nicht nur Eiskristalle, sondern auch Salzkristalle ausscheiden, und zwar findet die Ausscheidung beider Kristallarten in dem gleichen Mengenverhältnisse statt, in dem sie sich in Lösung befinden. Von dem Moment ab, in dem neben den Eiskristallen die ersten Salzkristalle auftreten, bewirkt Wärmeentziehung nur eine Vermehrung der Menge der beiden Kristallarten und eine Verminderung der Menge der Lösung, aber keine Änderung ihrer Zusammensetzung. Wir haben so lange vollständiges Gleichgewicht und daher Temperaturkonstanz, bis der letzte Tropfen Lösung zu einem Gemisch von Salz- und Eiskristallen erstarrt ist. Dann erst bewirkt weitere Wärmeentziehung ein Sinken der Temperatur. Eine 23%ige Kochsalzlösung ist also dadurch ausgezeichnet, daß sie bei konstanter Temperatur kristallisiert und schmilzt wie ein einheitlicher Körper. Man nennt eine solche bei niedrigster konstanter Temperatur kristallisierende und schmelzende Mischung ein eutektisches Gemisch oder kurzweg ein Eutektikum. Lange Zeit hatte man derartige Lösungen und Gemische wegen ihres konstanten Schmelzpunktes für chemische Verbindungen gehalten, trotzdem sich ihre Zusammensetzung nur schwer durch eine dem Gesetz der multiplen Proportionen entsprechende Formel angeben ließ. Auch GUTHRIE[1], der die Bezeichnung eutektische Mischung vorgeschlagen hat, und dem wir die Aufklärung dieser Verhältnisse, insbesondere die Erkenntnis der Übereinstimmung im Verhalten der Lösungen

---

[1] GUTHRIE, Phil. mag. V 17 (1884), 462.

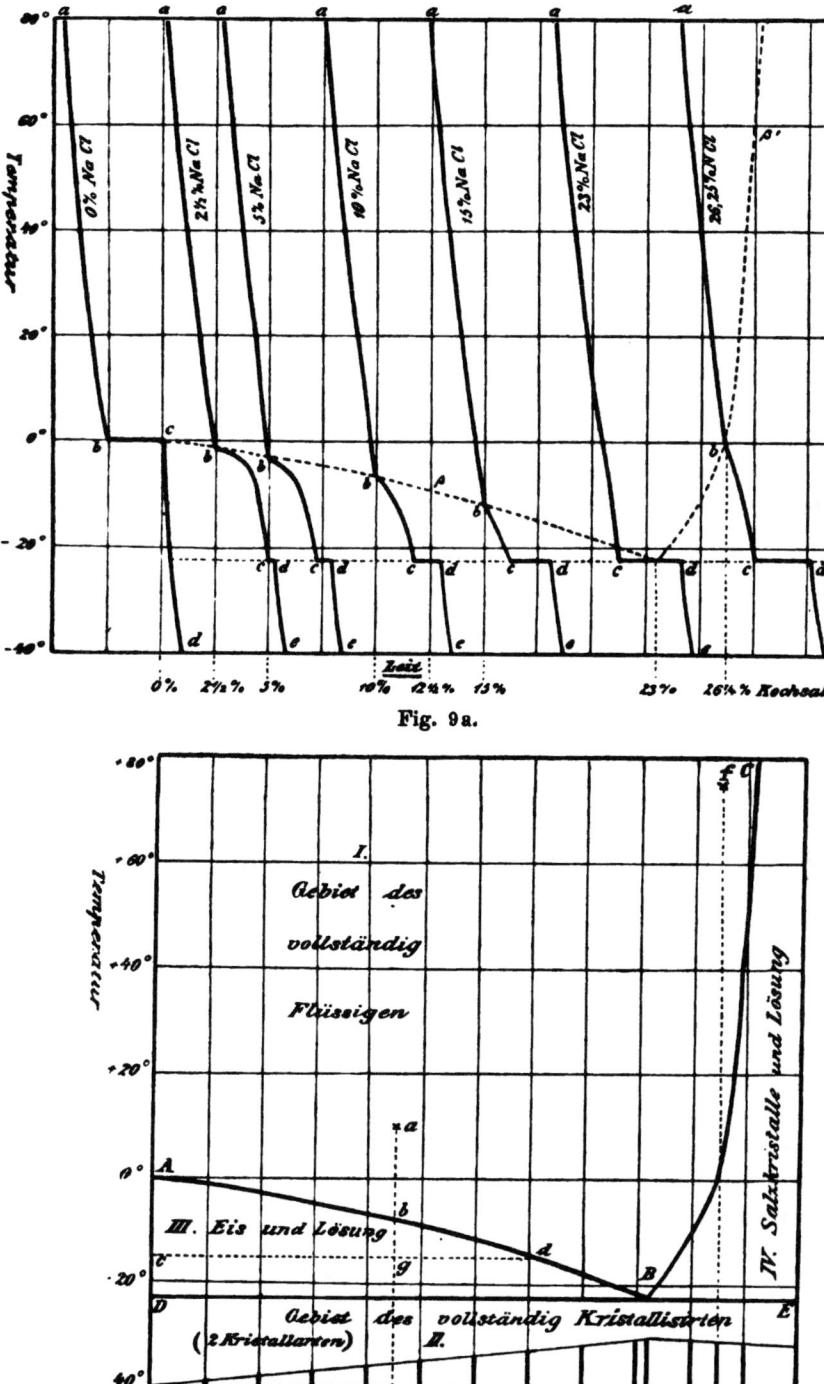

Fig. 9a.

Fig. 9b. Schmelzdiagramm des Systems Wasser-Kochsalz.

und der Legierungen in dieser Hinsicht verdanken, hat in seiner ersten die wässerigen Lösungen betreffenden Arbeit merkwürdigerweise, trotzdem er den Verlauf des Vorganges in allen seinen Einzelheiten richtig erkannte, noch derartige Substanzen mit einheitlichem Schmelzpunkt für chemische Verbindungen gehalten und als Kryohydrate bezeichnet. Dieser Name wird noch jetzt für solche Eutektika, deren einer Bestandteil Wasser ist, bisweilen gebraucht.

Wir wollen den Vorgang der Abkühlung reinen Wassers und verschieden konzentrierter Kochsalzlösungen, die in der früher auseinandergesetzten Weise gegen eine Konvergenztemperatur von — 100⁰ stattfinden möge, mittelst Abkühlungskurven veranschaulichen. Wir nehmen an, die zu jedem Versuche genommene Menge der Lösung sei die gleiche, sie betrage vielleicht 100 g, die Lösung sei vorher immer auf 100⁰ erhitzt gewesen, die Abkühlung finde in allen Fällen unter denselben Bedingungen statt. Die mit 0⁰/₀ NaCl bezeichnete Kurve Fig. 9 a gibt die Abkühlungskurve von reinem Wasser, dessen Erstarrungspunkt bei 0⁰ C liegt. Die auf der Abszissenachse aufgetragene Zeit sei vielleicht so gewählt, daß die Zeitdauer konstanter Temperatur bei reinem Wasser, dargestellt durch das Stück $b\,c$, 10 Minuten betrage. Der Maßstab für die auf der Ordinatenachse aufgetragene Temperatur ergibt sich aus der Zeichnung. Die Abkühlungskurve besteht aus den drei Stücken $a\,b$, $b\,c$, $c\,d$, von denen $a\,b$ der Abkühlung des flüssigen Wassers, der Haltpunkt $b\,c$ der Kristallisation und das Stück $c\,d$ der Abkühlung des Eises gegen die Konvergenztemperatur entspricht.

Die mit $2^1/_2$ ⁰/₀ NaCl bezeichnete Kurve in Fig. 9 a gibt den oben besprochenen Vorgang der Abkühlung einer $2^1/_2$ ⁰/₀igen Kochsalzlösung wieder. Die erste Ausscheidung von Eis findet im Punkte b bei — 1.5⁰ C statt. Wegen der von nun an bei der Kristallisation frei werdenden Wärme findet eine Verringerung der Abkühlungsgeschwindigkeit statt, was sich in der Abkühlungskurve durch den bei b liegenden Knick kundgibt. Durch die Ausscheidung des Eises sinkt im Anfang die Temperatur langsam; wenn die Substanz zur Hälfte kristallisiert ist, die zurückbleibende Lösung also 5⁰/₀ig geworden ist, ist die Temperatur erst bis — 3.1⁰ (um 1.6⁰) gesunken. Da die Menge der die Kristallisationswärme liefernden Lösung fortwährend abnimmt, so tritt schon aus diesem Grunde ein immer schnelleres Sinken der Temperatur längs des Kurvenstückes $b\,c$ ein. Ist die Temperatur bis zum Punkte $c = -22.4$⁰ gesunken, so hat die Lösung einen Gehalt von 23 Gewichtsprozenten Kochsalz, und es tritt nun eine durch das horizontale Stück cd wiedergegebene Periode konstanter Temperatur, die Kristallisation des Eutektikums ein. Dieser Haltepunkt wird allerdings bei einer $2^1/_2\,^0/_0$igen Kochsalzlösung nicht von langer Dauer sein können, denn die in den $100\,g$ unserer ursprünglichen Lösung vorhanden gewesenen $2^1/_2\,g$ Kochsalz reichen nur zur Bildung von $10.87\,g$ $23\,^0/_0$iger Kochsalzlösung hin. Nachdem der letzte Rest der Lösung kristallisiert ist, findet die weitere Abkühlung längs des Kurvenstückes de in normaler Weise gegen die Konvergenztemperatur statt. Die Abkühlungskurve unserer Lösung besteht also aus den vier Stücken ab, bc, cd und de.

Ein ganz analoges Bild bietet die Abkühlungskurve einer $5\,^0/_0$igen Kochsalzlösung (siehe die entsprechende Kurve Fig. 9a). Die erste Ausscheidung von Eis tritt hier jedoch erst bei $b = -3.1^0$ auf. Ist die Substanz zur Hälfte kristallisiert, so hat die Lösung einen Kochsalzgehalt von $10\,^0/_0$, die Temperatur ist bis -6.7^0, also um 3.6^0 gesunken. Trotzdem die Schmelzpunktserniedrigung bis zu einem Gehalte von $10\,^0/_0$ Chlornatrium sehr angenähert diesem proportional ist, ist der beim Kristallisieren einer konzentrierten Kochsalzlösung längs des Kurvenstückes bc stattfindende Temperaturabfall von Anfang an steiler wie der einer verdünnten, natürlich einfach aus dem Grunde, weil das Ausfrieren gleicher Eismengen den prozentischen Gehalt einer verdünnten Lösung weit weniger ändert, wie den einer konzentrierten Lösung. Die Temperatur sinkt in stetig beschleunigtem Maße bis c, worauf längs cd bei -22.4^0 die Periode der eutektischen Kristallisation einsetzt. Diese wird nun genau von doppelter Dauer sein wie bei einer $2^1/_2\,^0/_0$igen Kochsalzlösung, denn die in $100\,g$ einer $5\,^0/_0$igen Kochsalzlösung vorhandenen $5\,g$ Kochsalz liefern natürlich die doppelte Menge einer $23\,^0/_0$igen Kochsalzlösung und demgemäß beim Haltepunkte die doppelte Wärmemenge, wie die in $100\,g$ einer $2^1/_2\,^0/_0$igen Kochsalzlösung vorhandene Salzmenge. Nachdem die Periode der eutektischen Kristallisation vorüber, also alles kristallisiert ist, fällt die Temperatur in der durch das Kurvenstück de angegebenen Weise.

Die Abkühlungskurven einer 10 resp. $15\,^0/_0$igen Salzlösung (Fig. 9a) lassen prinzipielle Unterschiede gegenüber den beiden vorigen nicht erkennen. Auch sie bestehen aus vier Stücken, dem Stück ab, welches die Abkühlung der flüssigen Schmelze darstellt, dem Stücke bc verlangsamten Temperaturabfalles, längs dessen sich unter allmählichem Sinken der Temperatur Eis ausscheidet, auf dem also nach dem früher Gesagten sich das Eis im unvollständigen Gleichgewichte mit einer immer konzentrierter werdenden Salzlösung befindet, dem horizontalen Stücke cd, welches den eutektischen Haltepunkt darstellt, auf dem sich Eis- und Kochsalzkristalle mit einer sich stetig vermindernden, aber in ihrer Zusammensetzung (23 % NaCl) unverändert bleibenden Salzlösung in vollständigem Gleichgewicht befinden, und schließlich aus dem Stücke de, längs dessen die vollständig erstarrte Schmelze sich gegen — 100° weiter abkühlt. Jedoch findet die erste Ausscheidung von Eis bei einer immer tieferen Temperatur (— 6.7 resp. — 12.2°) statt, das Kurvenstück bc setzt immer steiler an ab an, (wodurch der Knick b immer undeutlicher wird) und die Kristallisationsdauer in dem in allen Fällen bei derselben Temperatur liegenden eutektischen Haltepunkte wächst proportional dem ursprünglichen Salzgehalte der Lösung auf das vier- resp. das sechsfache des Betrages, der auf der Abkühlungskurve einer $2^1/_2$ %igen Kochsalzlösung beobachtet ist.

Besitzt eine Lösung von vornherein denselben Salzgehalt wie die eutektische Mischung, so fehlt auf ihrer Abkühlungskurve natürlich der Knick b. Ist die Temperatur der eutektischen Kristallisation erreicht, so scheiden sich von Anfang bis zu Ende gleichzeitig Eis- und Kochsalzkristalle in demselben Verhältnisse aus, wie sie in der Lösung vorhanden sind, und die Temperatur bleibt bis zur vollständig erfolgten Kristallisation konstant, um dann in normaler Weise gegen die Konvergenztemperatur zu sinken. Die Abkühlungskurve einer solchen 23 %igen Kochsalzlösung (Fig. 9 a) besteht also wie die einer reinen Substanz aus nur drei Stücken; dem Stück ac, welches der Abkühlung der Flüssigkeit entspricht, dem Haltepunkt cd, welcher der bei — 22.4° stattfindenden eutektischen Kristallisation entspricht und dem Stücke de, welches die Abkühlung der vollständig erstarrten Lösung wiedergibt. Die Dauer der eutektischen Kristallisation beträgt in diesem Falle, wie eine einfache Rechnung zeigt, das 9.2fache der bei einer 2.5 %igen Lösung zu beobachtenden; sie erreicht natürlich, da die ganze Substanz bei dieser Temperatur kristallisiert, hier ihr Maximum.

Die 23 %ige Kochsalzlösung ist (sofern wir uns wie stets bei diesen Betrachtungen auf Gleichgewichtszustände beschränken und von Unterkühlungen absehen) die einzige, die bei — 22.4° existieren kann. Bei dieser Temperatur haben wir ja, wie wir wiederholt bemerkt haben, ein vollständiges Gleichgewicht zwischen Eis, festem Salz und der 23 %igen Lösung, und eine Vermehrung des Eises oder Salzes kann auf den Gleichgewichtszustand, also auf die Zusammensetzung der Lösung, keinen Einfluß haben. Insbesondere können wir diese Lösung wegen der Teilnahme des festen Salzes am Gleichgewichte als eine bei dieser Temperatur gesättigte Kochsalzlösung ansehen. Da also der Salzgehalt einer bei -22.4° gesättigten Lösung $23\,^0/_0$ beträgt, so muß der Salzgehalt einer Lösung, die ursprünglich konzentrierter war, auf $23\,^0/_0$ gesunken sein, wenn sie auf -22.4° abgekühlt ist. Eine solche Lösung muß demnach im Gegensatz zu den bisher betrachteten Lösungen beim Gefrieren verdünnter werden. Die Erfahrung bestätigt unsern Schluß. Die Abkühlung einer $26.25\,^0/_0$igen Kochsalzlösung (Fig. 9 a) läßt durch eine bei dem allerdings wenig ausgeprägten (zudem noch übertrieben gezeichneten) Knicke b ($= 0^{\circ}$ C) einsetzende Periode verzögerten Temperaturabfalles den Beginn einer Kristallausscheidung erkennen. Die längs $b\,c$ sich ausscheidende Kristallart ist jedoch kein Eis, sondern reines Kochsalz. Die Ausscheidung dauert so lange, bis die Temperatur auf -22.4°, der Salzgehalt auf $23\,^0/_0$ gesunken ist. Dann setzt auf der Horizontalen $c\,d$ die eutektische Kristallisation ein, deren Dauer wegen der um $4\,^0/_0$ verringerten Menge des Eutektikums um ebenso viel hinter der bei der $23\,^0/_0$igen Lösung zu beobachtenden Dauer zurückbleiben muß. Nach Beendigung der eutektischen Kristallisation fällt die Temperatur der nunmehr vollständig erstarrten Schmelze längs des Kurvenstückes $d\,e$ in normaler Weise gegen die Konvergenztemperatur ab. Durch weitere Erhöhung des Salzgehaltes steigt die Temperatur der beginnenden Salzausscheidung sehr schnell an, entsprechend der bekannten Tatsache, daß die Löslichkeit des Kochsalzes in Wasser von der Temperatur wenig abhängig ist. So beginnt in einer $28.1\,^0/_0$igen Kochsalzlösung die erste Kristallausscheidung schon bei 100° C. Die Menge der schließlich bei -22.4° erstarrenden eutektischen Mischung beträgt noch das 0.93 fache der Gesamtmenge.

Wir sehen an obigem Beispiel, daß man streng genommen nicht berechtigt ist, dem Sprachgebrauch zu folgen und einen Unterschied zwischen den beiden Komponenten unseres Systems dadurch zu konstatieren, daß man die eine stets als Lösungsmittel, die andere stets als gelösten Stoff bezeichnet. Betrachtet man eine genügende Anzahl verschiedener Konzentrationen, so erkennt man, daß sich beide Stoffe ganz gleichartig verhalten. Bei einem Chlornatriumgehalte unter $23\,^0/_0$ scheidet sich bei der Abkühlung zuerst die eine Komponente, das Wasser, bei einem Chlornatriumgehalte über 23 $\%$ die andere Komponente, das Kochsalz, in Form fester Kristalle aus.

In unserer Fig. 9a sind die Abkühlungskurven der einzelnen Lösungen so nebeneinander angeordnet, daß die Abstände der auf ihnen befindlichen ersten Knicke b vom Punkte c der Schmelzkurve des reinen Wassers dem ursprünglichen Salzgehalte proportional sind. Verbinden wir nun sämtliche Knicke durch eine (gestrichelt gezeichnete) Kurve, so erreichen wir dadurch, daß wir auch für nicht untersuchte Konzentrationen die Temperatur der beginnenden Kristallisation angeben können. So ersehen wir aus der Figur ohne weiteres, daß die erste Ausscheidung bei einer $12^1/_2 \%$igen Kochsalzlösung bei — 9.5 ^{0} C (diese Temperatur ergibt sich als Schnittpunkt β der gestrichelten Kurve mit einer zur Temperaturachse gezogenen Parallelen, deren Abstand vom Punkte c der Schmelzkurve des reinen Wassers der Konzentration $12^1/_2 \%$ entspricht) erfolgen wird. Die als Verbindung der eutektischen Haltepunkte durchgezogene gestrichelte Horizontale deutet an, daß auch bei dieser Konzentration ein Haltepunkt bei — 22.4 ^{0} auftreten muß, dessen Dauer bei Abkühlung von 100 g Lösung sich als arithmetisches Mittel der bei der vorhergehenden (10 $\%$ NaCl) und nachfolgenden Konzentration (15 $\%$ NaCl) beobachteten Dauer ergibt. Auf eben diese Weise erkennen wir, daß eine Lösung mit $27^1/_2 \%$ Salz bei der Temperatur $\beta' = + 60^0$ das erste Kochsalz ausscheiden, und daß ihre eutektische Kristallisation ebenfalls bei — 22.4 ^{0} erfolgen wird. Der steile Anstieg der Kurve $b\beta'$ sagt bei einer solchen Anordnung der Abkühlungskurven aus, daß die Löslichkeit der Kochsalzlösung in Wasser von 0—100 ^{0} nur wenig zunimmt.

Unsere Fig. 9a beantwortet also jede Frage, die wir bezüglich des Erstarrungsvorganges einer Kochsalzlösung beliebigen Gehalts stellen können, sofern die Lösung in den untersuchten Konzentrationsbereich fällt. Wir haben dies, um es zu wiederholen, dadurch erreicht, daß wir die Abkühlungskurven in der Weise nebeneinander zeichneten, dafs die Abstände der ersten Knicke voneinander den Konzentrationsdifferenzen proportional waren. Wir können aber die Darstellung dadurch vereinfachen, daß wir die Abkühlungskurven fortlassen und nur die beiden gestrichelten Kurvenäste und die gestrichelte eutektische Gerade in unsere Figur aufnehmen. Das ist in Fig. 9b geschehen. In dieser Figur, die man als Schmelzdiagramm bezeichnet, ist keine Zeitachse mehr vorhanden, die früher als diese benutzte Abszissenachse ist jetzt zur Konzentrationsachse ge-

worden, auf der der prozentische Gehalt der Lösungen an Chlornatrium aufgetragen ist. Die Ordinatenachse wird weiterhin als
Temperaturachse benutzt. Jeder Punkt in unserem Koordinatensysteme entspricht also einer Mischung von Kochsalz und Wasser
von bestimmter Konzentration und bestimmter Temperatur; so der
Punkt a einer solchen von dem Gehalt $o\,e = 11.25\,^0/_0$ NaCl und
der Temperatur $a\,e = +\,10^0$. Die den beiden gestrichelten Kurvenästen in Fig. 9a entsprechenden Kurvenäste $A\,B$ und $B\,C$ (Fig. 9b)
werden also dadurch erhalten, daß man die Knicke b, welche auf
den Abkühlungskurven die Temperatur der beginnenden Ausscheidung
einer Kristallart angeben, für jede beobachtete Konzentration in
das Koordinatensystem einträgt und durch einen kontinuierlichen
Kurvenzug miteinander verbindet. Ebenso entsteht die eutektische
Horizontale $D\,E$ durch die Verbindung der eutektischen Haltepunkte,
die für alle Konzentrationen bei gleicher Temperatur ($-\,22.4^0$) liegen.

Diese durch Fortlassung der einzelnen Abkühlungskurven ver-
einfachte graphische Darstellung beantwortet nun ebenfalls dem mit
ihrer Deutung Vertrauten jede Frage über den Aggregatzustand einer
Kochsalzlösung beliebiger Konzentration bei beliebiger Temperatur.
Es bereitet im allgemeinen dem Anfänger Schwierigkeiten, sich an
diese Darstellungsweise zu gewöhnen, doch wird jeder, der diese
anfänglichen, übrigens nur geringfügigen Schwierigkeiten überwunden
hat, ihren außerordentlichen Vorteil, ja ihre Notwendigkeit erkennen.
Bei komplizierten Verhältnissen ist eine detaillierte, viele Seiten in
Anspruch nehmende Beschreibung nicht imstande, das klar darzu-
stellen, was ein solches Bild auf kleinem Raum ohne weiteres übersehen läßt. Es erscheint daher angezeigt, die im Anfang zu be-
handelnden einfachen Beispiele eingehend zu besprechen, selbst auf
die Gefahr hin, zuweilen auf schon Gesagtes zurückzukommen.

Die ganze von den Koordinatenachsen umgrenzte Fläche (Fig. 9b)
wird als Konzentrations-Temperaturebene bezeichnet. Sie wird durch
die auf ihr befindliche Kurve $A\,B\,C$ und die Gerade $D\,E$ in einzelne
Zustandsfelder oder kurzweg Felder (auch Gebiete genannt) geteilt.
Wir unterscheiden in unserem Schmelzdiagramm vier Felder. Feld I
oberhalb der Kurvenäste $A\,B$ und $B\,C$ ist als „Gebiet des vollständig
Flüssigen" bezeichnet, weil jede Kochsalz-Wassermischung, deren
Zustand, d. h. Konzentration und Temperatur, durch einen in dieses
Gebiet fallenden Punkt dargestellt wird, im Gleichgewichtszustande
eine homogene Flüssigkeit bildet. Das gilt z. B. für die oben er-

wähnte, durch den Punkt *a* dargestellte Mischung von 11.25 % Koch-salz und 10° C.

Das Gebiet II, welches unterhalb der eutektischen Geraden *DE* liegt, ist als „Gebiet des vollständig Kristallisierten" bezeichnet. Eine jede Kochsalz-Wassermischung, deren Temperatur und Zu-sammensetzung durch einen Punkt in diesem Gebiete gegeben ist, ist vollständig zu zwei Kristallarten (Eis- und Salzkristallen) er-starrt. Wir wissen ja auch, daß flüssige Lösungen unterhalb der eutektischen Temperatur, sofern es sich um Gleichgewichtszustände handelt, nicht mehr existenzfähig sind.

Das Gebiet III, dargestellt durch das Dreieck *ABD*, läßt durch seine Bezeichnung „Eis und Lösung" erkennen, daß eine in ihm befindliche (wie wir in bezug auf Konzentration und Temperatur nunmehr kurz sagen wollen) Mischung weder vollständig als Flüssig-keit noch im vollständig kristallisierten Zustande existenzfähig ist, sie hat sich vielmehr in Eis und eine Lösung gespalten.

Analoges gilt für das Gebiet IV, in dem jede Mischung sich in Salzkristalle und Lösung gespalten hat.

Wir können nun an der Hand unseres Diagramms beispiels-weise schon folgendes über die Veränderung einer durch den Punkt *a* (11.25 % NaCl, 10° C) dargestellten Salzlösung bei fortgesetzter Ab-kühlung aussagen. Die Mischung bleibt so lange vollständig flüssig, bis sie durch Sinken der Temperatur in das Gebiet III gekommen ist. Dies geschieht beim Überschreiten des Kurvenastes *AB*, also bei einer Temperatur von − 8° (Punkt *b*, wo die Kristallisation von Eis beginnt), und unsere Salzmischung besteht so lange aus reinem Eis und einer mit sinkender Temperatur immer konzentrierter werdenden Salzlösung, bis diese bei − 22.4° die Grenzkonzentration 23 % NaCl erreicht hat. Wir befinden uns jetzt auf der eutektischen Horizontalen *DE*, auf der die Mischung aus Eiskristallen, Salzkri-stallen und Lösung besteht. Haben wir die eutektische Horizontale überschritten, so sind wir in das Gebiet des vollständig Kristalli-sierten gelangt, wo unsere Mischung nur noch aus einem Gemenge von Eis- und Salzkristallen besteht.

Ebenso befindet sich eine durch den Punkt *f* (26.25 % NaCl, 75° C) dargestellte Salzlösung im Gebiete des vollständig Flüssigen. Sinkt die Temperatur, so bleibt sie so lange flüssig, bis sie durch Überschreiten des Kurvenastes *BC* in das Gebiet IV gekommen ist. Von nun an besteht sie so lange aus Kochsalzkristallen und einer mit sinkender Temperatur immer verdünnter werdenden Lösung, bis diese wiederum die Grenzkonzentration 23 % NaCl und damit die Temperatur der eutektischen Horizontalen DE erreicht hat, auf der als neue Kristallart das Eis hinzutritt. Nach Überschreitung der eutektischen Horizontalen haben wir es auch hier mit einem Gemenge von Kochsalz- und Eiskristallen zu tun.

Die aus den beiden Ästen[1] AB und BC bestehende Kurve ABC wird als Schmelzkurve bezeichnet, sie verbindet die Punkte der beginnenden Ausscheidung einer Kristallart miteinander und ist eine Kurve unvollständigen Gleichgewichts. Der Ast AB entspricht dem unvollständigen Gleichgewicht zwischen Eis und Salzlösung, er gibt für jede Konzentration zwischen 0 und 23 % Kochsalz die Temperatur an, bei welcher die erste Eisausscheidung stattfindet, und umgekehrt gibt er natürlich für jede Gefriertemperatur den Kochsalzgehalt der Lösung an, welche sich bei dieser Temperatur mit Eis im unvollständigen Gleichgewichte befindet. Unvollständig heißt das durch diesen Kurvenast dargestellte Gleichgewicht, wie wir wissen, deshalb, weil sich beim Fortschreiten der Reaktion die Konzentration einer Phase, in unserem Falle der Lösung, kontinuierlich ändert. Das hierdurch bewirkte beständige Sinken der Gefriertemperatur findet längs des Kurvenastes AB statt und wird somit ebenfalls durch denselben wiedergegeben. Wir können uns dies an unserem Beispiele der Kochsalzlösung mit 11.25 % NaCl leicht klar machen. Ist die Temperatur bis zum Schnittpunkte $b = -8^0$ der von a auf die Konzentrationsachse gefällten, gestrichelt gezeichneten Senkrechten mit dem Kurvenast AB gefallen, so stellt b in unserem Koordinatensysteme eben eine Kochsalz-Wassermischung dar, welche die Konzentration 11.25 % Chlornatrium und eine Temperatur von -8^0 hat. Es findet bei dieser Temperatur die erste Ausscheidung von Eis aus der bis dahin homogenen Lösung statt. Würden wir nun die Temperatur unseres Systems konstant halten, so könnte, nachdem sich die erste Spur Eis ausgeschieden hat, keine weitere Kristallisation stattfinden, da ja durch die Ausscheidung des Eises die Lösung konzentrierter wird und ihr Gefrierpunkt dadurch sinkt. Es ist hier vielleicht der Ort, um nochmals auf den Unterschied zwischen vollständigem und unvollständigem Gleichgewicht hinzuweisen. Haben wir ein vollständiges Gleichgewicht, indem wir etwa statt der Salzlösung reines Wasser

---

[1] Als Äste einer Kurve bezeichnen wir die Stücke, die durch einen Punkt (in diesem Falle B) voneinander getrennt sind, in welchem die Kurve ihre Richtung diskontinuierlich, d. h. plötzlich ändert.

nehmen, so können wir, wenn wir die Temperatur 0^0 konstant halten, nach Belieben das ganze System in den kristallisierten oder flüssigen Zustand überführen, oder, wie man auch sagt, den Vorgang isotherm leiten. Um z. B. das System vollständig gefrieren zu lassen, können wir es in einen Raum von 0^0 bringen und brauchen nur dafür zu sorgen, daß die durch die Kristallisation frei werdende Wärme auf irgend eine Weise abgeführt wird. Umgekehrt können wir reines Eis vollständig bei 0^0 zum Schmelzen bringen, wenn wir nur in irgend einer Weise die durch das Schmelzen gebundene Wärme dem Systeme zuführen. Ja es gelingt, wie wir wissen, nicht einmal, einem aus reinem Eis und reinem Wasser zusammengesetzten Systeme eine höhere resp. niedrigere Temperatur als 0^0 zu erteilen, ehe alles Eis geschmolzen oder alles Wasser gefroren ist. Bei einem im unvollständigen Gleichgewichte befindlichen System ist es im Gegensatz hierzu nicht möglich, bei konstant gehaltenem Drucke die Reaktion bei konstanter Temperatur nach der einen oder der anderen Richtung vor sich gehen zu lassen. Wir können die 11.25 %ige Kochsalzlösung bei $- 8^0$ nicht vollständig zum Gefrieren bringen, auch dann nicht, wenn wir dafür Sorge tragen, die durch das Gefrieren frei werdende Wärme abzuführen. Die durch die Ausscheidung der ersten Eiskristalle angereicherte Kochsalzlösung gefriert eben erst bei einer tieferen Temperatur als $- 8^0$.

Der Verlauf des Kurvenastes AB gibt uns nun vollständige Auskunft darüber, wie die weitere Kristallisation der 11.25 %igen Salzlösung vor sich geht. Wir sehen, seinem Verlaufe folgend, daß, wenn die Lösung durch das Ausfrieren des Eises auf $12^1/_2$ % resp. 15 % konzentriert ist, ihre Gefriertemperatur auf $- 9.5^0$ resp. $- 12.2^0$ gesunken ist. Der Punkt B ($= 23$ % NaCl und $- 22.4^0$ C) ist der Endpunkt unseres Kurvenastes unvollständigen Gleichgewichts und liegt auf der eutektischen Horizontalen DE, auf der durch die neu hinzutretenden Kochsalzkristalle ein vollständiges Gleichgewicht eintritt.

Aus dem Obigen geht schon hervor, daß unser Diagramm auch über die quantitativen Verhältnisse Auskunft geben muß. Da wir schon von vornherein wissen, daß in den Gebieten I und II alles flüssig resp. alles kristallisiert ist, so hat eine Frage danach natürlich nur Sinn für die Gebiete III und IV. Wir wollen wieder beim Beispiel unserer 11.25 %igen Salzlösung bleiben und stellen etwa die Frage: Wie groß ist die Menge Eis, die eine 11.25 %ige Lösung bei einer bestimmten Temperatur, sagen wir $- 15^0$ C, ausgeschieden

hat? Wir sehen aus unserem Diagramm, daß eine im Abstand
— 15° zur Konzentrationsachse gezogene Paralle cd den Kurvenast
AB im Punkte d schneidet, der einer Konzentration von 18 % NaCl
entspricht, daß also die Konzentration einer, und zwar der einzigen
Lösung, die bei — 15° mit Eis im Gleichgewicht ist, 18 % NaCl
beträgt. Daher ist unsere ursprünglich 11.25 %ige Lösung bei — 15°
auf 18 % konzentriert, und wir brauchen nur zu berechnen, wie
viel Wasser wir einer 11.25 %igen Lösung entziehen müssen, um sie
auf 18 % zu konzentrieren.

Setzen wir die Menge der anfangs vorhandenen Lösung gleich
100 Gewichtsteilen, so haben wir darin 11.25 Gewichtsteile Salz,
aus denen wir nach der Proportion

$$11.25 : x = 18 : 100$$
$$x = \frac{1125}{18} = 62.5$$

62.5 Gewichtsteile 18 %ige Lösung herstellen können.

Zu diesem Zwecke müssen wir ihr 37.5 Gewichtsteile Wasser
in Form von Eis entziehen.

Unsere 11.25 %ige Lösung ist mithin bei — 15° in 37.5 %
Eis und 62.5 % 18 prozentige Salzlösung zerfallen.

Das Schmelzdiagramm gibt uns also, trotzdem es die Abkühlungskurven nicht enthält, Auskunft über alle Fragen, die man
betreffs des Aggregatzustandes einer im Gleichgewichte befindlichen
Kochsalz-Wassermischung von beliebiger Konzentration und beliebiger Temperatur, Atmosphärendruck vorausgesetzt, stellen kann.
Hiernach ist der Zustand einer abkühlenden Mischung bekannter
Konzentration, die durch die Punkte einer zur Temperaturachse
Parallelen dargestellt wird, für jede Temperatur gegeben. Auch
die relativen Mengen des Eutektikums [1] in den vollständig erstarrten Mischungen lassen sich für jede Konzentration aus dem
Diagramm entnehmen. Diese Menge ist bei der Konzentration B
(= 23 %), wo ja die ganze Lösung als Eutektikum kristallisiert, gleich 1.
Es ist klar, daß eine gleiche Menge Lösung von der Konzentration
$\frac{B}{2}$ = 11.50 % nur halb soviel einer 23 %igen Lösung liefern kann,
daß also bei einem solchen Gemische die Menge des Eutektikums

---

[1] Unter relativer Menge oder kurzweg Menge des Eutektikums ist hier
seine Menge bezogen auf das Substanzgewicht 1 zu verstehen oder die Menge
des Eutektikums dividiert durch die Gesamtmenge der Substanz.

$\frac{1}{2}$ beträgt. Allgemein ist für Konzentrationen zwischen 0 und B die relative Menge des Eutektikums bei einer Konzentration $\frac{m}{n} B$ gleich $\frac{m}{n}$, wobei nach Voraussetzung $\frac{m}{n} < 1$ ist, (d. h. die betreffende Konzentration muß wirklich zwischen 0 und B liegen). In Übereinstimmung damit ist bei der Konzentration 0, d. h. bei reinem Wasser, die Menge des Eutektikums ebenfalls 0. Man nennt eine solche Abhängigkeit eine lineare und sagt: „die relative Menge des Eutektikums ist bei Konzentrationen zwischen 0 und 23 % eine lineare Funktion der Konzentration". In unserem Diagramm ist das dadurch veranschaulicht, daß auf der Konzentrationsachse als Grundlinie Senkrechte errichtet sind, deren Längen den relativen Mengen des Eutektikums bei den verschiedenen Konzentrationen proportional sind. Eine Verbindungslinie der Endpunkte dieser Senkrechten ist, wie man sieht, eine gerade Linie (daher die Bezeichnung „linear") und schneidet die als Grundlinie benutzte Konzentrationsachse bei 0 %, also bei reinem Wasser. Eine ganz analoge Beziehung muß natürlich auch bei Konzentrationen größer als B gelten. Auch in diesem Gebiete muß die Menge des Eutektikums vom Maximum 1 in B bis zur Konzentration 100 (= reines Kochsalz), wo sie ebenfalls null wird, linear abnehmen.

Führt man die Versuche stets mit gleichen Gewichtsmengen aus, so müssen die bei der eutektischen Kristallisation frei werdenden Wärmemengen, und unter Annahme gleicher idealer Abkühlungsbedingungen (s. S. 17) auch die Längen der eutektischen Haltezeiten auf den Abkühlungskurven dieselbe lineare Abhängigkeit von der Konzentration zeigen.

An und für sich wäre es, da die Menge des Eutektikums für jede Konzentration durch das Diagramm ohne weiteres gegeben ist, nicht notwendig, sie nochmals in dasselbe aufzunehmen. Da aber, worauf zuerst TAMMANN[1] hingewiesen hat, die Beobachtung der Länge der eutektischen Haltezeiten ein außerordentlich wichtiges Hilfsmittel für die Ausarbeitung des Schmelzdiagramms bietet, so wollen wir sie stets in demselben darstellen.

---

[1] TAMMANN, Über die Ermittelung der Zusammensetzung chemischer Verbindungen ohne Hilfe der Analyse. *Z. anorg. Chem.* 37 (1903), 303. Die Anwendung der thermischen Analyse in abnormen Fällen. *Z. anorg. Chem.* 45 (1905), 24. Über die Anwendung der thermischen Analyse III. *Z. anorg. Chem.* 47 (1905), 289.

Unser Schmelzdiagramm des Systems Wasser-Kochsalz ist insofern ein unvollständiges, als es nur bis zu einer Konzentration
von ca. 30 % Kochsalz aufgenommen ist. Der Grund liegt darin,
daß es des niedrigen Siedepunktes des Wassers wegen nicht möglich
ist, bei Atmosphärendruck zu höheren Konzentrationen zu gehen.

2. Mengenverhältnis beim Zerfall in zwei Phasen.

(Die Hebelbeziehung.)

Wir konnten aus der durch das Schmelzdiagramm (Fig. 9 b) unmittelbar gegebenen Kenntnis der Konzentrationen c und d der zwei
Phasen, aus denen eine Wasser-Kochsalzmischung g im Gleichgewichtszustande besteht, auf das Mengenverhältnis dieser beiden Phasen
schließen. Wir wollen jetzt den folgenden allgemeinen Fall behandeln. Ein System bestehe aus den beiden Stoffen A und B.

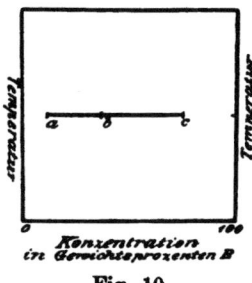

Fig. 10.

Wir drücken die Konzentration in Gewichtsprozenten B aus. Eine
Mischung von der Konzentration b enthält demnach in 100 g b g des
Stoffes B. Eine solche Mischung sei bei der Temperatur t in ho-
mogenem Zustande nicht existenzfähig, sondern habe sich in zwei
Phasen von den resp. Konzentrationen a und c gespalten. Es ist das
Mengenverhältnis dieser beiden Phasen $\dfrac{M_a}{M_c}$ zu ermitteln.

Wir veranschaulichen uns die Verhältnisse graphisch in der
schon erörterten Weise durch Fig. 10. Die Abszissenachse ist die
Konzentrationsachse; wir tragen auf ihr von links nach rechts fortschreitend den Prozentgehalt der Mischung an B auf. Dadurch ist
natürlich auch der Gehalt an A bestimmt, insbesondere bedeutet die
Konzentration 0 reines A, die Konzentration 100 reines B. Die

Ordinatenachse wählen wir wieder als Temperaturachse, auf der wir von unten nach oben fortschreitend die Temperatur in Celsiusgraden auftragen. (Der Übersichtlichkeit wegen errichtet man die Temperaturachse gewöhnlich in den beiden Endpunkten der Konzentrationsachse.)

Nehmen wir an, die Gesamtmenge der vorhandenen Mischung betrage 100 g. Sind dann im Gleichgewichtszustande x g der Phase von der Konzentration a vorhanden, so beträgt die Menge der Phase von der Konzentration c $(100 - x)$ g.

Die x g der Phase von der Konzentration a enthalten nun

$$\frac{x}{100} a \text{ g des Stoffes } B.$$

Die $(100 - x)$ g der Phase von der Konzentration c enthalten

$$\frac{100 - x}{100} c \text{ g des Stoffes } B.$$

Die Gesamtmenge des Stoffes B ist durch den Prozentgehalt b der zerfallenen Mischung und ihre zu 100 g angenommene Menge gegeben. Wir erhalten daher

$$\frac{x}{100} a + \frac{100 - x}{100} c = b.$$

Daraus ergibt sich die Menge x der Phase a in Gramm pro 100 g, also in Prozenten:

$$x = 100 \frac{(c - b)}{c - a} = M_a.$$

Die Menge der Phase c in Prozenten erhält man zu

$$100 - x = 100 \frac{(b - a)}{c - a} = M_c.$$

Daraus ergibt sich

$$\frac{M_a}{M_c} = \frac{c - b}{b - a} = \frac{b\,c}{a\,b}.$$

In der graphischen Darstellung Fig. 10 ist nämlich die Konzentrationsdifferenz $c - b$ gleich der Strecke $b\,c$, $b - a$ gleich der Strecke $a\,b$.

Betrachten wir $a\,b\,c$ als ungleicharmigen Hebel mit dem Stützpunkt in b und denken uns in den Endpunkten a und c die resp.

Massen M_a und M_c aufgehängt, so lautet bekanntlich die Gleichgewichtsbedingung

$$M_a \cdot a\,b = M_c \cdot b\,c.$$

In diesem Verhältnisse hat sich also die Spaltung der Mischung b
vollzogen. Wir werden von dieser einfachen Beziehung, die wir die
„Hebelbeziehung" nennen wollen, häufig Gebrauch machen.

3. Allgemeiner Fall.

Gesetzt, wir haben zwei Stoffe A und B, die der Einfachheit
halber Elemente sein sollen. Ihre resp. Schmelzpunkte in Celsiusgraden wollen wir ebenfalls mit A und B bezeichnen. Unsere
Voraussetzungen sind, daß die beiden Elemente im flüssigen Zustande
vollständige, im kristallisierten Zustande keine Mischbarkeit miteinander besitzen sollen, daß sie keine polymorphe Umwandlung zeigen,
und daß zwischen ihnen eine Verbindung nicht existiert. Wir wollen
das Schmelzdiagramm für diesen allgemeinen Fall kennen lernen.
Wir stellen die Konzentration in Gewichtsprozenten B und die Temperatur in Graden Celsius in Fig. 11a in der bekannten Weise
graphisch dar.

Lösen wir in einer großen Menge von geschmolzenem A eine
geringe Menge von B und lassen die Schmelze kristallisieren, so kristallisiert A, und zwar, wegen der Nichtmischbarkeit im kristallisierten
Zustande, reines A aus. Nach dem Gesetze der Schmelzpunktserniedrigung beginnt diese Ausscheidung aber erst unterhalb des
Schmelzpunkts von reinem A. Ferner findet sie, da wir es hier mit
einem unvollständigen Gleichgewichte zu tun haben, nicht bei konstanter Temperatur statt. Es bedarf vielmehr, um immer weitere
Mengen von A auskristallisieren zu lassen, einer fortwährenden Erniedrigung der Temperatur, wobei sich die im Gleichgewichte mit
reinem A befindliche Schmelze beständig an B anreichert. Diese
Verhältnisse sind bei der Kristallisation einer Kochsalzlösung ausführlich besprochen; es folgt daraus, daß die erste Ausscheidung
von A bei einer um so niedrigeren Temperatur erfolgt, je größer
der Zusatz von B ist. Wenn wir also in unser Koordinatensystem
die Temperaturen der beginnenden Ausscheidung von A aus einer
A und B enthaltenden Schmelze für verschiedene Konzentrationen
eintragen und diese Punkte durch einen kontinuierlichen Linienzug
verbinden, so erhalten wir eine Kurve, über deren Gestalt wir nach

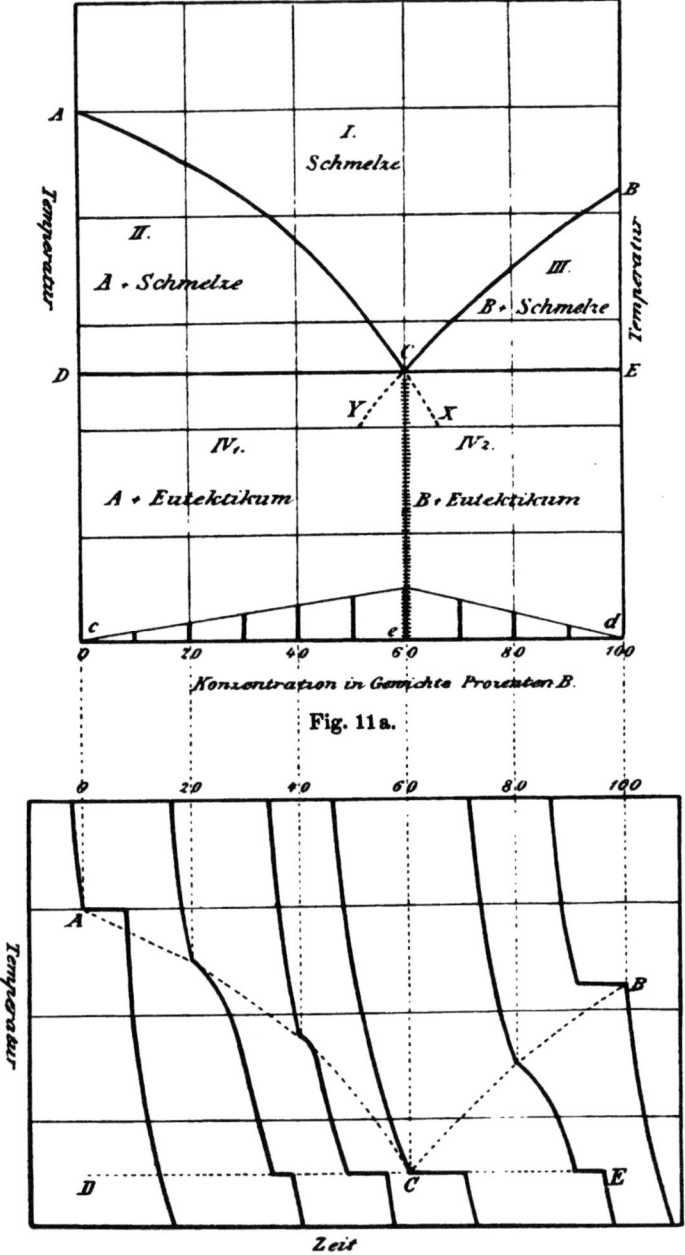

Fig. 11a.

Fig. 11b.

obigem aussagen können, daß sie mit wachsender Konzentration von
B zu tieferen Temperaturen geht. Diese Kurve sei *A X*.

A und *B* sind die zwei unabhängigen Bestandteile unseres
Systemes und als solche vollkommen gleichberechtigt. Nach dem
Satz von der Gefrierpunktserniedrigung wird auch der Schmelzpunkt
von *B* durch Zusatz von *A* erniedrigt. Fügen wir also zu einer
großen Menge von *B* wenig *A* hinzu und lassen die Schmelze kristallisieren, so scheidet sich reines *B* aus, ebenfalls bei einer unterhalb
des Schmelzpunktes des reinen *B* liegenden Temperatur und ebenfalls nicht bei konstanter Temperatur. Der Schmelzpunkt von *B*
wird durch vergrößerten Zusatz von *A* immer weiter erniedrigt, und
eine Kurve, die die Temperaturen der beginnenden Ausscheidung
von *B* aus einer *A* und *B* enthaltenden Schmelze für verschiedene
Konzentrationen miteinander verbindet, hat demnach die Eigenschaft,
daß sie mit wachsender Konzentration von *A*, also abnehmender
Konzentration von *B*, nach der wir hier rechnen, zu tieferer Temperatur geht. Diese Kurve sei *B Y*.

. Die beiden Kurven *A X* und *B Y*, auf denen in jedem Punkte
eine Kristallart *A* oder *B* im Gleichgewichte mit einer Schmelze
ist, schneiden sich in irgend einem Punkte *C* unseres Konzentrations-
Temperaturdiagramms, der jedenfalls tiefer liegt als die Schmelzpunkte
der beiden Komponenten. In diesem Schnittpunkte, als einem beiden
Kurven angehörenden Punkte, müssen beide Kristallarten, *A* und *B*,
im Gleichgewichte mit der Schmelze sein. Wir können über das
Verhalten der Schmelze von der dem Punkte *C* entsprechenden
Zusammensetzung folgendes aussagen: Bei höheren Temperaturen,
als dem Punkt *C* entspricht, ist die Schmelze vollkommen flüssig,
da ein Überschreiten der die Temperaturen der beginnenden Ausscheidung einer Kristallart verbindenden Kurven *A X* und *B Y* erst
in *C* stattfindet. Ist die Temperatur aber bis *C* gesunken, so werden
beide Kurven gleichzeitig überschritten. In *C* muß also, Gleichgewichtszustand vorausgesetzt, die Ausscheidung beider Kristallarten,
sowohl des Stoffes *A* als auch des Stoffes *B* gleichzeitig einsetzen,
und zwar in solchem Maße, daß die Zusammensetzung der Schmelze
dadurch nicht geändert wird. Denn die Schmelze von der Zusammensetzung *C* ist bei der Temperatur *C* im Gleichgewicht mit
beiden Kristallarten, also mit beiden Stoffen gesättigt. Daher muß
die Ausscheidung einer bestimmten Menge des Stoffes *A* wegen der
dadurch bewirkten Verringerung des Lösungsmittels für *B*, als welches
wir *A* ansehen können, eine entsprechende Menge von *B* zur Aus-

scheidung bringen und umgekehrt. Wir haben also hier wieder ein vollständiges Gleichgewicht vor uns. Bei der Kristallisation vermehrt sich die Menge der beiden Kristallarten und vermindert sich die Menge der Schmelze, aber keine der Phasen ändert ihre Zusammensetzung. Daher erstarrt eine Schmelze von der C entsprechenden Zusammensetzung bei der durch C dargestellten Temperatur wie ein einheitlicher Körper. Wir erkennen ohne weiteres, daß der Punkt C das Eutektikum der beiden Stoffe A und B darstellt.

Die S. 39 als erfahrungsmäßig hingenommene Tatsache, daß der Schmelzpunkt eines reinen Stoffes durch Zusatz eines zweiten nicht unter eine bestimmte Grenze erniedrigt werden kann, ergibt sich bei dieser Betrachtung als notwendige Folgerung der Schmelzpunktserniedrigung beider Komponenten. Gleichgewichtszustand vorausgesetzt ist die Existenz eines auch nur teilweise flüssigen Gemisches aus A und B bei tieferer Temperatur, als C entspricht, nicht möglich. Dennoch hat die gestrichelte Fortführung der beiden Kurven über C hinaus eine gewisse praktische Bedeutung. Es wird auf Abkühlungskurven nicht selten beobachtet, daß sich die Ausscheidung der zweiten Kristallart, die ja in C einsetzen muß, verzögert, wodurch sich die Fortsetzung einer oder auch beider Kurven über C hinaus verwirklichen läßt. Solche Systeme stellen aber unterkühlte, also nicht im Gleichgewichte befindliche Systeme vor, die nach einiger Zeit von selbst unter Temperaturerhöhung in den stabilen Zustand übergehen. Wie bisher, so sehen wir auch fernerhin von derartigen Unterkühlungserscheinungen ab.

Unser Diagramm sagt also folgendes aus:

1. Alle Schmelzen der Konzentrationen zwischen 0 und C scheiden bei der Erstarrung zunächst reines A aus und reichern sich dadurch unter beständigem Sinken der Temperatur so lange an B an, bis der Rest der Schmelze die Zusammensetzung des Eutektikums C erreicht hat. Dieser Rest kristallisiert dann bei der konstanten Temperatur C.

2. Alle Schmelzen der Konzentrationen zwischen C und 100 scheiden bei der Kristallisation zuerst reines B aus und reichern sich dadurch unter beständigem Sinken der Temperatur so lange an A an, bis der Rest der Schmelze ebenfalls die Zusammensetzung des Eutektikums C erreicht hat, um gleichfalls bei der konstanten Temperatur C zu kristallisieren.

3. Eine Schmelze von der Zusammensetzung C kristallisiert bei der konstanten Temperatur C und scheidet dabei gleichzeitig A und

B in den durch die Zusammensetzung *C* gegebenen Verhältnissen aus. Die durch den eutektischen Punkt *C* gelegte, sich über das ganze Konzentrationsgebiet erstreckende eutektische Horizontale *D E* deutet das Auftreten der eutektischen Kristallisation bei allen Mischungen von *A* und *B* an. Was die relative Menge des Eutektikums anbetrifft, so hat diese ihr Maximum (gleich 1) bei der Konzentration *C*, da bei dieser Konzentration die gesamte Schmelze eutektisch erstarrt. Bei den Konzentrationen 0 und 100 (reines *A* und *B*) beträgt sie null, da zur Bildung des Eutektikums beide Stoffe erforderlich sind. Bei Konzentrationen zwischen 0 und *C* ist sie dem Gehalt an *B*, zwischen *C* und 100 dem Gehalt an *A* proportional, da im ersten Falle, wo *A* sich zuerst abscheidet, alles *B*, im letzten Falle, wo *B* sich zuerst abscheidet, alles *A* bis zuletzt geschmolzen bleibt und daher zur Bildung des Eutektikums verwendet wird. Die Menge des Eutektikums muß also von der Konzentration *C* ab sowohl nach reinem *A* (Konzentration 0) als auch nach reinem *B* (Konzentration 100) linear abnehmen. Dies ist in der früher beschriebenen Weise im Diagramm zum Ausdruck gebracht. Auf der Konzentrationsachse als Grundlinie sind bei den entsprechenden Konzentrationen Senkrechte errichtet, deren Längen der relativen Menge des Eutektikums proportional sind. Wie man sieht, hat diese Menge bei *C* ihr Maximum. Verbindet man die Endpunkte der Senkrechten miteinander, so erhält man zwei Gerade, die die Konzentrationsachse bei 0 % und 100 % schneiden.

Nimmt man zu den Abkühlungsversuchen stets gleiche Mengen von Substanz, so sind auch die bei der eutektischen Kristallisation frei werdenden Wärmemengen den Längen dieser Senkrechten proportional. Läßt man ferner die Abkühlung in allen Fällen in gleicher Weise vor sich gehen, so ergibt sich unter Zugrundelegung der von uns angenommenen idealen Abkühlungsbedingungen auch für die Längen der eutektischen Haltezeiten die gleiche Beziehung.

4. Das Nullwerden des Eutektikums bei den Konzentrationen 0 und 100 bringt zum Ausdruck, daß die reinen Stoffe *A* und *B* bei konstanter Temperatur kristallisieren.

Wir können also, wenn wir die Schmelzpunkte der beiden Komponenten *A* und *B* und ihre Mischungswärmen kennen, rückwärts aus unserm Diagramme die Abkühlungskurven konstruieren. Allerdings müssen wir zu dem Zwecke auch die Abkühlungsbedingungen z. B. die Konvergenztemperatur usw. kennen. In Fig. 11 b wird ein angenähertes Bild der Abkühlungskurven für die beiden reinen

Stoffe und vier Zwischenkonzentrationen gegeben unter der Annahme, daß die Schmelzwärme der beiden Stoffe ungefähr die gleiche und die Mischungswärme zu vernachlässigen ist. Die Abkühlungskurven sind wiederum in der Weise angeordnet, daß die Abstände der ersten Knicke voneinander den Differenzen der Konzentrationen, für welche sie gelten, proportional sind. Umgekehrt kann man natürlich an diesem Beispiel nochmals sehen, in welcher Weise das Schmelzdiagramm aus den experimentell ermittelten einzelnen Abkühlungskurven hervorgeht.

Unsere Schmelzkurve ACB (Fig. 11a), welche die Temperaturen des Beginns der Ausscheidung einer Kristallart miteinander verbindet, ist, wie wir schon wissen, eine Kurve unvollständigen Gleichgewichts. Längs des Kurvenastes AC scheidet sich die Kristallart A aus der kristallisierenden Schmelze aus. Wir entnehmen aus seinem Verlaufe die gesuchte Temperatur, bei der eine Schmelze bestimmter Konzentration mit kristallisiertem A im Gleichgewicht ist und ebenso natürlich die gesuchte Konzentration einer Schmelze, die bei einer bestimmten Temperatur mit kristallisiertem A im Gleichgewicht ist, d. h. zu erstarren beginnt. Das Analoge gilt für den Kurvenast BC, auf dem sich die Kristallart B aus der erkaltenden Schmelze ausscheidet. Auf der eutektischen Horizontalen DE herrscht vollständiges Gleichgewicht zwischen den beiden Kristallarten A und B und der Schmelze von der Zusammensetzung C.

Das Konzentrations-Temperaturdiagramm wird durch die Schmelzkurve und die eutektische Horizontale in vier Zustandsfelder geteilt.

Das Zustandsfeld I oberhalb der Schmelzkurve ACB ist das Gebiet des vollständig Flüssigen oder auch das Gebiet der Schmelze, wie man kurzweg sagt.

Im Zustandsfelde II, dargestellt durch das Dreieck ACD, befindet sich die längs des Kurvenastes AC (wie wir zur Beschreibung der Konzentrationsänderung der Schmelze bei fallender Temperatur kurz sagen wollen) ausgeschiedene Kristallart A im Gleichgewichte mit der Schmelze. Die Frage nach der Menge der ausgeschiedenen Kristallart A und der Menge der damit im Gleichgewichte befindlichen Schmelze für einen beliebigen Punkt innerhalb dieses Zustandsfeldes wird durch die Hebelbeziehung (s. S. 53) beantwortet.

Im Zustandsfelde III, dargestellt durch das Dreieck BCE, befindet sich die längs des Kurvenastes BC ausgeschiedene Kristallart B im Gleichgewichte mit der Schmelze.

Das Zustandsfeld IV unterhalb der eutektischen Geraden DE ist das Gebiet des vollständig Kristallisierten und enthält die beiden Kristallarten A und B. Wegen der weiter unten zu besprechenden mikroskopischen Struktur der Legierungen, deren Untersuchung sich aus experimentellen Gründen im allgemeinen naturgemäß auf die vollständig erstarrten Schmelzen (die sich also in unserm Diagramme unterhalb DE im Zustandsfelde IV befinden) beschränkt, ist dieses Gebiet durch eine durch C gehende, der Temperaturachse parallele, durchstrichene Linie Ce in zwei Teile, nämlich IV_1 und IV_2 geteilt. Bei metallographischen Untersuchungen wird nämlich das Eutektikum als ein einziges besonderes Strukturelement betrachtet. In der Tat bietet es dem Auge bei nicht zu starker Vergrößerung im allgemeinen den Anblick eines völlig homogenen Gebildes. Erst bei entsprechend starker Vergrößerung erkennt man, daß es aus zwei verschiedenen Kristallarten besteht, die merkwürdigerweise häufig in Form feiner Lamellen, oft auch in Form kleiner, unregelmäßiger Körner nebeneinander angeordnet sind. Den Grund für das die scheinbare Homogenität bewirkende kleinkristallinische Gefüge des Eutektikums erkennen wir unschwer in der Art seiner Kristallisation. Denn sobald sich eine geringe Menge von A ausgeschieden hat, ist die Schmelze an dieser Stelle in bezug auf B übersättigt und läßt infolgedessen unmittelbar darauf und daneben die entsprechende Menge B auskristallisieren. Nun hat sich auf der A-reichen Seite, also bei Konzentrationen zwischen 0 und C, zuerst reines A ausgeschieden, und zwar so lange, bis die Schmelze sich an B bis zur Konzentration C, bei der vollkommene eutektische Kristallisation stattfindet, angereichert hatte. Demgemäß müssen in erstarrten Schmelzen des Gebietes IV_1 primär ausgeschiedene Kristalle von A vorhanden sein, welche in das zuletzt erstarrte Eutektikum eingebettet sind. Das Gebiet IV_1 ist daher, wenn man das Eutektikum als einheitliches und besonderes Strukturelement ansieht, als das Gebiet der Kristallart A und des Eutektikums zu bezeichnen. In analoger Weise ergibt sich die Bezeichnung des rechts von der durchstrichenen Linie liegenden Gebietes IV_2, in welchem primär ausgeschiedene Kristalle von B, umgeben von Eutektikum, vorhanden sein müssen, als Gebiet der Kristallart B und des Eutektikums.

Wir haben hier, von einigen allgemeinen Erfahrungstatsachen ausgehend, die Form des Schmelzdiagramms für ein Zweistoff-System abgeleitet, wenn beide Stoffe keine polymorphen Umwandlungen erleiden, keine Verbindungen miteinander bilden und im flüssigen Zustande vollständige, im kristallisierten Zustande keine Mischbarkeit miteinander zeigen. Die charakteristischen Eigenschaften unseres Schmelzdiagramms sind, um es zu wiederholen, folgende:

1. Die Schmelzkurve besteht aus nur zwei Ästen $A\,C$ und $B\,C$.

2. Es findet sich nur eine eutektische Horizontale, die durch den Schnittpunkt C der beiden Äste der Schmelzkurve geht.

3. Die eutektische Horizontale durchschneidet das ganze Diagramm, endet also erst bei den Konzentrationen 0 und 100 (den reinen Stoffen). Errichtet man auf der Konzentrationsachse als Grundlinie in den verschiedenen Konzentrationen Senkrechte, deren Längen den relativen Mengen des Eutektikums bei den betreffenden Konzentrationen proportional sind und verbindet die Endpunkte dieser Senkrechten miteinander, so erhält man 2 gerade Linien, die sich bei der Konzentration C untereinander, und welche die Grundlinie bei den Konzentrationen 0 und 100 schneiden.

Bei der Betrachtung der anderen Fälle bezüglich des Verhaltens der Elemente zueinander werden wir sehen, daß ein solches Schmelzdiagramm nur für ein Zweisto.`-System Gültigkeit haben kann, wenn die obigen Voraussetzungen erfüllt sind.

Haben wir nun das Verhalten zweier Elemente zueinander mit Hilfe der thermischen Analyse, d. h. durch Aufnahme der Abkühlungskurven der reinen Elemente und ihrer Mischungen in verschiedenen Verhältnissen, sagen wir von 10 zu 10 $^0/_0$ fortschreitend, untersucht, und finden wir in dem auf Grund dieser Abkühlungskurven entworfenen Schmelzdiagramme die charakteristischen Eigenschaften unseres hergeleiteten Schmelzdiagrammes wieder, so können wir umgekehrt folgende Schlüsse ziehen:

1. Die Elemente zeigen im flüssigen Zustande vollkommene, im kristallisierten Zustande keine Mischbarkeit.

2. Sie zeigen keine polymorphe Umwandlung, wenigstens keine, die mit genügender Wärmetönung verbunden ist, um sie unter den gegebenen Bedingungen nachweisen zu können.

3. Sie bilden keine chemischen Verbindungen miteinander oder vielmehr richtiger gesagt, sie verbinden sich unter den vorhandenen Versuchsbedingungen, d. h. beim Zusammenschmelzen bei der betreffenden Temperatur nicht in thermisch nachweisbarer Menge miteinander. Diese letzte Einschränkung ist notwendig. Denn angenommen etwa, man hätte es unternommen, das Schmelzdiagramm

von flüssigem Wasserstoff und Sauerstoff auszuarbeiten, so würde man auf Grund der Abkühlungskurven zu dem Resultate kommen, daß keine Verbindung zwischen beiden Elementen existiert, während in Wirklichkeit nur die Reaktionsgeschwindigkeit bei dieser niedrigen Temperatur und auch noch bei der gewöhnlichen, hoch über dem Siedepunkte beider Elemente liegenden Temperatur zu gering ist, um nachweisbare Mengen von Wasser entstehen zu lassen. Das Auftreten solcher Verhältnisse ist natürlich auch bei Metallen nicht ausgeschlossen und wird von Tammann [1] bei den Aluminium-Antimonlegierungen vermutet. Ebenso ist es natürlich auch möglich, daß zwei Elemente eine Verbindung miteinander bilden, die nur bei tieferer Temperatur, noch unterhalb des eutektischen Punktes beider Komponenten, bestehen kann (s. S. 136, Fig. 29).

Wenn wir unsere Schlußfolgerungen in dieser Weise und gleichzeitig auf das Temperaturgebiet beschränken, auf das sich unsere Untersuchung erstreckt, so sind die aus dem Schmelzdiagramme gezogenen Schlüsse bündig. Es sei übrigens darauf hingewiesen, daß jeder Befund, der ein negatives Ergebnis, in unserem Falle also die Nichtexistenz von Verbindungen hat, analoger Einschränkungen bedarf. Im Gegensatz hierzu bedürfen positive Ergebnisse, z. B. der Nachweis einer Verbindung, solcher Einschränkungen natürlich nicht.

In jedem Falle aber erscheint es wünschenswert, die Aussagen des Schmelzdiagrammes, so unantastbar sie auch sind, noch auf andere Weise zu prüfen. Das wertvollste Hilfsmittel hierzu ist die Untersuchung der Struktur der erstarrten Legierungen. Sie ist daher von größter Wichtigkeit. Besonders in solchen Fällen, in denen die Ergebnisse der thermischen Untersuchung nicht hinreichend sind, um ein einwandfreies Schmelzdiagramm auszuarbeiten, liefert die Struktur der Legierungen häufig den Schlüssel zur vollständigen Aufklärung. Die Untersuchung geschieht in der Weise, daß man die erstarrten Reguli anschleift und die geschliffenen Flächen auf Spiegelglanz poliert. Zuweilen lassen sich schon ohne weiteres aus dem Aussehen der polierten Schliffe Schlüsse ziehen, beispielsweise, wenn sich die einzelnen Gefügebestandteile durch ihre Farbe unterscheiden. Gewöhnlich ist eine weitere Behandlung, welche auf dem verschiedenen chemischen Verhalten der einzelnen Bestandteile, wie ihrer verschiedenen Widerstandsfähigkeit gegen Reagenzien (Ätzen),

---

[1] Tammann, *Z. anorg. Chem.* **48** (1905), 53.

ihrer verschiedenen Oxydationsfähigkeit an atmosphärischer Luft bei gewöhnlicher Temperatur (Anlaufenlassen) oder beim Erhitzen (Anlassen) beruht, notwendig. Die Beobachtung kann selten mit bloßem

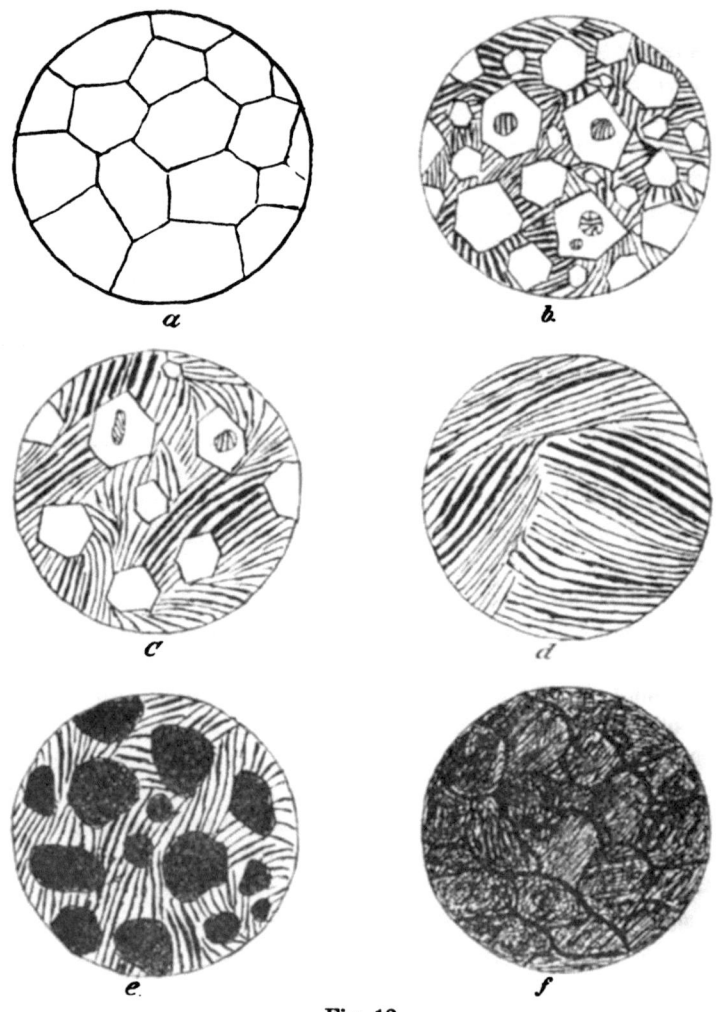

Fig. 12.

Auge geschehen. Meistens bedarf man dazu eines geeigneten Mikroskopes.

Wir wollen nun annehmen, wir hätten als *A* und *B* zwei Metalle gewählt, die sich gegen ein bestimmtes Ätzmittel verschieden verhalten, so daß A seiner Einwirkung widersteht, während B von ihm stark angegriffen wird. Wir beleuchten die auf Spiegelglanz polierten und dann mit dem Ätzmittel behandelten Schliffe verschiedener Konzentrationen mittels senkrecht auf sie auffallenden Lichtes, was durch einen sogenannten Vertikal-Illuminator, den wir später kennen lernen werden, geschehen kann. Die nicht angegriffenen Teile des Schliffes werden nun ihre glatte spiegelnde Oberfläche beibehalten haben und demgemäß das auffallende Licht vollkommen reflektieren, während die angegriffenen Teile eine rauhe Oberfläche bekommen und daher ihr Reflexionsvermögen verloren haben. Betrachten wir nun die Schliffe durch ein Mikroskop mit ebenfalls senkrecht zum Schliff gestellter Achse, so müssen die spiegelnden Teile hell, die nicht spiegelnden dunkel erscheinen.

Fig. 12a soll nun einen so behandelten Schliff darstellen, der aus reinem A besteht. Die Struktur eines Schliffes mit nur einem Strukturelement ist häufig schwer zum Vorschein zu bringen. Immerhin gelingt es durch Wahl eines geeigneten Ätzmittels und richtige Behandlung im allgemeinen schließlich, die Umgrenzung der einzelnen Kristallpolyeder, die sich bei der Kristallisation der Schmelze gebildet haben, sichtbar zu machen. Diese polyedrische Umgrenzung stellt sich in der Schliffebene natürlich als polygonale Struktur dar. Im allgemeinen sind es wohl geringe Mengen irgend einer zuletzt kristallisierenden und daher zwischen den einzelnen Polyedern sich anhäufenden Verunreinigung des reinen Metalles, deren geringere Widerstandsfähigkeit gegen das betreffende Ätzmittel das Hervortreten der polygonalen Struktur bewirkt. Wir sehen so in unserem Schliffe ein Netzwerk von dunklen geraden Linien, welche die nicht angegriffenen und daher hell gebliebenen Kristallpolygone von im allgemeinen sechseckigem Querschnitte scharfkantig begrenzen. Fig. 12f stellt einen in derselben Weise geätzten Schliff von reinem B dar. Gemäß der angenommenen geringeren Widerstandsfähigkeit von B gegen das Ätzmittel erscheint der Schliff dunkel geätzt. Die auch hier erkennbare Struktur des Schliffes läßt Kristallpolygone von unregelmäßiger Form mit abgerundeten Ecken erkennen. Der Angriff des Ätzmittels ist zuweilen an einigen Stellen besonders stark und gibt Veranlassung zur Bildung sogenannter Ätznäpfchen. Fig. 12d stellt einen Schliff dar mit einem Gehalte von 60 % B und 40 % A. Bei dieser Konzentration erstarrt die Legierung, wie aus unserem Diagramm (Fig. 11a) ersichtlich ist, vollkommen bei der eutektischen

Temperatur. Wir haben also hier, wie man sich auch ausdrückt, das reine Eutektikum vor uns, von dem wir in diesem Falle annehmen, daß es die schon erwähnte typische lamellare Struktur zeigt. Wir sehen daher, nebeneinander angeordnet, bei der Ätzung hell gebliebene Streifen, entsprechend dem Bestandteile A und dunkel geätzte Streifen, die vom Bestandteile B herrühren. Einen Grund für die Ausbildung dieser merkwürdigen lamellaren Struktur, die häufig das charakteristische Kennzeichen eines Eutektikums ist, vermag man nicht anzugeben. Langsames Erkalten scheint für ihr Auftreten günstig zu sein. Doch zeigt das Eutektikum auch oft eine mehr oder minder feinkörnige Struktur, die in manchen Fällen ausschließlich, oft aber auch neben der lamellaren Struktur zu beobachten ist.

Fig. 12b stellt nun einen Schliff dar, der $20\,^0/_0$ B und $80\,^0/_0$ A enthält. Ein Blick auf das Diagramm lehrt, daß sich hier die Kristallart A zuerst abgeschieden hat. Wir erkennen demgemäß die hell gebliebenen scharfkantig begrenzten Kristalle von A, welche wie Inseln in dem zuletzt zur Erstarrung gelangenden lamellaren Eutektikum eingebettet liegen. Die primär ausgeschiedenen Kristalle zeigen an einzelnen Stellen Einschlüsse des Eutektikums, ein in praxi häufig vorkommender Fall, der unter Umständen die Unterscheidung des primär Ausgeschiedenen vom Sekundären erschweren kann.

Fig. 12c, welche einen Schliff von dem Gehalte $40\,^0/_0$ B und $60\,^0/_0$ A darstellen soll, muß im wesentlichen dasselbe Bild bieten, da auch hier nach der Aussage des Diagramms sich bei der Erstarrung zunächst die Kristallart A ausscheidet. Doch während im ersten Falle die zuerst ausgeschiedenen A-Kristalle, wie sich wiederum aus dem Diagramme ergibt, $^2/_3$, das Eutektikum $^1/_3$ der Gesamtmenge ausmachen, hat sich im zweiten Falle das Verhältnis umgekehrt. Demgemäß ist in Fig. 12c eine entsprechende Verminderung der A-Kristalle und Vermehrung des Eutektikums gegenüber 12b zu erkennen.

Fig. 12e stellt einen Schliff mit $80\,^0/_0$ B dar. Hier hat sich, wie das Diagramm zeigt, zuerst B ausgeschieden, dementsprechend findet man hier die primär ausgeschiedenen, stark angegriffenen abgerundeten Kristalle von B inselartig in einem Eutektikum verteilt, das sich in seiner Struktur nicht von dem bei den anderen Konzentrationen zur Ausscheidung gelangenden Eutektikum unterscheidet. Die Aussage des Diagramms, daß bei der Konzentration

80 °/₀ B die Hälfte der Legierung eutektisch erstarrt, findet in der Zeichnung gleichfalls ihre Bestätigung.

Wir können also kurz zusammenfassen, welches Bild uns die Schliffe bieten müssen, wenn ihre Struktur sich mit den Aussagen des Diagrammes in Übereinstimmung befindet.

1. Die Menge des Eutektikums muß von dem Gehalte 0 °/₀ B, wo sie gleich 0 ist, bis C °/₀ B, wo sie gleich 1 ist, wo also die ganze Legierung eutektisch kristallisiert, beständig zunehmen, von da bis 100 °/₀ B, wo sie ebenfalls wieder 0 ist, beständig abnehmen. Die Struktur des Eutektikums muß in allen Fällen dieselbe sein.

2. Die bei den Konzentrationen zwischen 0 und C primär ausgeschiedenen Kristalle müssen unter sich gleich, aber verschieden von den ebenfalls unter sich gleichen Kristallen sein, die sich zwischen C und 100 primär abgeschieden haben. Daß die Kristalle sich primär ausgeschieden haben, erkennt man daran, daß sie inselartig in das zusammenhängende Eutektikum eingebettet sind. Die Menge der primär ausgeschiedenen Kristallart vermindert sich natürlich in dem Maße, wie die Menge des Eutektikums zunimmt. (In der Nähe des eutektischen Punktes C kann es übrigens, wenn Unterkühlungen auftreten, vorkommen, daß beide Kristallarten primär vorhanden sind.[1])

3. Ein anderes Strukturelement als die drei besprochenen, also die Kristallarten A und B und das Eutektikum, darf in den Schliffen nicht auftreten.

In einer Hinsicht führt die Untersuchung der Schliffe weiter als die thermische Untersuchung. Es ist ohne weiteres verständlich, daß die eutektische Horizontale D C E (Fig. 11 a) nur in solchen Fällen durch das ganze Schmelzdiagramm hindurchgeht, die Menge des Eutektikums also nur in solchen Fällen genau bei den Konzentrationen 0 und 100, d. h. den reinen Substanzen Null wird, wenn absolut keine Mischbarkeit im kristallisierten Zustand vorhanden ist. Vermag A auch im kristallisierten Zustande etwas von B aufzulösen, so werden sich auf der A-reichen Seite nicht reine A-Kristalle ausscheiden, sondern solche, die etwas B gelöst enthalten. Die Folge wird sein, daß das Eutektikum erst dann auftreten kann, wenn mehr B in der Schmelze vorhanden ist, als die A-Kristalle aufnehmen können. Analoges gilt natürlich für die B-reiche Seite, wenn die B-Kristalle ein gewisses Lösevermögen für kristallisiertes A haben. In solchen

---

[1] LEVIN, Z. anorg. Chem. 45 (1905), 81.

Fällen geht also die eutektische Horizontale nicht durch das ganze Diagramm durch, sondern endet auf der A-reichen (linken) Seite in einem Punkt zwischen D und C und auf der B-reichen (rechten) Seite in einem Punkt zwischen C und E. Diese Verhältnisse werden später, wenn die Mischbarkeit im kristallisierten Zustande behandelt wird, ausführlich erörtert werden. Hier handelt es sich nur darum, zu erfahren, innerhalb welcher Grenzen unsere Voraussetzung der Nichtmischbarkeit im kristallisierten Zustande erfüllt ist. Die thermische Untersuchung ist dazu nicht imstande. Wenn nämlich die Menge des Eutektikums sehr gering geworden ist, so wird die durch seine Erstarrung bewirkte Periode der Temperaturkonstanz so kurz, daß sie sich auf den Abkühlungskurven der Beobachtung entzieht. Auch die graphische Ermittelung der Endpunkte der eutektischen Horizontalen mit Hilfe der eutektischen Zeiten läßt häufig eine Unsicherheit von einem oder mehreren Prozenten zu. Die mikroskopische Untersuchung der Schliffe führt in dieser Hinsicht viel weiter. Ist wirklich keine Mischbarkeit im kristallisierten Zustande vorhanden, so muß man schon bei sehr geringen, unter $1\,^0/_0$ betragenden Zusätzen von B zu A und A zu B das Auftreten des Eutektikums, welches ja im allgemeinen durch seine charakteristische lamellare oder feinkörnige Struktur ohne weiteres als solches zu erkennen ist, beobachten können. Ein noch zweckmäßigeres Hilfsmittel bietet möglicherweise die später zu besprechende Untersuchung der elektrischen Leitfähigkeit.

Am Schlusse dieses Abschnittes mögen noch einige Bemerkungen über die allgemeine Gestalt der Schmelzkurve ACB und die Lage des eutektischen Punktes C Platz finden. Solange die Menge der einen Komponente gering ist gegen die der anderen, wir es also mit sogenannten verdünnten Lösungen zu tun haben, ist bei vollständiger Mischbarkeit im flüssigen, vollständiger Nichtmischbarkeit im kristallisierten Zustand die Gefrierpunktserniedrigung, die eine reine Substanz, etwa A durch Zusatz einer bestimmten Menge von B erfährt, einfachen Gesetzen unterworfen. Nach VAN'T HOFF hängt diese Gefrierpunktserniedrigung einerseits von den Eigenschaften des Stoffes A, hier Lösungsmittel genannt, ab, sie ist um so größer, je höher seine Schmelztemperatur und je geringer seine Schmelzwärme ist. Andererseits hängt sie von dem zugefügten (gelösten) Stoffe B ab, und zwar gilt hier der einfache Satz, daß die Gefrierpunktserniedrigung dem Verhältnisse der Anzahl der gelösten Moleküle zur Gesamtzahl der

Moleküle proportional ist. Nun lösen sich nach den Untersuchungen von RAMSAY, TAMMANN und HEYKOCK und NEVILLE die meisten Metalle einatomig auf. Die Schmelzpunktserniedrigung durch die als gelöste Stoffe fungierenden Metalle ist also ihrem Atomgewichte umgekehrt proportional. Diese Abhängigkeit der Gefrierpunktserniedrigung vom Atomgewichte des zugesetzten Stoffes kann man, wie es in Fig. 13 geschehen ist, sehr leicht dadurch in Fortfall bringen, daß man die Zusammensetzung der betreffenden Legierung

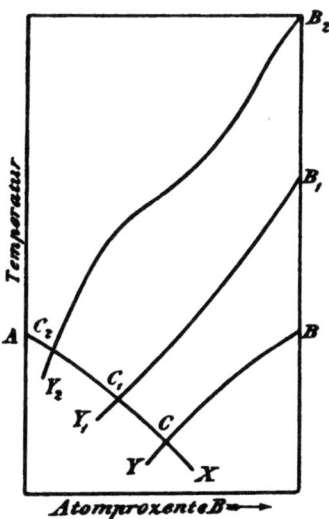

Fig. 13.

in Atomprozenten anstatt in Gewichtsprozenten aufträgt.[1] Die Kurvenäste AX und BY müssen im Anfange, solange die Gesetze der verdünnten Lösungen gelten, (erfahrungsmäßig bis zu einem Zusatz von 5—10 Atomprozenten) eine gerade Linie bilden. Der weitere Verlauf der beiden Äste der Schmelzkurve kann sehr verschieden sein. Recht häufig (NB. wenn man auf der Abszissenachse Atomprozente aufträgt) bleibt der ganze Verlauf ein geradliniger.

---

[1] Enthält eine Legierung p Gewichtsprozente des Elementes A vom Atomgewicht A und q Gewichtsprozente des Elementes B vom Atomgewicht B, so enthält sie $\dfrac{100\,p}{p + q\left(\dfrac{A}{B}\right)}$ Atomprozente A und $\dfrac{100\,q\left(\dfrac{A}{B}\right)}{p + q\left(\dfrac{A}{B}\right)}$ Atomprozente B.

Zuweilen sind sie konkav, zuweilen konvex, zuweilen in einem Teile konkav, im andern konvex gegen die Konzentrationsachse gekrümmt. Doch weichen die Kurvenäste in ihrer Gestalt nicht derartig von einer Geraden ab, daß es unmöglich wäre, Schlüsse auf die Lage ihres Schnittpunktes zu ziehen. Betreffs der Lage des Schnittpunktes C der beiden Kurvenäste AX und BY ergibt sich hierdurch, daß er ceteris paribus um so mehr in der Mitte zwischen A und B und um so tiefer liegt, je weniger sich die Schmelzpunkte A und B der beiden Komponenten voneinander unterscheiden. Differieren jedoch die beiden Komponenten A und B_1 (Fig. 13) in bezug auf ihren Schmelzpunkt beträchtlich voneinander, so nähert sich der Schnittpunkt C_1 der beiden Kurvenäste AX und B_1Y_1 der niedriger schmelzenden Komponente A. Dieser Schluß wird im allgemeinen durch die Erfahrung bestätigt.

Die Lage des Schnittpunktes C_2 der Kurvenäste AX und B_2Y_2 läßt erkennen, daß diese Annäherung ihres Schnittpunktes an A be-

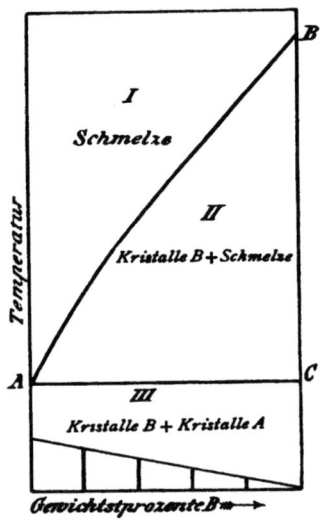

Fig. 14.

liebig groß werden kann, so daß man mit der Möglichkeit rechnen muß, daß C praktisch mit A zusammenfällt. In einem solchen Falle, der im Schmelzdiagramm Fig. 14 dargestellt ist, ist also das Eutektikum praktisch identisch mit dem niedriger schmelzenden reinen Stoffe A. Wir werden demnach folgende Verhältnisse bei der

Kristallisation geschmolzener Gemische aus A und B zu erwarten
haben. Aus allen Lösungen von A und B ineinander scheidet sich
beim Erkalten zuerst die schwerer schmelzbare Kristallart B aus.
Die Temperatur sinkt so lange längs der Kurve unvollständigen
Gleichgewichts BA, bis alles B auskristallisiert ist. Dann besteht die
Schmelze nur noch aus reinem A, und es findet jetzt die Kristallisation
von reinem A statt, die sich bei dessen konstanter Schmelztemperatur
vollzieht. Es bringt also Zusatz von B zu reinem A praktisch
keine Schmelzpunktserniedrigung hervor, weil die Schmelzen bei allen
Konzentrationen zuerst kristallisiertes B ausscheiden. Die (eutektische)
Horizontale A C reicht bis zum reinen Stoffe B, da natürlich bei der
von uns vorausgesetzten Nichtmischbarkeit im kristallisierten Zustande
bei allen zwischen 0% und 100% B liegenden Konzentrationen das
flüssige A bis zuletzt zurückbleibt. Die Zeitdauer dieser „eutektischen
Kristallisation" ist bei gleichen Substanzmengen und gleichen idealen
Abkühlungsbedingungen eine lineare Funktion der Menge von A in
Gewichtsprozenten. Das Konzentrations-Temperaturdiagramm zerfällt
in nur drei Zustandsfelder. Das Zustandsfeld I oberhalb der Kurve BA
ist das Gebiet der Schmelze. Das Zustandsfeld II, dargestellt durch
das Dreieck A B C, umfaßt die Gleichgewichtszustände der Kristallart B mit der aus A und B bestehenden Schmelze. Das Zustandsfeld III unterhalb der Horizontalen A C ist das Gebiet des Kristallisierten und umfaßt die vollständig erstarrten Schmelzen, die sämtlich
aus der primär ausgeschiedenen Kristallart B, umgeben von der zuletzt ausgeschiedenen Kristallart A bestehen. A vertritt in diesem
Falle die Stelle des Eutektikums, welches daher bei der mikroskopischen Untersuchung nur ein Strukturelement aufweisen darf.

4. Antimon-Bleilegierungen.

Zum Schluß wollen wir als Beispiel das Realdiagramm des
Systems Antimon-Blei besprechen. Nach den vorausgegangenen
Erörterungen läßt uns ein Blick auf das von ROLAND-GOSSELIN [1] ausgearbeitete Schmelzdiagramm der Antimon-Bleilegierungen (Fig. 15)
die gegenseitigen Beziehungen beider Metalle zueinander klar erkennen. Wir sehen ohne weiteres, daß Antimon und Blei im flüssigen Zustande vollkommen, im kristallisierten nicht miteinander
mischbar sind. Wir erfahren, daß die Metalle innerhalb des dar-

---

[1] ROLAND-GOSSELIN, Contribution à l'étude des alliages. Paris (1901), S. 107.

gestellten Temperaturgebiets keine polymorphe Umwandlung erleiden, wenigstens keine, die mit einer merkbaren Wärmetönung verknüpft ist, und wir erkennen schließlich, daß beide Metalle beim Zusammenschmelzen keine Verbindung miteinander bilden. Im einzelnen sehen wir noch, daß der Schmelzpunkt des Bleis zu 326⁰, der des Antimons zu 632⁰ bestimmt wurde. Die Zusammensetzung des Eutektikums ergibt sich zu 13 Gewichtsprozenten Antimon und 87 Gewichtsprozenten Blei, sein Schmelzpunkt zu 228⁰.

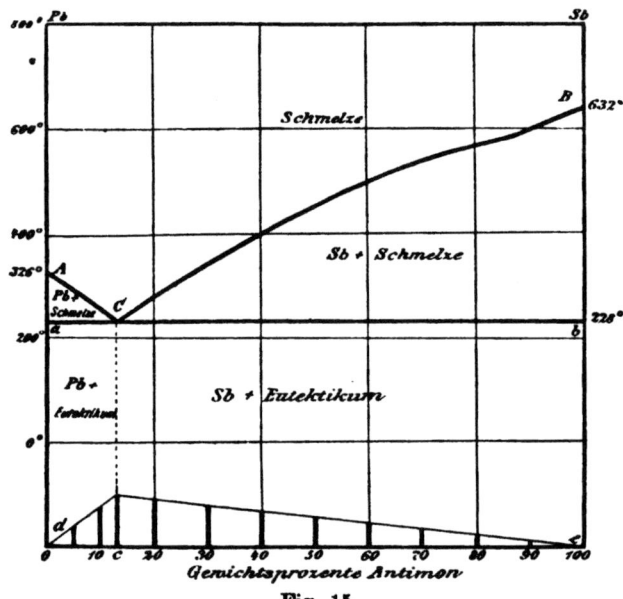

Fig. 15.

Schmelzdiagramm der Antimon-Bleilegierungen.

Allerdings ist zu bemerken, daß das Diagramm von dem Autor selber nicht in dieser Vollständigkeit aufgestellt worden ist. Er gibt nur den Verlauf der Schmelzkurve ACB, und es findet sich in der betreffenden Mitteilung nicht einmal eine Andeutung darüber, bis zu welchen Konzentrationen sich das Vorhandensein des Eutektikums auf den Abkühlungskurven noch bemerkbar macht. Hiernach haben wir also kein Recht zu der Annahme vollständiger Nichtmischbarkeit im kristallisierten Zustande. Das Durchziehen der eutektischen Geraden durch das ganze Diagramm und die Errichtung der den relativen eutektischen Mengen proportionalen Senkrechten auf der Konzentrationsachse könnte daher zunächst als Eigenmächtigkeit erscheinen. Eine Rechtfertigung dafür ergibt sich aus der von Charpy[1] ausgeführten mikroskopischen Untersuchung der Schliffe der Reguli. Charpy teilt darüber folgendes mit: Schliffe mit einem Gehalt zwischen 100 und 13 % Antimon zeigten nach dem Polieren primär ausgeschiedene, harte, würfelförmige Antimonkristalle, umgeben von einem Eutektikum, dessen beide Bestandteile durch schwaches Ätzen mit Salpetersäure sichtbar gemacht werden konnten. Die Menge der primär ausgeschiedenen Antimonkristalle wuchs mit steigendem Antimongehalte. Schliffe mit einem Gehalt von 0—13 % Antimon, deren Konzentration also auf der linken Seite des Eutektikums liegt, zeigten ein anderes Aussehen; sie waren schwer zu polieren und ließen große dendritisch ausgebildete Kristalle erkennen, die durch Schwefelwasserstoff geschwärzt, von Salpetersäure aufgelöst wurden, und die in ein aus zwei Strukturbestandteilen bestehendes Eutektikum eingebettet waren. Die Menge der Dendrite, die höchst wahrscheinlich aus reinem Blei bestanden, wuchs proportional der Bleimenge.

Die Struktur stimmt hiernach also vollständig mit den Aussagen unseres Diagramms überein. Charpy betont allerdings nicht ausdrücklich, daß das Eutektikum zwischen 0 und 13 % Antimon identisch mit dem zwischen 13 % und 100 % Antimon war, doch würde er jedenfalls nicht unterlassen haben, auf eine event. beobachtete Verschiedenheit beider Eutektika hinzuweisen. Ebenso gibt er auch nicht genau an, bei welchen geringsten Zusätzen von Antimon zu Blei und von Blei zu Antimon das Eutektikum in den Schliffen noch beobachtet werden konnte. Doch scheint aus seiner ganzen Darstellung hervorzugehen, daß er eine große Anzahl von Konzentrationen und daher jedenfalls auch solche mit sehr niedrigem und sehr hohem Antimongehalt untersucht hat, so daß wir mit der Vervollständigung des Diagramms wahrscheinlich das Richtige getroffen haben.

Die Zustandsfelder sind demnach folgende: Oberhalb ACB sind die Legierungen aller Konzentrationen vollkommen flüssig. In den durch die Schmelzkurve und die eutektische Horizontale begrenzten Gebieten befindet sich je eine Kristallart und zwar in dem Dreiecke ACa reines Blei, im Dreiecke BCb reines Antimon im Gleichgewichte mit der Schmelze. Unterhalb der eutektischen Geraden

---

[1] Charpy, Contribution, S. 131.

a Cb sind die Legierungen vollständig erstarrt und bestehen aus den beiden Kristallarten Blei und Antimon. Indem wir das Eutektikum als selbständiges Strukturelement ansehen, ist links von der gestrichelten Linie *Cc* das Gebiet der primär ausgeschiedenen Bleikristalle und des Eutektikums, rechts davon das Gebiet der primär ausgeschiedenen Antimonkristalle und des Eutektikums.

Es finden sich in der Literatur noch einige Beispiele von Systemen zweier Metalle, in denen die Komponenten wahrscheinlich ein analoges Verhalten zueinander zeigen wie Antimon und Blei. Doch leiden die betreffenden Untersuchungen fast alle an dem Übelstande, daß die eutektische Gerade nicht durch das ganze Konzentrationsgebiet verfolgt wurde, resp. daß Angaben hierüber fehlen. Daher haftet allen auf Grund des vorliegenden Materials gezogenen Schlüssen eine gewisse Unsicherheit an, und wir wollen uns aus diesem Grunde mit dem einen gleichfalls nicht vollkommen sichergestellten Beispiele begnügen.

B. Polymorphe Umwandlungen finden nicht statt. Die Komponenten bilden beim Zusammenschmelzen eine oder mehrere chemische Verbindungen miteinander, welche ohne Zersetzung schmelzbar sind.

1. Allgemeiner Fall.

Als Komponenten unseres Systems wollen wir wieder zwei Elemente annehmen. Wir bezeichnen sie und gleichzeitig ihre Schmelztemperaturen in gewohnter Weise mit *A* und *B*. Wir wollen vorläufig der Einfachheit halber annehmen, es existiere nur eine einzige chemische Verbindung zwischen ihnen; sie habe die Formel $A_m B_n$, wo *m* und *n* nach dem Gesetze der multiplen Proportionen ganze Zahlen sind, und sie enthalte, um die Ideen zu fixieren, 40 °/$_0$ *A* und 60 °/$_0$ *B*. Die Verbindung soll unzersetzt schmelzen, ihr Schmelzpunkt sei *C*. Unsere Voraussetzung der völligen Mischbarkeit im flüssigen, der Nichtmischbarkeit im kristallisierten Zustande soll auch für die Verbindung Geltung haben.

Beschränken wir uns zunächst auf die Betrachtung des Konzentrations-Temperaturdiagramms zwischen 0 und 60°/$_0$ *B* (Konzentration der Verbindung $A_m B_n$). Wir sind nach den bisherigen Erörterungen vollkommen in der Lage, den allgemeinen Charakter dieses Teiles des Schmelzdiagrammes anzugeben. Es liegt hier nämlich ein Zweistoff-System vor, dessen eine Komponente das

Element A, dessen andere Komponente die Verbindung $A_m B_n$ ist. Nach unserer Annahme besteht vollständige Mischbarkeit im flüssigen, Nichtmischbarkeit im kristallisierten Zustande, polymorphe Umwandlungen sind ausgeschlossen und die beiden Komponenten geben, da $A_m B_n$ die einzige Verbindung zwischen A und B sein soll, auch keine Verbindung miteinander. Wir haben also vollkommen den unter A (S. 38 u. f.) behandelten Fall vor uns. Demnach wird sowohl der Schmelzpunkt des reinen A durch Zusatz der Verbindung $A_m B_n$, als auch der Schmelzpunkt der reinen Verbindung durch Zusatz von A erniedrigt. Wir haben also hier zwei Kurvenäste unvollständigen Gleichgewichts AX und CY (Fig. 16a) zu erwarten, die im Anfang, solange die Gesetze der verdünnten Lösungen gelten, geradlinig verlaufen. Längs AX scheidet sich die Kristallart A, längs CY die Kristallart $A_m B_n$ aus. Die beiden Kurvenäste schneiden sich im eutektischen Punkt D, durch den die eutektische Gerade aDb geht, die einerseits bis zur Konzentration 0, d. h. bis zu reinem A, andererseits bis zur Konzentration 60, d. h. bis zur reinen Verbindung $A_m B_n$ reicht. Die relative Menge des Eutektikums hat bei der Konzentration D ihr Maximum 1, indem hier die ganze Schmelze eutektisch kristallisiert, sie nimmt nach beiden Seiten linear ab, um bei den Konzentrationen 0 und 60 Null zu werden. Dies ist in der bekannten Weise dadurch angedeutet, daß auf der Konzentrationsachse Senkrechte errichtet sind, deren Längen den relativen Mengen des Eutektikums proportional sind.

In derselben Weise können wir auch die Konzentrationen zwischen 60 und 100 % B gesondert betrachten (Fig. 16 b). Der Schmelzpunkt C der Verbindung $A_m B_n$ wird durch Zusatz von B, und der von B durch Zusatz von $A_m B_n$ erniedrigt. Wir haben hier ein dem vorigen ganz analoges System, bestehend aus den beiden Komponenten $A_m B_n$ und B. Auch hier beobachten wir zwei Kurvenäste, nämlich CZ entsprechend der primären Ausscheidung der Kristallart $A_m B_n$ und BU entsprechend der primären Ausscheidung der Kristallart B, die sich in dem eutektischen Punkt E schneiden. Durch diesen geht die eutektische Horizontale cEd, welche auf der einen Seite bei der Konzentration 60, d. h. bei der reinen Verbindung, auf der anderen Seite bei der Konzentration 100 d. h. bei reinem B endigt. Die relative Menge des Eutektikums hat ihr Maximum bei der eutektischen Konzentration E, sie nimmt nach beiden Seiten hin linear ab, um in den beiden Endpunkten der eutektischen Horizontalen Null zu werden. Auch dies ist in Fig. 16 b in der bekannten Weise graphisch zum Ausdruck gebracht.

Nun wäre es lediglich ein Zufall, wenn die Temperatur der eutektischen Kristallisation auf der Geraden *a D b* praktisch dieselbe wäre wie auf der Geraden *c E d*. (Wir sagen hier praktisch dieselbe Temperatur, da die Möglichkeit, daß zwei voneinander unabhängige Vorgänge bei absolut gleicher Temperatur verlaufen, auf Grund von Wahrscheinlichkeitsbetrachtungen bestritten wird.) Vielmehr wird im

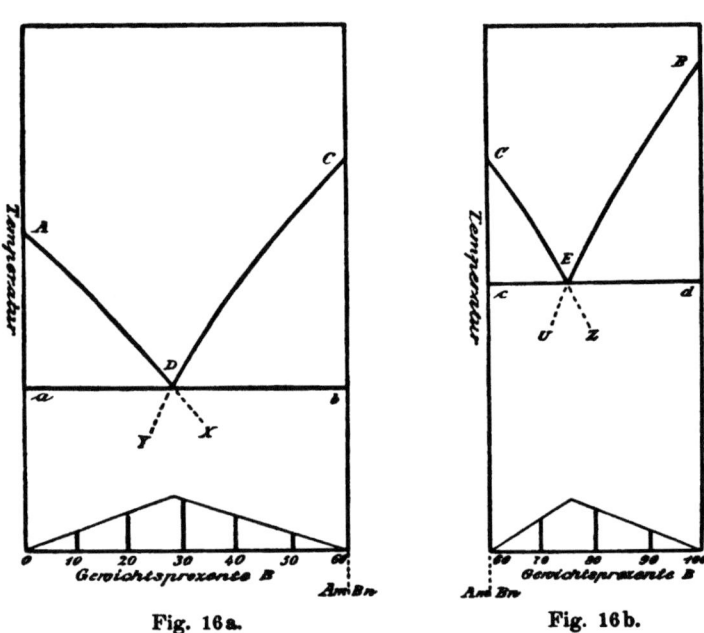

Fig. 16a.   Fig. 16b.

allgemeinen die eutektische Gerade *c E d* bei einer anderen Temperatur liegen wie *a D b*.

Wir brauchen jetzt nur beide Einzeldiagramme zu einem einzigen zu vereinigen (Fig. 16c) und haben hierdurch die allgemeine Form des Schmelzdiagrammes für unseren Fall festgestellt. Es bedarf hierzu nur folgender kleiner Modifikation. Nach unserer Herleitung bestände die Schmelzkurve *A D C E B* aus den vier im Anfange geradlinig verlaufenden Ästen *A D*, *C D*, *C E* und *B E*, von denen je zwei aufeinander folgende sich bei *D*, *C* und *E* in einer scharfen Spitze schneiden. Ein solcher Verlauf der Schmelzkurve ist in unserem Diagramm (Fig. 16 c) in der Nähe von C durch die gestrichelten Kurvenstücke angedeutet. In Wirklichkeit findet sich jedoch in C niemals eine scharfe Spitze, sondern ein mehr oder minder flaches Maximum, wie es in dem Diagramm durch das ausgezogene Kurvenstück zum Ausdruck gebracht ist. Da sich theoretisch zeigen läßt,[1] daß auf einer Schmelzkurve niemals eine nach oben gerichtete, d. h. den höchsten Punkt ihrer Umgebung bildende Spitze auftreten kann, so wissen wir auch in solchen Fällen, in denen die experimentelle

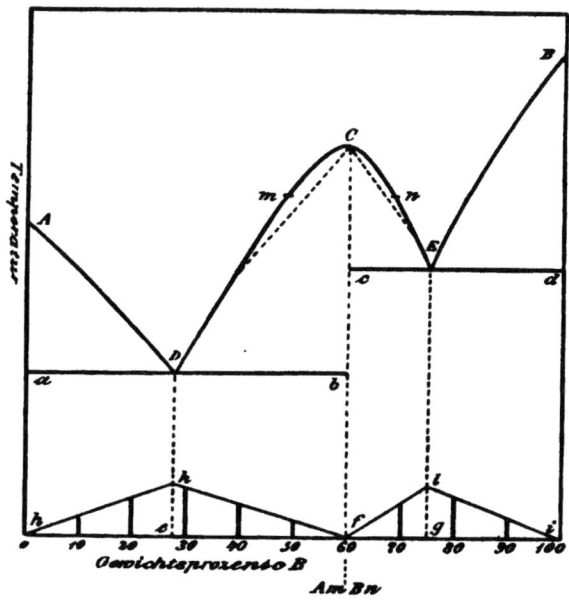

Fig. 16 c.

Untersuchung eher auf eine Spitze als auf ein Maximum deutet, daß wir es mit einem wenn auch wenig abgeflachten Maximum zu tun haben.

Der mittlere Teil DCE der Schmelzkurve weist daher in C keine Diskontinuität auf (d. h. es findet auf ihm keine plötzliche Richtungsänderung statt) und ist somit als ein einziger Kurvenast zu betrachten. Auf der ganzen Schmelzkurve beobachtet man nur

---

[1] Vergl. H. A. LORENTZ, *Zeitschr. phys. Chemie* 10 (1892), 194. — RUER, *Zeitschr. phys. Chemie* 59 (1907), 1.

in D und E eine plötzliche Richtungsänderung, sie besteht demnach aus nur drei Ästen, nämlich AD, DCE und BE. (S. S. 49 Anmerkung.)

Die Tatsache, daſs in C keine scharfe Spitze, sondern nur ein Maximum auftritt, kann als eine Folge davon angesehen werden, daß die Verbindung im flüssigen Zustande teilweise in ihre Komponenten dissoziiert ist. Nehmen wir der Einfachheit halber an, sie habe die Formel AB, so läßt sich der Vorgang der Dissoziation beim Schmelzen durch die Gleichung ausdrücken

$$AB \; \underset{\longleftarrow}{\longrightarrow} \; A + B.$$

Das Massenwirkungsgesetz liefert, wenn wir die Konzentration der einzelnen Molekülarten durch Einschluß in eckige Klammern andeuten, die Beziehung

$$[A][B] = k[AB].$$

Sowie sich etwas kristallisiertes AB ausgeschieden hat, die Lösung also mit AB gesättigt ist, wird $[AB]$ bei der betreffenden Temperatur konstant, und wir erhalten

$$[A][B] = \text{const.}$$

Zusatz eines fremden Stoffes (wir nehmen an, daß die übliche Voraussetzung betreffs vollständiger Mischbarkeit im flüssigen, vollständiger Nichtmischbarkeit im kristallisierten Zustande erfüllt ist) bewirkt eine Erniedrigung des Schmelzpunkts von AB und zwar, solange der Zusatz so gering ist, daß die Gesetze der verdünnten Lösungen gelten, proportional der Anzahl der zugesetzten Moleküle. Im Vergleich hiermit ist nun die Gefrierpunktserniedrigung, die ein Zusatz von A resp. B zu AB hervorbringt, kleiner. Durch Vergrößerung der Menge A in der Schmelze muſs ja wegen der durch das Massenwirkungsgesetz geforderten Konstanz des Löslichkeitsproduktes $[A][B]$ eine Verringerung der Menge von freiem B eintreten, d. h. es wird eine gewisse Menge der Verbindung AB zurückgebildet, und dazu sowohl freies A wie B verbraucht. Es wird also nicht die ganze zugesetzte Menge A schmelzpunkterniedrigend wirken, sondern nur ein bestimmter Prozentsatz, der bei gleich bleibender Dissoziation mit abnehmendem Zusatz von A gleichfalls abnimmt. Ganz analog wirkt natürlich Zusatz von B zu der Verbindung AB, es folgt daraus, daß die Schmelzkurve in der Nähe des Punktes C nicht aus zwei sich in einer scharfen Spitze schneidenden Geraden bestehen kann, sondern vielmehr ein mehr oder minder flaches Maximum darstellen wird. Ist die Dissoziation der Verbindung in der Nähe des Schmelzpunktes sehr gering, so wird in jedem Falle nur ein sehr kleiner Bestandteil von A bzw. B zur Rückbildung der Verbindung verbraucht werden, und die Schmelzkurve wird bei C angenähert die Gestalt zweier sich schneidender Geraden und jedenfalls ein scharf ausgeprägtes Maximum aufweisen. Ist jedoch die Dissoziation der Verbindung sehr stark, hat also das Löslichkeitsprodukt einen großen Wert, so ist besonders im Anfange die Menge von A und B, die zur Rückbildung der Verbindung dient und daher nicht schmelzpunkterniedrigend wirkt, sehr groß, d. h. das Maximum verläuft flach. Beide Fälle kommen vor und man kann eben aus dem mehr oder minder flachen Verlaufe der Schmelzkurve in der Nähe des Maximums C schließen, daß die geschmolzene Verbindung in erheblichem oder geringem Maße in ihre Bestandteile dissoziiert ist. Hiernach beobachten wir bei dissoziierenden Verbindungen niemals den „wahren", sondern stets einen zu niedrigen Schmelzpunkt.

Einer exakten Berechnung des Dissoziationsgrades einer Verbindung aus dem Verlaufe ihrer Schmelzkurve steht u. a. die Schwierigkeit entgegen, daß man einmal die Abhängigkeit des Löslichkeitsprodukts von der Temperatur nicht kennt, und daß zweitens eine Verbindung von der allgemeinen Formel $A_m B_n$ in verschiedener Weise zerfallen kann. So kann schon eine Verbindung $A B_2$ sowohl teilweise, also in A und B_2 oder in $A B$ und B als auch vollständig in A und $2 B$ zerfallen. In welchem Betrage diese verschiedenen Spaltungen nebeneinander vor sich gehen, darüber wissen wir aber nichts.

Unser Schmelzdiagramm weist nach obigem folgende Merkmale auf:

1. Die Schmelzkurve, also die Kurve unvollständigen Gleichgewichts, die die Temperaturen der beginnenden Ausscheidung einer Kristallart miteinander verbindet, besteht aus den drei Ästen $A D$, $D C E$ und $B E$. Auf jedem dieser Äste befindet sich eine bestimmte Kristallart im Gleichgewichte mit der Schmelze. Auf den Kurvenästen $A D$ resp. $B E$ sind dies die reinen Stoffe A und B, während sich auf der Schmelzkurve $D C E$ die Verbindung $A_m B_n$ primär ausscheidet. Diese Verbindung hat die eigentümliche Eigenschaft, bei derselben Temperatur mit zwei (aus denselben Elementen wie sie bestehenden) Schmelzen verschiedener Konzentration im Gleichgewichte zu sein. Beispielsweise sind m und n zwei solche Punkte auf dem Aste $D C E$, denen, da sie denselben Abstand von der Konzentrationsachse haben, gleiche Temperatur bei verschiedenen Konzentrationen zukommt. Wir werden annehmen, daß die Schmelze von der Konzentration m aus geschmolzenem A besteht, welches bei dieser Temperatur mit der Verbindung $A_m B_n$ gesättigt ist, während die Schmelze von der Konzentration n aus geschmolzenem B besteht, welches bei eben dieser Temperatur gleichfalls mit $A_m B_n$ gesättigt ist. Diese Auffassung wird dadurch bestätigt, daß im ersten Falle das Eutektikum aus den beiden Strukturelementen $A_m B_n$ und A, im zweiten Falle aus $A_m B_n$ und B besteht (s. u.).

2. Von den drei Ästen hat einer, nämlich $D C E$ ein Maximum bei C, welches der Verbindung $A_m B_n$ entspricht.

3. Ferner finden sich in dem Diagramme zwei eutektische Geraden $a D b$ und $c E d$, die zwei verschiedenen vollständigen Gleichgewichten entsprechen. Auf der Horizontalen $a D b$ befinden sich die Kristallarten A und $A_m B_n$ im vollständigen Gleichgewichte mit

einer Schmelze von der unveränderlichen Zusammensetzung D. Auf
der Horizontalen $c E d$ herrscht vollständiges Gleichgewicht zwischen
den beiden Kristallarten $A_m B_n$ und B einerseits und einer Schmelze
von der unveränderlichen Zusammensetzung E andererseits. Die Temperaturen dieser beiden eutektischen Horizontalen sind
voneinander verschieden. Die relativen Mengen des Eutektikums
bei den verschiedenen Konzentrationen und die ihnen unter den bekannten Voraussetzungen proportionalen eutektischen Haltezeiten auf
den Abkühlungskurven wachsen auf der eutektischen Horizontalen
$a D b$ von der Konzentration 0 bis D linear mit der Konzentration
von Null bis zum Maximum und nehmen in derselben Weise von dort
bis zur Konzentration C der reinen Verbindung, wo sie gleichfalls
Null werden, wieder ab. Auf der eutektischen Geraden $c E d$ findet
in analoger Weise zwischen den Konzentrationen C und E ein line-
ares Anwachsen von Null bis zum Maximum und zwischen E und 100
eine lineare Abnahme vom Maximum bis Null statt.

Das ganze Konzentrations-Temperaturdiagramm wird durch die
Kurven und Geraden in neun Zustandsfelder geteilt, wenn wir in
gewohnter Weise die Eutektika als besondere Strukturelemente ansehen. Oberhalb der Schmelzkurve $A D C E B$ befinden sich alle Legierungen im flüssigen Zustande, es ist das Gebiet der Schmelze.
Zwischen den Schmelzkurven und den eutektischen Horizontalen
liegen die Gebiete, in denen eine einzige Kristallart mit einer Schmelze
im Gleichgewicht ist. Es existieren hier vier „Gebiete mit einer
Kristallart" wie wir sie kurz nennen wollen. Von diesen Gebieten, die sämtlich eine dreieckige Gestalt haben, kommen der Verbindung $A_m B_n$ zwei zu. Wir haben folgende Gebiete mit einer
Kristallart zu unterscheiden:

1. Das Dreieck $A a D$. In diesem Gebiet befindet sich die
Kristallart A im Gleichgewicht mit einer Schmelze. Die Ausscheidung von A findet bei sinkender Temperatur längs des Kurvenastes
$A D$ statt. Hierbei nähert sich die Zusammensetzung der Schmelze
allmählich der Konzentration D. Die Mengen der Kristallart A und
der Schmelze, in welche eine in diesem Gebiet befindliche Mischung
zerfallen ist, ergeben sich aus der Hebelbeziehung.

2. Das Dreieck $C b D$ ist das Gebiet der Kristallart $A_m B_n$ und
einer Schmelze. Mit fallender Temperatur vollzieht sich die Ausscheidung von $A_m B_n$ längs des Kurvenstückes $C D$, hierbei nähert sich
die Zusammensetzung der Schmelze immer mehr der Konzentration D.

3. Das Dreieck CcE ist ebenfalls als Gebiet der Kristallart $A_m B_n$ und einer Schmelze zu bezeichnen. Es ist ja schon oben darauf hingewiesen worden, daß die Verbindung $A_m B_n$ bei derselben Temperatur mit zwei verschiedenen Schmelzen im Gleichgewicht sein kann. Bei fallender Temperatur findet in diesem Gebiete die Kristallisation der Verbindung längs des Kurvenstückes CE statt. Hierbei nähert sich die Zusammensetzung der Schmelze immer mehr der Konzentration E.

4. Das Dreieck BdE ist das Gebiet der Kristallart B und einer Schmelze, deren Zusammensetzung mit fallender Temperatur sich immer mehr der Konzentration E nähert.

Unterhalb der eutektischen Horizontalen aDb und cEd liegen die vier Zustandsfelder, in denen die Legierung vollständig kristallisiert ist. Weil innerhalb dieser Gebiete stets zwei Kristallarten vorhanden sind, so bezeichnen wir sie als die Zustandsfelder mit zwei Kristallarten. Es sind dies ebenfalls vier, von denen jedes dem unmittelbar darüber liegenden dreieckigen Zustandsfelde mit einer Kristallart zuzuordnen ist.

1. Das Zustandsfeld mit zwei Kristallarten $aDeh$ entspricht dem unmittelbar darüber liegenden Zustandsfelde mit einer Kristallart ADa. Nachdem die primäre Ausscheidung von A beendigt ist, hat die übrigbleibende Schmelze die Zusammensetzung D angenommen und kristallisiert nunmehr bei der konstanten Temperatur der eutektischen Horizontalen aDb. Während dieser Zeit befinden wir uns also auf der Grenzlinie aD, die keinem der beiden Gebiete zuzurechnen ist, da sich hier zwei Kristallarten und eine Schmelze im Gleichgewichte miteinander befinden. Sowie aber die Kristallisation der Schmelze beendigt ist, überschreiten wir die Grenzlinie und gelangen in das Gebiet $aDeh$. Wir haben hier die primär ausgeschiedene Kristallart A, umgeben von einem Eutektikum von der Konzentration D, welches aus den beiden Kristallarten A und $A_m B_n$ besteht.

2. In ganz derselben Weise ordnen wir das Gebiet mit zwei Kristallarten $Dbfe$ dem unmittelbar darüber liegenden Zustandsfelde mit einer Kristallart CbD zu. Die Strukturelemente sind hier die primär ausgeschiedene Verbindung $A_m B_n$, umgeben von dem Eutektikum D, welches mit dem des vorhergehenden Zustandsfeldes identisch ist.

3. Das Gebiet mit zwei Kristallarten $Ecfg$ enthält ebenfalls die primär ausgeschiedene Kristallart $A_m B_n$, jedoch umgeben von

einem anderen Eutektikum, nämlich dem von der Konzentration E, welches aus den beiden Kristallarten $A_m B_n$ und B besteht.

4. Das Zustandsfeld $Edig$ enthält die primär ausgeschiedene Kristallart B, umgeben von dem Eutektikum E, welches mit dem Eutektikum des vorhergehenden Zustandsfeldes 3 identisch ist.

Wir haben also bei der mikroskopischen Untersuchung der entsprechend vorbereiteten Schliffe der Reguli folgendes Ergebnis zu erwarten.

1. Ein Schliff von der Konzentration 0 ist homogen und läßt nur eine Kristallart, nämlich A erkennen.

2. Schliffe von den Konzentrationen zwischen 0 und e zeigen primär ausgeschiedene Kristalle von A, umgeben von dem Eutektikum D, welches aus den beiden Kristallarten A und $A_m B_n$ besteht. Mit steigender Konzentration nimmt die Menge der primär ausgeschiedenen Kristalle ab, während die des Eutektikums wächst.

3. Ein Schliff von der Konzentration e zeigt keine primär ausgeschiedene Kristallart, sondern nur das Eutektikum D.

4. Schliffe von den Konzentrationen zwischen e und f zeigen primär ausgeschiedene Kristalle, die von denen der Schliffe 1 und 2 verschieden sein müssen. Sie bestehen aus der Verbindung $A_m B_n$. Das sie umgebende Eutektikum D ist jedoch dasselbe wie in den vorigen Schliffen. Die Menge der Kristalle $A_m B_n$ nimmt mit wachsender Konzentration zu, die des Eutektikums ab.

5. Ein Schliff von der Konzentration $f = C$, dessen Zusammensetzung der reinen Verbindung $A_m B_n$ entspricht, darf wieder nur eine Kristallart, nämlich $A_m B_n$ enthalten und muß demgemäß ein vollkommen homogenes Aussehen zeigen.

6. Schliffe von den Konzentrationen zwischen f und g enthalten ebenfalls als primäre Ausscheidung die Verbindung $A_m B_n$, also dieselbe Kristallart wie die Schliffe 4 und 5. Jedoch tritt hier ein neues Eutektikum, nämlich das Eutektikum E auf, welches aus den beiden Kristallarten $A_m B_n$ und B besteht. Die Menge der primären Kristallart nimmt mit wachsender Konzentration ab, die des Eutektikums zu.

Das neue Eutektikum E hat mit dem bisher beobachteten die Kristallart $A_m B_n$ gemeinsam, jedoch ist an Stelle der Kristallart A jetzt B getreten. Es ist also eigentlich zu verlangen, daß die beiden Eutektika auch hinsichtlich ihres Aussehns eine entsprechende Verschiedenheit zeigen. Doch versagt gerade in dieser Beziehung die mikroskopische Untersuchung zuweilen, indem einerseits Eutektika verschiedener Zusammensetzung häufig das gleiche lamellare oder auch kleinkörnige Gefüge zeigen und demnach nur geringe Unterschiede gegeneinander aufweisen, andererseits identische Eutektika in ihrem Aussehen mehr oder minder voneinander abweichen können (vergl. S. 95). Die Temperatur, bei der die Kristallisation eines Eutektikums vor sich geht, ist im allgemeinen sein bestes Charakteristikum. Dagegen ist das Vorhandensein des Eutektikums in der nächsten Nähe der Konzentration $f = C$ meistens auf mikroskopischem Wege sicherer nachzuweisen, als auf thermischem.

7. Ein Schliff von der Zusammensetzung g zeigt wieder keine primäre Ausscheidung, sondern nur das Eutektikum E.

8. Schliffe von den Konzentrationen zwischen g und $i (= 100\,{}^0/_0\,B)$ zeigen primär ausgeschieden eine neue Kristallart B, die von der in den vorhergehenden Schliffen beobachteten primären Ausscheidung verschieden sein muß, umgeben von einem Eutektikum E, welches mit dem der Schliffe 6 und 7 identisch ist.

9. Ein Schliff von der Konzentration 100 enthält nur die Kristallart B und muß vollkommen homogen sein.

Folgendes sind also die charakteristischen Eigenschaften des Schmelzdiagrammes, wenn die beiden Stoffe sich in der von uns angenommenen Weise zueinander verhalten:

1. Die Schmelzkurve besteht aus drei Ästen, von denen der mittlere ein Maximum aufweist.

2. Es existieren zwei verschiedene Temperaturen eutektischer Kristallisation. Die eine eutektische Horizontale beginnt beim reinen Stoffe A, die andere beim reinen Stoffe B. Beide endigen genau bei der Konzentration des Maximums C des mittleren Kurvenastes.

Haben wir umgekehrt auf Grund der Abkühlungskurven einer genügenden Anzahl verschiedener Konzentrationen das Diagramm eines Zweistoff-Systems entworfen und finden, daß es die beiden oben erwähnten Merkmale zeigt, so schließen wir:

1. Es besteht vollkommene Mischbarkeit im flüssigen Zustande, vollständige Nichtmischbarkeit im kristallisierten Zustande (letztere, weil beide eutektische Geraden bei den reinen Stoffen A resp. B anfangen und bei derselben Konzentration enden, s. S. 67).

2. Die beiden Komponenten bilden beim Zusammenschmelzen eine und (selbstverständlich unter den S. 62 diskutierten Einschränkungen) nur eine Verbindung miteinander.

3. Die Verbindung schmilzt unzersetzt.

Um die Zusammensetzung der Verbindung festzustellen, bietet uns nach obigem das Schmelzdiagramm folgende Hilfsmittel:[1]

1. Die Zusammensetzung der Verbindung entspricht dem Maximum C auf dem mittleren Aste der Schmelzkurve.

2. Die eutektische Horizontale aDb endigt bei der Konzentration der reinen Verbindung. Zur Bestimmung dieses Endpunktes benutzen wir in bekannter Weise die eutektischen Zeiten. Errichten wir also auf der Konzentrationsachse Senkrechte, deren Längen den eutektischen Haltepunkten auf den Abkühlungskurven (gleiche Mengen zu allen Versuchen und gleiche ideale Abkühlungsbedingungen vorausgesetzt) proportional sind, so muß die Verbindung der Endpunkte der Senkrechten zwei gerade Linien kh und kf bilden, von denen eine, nämlich kf die Konzentrationsachse bei der Konzentration f der reinen Verbindung schneidet.

3. Das Gleiche gilt für die eutektische Horizontale cEd, indem auch sie genau bei der Zusammensetzung der Verbindung endigt. Die Verbindung der Endpunkte der den eutektischen Kristallisationszeiten proportionalen Senkrechten liefert gleichfalls zwei gerade Linien li und lf, von denen lf die Konzentrationsachse wiederum im Punkte f schneidet.

Diese drei Kriterien kontrollieren sich gegenseitig. Als weitere Kontrolle kommen noch folgende zwei Kriterien hinzu.

4. Eine Legierung, deren Zusammensetzung genau der der Verbindung entspricht, schmilzt bei der Temperatur C wie ein einheitlicher Körper und darf im Schliffe kein Eutektikum erkennen lassen.

5. Die Zusammensetzung der Verbindung gehorcht dem Gesetze der multiplen Proportionen.

Was den Wert der einzelnen Kriterien anbetrifft, so kann Kriterium 1 nur dann ein genaues Resultat geben, wenn das Maximum kein zu flaches ist. Denn wenn auch die im praktischen Teile zu besprechende Methode der Temperaturmessung mit Hilfe von Thermoelementen vorzüglich ausgebildet ist, so sind doch Differenzen zwischen den einzelnen Bestimmungen von 5^0, bei Temperaturen über 1200^0 gar von 10^0 und darüber keine Seltenheit. Es bedarf schon einer außergewöhnlichen Sorgfalt bei Ausführung der Versuche und der Kontrolle der einzelnen Bestimmungen durch öftere Wiederholung, um diese Fehler erheblich zu reduzieren. Ist daher das Maximum sehr flach, so erscheint seine Lage auf der Schmelzkurve

---

[1] TAMMANN, Z. anorg. Chem. **37** (1903), 303.

häufig um mehrere Prozente unsicher, besonders dann, wenn die Schmelze zu Unterkühlungen neigt, und hierdurch der genauen Bestimmung der Temperatur des Kristallisationsbeginns ein neues Hindernis entgegentritt. Bei sehr flachem Maximum kann man sogar über sein Vorhandensein im Zweifel sein. [1]

Im allgemeinen viel wertvoller sind die Kriterien 2 und 3, auf die zuerst TAMMANN hingewiesen hat. Allerdings bewirken auch hier mancherlei Umstände, besonders die Neigung zu Unterkühlungen und der Umstand, daß unsere idealen Abkühlungsbedingungen sich in praxi nur unvollkommen realisieren lassen, daß die Linien hk, kf, fl und li, die die Endpunkte der den eutektischen Kristallisationszeiten proportionalen Senkrechten verbinden, nicht immer Gerade darstellen. Aber einerseits haben, wie später gezeigt wird, die beiden genannten Fehlerquellen die entgegengesetzte Wirkung und heben sich daher in vielen Fällen auf, andererseits trifft, wenn die Linien keine Geraden, sondern irgendwie gekrümmte Kurven sind, eine kontinuierliche Verlängerung derselben die Konzentrationsachse fast stets an der richtigen Stelle. Zudem läßt die mikroskopische Untersuchung der entsprechend vorbereiteten Schliffe gewöhnlich mit Sicherheit erkennen, bei welchen Konzentrationen die Eutektika null werden.

Kriterium 4 ist ebenfalls dann besonders wertvoll, wenn die thermische Untersuchung durch den mikroskopischen Befund in der Weise bestätigt wird, daß tatsächlich die erstarrte Legierung der fraglichen Konzentration homogen ist und im Schliffe keine oder doch nur minimale Spuren eines Eutektikums erkennen läßt.

Kriterum 5 ist wieder von geringerem Werte, da die Verbindungen der Metalle untereinander häufig Formeln entsprechen, die einerseits ziemlich kompliziert sind, andererseits auch der (durch Untersuchung der Verbindungen zwischen Metallen und Metalloiden zur Entwicklung gekommenen) Valenzlehre nicht gehorchen. So fand SCHÜLLER [2] folgende Verbindungen zwischen Natrium und Quecksilber: $NaHg_4$, $NaHg_2$, $Na_{12}Hg_{13}$, $NaHg$, Na_3Hg_2, Na_5Hg_2, Na_3Hg.

Wir wollen jetzt die Beschränkung, daß die zwei Elemente nur eine Verbindung miteinander bilden, fallen lassen. Die Verbindungen sollen jedoch sämtlich unzersetzt schmelzbar sein. Die Behandlung dieses Falles bietet nach obigem keine Schwierigkeit. Nehmen wir

[1] RUER, Z. anorg. Chem. 52 (1907), 350.
[2] SCHÜLLER, Z. anorg. Chem. 40 (1904), 385.

an, es existierten zwei und nur zwei Verbindungen zwischen den beiden Stoffen. Wir wollen wiederum die beiden Komponenten unseres Systems und ihre Schmelzpunkte mit A und B bezeichnen Der Schmelzpunkt der einen Verbindung von der Formel $A_m B_n$ sei C, der der anderen von der Zusammensetzung $A_o B_p$ sei D. Teilen wir das ganze Diagramm (Fig. 17) durch die beiden gestrichelten Senkrechten, die auf der Konzentrationsachse bei den Konzentrationen

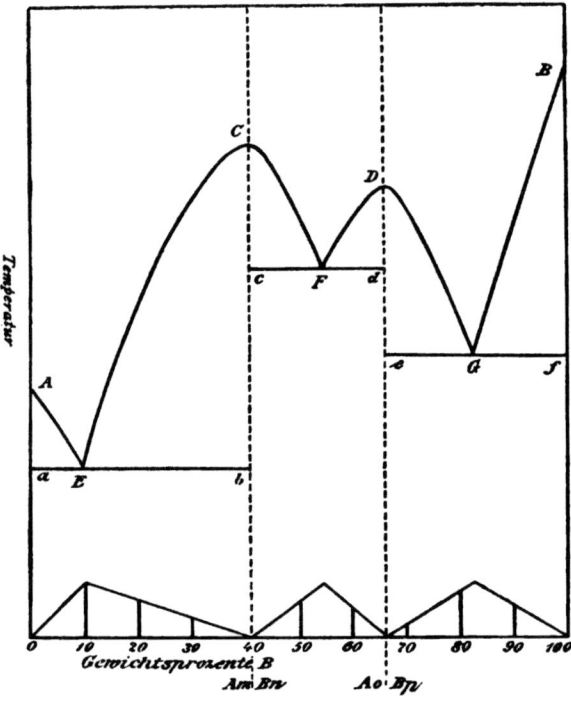

Fig. 17.

der beiden Verbindungen errichtet sind, in drei Teile, so entspricht jeder Teil einem Zweistoff-System ohne Verbindung, und wir können dieselben Schlüsse anwenden, die uns zur Aufstellung des Schmelzdiagramms mit nur einer Verbindung geführt haben. Das Resultat ist einfach, daß die Schmelzkurve jetzt aus vier Kurvenästen, nämlich AE, ECF, FDG und GB besteht, von denen jeder der primären Ausscheidung einer Kristallart entspricht. Die beiden mittleren Kurvenäste ECF und FDG besitzen je ein Maximum bei der Konzentration der betreffenden Verbindung. Ferner finden wir die drei eutektischen Horizontalen aEb, cFd und eGf, von denen jede bei der Konzentration der einen Kristallart beginnt und bei der der nächsten endigt. Die Temperaturen der eutektischen Horizontalen sind verschieden. Die Menge der Eutektika bei den einzelnen Konzentrationen ist in gewohnter Weise angedeutet. Die Hilfsmittel zur Ermittelung der Formeln beider Verbindungen sind die oben erwähnten.

Wir sehen, daß jede sich primär ausscheidende Kristallart einem besonderen Aste der Schmelzkurve entspricht. Wir haben diese Teile der Schmelzkurve deshalb als Äste bezeichnet, weil sie durch Punkte (E, F, G) voneinander getrennt sind, in denen ein plötzlicher Richtungswechsel der Kurve stattfindet. Haben wir zwei Verbindungen, so haben wir mit den zwei reinen Stoffen vier Kristallarten, also auch vier Äste. Für solche Fälle und unter der Voraussetzung, daß jedem Stoffe nur eine Kristallart entspricht, kann man daher sagen, daß die Anzahl der Verbindungen V gleich der um zwei verminderten Anzahl A der Äste der Schmelzkurve ist.

$$V = A - 2.$$

Doch gilt diese Beziehung durchaus nicht allgemein. Sie braucht z. B., wie sich aus dem Vorhergehenden ohne weiteres ergibt, schon dann nicht zu gelten, wenn einer der Stoffe in 2 Kristallformen auftritt d. h., wenn polymorphe Umwandlungen vorkommen. Auch muß die Voraussetzung: „Völlige Mischbarkeit im flüssigen, Nichtmischbarkeit im kristallisierten Zustande" erfüllt sein. Selbst in den Fällen, in denen unsere Beziehung wirklich Geltung hat, wird sie häufig praktisch wertlos, da es vorkommen kann, daß ein Ast der Schmelzkurve vollkommen verkümmert (s. S. 70, Fig. 14), oder daß plötzliche Richtungsänderungen auf der Schmelzkurve so wenig ausgeprägt sind, daß man sie übersieht.

Da je zwei Kristallarten zusammen ein Eutektikum bilden, so kann man ebenso die Regel aufstellen, daß bei Ausschluß polymorpher Umwandlungen die Anzahl der Verbindungen V gleich der um 1 verminderten Anzahl der eutektischen Horizontalen E ist.

$$V = E - 1.$$

Die Regel bedarf zu ihrer Gültigkeit im allgemeinen derselben Voraussetzungen wie die erste und außerdem einer Erweiterung des Begriffes der eutektischen Horizontalen auf Grund von Kriterien, welche die genaue Kenntnis des vollständigen Schmelzdiagrammes voraussetzen.

Alle derartigen Regeln sind nur in der Hinsicht von Interesse, daß sie zur vorläufigen Orientierung dienen können. Zur endgültigen Entscheidung darüber, wie viele und welche Verbindungen zwei Stoffe miteinander bilden, bedarf es der Kenntnis des vollständigen Schmelzdiagrammes.

2. Magnesium-Zinnlegierungen.

Wir wollen im folgenden als Beispiel zu den obigen allgemeinen Ausführungen zunächst das von Grube[1] ausgearbeitete Diagramm der Magnesium-Zinnlegierungen besprechen. Die durch Aufnahme der Abkühlungskurven erhaltenen Resultate hat Grube in der beifolgenden Tabelle 2 zusammengestellt. In dieser findet man

Tabelle 2.

Gewichtsprozente Zinn	Gewichtsprozente Magnesium	Atomprozente Zinn	Atomprozente Magnesium	Temperaturen der Knicke	Temperaturen der eutektischen Haltepunkte	Zeitdauer der eutektischen Kristallisation in Sekunden
0	100.00	0	100.00	Smp. 650.9°, Kristallisationszeit 125		
10.00	90.00	2.22	97.78	625.0°	565.0°	15
20.00	80.00	4.87	95.13	607.5	566.1	40
30.00	70.00	8.07	91.93	583.0	564.6	85
40.00	60.00	12.01	87.99	585.4	565.1	140
50.00	50.00	16.99	83.01	698.0	566.3	75
60.00	40.00	23.46	76.54	753.5	564.8	35
65.00	35.00	27.55	72.45	773.7	561.9	20
70.95	29.05	33.33	66.67	Ausscheidung der Verbindung SnMg₂ bei 783.4°, Kristallisationszeit 110		
75.00	25.00	38.05	61.95	754.1	204.5	40
80.00	20.00	44.55	55.45	720.0	211.2	90
85.00	15.00	53.70	46.30	666.1	210.3	145
90.00	10.00	64.82	35.18	550.0	210.3	200
95.00	5.00	79.55	20.45	330.5	210.5	240
97.50	2.50	88.87	11.13	217.4	209.3	275
99.00	1.00	95.29	4.71	220.0	209.4	125
100.00	0	100.00	0	Smp. 231.5°, Kristallisationszeit 250		

[1] Grube, Z. anorg. Chem. **46** (1905), 76.

1. Die Zusammensetzung der untersuchten Schmelzen in Gewichts- und Atomprozenten.

2. Die Temperaturen, bei denen die Ausscheidung einer Kristallart beginnt. Da sich diese bekanntlich durch einen Knick auf den Abkühlungskurven bemerkbar machen, so sind sie in unserer Tabelle als Temperaturen der Knicke bezeichnet.

3. Die Temperaturen der eutektischen Haltepunkte und

4. Die Zeitdauer dieser eutektischen Kristallisation, wobei die Abkühlungsversuche stets mit gleichen Substanzmengen (je 20 g) und unter möglichst gleichen Bedingungen ausgeführt wurden.

Die in der Tabelle verzeichneten Knicke und Haltepunkte sind von dem Autor in ein Koordinatensystem eingetragen, dessen Abszissenachse in bekannter Weise als Konzentrationsachse, dessen Ordinatenachse als Temperaturachse dient. Die beobachteten Punkte sind durch Kreuze gekennzeichnet. Die Konzentrationsachse ist nach Gewichtsprozenten Zinn, von 10 zu 10% fortschreitend, in 10 gleiche Teile geteilt. Der Konzentration 0 entspricht daher reines Magnesium, der Konzentration 100 reines Zinn. Die Atomprozente Zinn, die diesen Gewichtsprozenten entsprechen, sind auf einer unmittelbar darüber befindlichen Horizontalen angegeben. Das so erhaltene Schmelzdiagramm der Magnesium-Zinnlegierungen ist in Fig. 18 dargestellt.

Die Schmelzkurve oder die Kurve, welche die Temperatur des Beginns der Ausscheidung einer Kristallart angibt, besteht aus den drei Ästen AB, BCD und DE. Die Äste AB und DE verlaufen nahezu geradlinig, während der Ast BCD im Punkte C ein deutlich ausgeprägtes Maximum hat, das bei einer Temperatur (die genaue Zahl ist natürlich aus der Tabelle zu entnehmen) von 783.4° liegt. Die Äste AB und BCD schneiden sich im eutektischen Punkte B bei einer Konzentration von 39 Gewichtsprozenten Zinn. Die Äste BCD und DE schneiden sich im eutektischen Punkte D bei einer Konzentration von 97.5 Gewichtsprozenten Zinn. Nimmt man aus den verschiedenen Werten der eutektischen Temperaturen, wie sie in der Tabelle verzeichnet sind, die resp. Mittelwerte, so erhält man für den Punkt B 564.8° und für den Punkt D 209.4°. Der Temperaturunterschied der beiden eutektischen Horizontalen beträgt demnach ca. 350°. Die erste eutektische Horizontale beginnt beim reinen Magnesium und endet im Punkte c, der fast genau auf derselben Vertikalen, also bei derselben Konzentration wie das Maximum C liegt. Die zweite eutektische Horizontale reicht von eben dieser

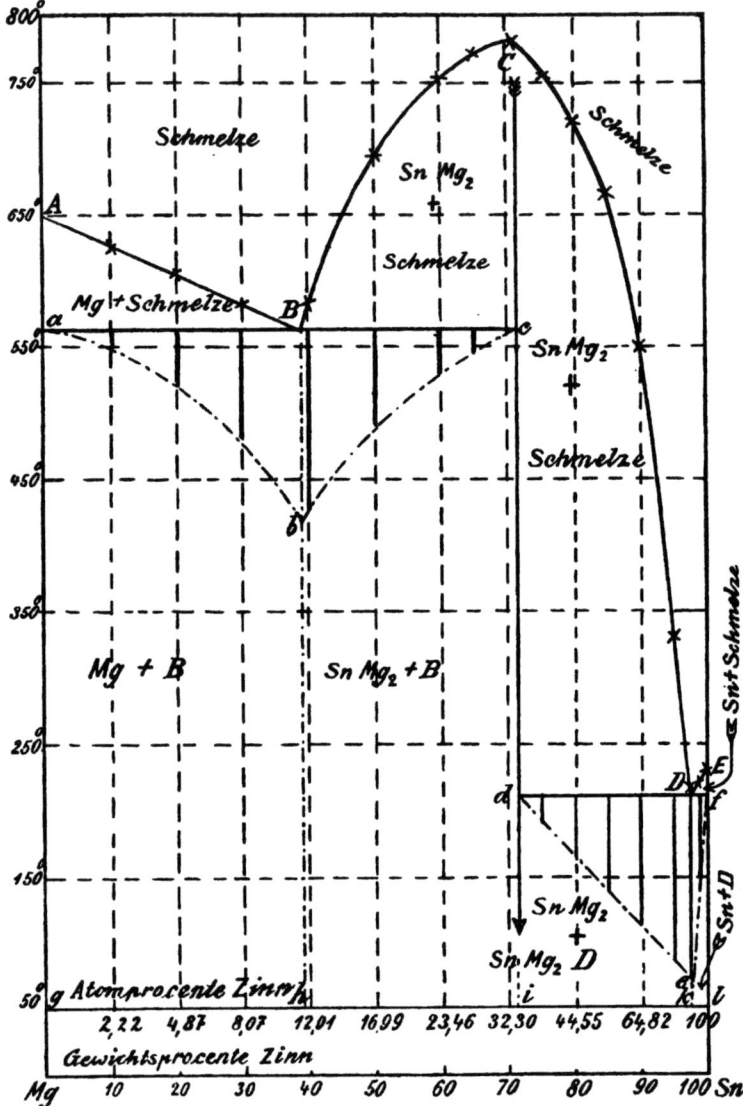

Fig. 18. Schmelzdiagramm der Magnesium-Zinnlegierungen nach GRUBE.

Konzentration bis zu reinem Zinn. (Über die Ermittelung dieser
Endpunkte siehe weiter unten.)

Dieses von GRUBE auf Grund seiner Abkühlungskurven entworfene Schmelzdiagramm hat also genau die charakteristischen

Eigenschaften des von uns für den allgemeinen Fall hergeleiteten Diagrammes, daß zwei Stoffe bei vollständiger Mischbarkeit im flüssigen, vollständiger Nichtmischbarkeit im kristallisierten Zustande und bei Abwesenheit polymorpher Umwandlungen beim Zusammenschmelzen eine einzige, unzersetzt schmelzende Verbindung miteinander bilden.

Die vorliegende Verbindung hat die Zusammensetzung $SnMg_2$. Ihre Formel verlangt 70.95 Gewichtsprozente Zinn und 29·05 % Magnesium.

GRUBE benutzte zur Bestimmung der Zusammensetzung der Verbindung die S. 84 erwähnten Hilfsmittel. Er teilt darüber im einzelnen folgendes mit:

1. Durch graphische Interpolation des experimentell ermittelten Verlaufs der Schmelzkurve ergibt sich für die Konzentration des Maximums C ein Wert zwischen 70.5 und 71.5 Gewichtsprozenten Zinn.

2. Zwei weitere Hilfsmittel liefert die Ermittelung der Endpunkte der beiden eutektischen Horizontalen. Wir wissen ja, daß, falls die von uns vorausgesetzte Nichtmischbarkeit im kristallisierten Zustande wirklich besteht, beide Horizontalen bei der Konzentration der Verbindung enden müssen. Die graphische Darstellung erfolgte bisher in der Weise, daß auf der Konzentrationsachse bei den entsprechenden Konzentrationen Senkrechte errichtet wurden, deren Längen den eutektischen Haltezeiten proportional waren. GRUBE hat zu diesem Zwecke die eutektischen Horizontalen selber benutzt und auf ihnen als Grundlinien die den eutektischen Haltezeiten proportionalen Senkrechten nach unten abgetragen. Diese kleine Änderung ist in komplizierteren Fällen, bei denen sich oft mehrere eutektische Horizontalen teilweise überdecken, praktisch, da man die Zugehörigkeit der aufgetragenen Senkrechten zu ihrer Horizontalen ohne weiteres erkennt. Man sieht, daß auf der eutektischen Horizontalen $a\,B\,c$ keine lineare Abnahme dieser Senkrechten vom Maximum aus stattfindet. Die Abnahme der eutektischen Haltezeiten ist vielmehr eine stärkere. Wir haben schon bei der Besprechung des allgemeinen Falles auf das häufige Vorkommen derartiger Anomalien im Schmelzdiagramme und ihre spätere, im praktischen Teile erfolgende Erklärung hingewiesen. Immerhin sehen wir, daß die kontinuierliche Verlängerung der die Endpunkte der Senkrechten verbindenden Kurve $a\,b\,c$ die Grundlinie, hier also die eutektische Horizontale, einerseits im Punkte a bei der Konzentration 0, d. h. beim reinen Magnesium,

andererseits im Punkte c bei der Konzentration 70.8 schneidet. Auf der eutektischen Horizontalen dDf beobachten wir innerhalb der Beobachtungsfehler eine lineare Abnahme der eutektischen Haltezeiten. Die Verbindungslinien der Endpunkte dieser Senkrechten sind daher Gerade, von denen die eutektische Horizontale einerseits in f bei der Konzentration 100, also beim reinen Zinn, andererseits in d bei der Konzentration 71 geschnitten wird.

Wir sehen also, daß die mit Hilfe der eutektischen Zeiten für die Zusammensetzung der Verbindung erhaltenen Werte „70.8 $^0/_0$ Zinn" und „71 $^0/_0$ Zinn" unter sich ausgezeichnet und auch innerhalb der Grenzen der Versuchsfehler mit der Konzentration des Maximums auf der Schmelzkurve übereinstimmen, für die ein zwischen 70.5 und 71.5 $^0/_0$ liegender Wert ermittelt wurde.

Zur weiteren Kontrolle nahm GRUBE noch die Abkühlungskurve einer Legierung auf, deren Zusammensetzung genau der Verbindung $SnMg_2$ entsprach, die also 70.95 $^0/_0$ Zinn enthielt. Die Abkühlungskurve war die eines reinen Stoffes, sie wies demgemäß keinen Knick auf, sondern nur einen Haltepunkt, bei dem die Temperatur längere Zeit (110 Sekunden) konstant blieb. Dieser Haltepunkt trat bei einer Temperatur (783.4 ^{0}) auf, die höher als die bei den Kurven der benachbarten Konzentrationen (65 und 75 $^0/_0$ Sn) beobachteten Knicke lag, entsprach also tatsächlich einem Maximum (vergl. Tabelle 2). Der Schmelzpunkt der Verbindung liegt demnach bei 783.4 ^{0}. Der hier angetroffene Fall, daß der Schmelzpunkt einer Verbindung noch über dem der am höchsten schmelzenden Komponente liegt, kommt häufig vor. GRUBE teilt nicht mit, daß er durch mikroskopische Untersuchung eines Schliffes obiger Konzentration die einheitliche Struktur der Legierung und die Abwesenheit eines eutektischen Strukturelementes festgestellt hat. Vermutlich ließ die von ihm erwähnte Sprödigkeit der reinen Verbindung die Herstellung eines brauchbaren Schliffes nicht zu.

Schließlich kann die Einfachheit der ermittelten Formel, die dazu noch den Anforderungen der Valenztheorie entspricht, als weitere Stütze für die aus dem Diagramm gezogenen Schlüsse angesehen werden.

Die Zustandsfelder des Diagrammes sind folgende: Oberhalb der Schmelzkurve $ABCDE$ sind die Legierungen aller Konzentrationen vollständig flüssig. In den dreieckigen Zustandsfeldern, die oben durch die Schmelzkurve und unten durch die eutektischen Horizontalen begrenzt werden, befindet sich je eine Kristallart mit einer Schmelze im Gleichgewichte. Unterhalb der eutektischen Horizontalen sind die Legierungen vollkommen erstarrt, und zwar bestehen sie stets aus zwei Kristallarten. In nebenstehender Tabelle 3 sind die Zustandsfelder zusammengestellt.

Tabelle 3.

mit einer Kristallart		Zustandsfelder	mit zwei Kristallarten
ABa	Mg	$aBhg$	Mg + Eutektikum B [Mg + SnMg$_2$]
CBc	SnMg$_2$	$Bcih$	SnMg$_2$ + Eutektikum B [Mg + SnMg$_2$]
DCd	SnMg$_2$	$Dkid$	SnMg$_2$ + Eutektikum D [Sn + SnMg$_2$]
DEf	Sn	$Dflk$	Sn + Eutektikum D [Sn + SnMg$_2$]

In dem Diagramme erscheint der Ast AB außerordentlich viel stärker ausgebildet, als der Ast ED, doch rührt dies daher, daß die Konzentrationsachse nach Gewichtsprozenten eingeteilt ist. Drücken wir die Konzentration in Atomprozenten aus, so erhalten wir für B 11.60 °/$_0$ Atomprozente Zinn, für D 11.13 Atomprozente Magnesium, also, natürlich zufällig, sogar ganz entsprechende Werte.

Eine Untersuchung von KURNAKOW und STEPANOW[1] über den gleichen Gegenstand liefert in allen wesentlichen Punkten eine Bestätigung der Angaben von GRUBE, so daß wir auf das von diesen beiden Autoren mitgeteilte Schmelzdiagramm nicht einzugehen brauchen. Jedoch sollen die von ihnen gegebenen Photographien der Schliffe der Reguli hier Platz finden, einmal, weil sie mit großer Sorgfalt hergestellt sind und ihre Struktur dank den scharfen Unterschieden zwischen den Eigenschaften der Verbindung und denen der sie zusammensetzenden Metalle mit ungewöhnlicher Deutlichkeit hervortritt, und dann, weil ein Vergleich der in unserm Falle außerordentlich klaren Aussagen des Schmelzdiagramms mit den Folgerungen, die man aus der hier besonders übersichtlichen Struktur der Schliffe ziehen kann, erkennen läßt, wie weit beide Untersuchungsmethoden sich gegenseitig stützen und event. ergänzen können.

In bezug auf die Eigenschaften der drei Kristallarten genügt es, darauf hinzuweisen, daß zunächst die Verbindung Mg$_2$Sn vollständige oktaedrische Spaltbarkeit zeigt, und daß ihre Härte (= 3.5) die ihrer Komponenten Magnesium (Härte 2) und Zinn (Härte 1.8) bedeutend übertrifft. Ferner oxydieren sich die zusammengeschmol-

---

[1] KURNAKOW und STEPANOW, Z. anorg. Chem. 46 (1905), 177.

zenen Mischungen an feuchter Luft, und zwar um so schneller, je höher ihr Magnesiumgehalt ist.

Die Schliffe Fig. 1—3, Tafel I, entsprechen Zinngehalten von 10—30 $\%$ und fallen daher in das Zustandsgebiet mit zwei Kristallarten (Fig. 18) $a\,B\,h\,g$. Die primäre Ausscheidung hat längs des Kurvenastes $A\,B$ stattgefunden und besteht aus Magnesium. Die Reguli wurden zunächst geschliffen und dann mit Hilfe sehr fein gemahlenen Schmirgels, der zusammen mit Wasser auf eine mit Sämisch-Leder bespannte Metallscheibe aufgetragen wurde, poliert. Es genügt schon die Feuchtigkeit der Lederscheibe, um den Schliff vollständig mit einer Oxydschicht zu bedecken. Die auf diese Weise geätzten Schliffe wurden dann auf trockenem Sämisch-Leder, worauf fein gemahlener Saflor (Speiskobalt) aufgetragen war, abgerieben. Hierdurch verlor die härtere, also weniger abgeschliffene und daher an der Oberfläche hervortretende Verbindung Mg_2Sn ihre Oxydschicht wieder und wurde weiß, während das metallische Magnesium die dunkele Färbung beibehielt. Fig. 1, Tafel I, stellt einen Schliff mit 10 $\%$ Zinn in 70facher Vergrößerung dar. Er besteht zum größten Teil aus Körnern von Magnesium, die reichliche Mengen des hellen Eutektikums eingeschlossen enthalten und durch dünne Adern des Eutektikums voneinander getrennt sind. In Fig. 2, Tafel I, welche einen Schliff mit 24 $\%$ Zinn in 100facher Vergrößerung darstellt, sind dunkle Dendrite des primär ausgeschiedenen Magnesiums sichtbar. Die Zwischenräume zwischen diesen sind durch schön ausgebildetes Eutektikum ausgefüllt, das aus abwechselnden Schichten des dunkel geätzten Magnesiums und der hell erscheinenden Verbindung Mg_2Sn besteht. Die relative Menge des Eutektikums beträgt schätzungsweise dem Volumen nach $\frac{1}{2}$. Fig. 3, Tafel I, entsprechend 30 $\%$ Zinn, bietet im wesentlichen dasselbe Bild, nur hat sich in Übereinstimmung mit dem Diagramme die relative Menge der primär ausgeschiedenen Magnesiumkristalle vermindert, die des Eutektikums vermehrt.

Fig. 4, Tafel I, entspricht einem Schliffe mit 39 $\%$ Zinn, also der Konzentration B in unserm Diagramme und muß daher ausschließlich das Eutektikum B erkennen lassen. Die Vorbehandlung des Schliffes ist dieselbe wie die der vorher besprochenen. Bei der gewählten 170fachen Vergrößerung tritt die wegen ihres häufigen Vorkommens als typisch angesehene lamellare Struktur des Eutektikums mit einer Schärfe und Deutlichkeit hervor, wie sie in praxi nur selten zu beobachten ist.

Die Figg. 5 und 6, Tafel I, 7—9, Tafel II, entsprechen Konzentrationen von 42—62 $^o/_0$ Zinn, die demnach in das Zustandsfeld mit zwei Kristallarten $B\,c\,i\,h$ gehören. Ein Blick auf das Diagramm lehrt, daß sich bei diesen Konzentrationen längs CB primär eine andere Kristallart, nämlich die Verbindung Mg_2Sn ausscheidet, daß aber das zuletzt auskristallisierende Eutektikum dasselbe sein muß, wie das der vorhergehenden Schliffe. Die Vorbehandlung dieser Schliffe war die gleiche wie die der vorigen. Die Figg. 5—9 lassen die Verschiedenheit des primären Strukturelementes von dem der bisherigen Schliffe ohne weiteres erkennen. Die hellen, scharfkantig begrenzten, oft nach einer Richtung verlängerten Kristalle der Verbindung Mg_2Sn lassen keine Verwechslung mit den mit einer schwarzen Oxydschicht bedeckten, abgerundeten Körnern oder Dendriten des Magnesiums zu. Ebenso findet man Übereinstimmung mit den Aussagen des Schmelzdiagramms in der Hinsicht, daß mit steigendem Zinngehalte die Menge der primär ausgeschiedenen Kristalle zunimmt, die des Eutektikums abnimmt. Die Struktur des Eutektikums tritt hier jedoch nicht mehr so deutlich zutage, wie in den Figg. 2—4, so daß auf Grund des mikroskopischen Befundes allein seine Identität mit dem Eutektikum der früheren Schliffe wohl nicht als erwiesen zu betrachten wäre. Dazu bedarf es der unzweideutigen Aussage unseres Schmelzdiagramms, die in diesem speziellen Falle durch das Aussehen des Eutektikums, wenn auch nicht gestützt, so doch auch nicht widerlegt wird.

Die Figg. 10 und 11, Tafel II, stellen Schliffe mit 83 resp. 91 $^o/_0$ Zinn, die demnach in das Zustandsfeld mit zwei Kristallarten $D\,k\,i\,d$ gehören, dar. Die primäre Abscheidung der Verbindung hat hier längs CD stattgefunden. Wir müssen also dieselbe primäre Kristallart, nämlich die Verbindung Mg_2Sn beobachten, wie in den Schliffen 5—9. Jedoch tritt hier das zweite Eutektum D auf, welches aus der Verbindung Mg_2Sn und reinem Zinn (an Stelle des Magnesiums) besteht, und zwar, wie sich aus seiner durch das Diagramm gegebenen Zusammensetzung mit Hilfe der Hebelbeziehung leicht berechnen läßt, zu über 90 $^o/_0$ aus Zinn. Die Vorbehandlung der Schliffe war in diesem Falle eine andere, wie bei den vorhergehenden Schliffen. Sie beschränkte sich darauf, die Legierung zu schleifen und dann auf der feuchten Lederscheibe mittels Schmirgel zu polieren. Dabei findet nur eine Oxydation der Verbindung Mg_2Sn statt, während das metallische Zinn unverändert bleibt. Das nachherige Abreiben auf Saflor fiel also fort. Aus dieser veränderten Vorbehandlung erklärt es sich, daß in diesen Schliffen 10 und 11 die primär abgeschiedene Verbindung Mg_2Sn schwarz erscheint. Die Umgrenzung der primären Kristalle ist, wie Fig. 11 erkennen läßt, dem Anscheine nach dieselbe, wie in den vorhergehenden Schliffen. Das Eutektikum ist fast völlig hell geblieben und enthält, entsprechend seiner Zusammensetzung, nur wenig von der Verbindung Mg_2Sn in Form schwarzgefärbter, kleiner, gleichmäßig verteilter Kriställchen. Mit zunehmendem Zinngehalt wächst die Menge des Eutektikums und nimmt die der primär ausgeschiedenen Kristalle ab, wie es unser Diagramm verlangt. Auch ist ohne weiteres ersichtlich, daß das neue Eutektikum wegen seines hellen Aussehens von dem früher beobachteten, welches zu etwa gleichen Teilen aus Magnesium und der Verbindung Mg_2Sn bestand, verschieden sein muß. Die in den Schliffen 1—9 vorhandenen Strukturelemente wurden ja beim Polieren auf der feuchten Lederscheibe gleichzeitig oxydiert und es bedurfte des nachträglichen trocknen Abreibens auf Saflor, um das helle Aussehen der Verbindung Mg_2Sn hervorzurufen. Da bei den Schliffen 10 und 11 dieses nachträgliche Abreiben fortgefallen ist, so müßte das in ihnen vorhandene Eutektikum, wenn es mit dem der vorhergehenden Schliffe identisch wäre, vollkommen schwarz erscheinen.

Fig. 12, Tafel II, zeigt einen Schliff mit einem Zinngehalte von 99 %, der also in das Zustandsfeld $Dflk$ fällt, bei 50facher Vergrößerung. Das Diagramm lehrt, daß sich längs des Kurvenastes ED primär eine neue Kristallart, nämlich reines Zinn abgeschieden hat. Das Eutektikum ist dasselbe wie in 10 und 11. Diese Figur ist der Arbeit von GRUBE entnommen; die Verwendung eines anderen Ätzmittels (verdünnter Salpetersäure) läßt einen Vergleich dieses Schliffes mit den vorhergehenden nicht zulässig erscheinen. Man erkennt aber jedenfalls in Übereinstimmung mit unserm Diagramm das Vorhandensein reichlicher Mengen eines hellen Eutektikums, in das die hier dunkel erscheinenden Zinnkristalle eingebettet sind.

Das Aussehen der Schliffe bestätigt also, soweit eine charakteristische Struktur vorhanden ist, in allen Punkten die Aussagen des Diagramms und steht nirgends mit ihnen im Widerspruch. Dadurch haben natürlich die gezogenen Schlüsse einen hohen Grad von Sicherheit erlangt.

3. Magnesium-Wismutlegierungen.

Das Schmelzdiagramm des Systems Magnesium-Wismut ist ebenfalls von GRUBE[1] ausgearbeitet. Die Resultate seiner Versuche sind in Tabelle 4 zusammengestellt. Das von GRUBE auf Grund der-

Tabelle 4.

Wismutgehalt der Legierungen Gew.-%	Atom-%	Temp. der Knicke	Temp. der eutektischen Haltepunkte	Zeitdauer der eutektischen Kristallisation in Sekunden	Unterkühlung bei der eutektischen Kristallisation
0	0				
10.00	1.28	640	552	5	—
20.00	2.84	626	553	20	—
30.00	4.77	623	552	40	—
40.00	7.39	604	554	60	—
50.00	10.46	583	551	80	—
60.00	14.46	564	553	95	—
70.00	21.42	610	551	75	—
80.00	31.85	677	552	30	—
82.50	35.51	698	550	15	—
83.50	37.16	710	—	—	—
85.09	40.00				
87.50	44.98	699	269	55	2
90.00	51.26	612	268	120	4
95.00	68.92	527	268	150	8
97.50	81.97	432	268	230	7
100.00	100.00				

Row "0": Smp. des reinen Mg 650.9°, Kristallisationszeit 125.

Row "85.09 / 40.00": Smp. d. reinen Verb. Bi_2Mg_3 715°, Kristallisationszeit 72

Row "100.00 / 100.00": Smp. d. reinen Bi bei 268°, Kristallisationszeit 250

selben entworfene Schmelzdiagramm gibt Fig. 19 wieder. Die beobachteten Punkte sind durch Kreuze gekennzeichnet. Wir erkennen, daß vollkommene Mischbarkeit im flüssigen, keine Mischbarkeit im kristallisierten Zustande vorhanden ist, daß polymorphe Umwandlungen nicht beobachtet wurden, und daß beide Metalle nur eine Verbindung von der Formel Bi_2Mg_3 miteinander bilden.

Das Diagramm bietet ein Beispiel für den schon früher (S. 70, Fig. 14; S. 87) als möglich erwähnten Fall, daß ein Ast der Schmelzkurve so verkümmert, daß er praktisch verschwindet. Wir beobachten dies hier auf 'der Seite des reinen Wismuts, dessen Schmelzpunkt durch Zusatz von Magnesium sofort längs DC erhöht wird. Die Temperatur der eutektischen Horizontalen Dc (268°) fällt praktisch mit dem Schmelzpunkt der reinen Wismuts (268°) zusammen. Auch

---

[1] GRUBE, Z. anorg. Chem. **49** (1906), 83.

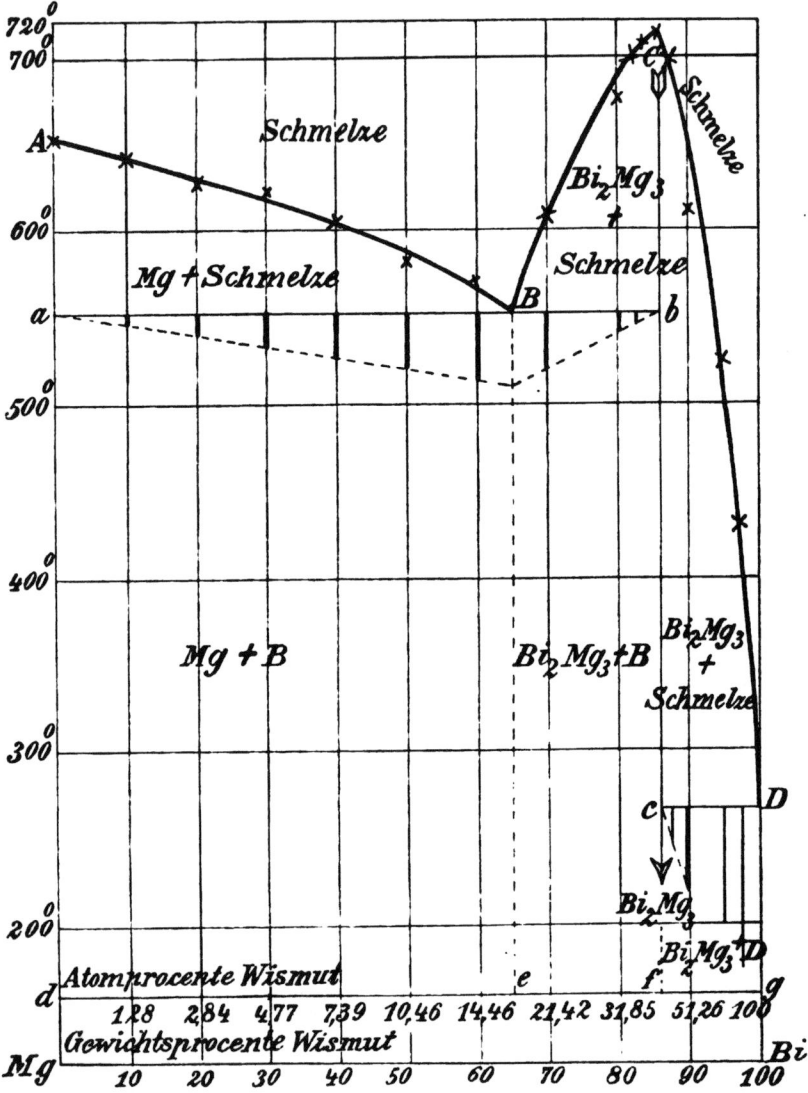

Fig. 19. Schmelzdiagramm der Magnesium-Wismutlegierungen nach GRUBE.

aus wismutreichen Schmelzen scheidet sich demnach primär niemals
Wismut, sondern stets die Verbindung Bi_2Mg_3 aus. Dementsprechend
muß das Eutektikum hier aus nur einer Kristallart, nämlich reinem
Wismut bestehen.

Ferner erscheint das Maximum C auf der Schmelzkurve bei
der Konzentration der Verbindung außerordentlich scharf ausgeprägt,
so daß es praktisch von einer scharfen Spitze nicht zu unterscheiden
ist. Man könnte versucht sein, daraus zu schließen, daß die Verbindung Bi₂Mg₃ im geschmolzenen Zustande bei der Temperatur

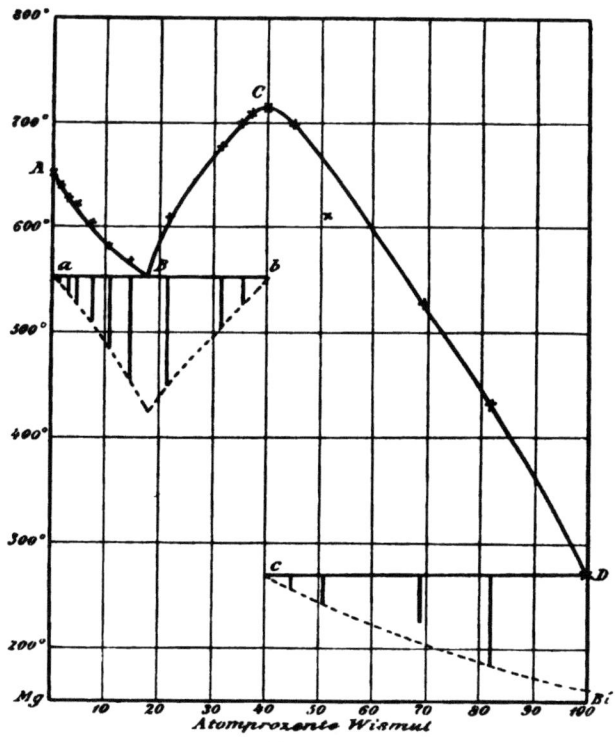

Fig. 20.

Schmelzdiagramm der Magnesium-Wismutlegierungen. (Die Konzentrationsachse ist nach Atomprozenten geteilt.)

ihres Schmelzpunktes so gut wie nicht dissoziiert ist (s. S. 79).
Teilt man jedoch die Konzentrationsachse statt (wie Grube es tut)
nach Gewichtsprozenten nach Atomprozenten in gleiche Teile,
so zeigt die Schmelzkurve bei der Konzentration der Verbindung
ein Maximum der gewöhnlichen Form ohne Spitze, wie ein Blick
auf das in Fig. 20 dargestellte Schmelzdiagramm lehrt. Dieses
Diagramm ist nach den Angaben der Grubeschen Tabelle konstruiert

7*

und unterscheidet sich von Fig. 19 im wesentlichen dadurch, daß die Konzentrationsachse von 10 zu 10% fortschreitend nach Atomprozenten geteilt ist. Die experimentell ermittelten Punkte sind wieder durch Kreuze gekennzeichnet. Bei der von GRUBE gewählten Darstellung bewirkt die große Verschiedenheit der Atomgewichte der beiden Komponenten eine gewisse Verzerrung der Schmelzkurve.

Es sei übrigens darauf hingewiesen, daß die Teilung der Konzentrationsachse nach Atomprozenten noch eine weitere Änderung verlangt. Wir wissen, daß die relativen, also auf die Gewichtseinheit bezogenen Mengen der Eutektika eine lineare Funktion der Konzentration in Gewichtsprozenten sind. Drückt man die Konzentration in Atomprozenten aus, so gilt diese Beziehung natürlich nicht. Vielmehr ist in diesem Falle die Gewichtsmenge des Eutektikums pro 1 Gramm-Atom eine lineare Funktion der Konzentration. Die Gewichtsmenge des Eutektikums pro 1 Gramm-Atom kann man experimentell durch die Dauer der eutektischen Haltepunkte auf den Abkühlungskurven ermitteln, wenn man alle Versuche mit derselben Anzahl von Gramm-Atomen ausführt. Hat man experimentell die relative Menge des Eutektikums ermittelt, indem zu den Versuchen gleiche Gewichtsmengen genommen wurden, so kann man natürlich aus diesen Werten die Mengen des Eutektikums für die gleiche Anzahl von Gramm-Atomen durch Umrechnung finden. Dies ist beim Entwerfen des Schmelzdiagramms Fig. 20 mit Hilfe der von GRUBE mitgeteilten Zahlen geschehen. Die Umrechnung ist für jede einzelne Horizontale gesondert ausgeführt.

C. Polymorphe Umwandlungen finden nicht statt. Die Komponenten bilden beim Zusammenschmelzen eine Verbindung miteinander, die nicht unzersetzt schmelzbar ist, sondern sich beim Erhitzen zunächst in eine Schmelze und eine andere Kristallart spaltet (Fall des verdeckten Maximums).

Wir haben (S. 31) bei den allgemeinen Erörterungen über die heterogenen Gleichgewichte schon ein Beispiel für eine nicht unzersetzt schmelzende Metallverbindung kennen gelernt und gleichzeitig erkannt, daß dieser Vorgang (unter konstantem Druck) bei konstanter Temperatur stattfinden muß.

1. Schmelzen des Glaubersalzes $Na_2SO_4 \cdot 10\,H_2O$.

Ein allgemein bekanntes und gut untersuchtes Beispiel für ein derartiges Schmelzen unter Zersetzung bietet das Glaubersalz. Unter Atmosphärendruck schmilzt es bei 32.4°, aber nicht zu einer klaren Flüssigkeit, sondern zu einem Brei, dessen kristallisierter Bestandteil wasserfreies Natriumsulfat ist. Der geschmolzene Teil besteht aus Natriumsulfat und Wasser und muß natürlich sowohl eine in bezug auf Glaubersalz als auch auf wasserfreies Natriumsulfat gesättigte Lösung darstellen. Denn wenn man die Schmelzung nicht vollständig sondern nur teilweise vor sich gehen läßt und dann das System vor Wärmezufuhr und Wärmeentziehung schützt, so können die beiden Kristallarten, das noch ungeschmolzene Glaubersalz und das entstandene wasserfreie Natriumsulfat, beliebig lange mit der Schmelze in Berührung bleiben, ohne daß eine Veränderung eintritt. Das System befindet sich daher im Gleichgewichte, was natürlich nur möglich ist, wenn die Lösung mit den beiden Stoffen gesättigt ist.

Wir drücken den Vorgang in bekannter Weise durch die Gleichung

$$Na_2SO_4 \cdot 10\,H_2O \rightleftharpoons Na_2SO_4 + \text{gesättigte Lösung (auf 100 Teile}$$
$$\text{Wasser 49.6 Teile } Na_2SO_4)$$

aus, wobei die Pfeile andeuten, daß sich die Reaktion reversibel leiten läßt. Bei Zuführung von Wärme geht sie von links nach rechts, bei Wärmeentziehung in umgekehrter Richtung vor sich.

Wir haben hier ein vollständiges heterogenes Gleichgewicht zwischen Schmelze, wasserfreiem Natriumsulfat und Glaubersalz. Wenn die Reaktion von links nach rechts geht, vermindert sich die Menge der Glaubersalzkristalle, vermehrt sich die Menge des wasserfreien Natriumsulfats und der Schmelze, ohne daß eine der Phasen ihre Zusammensetzung ändert. Daher bleibt, wie wir wissen, die Temperatur bei Wärmezufuhr oder Wärmeentziehung so lange konstant, bis die Reaktion vollständig verlaufen ist. Die Temperatur 32.4° bildet also eine Grenztemperatur. Dies hat sie mit dem Schmelzpunkte einer einheitlichen, ohne Zersetzung schmelzenden Substanz gemein, der ja (bei Atmosphärendruck) die Grenztemperatur angibt, oberhalb deren nur der flüssige, unterhalb deren nur der kristallisierte Zustand stabil ist. In unserm Falle ist unterhalb 32.4° das Glaubersalz, oberhalb 32.4° ein Gemisch von wasserfreiem Natriumsulfat und seiner gesättigten Lösung stabil. Nur bei dieser

Temperatur sind beide Kristallarten, sowohl Glaubersalz als auch wasserfreies Natriumsulfat untereinander und mit einer Lösung im Gleichgewicht, die für beide Kristallarten gesättigt ist.

Daraus folgt aber ohne weiteres, daß bei 32.4° Glaubersalz und Natriumsulfat die gleiche Löslichkeit in Wasser (umgerechnet auf den gemeinsamen Bestandteil, das wasserfreie Natriumsulfat) haben müssen. Denn wenn dies nicht der Fall wäre, und etwa das Glaubersalz eine höhere Löslichkeit besäße als das wasserfreie Natriumsulfat, so könnten die beiden Stoffe nicht im Gleichgewicht miteinander sein. Die mit Glaubersalz gesättigte Lösung würde dann in bezug auf das wasserfreie Natriumsulfat übersättigt sein und müßte so viel von letzterem ausscheiden, bis die Übersättigung aufgehoben wäre. Dann wäre sie aber nicht mehr mit Glaubersalz gesättigt, würde also neues Glaubersalz auflösen und dieses wieder in Form wasserfreien Natriumsulfats ausfallen lassen u. s. f. Der Prozeß würde so lange vor sich gehen, bis alles Glaubersalz in wasserfreies Natriumsulfat umgewandelt wäre, d. h. unter diesen Umständen wären eben Glaubersalz und wasserfreies Natriumsulfat nicht im Gleichgewichte, sondern es wäre nur das letztere, das wasserfreie Salz, stabil. Dies ist erst bei Temperaturen oberhalb 32.4° der Fall, und wir schließen daraus, daß in dem Temperaturgebiete oberhalb 32.4° das hier instabile Glaubersalz bei derselben Temperatur eine größere Löslichkeit in Wasser haben muß als wasserfreies Natriumsulfat. Umgekehrt muß bei Temperaturen unterhalb 32.4° das jetzt stabile Glaubersalz eine geringere Löslichkeit haben als wasserfreies Natriumsulfat. Die stabile Kristallart hat also stets die geringste Löslichkeit. Nur bei der Gleichgewichtstemperatur, bei der beide Kristallarten stabil sind, haben beide die gleiche Löslichkeit. Die gesättigte Lösung enthält bei dieser Temperatur 49.6 Teile Na_2SO_4 und 100 Teile Wasser. Diese Konzentrationsbestimmung rührt von Löwel[1] her, und man bekommt dieselbe Zahl, gleichgültig, ob man das Wasser mit Glaubersalz oder wasserfreiem Natriumsulfat sättigt. Löwel konnte auch nachweisen, daß wasserfreies Natriumsulfat bei Temperaturen unter 32.4° in der Tat viel löslicher ist als Glaubersalz. Bereitet man eine bei 20° gesättigte Lösung von Glaubersalz, indem man entweder Glaubersalz mit Wasser bei dieser Temperatur so lange schüttelt, bis sich nichts mehr löst, oder auch indem man eine oberhalb 20° gesättigte Glaubersalzlösung in Berührung mit Glauber-

---

[1] *Ann. de chimie et de phys.* [3] 49 (1857), 50.

salz bei 20° so lange stehen läßt, bis sich nichts mehr auscheidet, so erhält man eine Lösung, die auf 100 Teile Wasser 19.4 Teile wasserfreies Na_2SO_4 enthält. Wenn man aber Glaubersalz in einem Glaskolben schmilzt und die Schmelze so hoch erhitzt, daß die über dem ausgeschiedenen, wasserfreien Natriumsulfate befindliche Lösung zum Sieden kommt, darauf den Kolben verschließt und nun bis 20° abkühlen läßt, so enthält die Lösung 52.76 Teile wasserfreies Natriumsulfat auf 100 Teile Wasser, also bei derselben Temperatur (20°) fast die dreifache Menge. Die unter der Flüssigkeit befindliche Kristallart ist aber jetzt nicht Glaubersalz, sondern wasserfreies Natriumsulfat, welches sich beim Schmelzen des Glaubersalzes abgeschieden hat, und die so ermittelte Zahl gibt eben die Löslichkeit des wasserfreien Natriumsulfats in Wasser. Das Kochen der Lösung hat jedenfalls nur den Zweck, kleine Kriställchen von Glaubersalz, die etwa an den kälteren Gefäßwänden festhaften könnten, fortzulösen. Denn unsere Lösung ist für Glaubersalz übersättigt, und es braucht nur ein kleiner Kristallsplitter von Glaubersalz in die Lösung zu gelangen, um sie sofort unter beträchtlicher Temperaturerhöhung in einen Kristallbrei von Glaubersalz und verdünnterer Lösung zu verwandeln. Wir haben hier ein sehr schönes Beispiel dafür, wie eine Lösung in bezug auf die eine Form gesättigt, in bezug auf die andere übersättigt ist, und man erkennt hier ohne weiteres, daß die unter den betreffenden Versuchsbedingungen stabile Form unter eben diesen Verhältnissen auch die weniger lösliche sein muß. Oberhalb 32.4° würde natürlich die mit Glaubersalz gesättigte Lösung in bezug auf wasserfreies Natriumsulfat übersättigt sein. Doch läßt sich eine solche Lösung nur schwierig realisieren.[1]

Wir erkennen aus obigen Beobachtungen auch, wie wir in praxi zu verfahren haben, um die durch die Gleichung

$$Na_2SO_4 \cdot 10 H_2O \longleftrightarrow Na_2SO_4 + \text{ges. Lösung}$$

dargestellte Reaktion wirklich reversibel zu gestalten. Von links nach rechts, also bei Wärmezufuhr, geht die Reaktion nach Maßgabe der zugeführten Wärmemengen vor sich, ohne daß es im allgemeinen besonderer Vorsichtsmaßregeln bedarf. Soll die Reaktion von rechts nach links vor sich gehen, sich also aus wasserfreiem Natriumsulfat und gesättigter Lösung Glaubersalz bilden, so muß man einen Kristall von Glaubersalz einimpfen, um die Reaktion einzuleiten.

---

[1] TELDEN und SHENSTONE, *Phil. Trans.* 175 (1884), 28.

Wir können hiernach über die Abkühlungsvorgänge bei Gemischen aus Wasser und Natriumsulfat unter der üblichen Voraussetzung, daß sich 'das Gleichgewicht stets momentan einstellt, daß also zur Vermeidung von Übersättigungen Kristalle von Glaubersalz eingeimpft werden, folgendes vorhersagen:

a) Entspricht das Gemisch der Formel $Na_2SO_4 + 10H_2O$, enthält es also auf 100 Teile Wasser 78.9 Teile wasserfreies Natriumsulfat (teils kristallisiert, teils in Wasser gelöst), so wird sich, wenn die Temperatur bis 32.4° gesunken ist, das gesamte wasserfreie Natriumsulfat mit der Lösung zu Glaubersalz umsetzen. Die Temperatur bleibt so lange konstant, bis diese Umsetzung vollendet ist, dann ist alles kristallisiert. Die weitere Abkühlung geht vor sich, ohne daß Wärmeeffekte auftreten. Wir haben auf der Abkühlungskurve nur einen Haltepunkt bei 32.4° (auf das event. Auftreten von Knicken auf den Abkühlungskurven wollen wir hier keine Rücksicht nehmen).

b) Enthält das Gemisch auf 100 Teile Wasser mehr als 78.9 Teile wasserfreies Natriumsulfat, so wird zwar bei 32.4° ebenfalls die Umsetzung zu Glaubersalz stattfinden und demgemäß ein Haltepunkt auftreten, allein die in der Mischung vorhandene Wassermenge reicht nicht aus, um alles wasserfreie Natriumsulfat in Glaubersalz umzuwandeln. Es ist daher, wenn die Reaktion vor sich gegangen ist, eine gewisse Menge wasserfreies Natriumsulfat übriggeblieben. Jedenfalls befindet sich auch hier nach Überschreitung der Gleichgewichtstemperatur 32.4° alles in kristallisiertem Zustande, so daß die weitere Abkühlung ohne Kristallausscheidung und daher auch ohne Wärmeeffekte erfolgt. Wir beobachten auf den Abkühlungskurven ebenfalls nur einen Haltepunkt bei 32.4°.

c) Enthält andererseits das Gemisch auf 100 Teile Wasser weniger als 78.9 Teile wasserfreies Natriumsulfat, entsprechend $Na_2SO_4 + 10H_2O$, jedoch mehr als 49.6 Teile Natriumsulfat, entsprechend der bei der Gleichgewichtstemperatur 32.4° gesättigten Lösung, so wird, wenn die Temperatur auf 32.4° gefallen ist, unter der gesättigten Lösung gleichfalls wasserfreies Natriumsulfat vorhanden sein. Dieses muß sich bei 32.4° mit der Lösung zu Glaubersalz umsetzen. Wir werden also auch bei diesen Konzentrationen noch eine Periode konstanter Temperatur bei 32.4° beobachten. Ist die Reaktion beendet, so ist jedoch nicht alles kristallisiert. Es ist nämlich in der Mischung mehr Wasser vorhanden als der Formel $Na_2SO_4 + 10H_2O$ entspricht, und es muß mithin, wenn alles wasserfreie Natriumsulfat in Glaubersalz ver-

wandelt ist, noch eine gewisse Menge der bei 32.4° gesättigten
Lösung übriggeblieben sein. Diese läßt bei weiterer Abkühlung die
unterhalb 32.4° beständige Kristallart, also Glaubersalz, auskristallisieren, und zwar unter beständigem Sinken der Temperatur so lange,
bis die Temperatur der eutektischen Kristallisation von Glaubersalz
und Wasser erreicht ist. Diese liegt bei − 1.2° C. Die bei dieser
Temperatur ohne Änderung ihrer Zusammensetzung zu einem Gemisch aus Glaubersalzkristallen und Eiskristallen erstarrende Lösung
enthält auf 100 Teile Wasser 4 Teile Na_2SO_4. Wir beobachten
also auf Abkühlungskurven dieser Konzentrationen zwei Haltepunkte.
Der erste bei 32.4° entspricht der Umwandlung des wasserfreien
Natriumsulfats in Glaubersalz, der zweite bei − 1.2° der eutektischen Kristallisation Glaubersalz—Eis.

d) Enthält die Mischung auf 100 Teile Wasser 49.6 Teile
wasserfreies Natriumsulfat (entsprechend der bei der Gleichgewichtstemperatur 32.4° gesättigten Lösung) oder weniger, jedoch mehr
als 4 Teile Natriumsulfat (entsprechend der Zusammensetzung des
Eutektikums Glaubersalz-Eis), so wird bei 32.4° kein wasserfreies
Natriumsulfat ausgeschieden sein, da die Lösung bei dieser Temperatur höchstens gesättigt ist. Daher wird auch bei 32.4° keine
Umwandlung stattfinden, und auf den Abkühlungskurven werden bei
32,4° keine Haltepunkte zu beobachten sein. Eine Kristallausscheidung
kann erst unterhalb 32.4° stattfinden, und die ausgeschiedenen
Kristalle werden aus Glaubersalz bestehen, als der unterhalb
dieser Temperatur stabilen und daher weniger löslichen Kristallart.
Die Temperatur sinkt unter beständiger Ausscheidung von Glaubersalz so lange, bis sie zu der der eutektischen Kristallisation − 1.2°
gefallen ist. Hier erstarrt der Rest der Lösung vollständig zu einem
Gemisch von Glaubersalz- und Eiskristallen. Wir beobachten daher
auf den Abkühlungskurven dieser Konzentrationen wieder nur einen
Haltepunkt, der jedoch im Gegensatze zu den Konzentrationen a
und b bei − 1.2°, der Temperatur der eutektischen Kristallisation
Glaubersalz-Eis, liegt.

e) Enthält endlich die Mischung auf 100 Teile Wasser weniger
als 4 Teile wasserfreies Natriumsulfat (entsprechend der Zusammensetzung des Eutektikums Glaubersalz-Eis), so scheidet sich, wie wir
wissen, zuerst Eis aus und zwar so lange, bis sich die Lösung zur
eutektischen Konzentration angereichert hat. Dann findet ebenfalls
vollständige Kristallisation bei − 1.2° statt. Die Abkühlungskurven
zeigen nur Haltepunkte bei − 1.2°.

Wir sahen, daß der Schmelzpunkt des Glaubersalzes bei allen
Mischungen aus Wasser und Natriumsulfat zu beobachten ist, die
auf 100 Teile Wasser mehr als 49.6 Teile wasserfreies Natriumsulfat
enthalten. Daher eignet sich diese Temperatur vorzüglich als ther-
mometrischer Fixpunkt. Glaubersalz ist einerseits ein leicht zu be-
schaffendes und leicht zu reinigendes Salz, und dann kommt es, wie
wir gesehen haben, innerhalb weiter Grenzen nicht darauf an, ob
der Wassergehalt der Formel $Na_2SO_4 + 10H_2O$ entspricht oder nicht.
In dieser Hinsicht zeigt es sich jedem unzersetzt schmelzenden Hydrate
überlegen, denn der Schmelzpunkt eines solchen muß, wie wir wissen,
ein Maximum auf der Schmelzkurve darstellen und durch einen Überschuß sowohl der einen wie der anderen Komponente erniedrigt werden.
RICHARDS und WELLS [1] haben daher diesen Schmelzpunkt möglichst
genau bestimmt und geben ihn zu 32.383° an. Auch wird das
Glaubersalz von den genannten Autoren als einfachstes Mittel zur
Erzeugung konstanter Temperatur empfohlen und ist in dieser Hinsicht natürlich jedem Thermostaten überlegen. Der Schmelzpunkt ist
aus Gründen, auf die wir hier nicht eingehen wollen, vom Luft-
drucke in noch höherem Maße unabhängig, als die Schmelzpunkte
der meisten anderen Substanzen.

2. Allgemeiner Fall.

Wir bezeichnen die Komponenten unseres Systems, welche wieder
zwei Elemente sein sollen, und gleichzeitig ihre Schmelzpunkte mit
A und B. Die Verbindung habe die Formel $A_m B_n$, sie schmelze
bei $t_1°$ und spalte sich dabei in eine Schmelze und eine Kristallart.
Wenn wir der Einfachheit halber annehmen, daß sie die einzige
Verbindung ist, die zwischen beiden Elementen existiert, so muß
die beim Schmelzen sich ausscheidende Kristallart entweder reines
A oder reines B sein (rein, weil wir Mischbarkeit im kristallisierten
Zustande ausgeschlossen haben). Nehmen wir an, es sei B, so
lautet die Gleichung dieses als reversibel angenommenen Vorganges

$$A_m B_n \; \overrightarrow{\longleftarrow} \; a B + [m A + (n - a) B].$$
$$\text{Kristalle} \qquad \text{Kristalle} \qquad \text{Schmelze}$$

Zuführung von Wärme bewirkt Schmelzung, also Verlauf der
Reaktion von links nach rechts; Wärmeentziehung den entgegengesetzten Verlauf. Bei der Reaktion ändert sich nur die Menge

---

[1] RICHARDS und WELLS, *Zeitschr. phys. Chem.* **48** (1908), 471.

der einzelnen Phasen, nicht aber ihre Zusammensetzung, wir haben also vollständiges Gleichgewicht, die Temperatur bleibt daher während der Reaktion konstant. Die hier obwaltenden Verhältnisse sind bei Besprechung des Glaubersalzes ausführlich erörtert. Wir übertragen die dort gemachten Erfahrungen auf den allgemeinen Fall und rekapitulieren kurz folgendes:

1. Unterhalb $t_1{}^0$ ist die Kristallart $A_m B_n$, oberhalb $t_1{}^0$ die Kristallart B stabil, bei $t_1{}^0$ sind beide gleichzeitig stabil.

2. Bei der Gleichgewichtstemperatur $t_1{}^0$ müssen beide Kristallarten B und $A_m B_n$ die gleiche Löslichkeit in A besitzen. (Gleiche Löslichkeit bedeutet gleichen Gehalt der Schmelze an B, dem gemeinsamen Bestandteile der beiden Kristallarten.) Denn würde z. B. die mit B gesättigte Lösung von A noch $A_m B_n$ lösen, so wäre sie dadurch für B übersättigt, und es würde eine beständige Auflösung von $A_m B_n$ und Ausscheidung der entsprechenden Menge B stattfinden müssen, d. h. es wäre kein Gleichgewicht vorhanden. In Temperaturgebieten oberhalb $t_1{}^0$ hat also die unter diesen Umständen stabile Kristallart B, unterhalb $t_1{}^0$ die Kristallart $A_m B_n$ die geringste Löslichkeit in A (verglichen natürlich bei gleicher Temperatur).

3. Die Zusammensetzung der Schmelze bei der Gleichgewichtstemperatur ist demnach eindeutig bestimmt. Es ist die bei der Temperatur t_1 gesättigte Lösung von B (und daher auch von $A_m B_n$) in A.

4. Alle Konzentrationen, die B-reicher sind als die bei $t_1{}^0$ gesättigte Schmelze $[m A + (n — a) B]$, müssen auf ihren Abkühlungskurven bei der Temperatur t_1 einen Haltepunkt erkennen lassen, denn sie alle mit Ausnahme von reinem B bestehen bei dieser Temperatur aus kristallisiertem B und dieser Schmelze und setzen sich nach Maßgabe des zwischen beiden bestehenden Mengenverhältnisses entweder ganz oder teilweise zu $A_m B_n$ um. Die B-ärmeren Legierungen zeigen diese Haltepunkte nicht.

5. Alle Mischungen, die B-ärmer sind als die Verbindung $A_m B_n$ zeigen bei der Temperatur der eutektischen Kristallisation $A_m B_n — A$, die wir mit t_2 bezeichnen wollen, Haltepunkte. Konzentrationen von höherem B-Gehalte als $A_m B_n$ zeigen diese Haltepunkte nicht. Konzentrationen, die zwischen $A_m B_n$ und der gesättigten Schmelze $[m A + (n — a) B]$ liegen, zeigen demnach Haltepunkte sowohl bei $t_1{}^0$ wie bei $t_2{}^0$.

Durch diese Festlegung ist das Diagramm Fig. 21 zweier
Stoffe, die das von uns angenommene Verhalten zueinander zeigen,
in seinen wesentlichen Eigenschaften bestimmt. Zunächst ist es
klar, daß auf der Schmelzkurve bei der der Zusammensetzung der
Verbindung entsprechenden Konzentration kein Maximum auftreten
kann, denn ein solcher maximaler Schmelzpunkt kennzeichnet ja

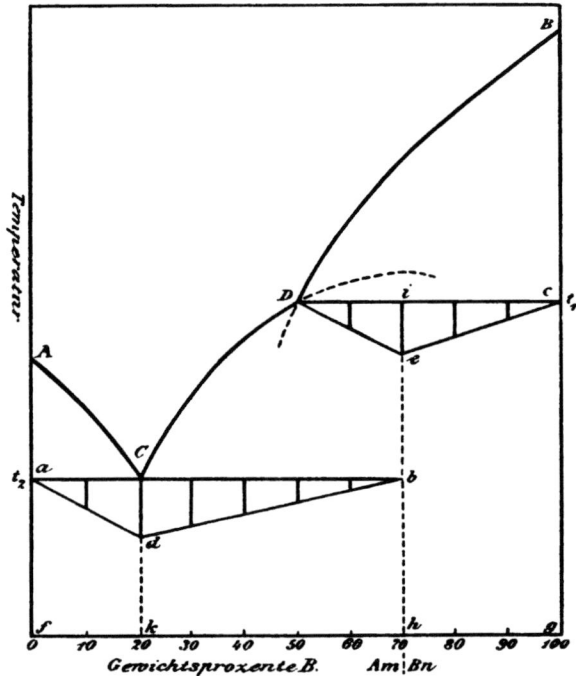

Fig. 21.

eine ohne Zersetzung schmelzende Verbindung. Es muß vielmehr
bei der Konzentration D, die der Zusammensetzung der Schmelze
$[m A + (n — a) B]$ entspricht, in die Schmelzkurve eine Horizontale
$D c$ einmünden, die nach 4. S. 107 von diesem Punkte bis zu reinem
B reicht, und die den Haltepunkten bei $t_1{}^0$ auf den Abkühlungskurven entspricht.

Setzen wir zu geschmolzenem B, das als einheitliche Substanz
bei konstanter Temperatur erstarrt, eine gewisse Menge von A, so
wird sein Schmelzpunkt erniedrigt. Dies wird durch den Kurven-

ast BD angezeigt. Aus Schmelzen von Konzentrationen zwischen B und D kristallisiert beim Abkühlen zuerst die Kristallart B. Die Kristallisation beginnt in dem der betreffenden Konzentration entsprechenden Punkte des Kurvenastes BD. Wir haben hier ein unvollständiges Gleichgewicht; in dem Maße wie sich reines B ausscheidet, sinkt die Temperatur längs BD, indem sich die Schmelze beständig an A anreichert, bis schließlich bei der Temperatur t_1 ihre Konzentration dem Punkte D entspricht. Bei weiterer Wärmeentziehung findet dann zwischen den Kristallen B und der Schmelze eine Reaktion unter Bildung der Verbindung $A_m B_n$ statt.

Der durch die Gleichung S. 106 ausgedrückte Vorgang geht daher von rechts nach links vor sich. Wir wollen nun annehmen, die Reaktion verlaufe vollständig. (Diese Annahme liegt auch den das Glaubersalz betreffenden Ausführungen zugrunde.) Dann dauert die Reaktion und daher die durch sie bedingte Periode konstanter Temperatur so lange, bis entweder alles kristallisierte B oder alle Schmelze aufgezehrt ist, je nachdem ein Überschuß von ersterem oder von letzterer vorhanden war. Nur wenn die Konzentration genau der Zusammensetzung der Verbindung $A_m B_n = h$ entspricht, werden Schmelze und kristallisiertes B in solcher Menge vorhanden sein, daß nach Vollendung der Reaktion beide aufgebraucht sind und die ganze Schmelze einheitlich zu $A_m B_n$ erstarrt ist. Bei Konzentrationen zwischen 100 (= reines B) und h (= $A_m B_n$) wird nach vollendeter Umsetzung noch B im Überschusse vorhanden und daher alles kristallisiert sein. Bei Konzentrationen zwischen D und h (= $A_m B_n$) muß dagegen nach vollständiger Aufzehrung der B-Kristalle noch ein Rest von Schmelze vorhanden sein, deren weitere Kristallisation längs des Kurvenastes DC stattfindet. Auf diesem scheidet sich aber jetzt primär die Verbindung $A_m B_n$ aus, da wir uns unterhalb $t_1{}^0$, also in dem Temperaturgebiete befinden, in dem die Verbindung $A_m B_n$ stabil ist. Der Endpunkt C des Kurvenastes DC ist dadurch bestimmt, daß er dessen Schnittpunkt mit dem Kurvenast AC ist. Denn der Schmelzpunkt des reinen A wird ja durch Zusatz von B (resp. $A_m B_n$, was natürlich auf dasselbe herauskommt) erniedrigt werden. Diese Erniedrigung wird durch den Kurvenast AC angezeigt, längs dessen die primäre Ausscheidung von A und Anreicherung der Schmelze an $A_m B_n$ stattfindet. Der Schnittpunkt C von AC und DC entspricht demgemäß dem eutektischen Punkte, in dem die Schmelze mit beiden Kristallarten gesättigt ist. Diese müssen sich daher hier gleichzeitig in dem durch die Konzentration

C der Schmelze gegebenen Verhältnisse ausscheiden. Die eutektische Kristallisation im Punkte C bei $t_2{}^0$ wird daher bei allen Schmelzen auftreten, deren Gehalt an B kleiner ist, als $A_m B_n$ entspricht. Demgemäß reicht die eutektische Gerade aCb von der Konzentration 0 (= reines A) bis zur Konzentration h (= $A_m B_n$).

Nach obigem entsprechen folgende Abkühlungskurven den verschiedenen Konzentrationen unseres Diagramms:

1. Eine Schmelze von der Konzentration 0, entsprechend reinem A, kristallisiert einheitlich bei der konstanten Temperatur A. Auf der Abkühlungskurve findet sich demnach nur ein Haltepunkt bei der Temperatur A.

2. Schmelzen, deren Konzentration zwischen 0 und C liegt, scheiden primär reines A aus. Die Kristallisation findet längs des Kurvenastes AC statt und beginnt in dem der betreffenden Konzentration entsprechenden Punkte dieses Kurvenastes. Hat sich die Schmelze an $A_m B_n$ bis zur Konzentration des Eutektikums C angereichert, so ist die Temperatur bis $t_2{}^0$ gefallen, und es findet eutektische Kristallisation bei dieser Temperatur statt, indem sich gleichzeitig Kristalle von A und $A_m B_n$ ausscheiden. Auf den Abkühlungskurven findet sich also ein Knick und ein Haltepunkt bei $t_2{}^0$.

3. Schmelzen, deren Konzentration zwischen C und D liegt, scheiden primär $A_m B_n$ aus. Die Kristallisation von $A_m B_n$ findet längs des Kurvenastes DC statt. Hat sich die Schmelze bis zur Konzentration C an A angereichert, so findet wiederum eutektische Kristallisation bei $t_2{}^0$ statt. Auf den Abkühlungskurven findet sich gleichfalls ein Knick und ein Haltepunkt bei $t_2{}^0$.

4. Schmelzen, deren Konzentration zwischen D und h (gleich $A_m B_n$) liegt, scheiden primär die Kristallart B aus. Die Kristallisation findet längs des Kurvenastes BD statt. Durch Ausscheidung von B wird die Schmelze unter beständigem Sinken der Temperatur immer A-reicher. Ist die Konzentration D erreicht, so ist die Temperatur bis $t_1{}^0$ gesunken und die Schmelze gleichzeitig mit B und $A_m B_n$ gesättigt. Es findet nunmehr die Umsetzung von B mit der Schmelze zu der neuen Kristallart $A_m B_n$ statt. Die Temperatur bleibt bei $t_1{}^0$ so lange konstant, bis die Umsetzung vollendet ist. Dann ist aber, wie wir oben gesehen haben, noch eine gewisse Menge Schmelze übriggeblieben, deren weitere Kristallisation längs des Kurvenastes DC stattfindet. Auf diesem Kurvenaste scheiden sich jetzt von vornherein die Kristalle $A_m B_n$ aus, und zwar unter beständigem Sinken der Temperatur so lange, bis die Schmelze sich

zur eutektischen Konzentration C an A angereichert hat. Die Temperatur ist dann bis $t_2{}^0$ gefallen. Wir beobachten jetzt eine zweite Periode konstanter Temperatur, nämlich der eutektischen Kristallisation in C, nach deren Ablauf alles kristallisiert ist. Auf den Abkühlungskurven dieser Konzentrationen finden sich daher ein Knick und zwei Haltepunkte, nämlich bei $t_1{}^0$ und $t_2{}^0$.

5. Eine Schmelze von der Konzentration h, entsprechend der reinen Verbindung $A_m B_n$, scheidet ebenfalls längs BD zuerst B aus. Die Temperatur des Kristallisationsbeginns ist gegeben durch den Schnittpunkt der (verlängert gedachten) gestrichelten Linie $h\,i$ mit DB. Hat die Schmelze durch beständige Ausscheidung von B die Konzentration und die Temperatur des Punktes D erreicht, so findet die Umsetzung von B mit der Schmelze unter Bildung der Kristallart $A_m B_n$ statt. Ist diese Reaktion beendigt, so ist alles kristallisiert, und zwar einheitlich zu $A_m B_n$. Die Abkühlungskurve dieser der reinen Verbindung $A_m B_n$ entsprechenden Konzentration zeigt also einen Knick und einen Haltepunkt bei $t_1{}^0$. Durch diesen über dem Haltepunkte vorhandenen Knick unterscheidet sich die Abkühlungskurve einer unter Zersetzung schmelzenden Verbindung von der einer unzersetzt schmelzenden Verbindung, die nur einen Haltepunkt aufweist.

6. Schmelzen der Konzentrationen zwischen h ($= A_m B_n$) und 100 ($= B$) scheiden ebenfalls zunächst B aus. Ist die Konzentration der Schmelze und die Temperatur bis D gesunken, so findet Umsetzung von B mit der Schmelze zu $A_m B_n$ statt. Jedoch ist hier mehr B vorhanden, als sich mit der Schmelze umsetzen kann, so daß in der bei $t_1{}^0$ ebenfalls vollständig erstarrten Legierung außer $A_m B_n$ auch B-Kristalle vorhanden sind. Jedenfalls ist auch bei diesen Konzentrationen auf der Abkühlungskurve ein Knick und ein Haltepunkt bei $t_1{}^0$ vorhanden und in dieser Hinsicht von vornherein kein Unterschied gegenüber der Abkühlungskurve der reinen Verbindung zu erkennen.

7. Eine Schmelze von der Zusammensetzung 100 (entsprechend reinem B) erstarrt vollständig bei der konstanten Temperatur B. Auf der Abkühlungskurve findet sich nur ein Haltepunkt bei B.

Das Diagramm ist zunächst dadurch gekennzeichnet, daß die Schmelzkurve aus den drei Ästen AC, CD und DB besteht, von denen keiner ein Maximum aufweist. Jeder dieser Äste entspricht der primären Ausscheidung einer Kristallart, in unserem Falle der Kristalle A, $A_m B_n$ und B.

Ein zweites charakteristisches Merkmal unseres Diagrammes ist das Vorhandensein zweier Horizontalen konstanter Temperatur, die sich in einem bestimmten Konzentrationsbereich gegenseitig überdecken. Die Horizontale aCb geht durch den eutektischen Punkt C und ist daher eine eutektische Horizontale. Sie reicht von der Konzentration 0 (entsprechend reinem A) bis zur Konzentration der Verbindung A_mB_n. Die relative Menge des Eutektikums hat im Punkte C das Maximum 1 und nimmt nach den Endpunkten hin, wo sie Null wird, linear ab. Errichtet man auf der eutektischen Horizontalen als Grundlinie Senkrechte, die diesen Mengen resp. den eutektischen Haltezeiten proportional sind, so bildet die Verbindung der Endpunkte derselben 2 Gerade da und db, die die eutektische Gerade im Punkte a bei der Konzentration des reinen A, und im Punkte b bei der Konzentration der Verbindung A_mB_n schneiden. Die zweite Horizontale reicht vom Knickpunkt D der Schmelzkurve bis zur Konzentration 100 (entsprechend reinem B). Sie wird ebenfalls häufig als eine eutektische Gerade bezeichnet. Diese Horizontale konstanter Temperatur hat mit der wirklichen eutektischen Horizontalen das gemein, daß bei der ihr entsprechenden Temperatur ebenfalls zwei Kristallarten und eine Schmelze im Gleichgewicht sind. Jedoch liegt auf der wirklichen eutektischen Horizontalen die Konzentration der Schmelze zwischen den beiden mit ihr im Gleichgewichte befindlichen Kristallarten; die Schmelze wird demgemäß bei der durch Wärmeentziehung bewirkten Kristallisation stets vollkommen aufgezehrt. Im zweiten Falle ist die Schmelze reicher an einem Bestandteile (im vorliegenden Falle an A), als die beiden mit ihr im Gleichgewicht befindlichen Kristallarten, und es wird, wie wir sahen, bei der durch Wärmeentziehung bewirkten Kristallisation der Schmelze die sich in ihrer Zusammensetzung am meisten von ihr unterscheidende Kristallart (hier B) zur Bildung der Kristallart mittlerer Zusammensetzung (hier A_mB_n) benutzt. Bei der eutektischen Kristallisation erstarrt also eine Schmelze zu zwei Kristallarten, hier dagegen wird aus einer Schmelze und einer schon vorhandenen Kristallart eine neue gebildet, und es muß von dem Mengenverhältnisse der Schmelze und der zuerst ausgeschiedenen Kristallart abhängen, ob nach Ablauf der Reaktion noch ein Rest von Schmelze übriggeblieben ist oder nicht. Auf der Horizontalen Dc hat nun die relative Menge der durch Umsetzung von B mit Schmelze entstehenden Kristallart A_mB_n ihr Maximum 1 natürlich bei der Konzentration, die der Zusammensetzung A_mB_n entspricht. Bei allen anderen Konzentrationen ist, nachdem die Reaktion vor sich gegangen ist, entweder überschüssiges B oder überschüssige Schmelze vorhanden. Ist nach Ablauf der Reaktion überschüssiges B vorhanden, liegt also die Konzentration der Legierung zwischen h ($= A_m B_n$) und 100 ($= B$), so ist die relative Menge von $A_m B_n$, die sich bilden kann, direkt dem Prozentgehalte an A proportional. Sie nimmt daher zwischen den Konzentrationen h ($= A_m B_n$) und 100 ($= B$) von ihrem Maximum 1 bis 0 linear ab. Ist hingegen nach Ablauf der Reaktion alles kristallisierte B verbraucht und noch überschüssige Schmelze vorhanden, liegt also die Konzentration der Legierung zwischen h ($= A_m B_n$) und D (der Konzentration des Knickes), so ist die relative Menge von entstandenem $A_m B_n$ der relativen Menge von B proportional, die sich primär ausgeschieden hat, wenn die Temperatur bis t_1 gefallen ist, und demgemäß die Zusammensetzung der restierenden Schmelze der Konzentration D entspricht. Diese Menge ist proportional der Differenz im B-Gehalte zwischen der betreffenden Konzentration und der Schmelze von der Zusammensetzung D. Daher nimmt die relative Menge der durch Umsetzung von primär ausgeschiedenem B mit der Schmelze entstehenden Verbindung $A_m B_n$ zwischen den Konzentrationen $A_m B_n$ und D ebenfalls linear vom Maximum 1 bis 0 ab. Ist die Konzentration der Schmelze von vornherein gleich D oder noch A-reicher, so findet keine Bildung von $A_m B_n$ durch Umsatz von B mit der Schmelze statt, da Ausscheidung von B bei keiner Temperatur mehr erfolgen kann. Die Ausscheidung von $A_m B_n$ aus solchen Schmelzen erfolgt vielmehr direkt. Die relative Menge der durch Umsetzung von B und Schmelze entstandenen Kristallart $A_m B_n$ ist auf der Horizontalen Dc in gewohnter Weise dargestellt. Diesen Mengen proportional sind (unter den üblichen Voraussetzungen) die Haltezeiten bei t_1^0 auf den Abkühlungskurven.

Das ganze Konzentrations-Temperaturdiagramm wird durch die Kurven und Geraden in 7 Zustandsfelder geteilt, von denen das erste das Gebiet der Schmelze, das zweite, dritte, vierte die Gebiete mit einer Kristallart, das fünfte, sechste, siebente die Gebiete mit zwei Kristallarten sind.

Folgende Eigenschaften charakterisieren unsere Zustandsfelder:

1. Oberhalb der Schmelzkurve $A C D B$ ist alles flüssig.

2. Im Dreiecke $A C a$ befindet sich die primär längs $A C$ ausgeschiedene Kristallart A im Gleichgewichte mit der Schmelze.

3. Im Viereck $DCbi$ befindet sich die Kristallart $A_m B_n$ im Gleichgewichte mit der Schmelze. Die Ausscheidung von $A_m B_n$ hat bei Konzentrationen, die A-reicher sind als D, ausschließlich längs DC, also direkt, stattgefunden. Bei Konzentrationen, die B-reicher sind als D, ist $A_m B_n$ auch durch Umsetzung von zuerst ausgeschiedenem B mit der Schmelze D entstanden.

4. Im Dreieck BDc befindet sich die primär längs BD ausgeschiedene Kristallart B im Gleichgewichte mit der Schmelze.

5. Das Rechteck $aCkf$ ist das Gebiet der primär ausgeschiedenen Kristallart A und des Eutektikums C bestehend aus A und $A_m B_n$.

6. Das Rechteck $Cbhk$ ist das Gebiet der direkt ausgeschiedenen oder durch Umsetzung aus B und Schmelze gebildeten Kristalle von $A_m B_n$ und des Eutektikums C.

7. Das Gebiet $cihg$ ist das Gebiet der primär ausgeschiedenen Kristallart B und der Verbindung $A_m B_n$, die sich durch Umsetzung von direkt ausgeschiedenem B mit der Schmelze gebildet hat.

Die Struktur der Schliffe der Reguli muß natürlich mit dem thermischen Befunde im Einklange stehen. Man wird daher bei Konzentrationen zwischen 0 (= reines A) und k (= C) primär ausgeschiedenes A umgeben vom Eutektikum C beobachten müssen. Die Menge des Eutektikums nimmt mit steigendem B-Gehalte zu. Bei Schmelzen von der Konzentration k besteht die erstarrte Legierung ausschließlich aus dem Eutektikum C. Bei Konzentrationen zwischen k (= C) und h (= $A_m B_n$) muß das Eutektikum dasselbe sein, wie in den vorhergehenden Schliffen. Seine Menge nimmt mit zunehmendem B-Gehalte ab. Die in das Eutektikum eingebettete Kristallart ist aber eine andere wie bisher, sie besteht aus Kristallen der Verbindung $A_m B_n$. Ein Schliff von der Zusammensetzung h, entsprechend der reinen Verbindung $A_m B_n$, muß vollständig einheitlich zu der Kristallart $A_m B_n$ erstarrt sein. In Schliffen, die mehr B enthalten als der Verbindung $A_m B_n$ entspricht, deren Konzentration also zwischen h und 100 liegt, hat sich das zuerst ausgeschiedene B nicht vollständig zu $A_m B_n$ umsetzen können. Dieses nicht aufgezehrte B ist daher umgeben von der nachträglich entstandenen Verbindung $A_m B_n$. Die Struktur dieser Schliffe unterscheidet sich von der der vorhergehenden dadurch, daß die primär ausgeschiedene Kristallart B nicht in ein Eutektikum, sondern in ein Strukturelement eingelagert ist, welches sich auch bei stärkster Vergrößerung als einheitlich erweist und nicht in zwei Bestandteile zerlegt werden kann. Die Konzentrationen 0 (reines A) und 100 (reines B) müssen natürlich als reine Stoffe ein einheitliches Aussehen zeigen.

Über die geometrische Form der Schmelzkurve läßt sich folgendes aussagen:

Aus den Stabilitätsverhältnissen (s. S. 107) folgt, daß bei Temperaturen oberhalb $t_1{}^0$ die Kristallart B, unterhalb $t_1{}^0$ die Kristallart $A_m B_n$ die geringste Löslichkeit in A besitzen muß, oder, was dasselbe bedeutet, daß oberhalb $t_1{}^0$ eine Schmelze, die mit B, unterhalb $t_1{}^0$ eine solche, die mit $A_m B_n$ im Gleichgewichte ist, den geringsten B-Gehalt aufweisen muß.

Wenn wir also die Kurvenäste BD und CD kontinuierlich über D hinaus verlängern, was in Fig. 21 durch gestrichelte Linien geschehen ist, so muß die aus der Figur ersichtliche Beziehung bestehen, daß beide Verlängerungen B-reicheren Konzentrationen entsprechen, als die voll ausgezogenen Kurvenäste stabilen Gleichgewichts. Die kontinuierliche Fortsetzung eines Kurvenastes über seinen Endpunkt hinaus bedeutet nämlich Verfolgung des Gleichgewichtes zwischen der längs des betreffenden Kurvenastes ausgeschiedenen Kristallart und der Schmelze in ein Gebiet hinein, wo die betreffende Kristallart nicht mehr stabil ist. Wir haben beim Beispiel des Glaubersalzes gesehen, daß sich derartige instabile Zustände unter Umständen realisieren lassen, woraus sich die Berechtigung derartiger Konstruktionen auf Grund der Erfahrung ergibt. Aus der Tatsache, daß diese gestrichelten Verlängerungen instabilen Zuständen entsprechen, folgt aber, daß bei gleicher Temperatur die Punkte der gestrichelten Kurvenstücke bei höheren B-Konzentrationen liegen müssen als die Punkte der voll ausgezogenen Kurvenstücke stabilen Gleichgewichtes, eben wegen der theoretisch als notwendig erkannten größeren Löslichkeit der instabilen Kristallart in A. Ebenso dokumentiert sich der instabile Charakter der gestrichelten Kurvenstücke dadurch, daß bei derselben Konzentration ihre Punkte bei tieferer Temperatur liegen als die Punkte der ausgezogenen Kurvenstücke, entsprechend der Tatsache, daß hier unterkühlte Zustände dargestellt werden.

BD und CD können also in D nicht kontinuierlich ineinander übergehen, sondern müssen sich dort schneiden, und zwar muß eine in das Gebiet des Festen vorspringende Spitze vorhanden sein, d. h. DB muß bei D steiler verlaufen als CD. Ein Schneiden der Kurvenäste CD und DB in einer in das Gebiet des Flüssigen vorspringenden Spitze D, wie Fig. 22 sie wiedergibt, ist nach diesen Ausführungen unmöglich, denn man sieht ohne weiteres, daß in einem solchen Falle die ge-strichelten Verlängerungen der beiden Kurvenäste die stabilen Gleich-gewichtszustände wiedergeben müßten. Wenn die experimentelle Untersuchung eine solche Lage der Kurvenäste ergibt, so muß der Grund in fehlerhaften Bestimmungen gesucht werden. Übrigens kann der Löslichkeitsunter-schied der beiden Kristallarten sehr gering sein. Dann unterscheiden sich natürlich die Richtungen der Kurvenäste CD und BD im Punkte D so wenig, daß der experimentell ermittelte Verlauf der Schmelzkurve die durch die Theorie geforderte Richtungsänderung in D nicht erkennen läßt (Fig. 23). In solchem Falle wird das Vorhandensein des Knickes nur durch das Einmünden der Horizontalen Dc angezeigt.

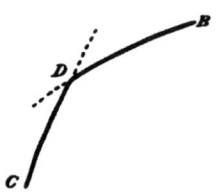

Fig. 22.

In Fig. 21 ist der Kurvenast CD in der Weise kontinuierlich über D hinaus weitergeführt worden, wie er etwa verlaufen müßte, wenn die Ver-bindung unzersetzt schmelzbar wäre. Wir wissen, daß wir in einem solchen Falle ein Maximum bei der Konzen-tration der Verbindung $A_m B_n$ zu er-warten hätten. Das Maximum kommt deshalb nicht zustande, weil es von dem Kurvenaste BD der in diesem Temperaturintervall stabilen Kristall-art B überdeckt wird; daher nennt man diesen Fall, wo eine Verbin-dung unter Ausscheidung einer neuen Kristallart schmilzt, auch den Fall des „verdeckten Maximums".

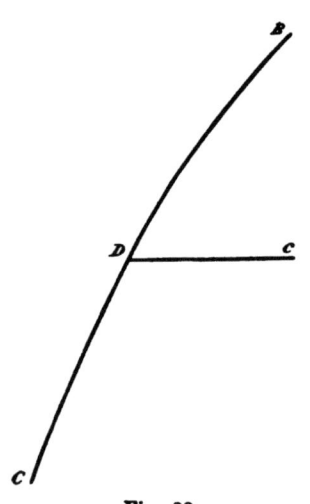

Fig. 23.

Unser Schmelzdiagramm ist einerseits durch die aus drei Ästen ohne Maximum bestehende Schmelzkurve, andererseits durch die zwei sich teilweise überdeckenden Horizontalen konstanter Tem-peratur charakterisiert. Haben wir umgekehrt auf Grund experi-menteller Bestimmungen das Schmelzdiagramm eines Zweistoff-Systems ausgearbeitet und finden diese charakteristischen Eigen-schaften, so schließen wir, daß beide Stoffe im flüssigen Zustande

vollständig, im kristallisierten nicht miteinander mischbar sind,
daß sie eine mit merklicher Wärmetönung verbundene polymorphe Umwandlung nicht erleiden, und daß sie eine, und unter
den üblichen Einschränkungen nur eine Verbindung miteinander
bilden, die nicht unzersetzt schmelzbar ist, sondern bei einer bestimmten Temperatur t_1 in eine Schmelze und eine andere Kristallart,
in diesem Falle natürlich eine der beiden Komponenten des Systems,
zerfällt. Zur Bestimmung der Zusammensetzung der Verbindung
hat man nach TAMMANN[1] zwei Mittel, die beide auf der Bestimmung
der Zeitdauer der Haltepunkte auf den Abkühlungskurven beruhen:

1. Auf der eutektischen Horizontalen $a\,C\,b$ wird die Menge des
Eutektikums C und daher die Dauer der eutektischen Haltezeiten
Null im Punkte b bei der Konzentration der reinen Verbindung $A_m B_n$.

2. Auf der Horizontalen $D\,c$ befindet sich das Maximum der
Haltezeiten im Punkte i bei der Konzentration der Verbindung $A_m B_n$,
weil in diesem Punkte die ganze Schmelze zu einheitlichem $A_m B_n$
erstarrt.

Da die Schmelzkurve kein Maximum aufweist, kann sie zur Bestimmung der Zusammensetzung der Verbindung nicht herangezogen
werden. Besonders sei darauf hingewiesen, daß die Zusammensetzung der Verbindung im allgemeinen nicht dem Knicke D auf der
Schmelzkurve entspricht.

Eine Kontrolle der durch diese beiden Kriterien ermittelten
Zusammensetzung besteht zunächst in der genügenden Übereinstimmung der so erhaltenen Resultate. Ferner darf die mikroskopische Untersuchung eines Schliffes von der Zusammensetzung
der Verbindung nur ein Strukturelement erkennen lassen. Die Kontrolle, daß die Zusammensetzung der Verbindung dem Gesetze der
multiplen Proportionen gehorcht, d. h. also durch eine verhältnismäßig einfache Formel dargestellt werden kann, ist, wie S. 85 ausgeführt wurde, nicht von erheblicher Bedeutung, kann aber doch
in gewissen Fällen zur Stütze der erhaltenen Resultate dienen.

Die S. 87 gegebene Regel, daß die Anzahl der Verbindungen
gleich der um zwei verminderten Anzahl der Kurvenäste der Schmelzkurve ist, gilt auch hier, verliert aber ihre praktische Anwendbarkeit
bei dem häufig vorkommenden Falle, daß der Knick D in der
Schmelzkurve nur schwach ausgeprägt ist und sich daher der Beobachtung entzieht. Die an demselben Orte mitgeteilte Regel, daß

---

[1] TAMMANN, Z. anorg. Chem. **37** (1903), 303.

die Anzahl der Verbindungen gleich der um eins verminderten Anzahl der eutektischen Horizontalen ist, gilt nur, wenn wir auch Dc als eutektische Horizontale betrachten und diesen Begriff dahin erweitern, daß eine eutektische Horizontale eine solche ist, auf der zwei Kristallarten mit einer Schmelze im Gleichgewichte sind.

3. Natrium-Wismutlegierungen.

Als Beispiel zu den obigen allgemeinen Ausführungen möge das System Natrium-Wismut dienen, welches von MATHEWSON[1] ausgearbeitet worden ist. Allerdings bilden, wie das Diagramm, Fig. 24, lehrt, Natrium und Wismut außer der unter Zersetzung schmelzenden Verbindung von der Formel NaBi noch eine unzersetzt schmelzende Verbindung von der Formel Na_3Bi.

Betrachten wir nur den rechts von der gestrichelten Vertikalen Bax liegenden Teil des Diagrammes, so haben wir ein vollkommenes Analogon zu dem obenbehandelten allgemeinen Falle.

Die Einteilung der Konzentrationsachse ist nach Atomprozenten erfolgt. Die beobachteten Temperaturen sind durch Kreuze gekennzeichnet.

Im einzelnen sehen wir, daß die Schmelzkurve nur aus drei Ästen, nämlich ABC, CD und DE besteht, von denen ABC ein Maximum im Punkte B hat. Da hier zwei Verbindungen, also unter Einschluß von Natrium und Wismut vier verschiedene Kristallarten auftreten, so müßte man erwarten, daß die Schmelzkurve aus vier Ästen besteht. Es liegt hier wiederum der Fall vor, daß einer der Äste der Schmelzkurve sehr verkümmert, praktisch null ist (s. S. 70 und 87), und zwar ist es in diesem Falle der Ast, der der primären Ausscheidung von Natrium entspricht. Der Schmelzpunkt des Natriums, der nach der von MATHEWSON gegebenen Tabelle (l. c.) zu 97.5° bestimmt wurde, wird durch Zusatz von Wismut sofort erhöht. Die Temperatur der eutektischen Kristallisation auf der Horizontalen Aa ist praktisch identisch mit dem Schmelzpunkt des Natriums, das Eutektikum besteht daher praktisch aus reinem Natrium.

Die Formel der unzersetzt bei 775° schmelzenden Verbindung Na_3Bi ergibt sich aus folgendem: Bei der Konzentration 25 Atomprozente Wismut liegen

---

[1] MATHEWSON, Z. anorg. Chem. 50 (1906), 187.

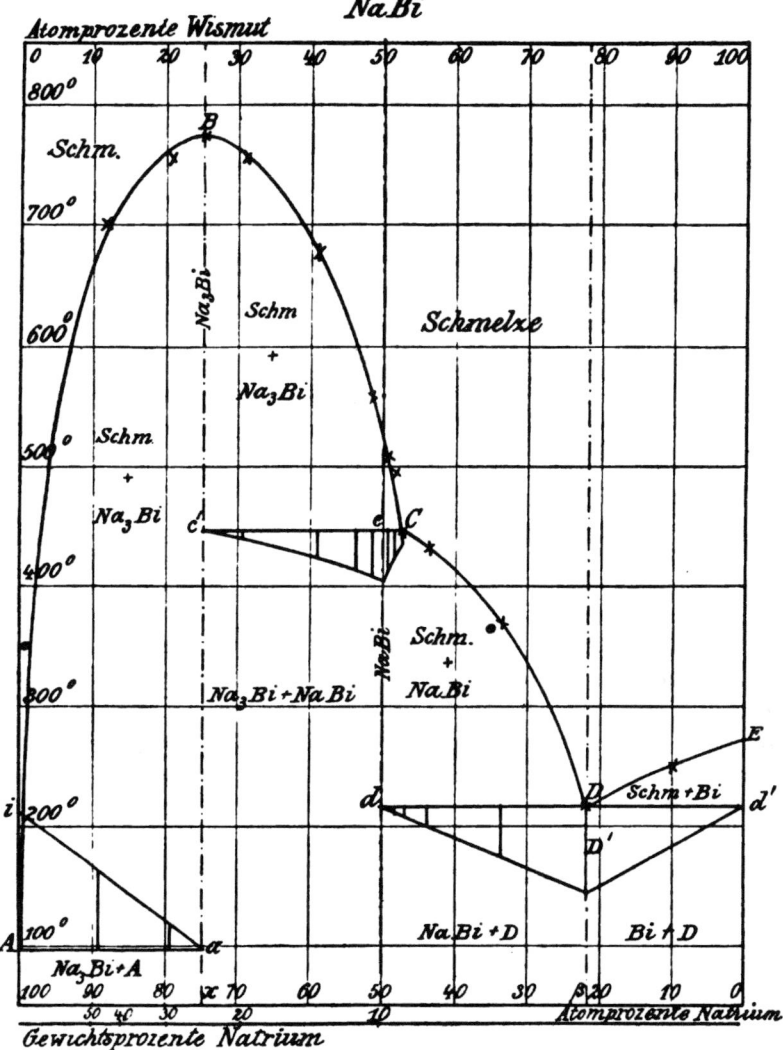

Fig. 24.

Schmelzdiagramm der Natrium-Wismutlegierungen nach MATHEWSON.

1. das Maximum *B* des Kurvenastes *A B C*,
2. der Endpunkt *a* der eutektischen Horizontalen *A a*,
3. der Endpunkt *c'* der Horizontalen *C c c'* (445°). (Die Länge

der Haltepunkte ist in der üblichen Weise durch Senkrechte auf den betreffenden Horizontalen zum Ausdrucke gebracht.)

Die Formel der bei 445° unter Zersetzung schmelzenden Verbindung wird durch folgende Daten bestimmt:

1. Das Maximum der Zeitdauer auf der Horizontalen $Cc c'$ (445°) liegt bei der Konzentration $c = 49.7$ Atomprozente Natrium.

2. Der Endpunkt d der eutektischen Horizontalen $d D d'$ (218°) liegt bei 50.6 Atomprozenten Natrium.

Das Mittel dieser beiden Bestimmungen beträgt 50.15 Atomprozente Natrium und entspricht also innerhalb der Fehlergrenzen der Formel NaBi.

Die Verbindung schmilzt nach Aussage des Diagrammes bei der Temperatur der Horizontalen $Cc c' = 445°$ unter Ausscheidung von Kristallen der Verbindung Na_3Bi zu einer Schmelze von der Konzentration C. Dieser Vorgang wird durch folgende Gleichung quantitativ beschrieben:

$$1\,NaBi \rightleftarrows 0.06\,Na_3Bi + \text{Schmelze } (0.82\,Na + 0.94\,Bi = 53\,\text{Atom-}\%\,Bi).$$

Wie aus dieser Gleichung ersichtlich, ist die nach Schmelzung der Verbindung NaBi hinterbleibende Menge der Verbindung Na_3Bi sehr klein. Die Zusammensetzung der Schmelze unterscheidet sich also in diesem Falle nicht sehr von der der reinen Verbindung, sie ist, wie das Diagramm zeigt, nur ca. 3 Atomprozente reicher an Wismut als diese. Daraus ergibt sich eine Erscheinung, die in praxi unter Umständen recht störend empfunden werden kann. Wir sehen, daß im Punkte C der Fig. 24 die Haltezeit auf der Horizontalen $Cc c'$ noch einen meßbaren Wert hat, während sie im entsprechenden Punkte D des Idealdiagrammes (Fig. 21) null ist. Letzteres muß ja unter allen Umständen der Fall sein, da eine Legierung von der Zusammensetzung des Knickpunktes noch ohne Kristallausscheidung schmilzt. Wenn aber, wie im vorliegenden Falle, die Zusammensetzung der Schmelze C nur wenig verschieden von der der reinen Verbindung ist, so wird auch ihre Abkühlungskurve der einer reinen Substanz noch sehr ähnlich sein und namentlich im ersten Teile der Erstarrung noch angenähert horizontal verlaufen (vergl. in Fig. 9a die Kurve für $2^1/_2\%$ NaCl). Daher läßt sich im vorliegenden Falle die Wärmetönung, die der Bildung der Verbindung NaBi aus der zuerst abgeschiedenen Kristallart Na_3Bi und der Schmelze C entspricht, nicht unterscheiden von der, die der direkten Ausscheidung der

Verbindung NaBi aus der Schmelze von der Konzentration C ihre Entstehung verdankt, solange diese direkte Ausscheidung bei praktisch derselben Temperatur stattfindet. Besonders wenn der Kurvenast CD in C nahezu horizontal einsetzt, kann es vorkommen, daß nach Erreichung des höchsten Wertes der Haltezeiten keine Abnahme derselben zu beobachten ist, sondern daß diese praktisch konstant bleiben. In solchen Fällen ist natürlich die Bestimmung der Zusammensetzung der Verbindung durch Ermittelung des Maximums der Zeiten auf der betreffenden Horizontalen erschwert.

Der Schmelzpunkt des Wismuts E (273°) wird durch Zusatz von Natrium längs ED bis zum eutektischen Punkte D (218°) erniedrigt.

Das Aussehen der Reguli stimmte mit dem Befunde der thermischen Analyse überein. Da die Legierungen wegen des Natriumgehaltes an der Luft sehr unbeständig waren, konnten keine Schliffe hergestellt werden, sondern man mußte sich mit der Untersuchung frisch hergestellter Bruchflächen begnügen.

4. Gold-Antimonlegierungen.

Fig. 25 gibt das von Vogel[1] ausgearbeitete Zustandsdiagramm des Systems Gold-Antimon.

Die Konzentrationsachse ist nach Gewichtsprozenten geteilt.

Die Schmelzkurve besteht aus den drei Ästen AB, BC und CD, welche der primären Ausscheidung der drei Kristallarten reines Gold, reine Verbindung und reines Antimon entsprechen. Da auf keinem der drei Äste ein Maximum zu beobachten ist, so müßte man nach den bisherigen Ausführungen annehmen, daß die Verbindung nicht unzersetzt schmelzbar wäre, sondern sich bei der der Horizontalen Cd entsprechenden Temperatur in eine Schmelze und eine andere Kristallart, in diesem Falle Sb, spalte. Das ist aber, wie sich aus der Zeitdauer der Haltepunkte auf den Horizontalen ohne weiteres ergibt, nicht zutreffend. Wir haben hier den merkwürdigen Fall, daß die Zusammensetzung der Verbindung praktisch der Konzentration des Knickes C auf der Schmelzkurve entspricht, so daß die Verbindung noch unzersetzt schmelzbar ist. Wir können diesen Fall je nach Wahl als Grenzfall einer der beiden bisher besprochenen Fälle, wo Verbindungen auftreten, betrachten. Gehen wir vom Falle des verdeckten Maximums (Fig. 21 S. 108) aus, so nehmen

---

[1] Vogel, Z. anorg. Chem. 50 (1906), 151.

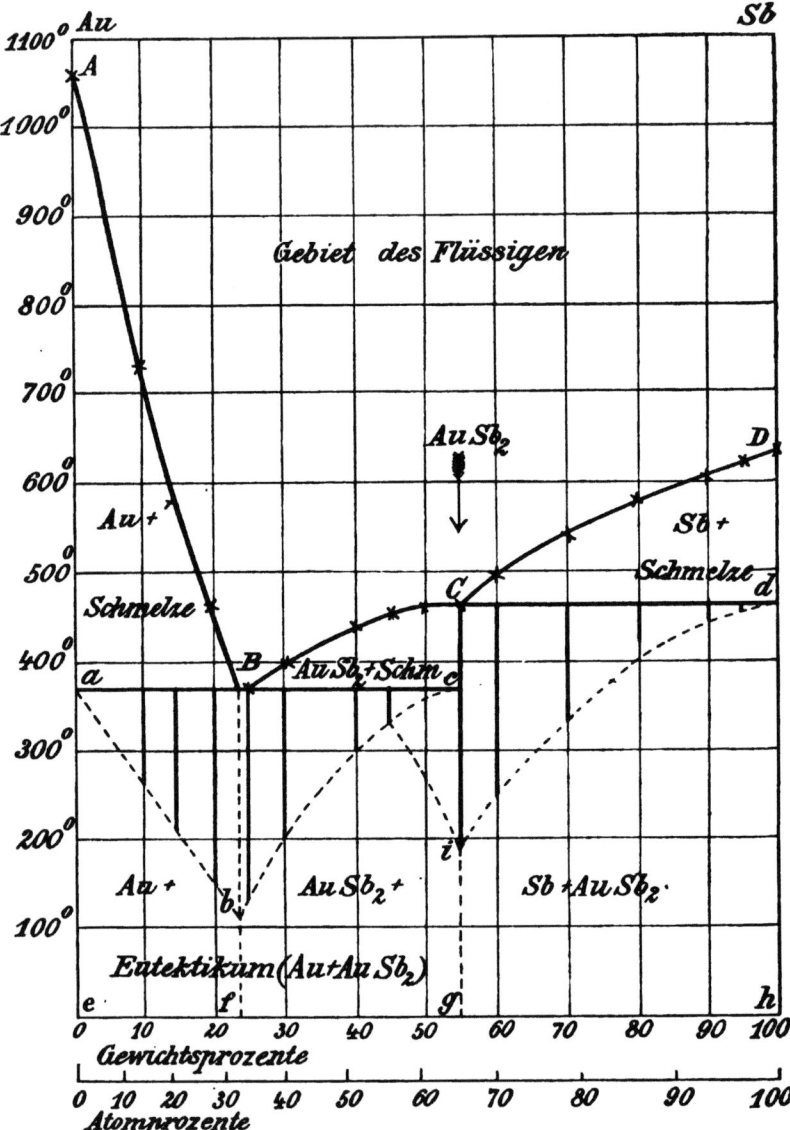

Fig. 25. Schmelzdiagramm der Gold-Antimonlegierungen nach Vogel.

wir an, daß der Punkt *i*, entsprechend der Konzentration der reinen Verbindung $A_m B_n$, auf der Horizontalen *Dc* immer weiter nach *D* rückt und schließlich mit diesem zusammenfällt. Gehen wir vom

Falle des offenen Maximums aus (Fig. 16c S. 77), so nehmen wir an, daß der eine Schenkel CE des Kurvenastes DCE immer mehr verkümmert und schließlich praktisch Null wird, wodurch ein Zusammenfallen des Maximums C mit dem eutektischen Punkte E eintreten wird.

Die Formel der Verbindung AuSb$_2$ mit 54.93 $^0/_0$ Antimon ist durch folgende Beobachtungen sichergestellt.

1. Die Kristallisationszeiten bei der Temperatur der Horizontalen Cd (460 ^{0}) nehmen vom reinen Antimon ausgehend mit wachsendem Goldgehalte zu und erreichen ihr Maximum bei 55 $^0/_0$ Antimon.

2. Die Haltezeiten auf der eutektischen Horizontalen aBc (360 ^{0}) nehmen von B nach c ab und werden bei 55 $^0/_0$ Antimon null.

3. Die Abkühlungskurve einer Legierung mit 55 $^0/_0$ Antimon hat nur einen Haltepunkt bei 460 ^{0}, eine solche Legierung kristallisiert also wie eine reine Substanz.

4. Ein Schliff mit 55 $^0/_0$ Antimon zeigt ein völlig homogenes Aussehen.

Wir bemerken hier ein vollständig horizontales Einmünden des Kurvenastes BC in C. Obgleich (s. S. 120) die Horizontale Cd streng genommen in C endigt, wird durch das horizontale Einmünden dieses Kurvenastes bewirkt, daß auch bei Antimon-ärmeren Konzentrationen, so bei 50 $^0/_0$ Antimon, auf der Abkühlungskurve noch Haltepunkte bei Temperaturen beobachtet werden, die praktisch mit der der Horizontalen Cd (460 ^{0}) identisch sind. Dies ist im Diagramme durch eine bei der Konzentration C im Punkte i beginnende, von rechts nach links abfallende gestrichelte Kurve zum Ausdruck gebracht.

Der Vorgang der Kristallisation erkaltender Schmelzen ist danach bei den verschiedenen Konzentrationen folgender:

1. Eine Schmelze von der Konzentration 0 ($=$ reines Gold) erstarrt einheitlich im Punkte A ($= 1064 ^0$).

2. Aus Schmelzen von Konzentrationen zwischen 0 und f ($= B$) findet zuerst Ausscheidung von reinem Gold längs des Kurvenastes AB statt. Die Ausscheidung beginnt in dem Punkte des Kurvenastes, der der betreffenden Konzentration entspricht. Die Schmelze reichert sich unter beständigem Sinken der Erstarrungstemperatur so lange an Antimon an, bis die Konzentration B erreicht ist. Dann ist die Temperatur auf 360 ^{0} gefallen, und es findet eutektische Kristallisation statt. Das Eutektikum besteht aus Gold und der Verbindung AuSb$_2$.

3. Eine Schmelze von der Konzentration $f = B$ erstarrt eutektisch bei 360°.

4. Aus Schmelzen von Konzentrationen zwischen $f(= B)$ und g (= C) scheidet sich primär die Verbindung AuSb₂ längs des Kurvenastes CB aus. Hierbei findet unter beständigem Sinken der Erstarrungstemperatur Anreicherung der Schmelze an Gold bis zur Konzentration B statt, wo wiederum der Rest der Schmelze eutektisch kristallisiert.

5. Eine Schmelze von der Konzentration g, entsprechend der reinen Verbindung AuSb₂, erstarrt einheitlich bei der Temperatur C gleich 460°.

6. Schmelzen von Konzentrationen zwischen g (= C) und 100 scheiden bei der Erstarrung längs des Kurvenastes DC reines Antimon aus. Die Schmelze reichert sich unter beständigem Sinken der Erstarrungstemperatur an Gold an, bis der Punkt C, der der Zusammensetzung der reinen Verbindung AuSb₂ entspricht, erreicht ist. Der Rest der Schmelze erstarrt dann bei konstanter Temperatur (460°) einheitlich zu Kristallen der Verbindung AuSb₂. Wir haben also in diesem Konzentrationsintervalle als sekundäres Element kein Eutektikum, sondern, praktisch wenigstens, eine einheitliche Kristallart.

7. Eine Schmelze von der Konzentration 100 (= reines Antimon) erstarrt einheitlich bei der Temperatur D (= 631°).

Die Konzentrations-Temperaturebene zerfällt in 7 Zustandsfelder, die in Tabelle 5 zusammengestellt sind.

Tabelle 5.

Zustandsfelder

I. Gebiet des Flüssigen: nach unten begrenzt durch die Schmelzkurve $ABCD$.

II. Gebiete mit einer Kristallart + Schmelze:

ABa	Au
BCc	AuSb₂
CDd	Sb

III. Gebiete mit zwei Kristallarten:

$aBfe$	Au + Eutektikum (Au + AuSb₂)
$Bcgf$	AuSb₂ + Eutektikum (Au + AuSb₂)
$Cdhg$	Sb + AuSb₂

Die Struktur der Schliffe bestätigte im allgemeinen die Aussagen der thermischen Untersuchung. Fig. 1, Tafel III, stellt bei

27facher Vergrößerung einen Schliff mit $20\,^0/_0$ Antimon dar, der durch lange Einwirkung von Natronlauge geätzt wurde. Die primär ausgeschiedenen Goldkristalle sind beim Ätzen hell geblieben, sie sind zu geradlinigen, sich gegenseitig kreuzenden Ketten aneinandergereiht. In dem sie umgebenden Eutektikum sind hellere Goldpartikel und dunklere, in Wirklichkeit rotgeätzte Bestandteile, welche der Verbindung $AuSb_2$ angehören, deutlich zu erkennen. Die Struktur des Eutektikums tritt besonders deutlich in Fig. 2, Tafel III, hervor, welche einen Schliff mit $25\,^0/_0$ Antimon, also sehr nahe der eutektischen Konzentration ($24\,^0/_0$ Sb), bei 70facher Vergrößerung darstellt. Die Ätzung ist hier ebenfalls mittels Natronlauge erfolgt. Besonders auf der rechten Seite der Figur ist die lamellare Struktur des Eutektikums gut zu erkennen. Fig. 3, Tafel III, zeigt einen ebenfalls mit Natronlauge geätzten Schliff mit $40\,^0/_0$ Antimon bei 70facher Vergrößerung. Nach Aussage des Diagrammes müssen hier primär ausgeschiedene Kristalle der Verbindung $AuSb_2$ vorhanden sein. Man erkennt dieselben als rotgefärbte, in der Abbildung dunkle, quadratisch umgrenzte Kristallpolygone, die häufig Einschlüsse des Eutektikums enthalten. Das sekundäre Strukturelement muß hier dasselbe Eutektikum B sein wie in den vorigen Schliffen. Dies ist aus der Figur jedenfalls nicht zu erkennen. Das sekundäre Strukturelement erscheint hier gleichmäßig hell und zeigt keine Zusammensetzung aus zwei Strukturelementen. Es ist möglich, daß die Ätzung in diesem Falle weniger energisch war, als bei den vorhergehenden Schliffen, so daß die im Eutektikum vorhandene Verbindung $AuSb_2$ durch das Ätzmittel noch nicht angegriffen wurde. Man kann natürlich wohl annehmen, daß die mit dem Golde in eutektischer Mischung vorhandene Verbindung durch das umgebende Gold geschützt wird und daher dem Angriffe des Ätzmittels größeren Widerstand entgegensetzt als die primär ausgeschiedenen Kristalle. Fig. 4, Tafel III, stellt einen Schliff mit $60\,^0/_0$ Antimon bei 22facher Vergrößerung dar. Bei dieser Konzentration hat sich nach Aussage des Diagrammes eine geringe Menge Antimon primär ausgeschieden. In Übereinstimmung damit bemerken wir schwarzgefärbte, dendritisch angeordnete Antimonkristalle mit abgerundeten Umrissen, die in einen großen Überschuß der homogenen, weißgebliebenen Verbindung eingelagert sind. Als Ätzmittel ist Königswasser verwandt, welches bei kurzer Einwirkung die Verbindung nicht angreift.

5. Unvollständiger Verlauf der Umsetzung.

Wir haben bisher mit einem vollständigen Verlaufe der Reaktion, d. h. damit gerechnet, daß sich das Gleichgewicht zwischen den einzelnen Phasen in allen Teilen des Systems hinreichend schnell einstellen kann. Diese Voraussetzung wird bei der Zersetzung der Verbindung durch Erhitzung ohne weiteres erfüllt sein. Hier ist der Verlauf der Reaktion ja der, daß die Verbindung sich in eine Schmelze und eine neue Kristallart zersetzt. Anders jedoch liegen die Verhältnisse bei der Bildung der Verbindung, welche sich durch Wärmeentziehung in der Weise vollzieht, daß sich die bei höherer Temperatur stabile Kristallart mit der Schmelze zu der betreffenden Verbindung umsetzt. In diesem Falle ist es natürlich, wenn die Reaktion innerhalb kurzer Zeit vollständig verlaufen soll, nötig, daß die zuerst ausgeschiedene Kristallart mit der Schmelze in Berührung kommt. Diese Berührung kann nun auf mehrfache Weise verhindert werden.

Es ist z. B. denkbar, daß die neu entstehende Verbindung sich als eine Schicht auf der Oberfläche der zuerst abgeschiedenen Kristallart absetzt und auf diese Weise deren Berührung mit der Schmelze und die Aufzehrung durch diese praktisch unmöglich macht. Hierzu könnte möglicherweise schon eine sehr geringe, praktisch zu vernachlässigende Menge der neu entstehenden Verbindung ausreichen. Da eine solche „totale Umhüllung" noch nicht beobachtet ist, so können wir von ihrer Besprechung absehen.

Die Umhüllung könnte andererseits eine partielle sein. Nehmen wir, indem wir an den S. 106 erörterten allgemeinen Fall anknüpfen, an, der Schutz, welcher den zuerst ausgeschiedenen B-Kristallen durch Umhüllung mit der Verbindung $A_m B_n$ zuteil wird, gehe soweit, daß bei genügenden Mengen Schmelze in maximo die Hälfte der Kristalle von B zu $A_m B_n$ umgesetzt werden kann. Die Reaktion zwischen B und der Schmelze findet dann nicht nach der Gleichung statt (s. S. 106)

$$a B + \underset{\text{Schmelze } D}{[m A + (n - a) B]} = A_m B_n,$$

sondern in Wirklichkeit, da nach unserer Annahme in maximo bei genügender Menge Schmelze nur die Hälfte von B umgesetzt werden kann, nach der Gleichung

$$2 a B + \underset{\text{Schmelze } D}{[m A + (n - a) B]} = A_m B_n + a B.$$

Daraus folgt also, daß die thermische Untersuchung nicht zur richtigen Formel der Verbindung $A_m B_n$, sondern hier zu der Formel $A_m B_{n+a}$ führt. Denn zunächst entsteht die größte Menge der Verbindung $A_m B_n$ dort, wo die Konzentration gerade den durch unsere Gleichung gegebenen stöchiometrischen Verhältnissen entspricht. Eine Veränderung der Menge sowohl von B wie von der Schmelze bewirkt Verminderung von $A_m B_n$. Wir werden daher das Maximum der Kristallisationszeiten auf der Horizontalen Dc (Fig. 21) nicht bei der Konzentration $A_m B_n$, sondern nach B verschoben bei der Konzentration $A_m B_n + aB$ gleich $A_m B_{n+a}$ finden. Bei dieser Konzentration endigt auch die eutektische Gerade $a\,Cb$, da hier und bei allen B-reicheren Konzentrationen eine vollständige Aufzehrung der Schmelze stattfindet.

Diese Überlegung scheint also zu beweisen, daß bei einem verdeckten Maximum die Tatsache, daß sich durch Ermittelung des Maximums der Kristallisationszeiten auf der Horizontalen Dc dieselbe Formel für die Verbindung ergibt, wie durch Ermittelung des Endpunktes b der eutektischen Horizontalen $a\,Cb$, keine Gewähr dafür bietet, daß die Zusammensetzung der Verbindung wirklich dieser Formel entspricht. Man kann danach eigentlich nur aussagen, daß auf Grund des experimentellen Befundes die Zusammensetzung der Verbindung zwischen D und dem Maximum der Haltezeiten auf Dc liegt.

Jedoch tritt hier die mikroskopische Untersuchung der Strukturen helfend ein. Falls nämlich die Reaktion vollständig verläuft, muß, wie wir gesehen haben, eine Legierung von der Konzentration i des Maximums der Haltezeiten auf Dc (Fig. 21), weil nur aus der reinen Verbindung $A_m B_n$ bestehend, vollkommen homogen aussehen, und Legierungen der Konzentrationen zwischen i und D dürfen nur zwei Strukturelemente, nämlich die Verbindung $A_m B_n$ und das Eutektikum C enthalten. Würden aber Umhüllungen vorhanden sein, so läge das Maximum i der Kristallisationszeiten auf der eutektischen Geraden Dc nicht bei der Konzentration der Verbindung $A_m B_n$, sondern wäre nach der B-reichen Seite hin verschoben, und es dürfte demgemäß eine Legierung von der Zusammensetzung dieses Maximums i nicht homogen sein, sondern sie müßte zwei Strukturelemente enthalten, im Innern die zuerst ausgeschiedene Kristallart B und diese umgeben von der Kristallart $A_m B_n$. Legierungen von den Konzentrationen zwischen i und D müßten drei Strukturelemente aufweisen, nämlich außer den beiden vorigen noch das Eutektikum C.

Das Auftreten dreier Strukturelemente in einem Schliffe ist uns bislang noch nicht begegnet. Wir haben bis jetzt nur Fälle kennen gelernt, in denen in der erkalteten Legierung zwei Strukturelemente zu beobachten waren. Die Möglichkeit, daß in den Schliffen drei Strukturelemente auftreten, rührt hier nur daher, daß das eine Strukturelement gewissermaßen gewaltsam vor der Berührung mit der Schmelze geschützt wird. Normalerweise, d. h. wenn sich das Gleichgewicht vollständig eingestellt hat, treten in den Schliffen der Legierungen aus zwei Metallen höchstens zwei Strukturelemente auf. Wir nennen daher eine Struktur, wie die oben beschriebene, eine abnorme. Eine solche abnorme Struktur ist im oberen Teile der Fig. 26 zu erkennen, welche einen

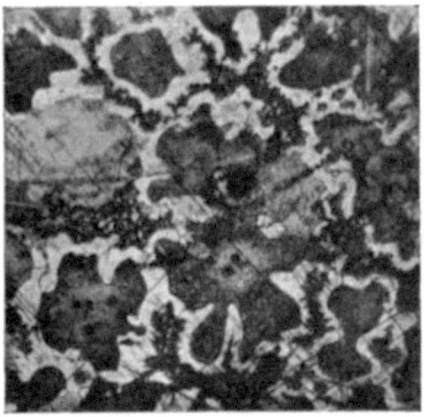

Fig. 26.
42 % Palladium + 58 % Blei. Mit verdünnter Salpetersäure geätzt.
70 fache Vergrößerung.

mit verdünnter Salpetersäure geätzten Schliff aus 42 % Palladium und 58 % Blei bei 70 facher Vergrößerung darstellt. Man sieht[1] dort einen dunklen Kern der zuerst ausgeschiedenen Kristallart (entsprechend B) umgeben von einer bei der Ätzung hell gebliebenen Zone der neuen Kristallart (entsprechend $A_m B_n$) und diese wiederum umgeben von einem Eutektikum von großkörniger Struktur.

Nach obigem könnte man die auf thermischem Wege ermittelte Formel einer unter Zersetzung schmelzenden Verbindung nur dann

---

[1] RUER, Z. anorg. Chem. 52 (1907), 345.

als sicher ansehen, wenn die mikroskopische Untersuchung der Schliffe normale Struktur ergibt. Nun haben alle bisher untersuchten Systeme, in denen ein verdecktes Maximum vorkommt, und bei denen das Maximum i der Kristallisationszeiten auf der Horizontalen Dc (Fig. 21) hinsichtlich der Konzentration übereinstimmte mit dem Endpunkte b der eutektischen Horizontalen aCb, bei der mikroskopischen Untersuchung eine normale Struktur und demgemäß vollständigen Verlauf der Reaktion erkennen lassen. Bei unvollständigem Reaktionsverlauf dagegen hat man noch stets beobachtet, daß die eutektische Horizontale aCb nicht bei der Konzentration des Maximums i der Kristallisationszeiten auf Dc endigt, sondern sich über diese hinaus erstreckt. Wir können daraus schließen, daß es nicht ausschließlich Umhüllungen sind, die einen unvollständigen Verlauf der Reaktion verursachen.

Ein weiterer Grund für den unvollständigen Verlauf der Reaktion kann darin bestehen, daß die zuerst abgeschiedene Kristallart bei Eintritt der Reaktion nicht gleichmäßig in der Schmelze verteilt ist, sondern sich vielleicht mehr oder weniger zu Boden gesetzt hat (Saigerung). Dann wird an gewissen Stellen der Mischung, in unserem Falle im oberen Teile, die Reaktion dadurch unvollständig werden, daß die Schmelze nach Aufzehrung der wenigen vorhandenen Kristalle von B keine weiteren mehr vorfindet, mit denen sie reagieren könnte. An anderen Stellen der Mischung, speziell hier im unteren Teile, ist es ein Überschuß der B-Kristalle und ein Mangel an Schmelze, welche die Reaktion zu einer unvollständigen machen. Das Ergebnis einer solchen, durch ungleichmäßige Verteilung der B-Kristalle in der Schmelze verursachten Störung besteht also darin, daß innerhalb eines gewissen Konzentrationsintervalles weder eine vollständige Aufzehrung der B-Kristalle noch der Schmelze eintreten kann. Untersuchen wir zunächst den einfacheren Fall, daß bei allen Konzentrationen (zwischen D und c, Fig. 21) derselbe Bruchteil, sagen wir die Hälfte der theoretisch möglichen Menge von Kristallen und Schmelze umgesetzt wird, so hätten wir die Gleichung

$$aB + \underset{\text{Schmelze } D}{[mA + (n-a)B]} = A_m B_n$$

umzuschreiben in

$$aB + \underset{\text{Schmelze } D}{[mA + (n-a)B]} = \frac{1}{2}A_m B_n + \frac{1}{2}aB + \frac{1}{2}\underset{\text{Schmelze } D}{[mA + (n-a)B]}.$$

Da in dieser Gleichung das Gewichtsverhältnis von B und Schmelze zueinander unverändert geblieben ist, so kann zunächst keine Verschiebung des Maximums der Kristallisationszeiten auf Dc erfolgen. Es würden jedoch in Fig. 21 die den Kristallisationszeiten proportionalen Senkrechten auf Dc sämtlich auf die Hälfte zu verkürzen sein, da sich in allen Fällen nur die Hälfte der theoretisch möglichen Menge der Verbindung $A_m B_n$ bilden soll. Dabei bliebe die Zunahme der Kristallisationszeiten auf Dc von D nach i und ebenso von c nach i eine lineare, und es wäre demgemäß ein scharfes Zeitmaximum bei der Konzentration i, entsprechend der Zusammensetzung der Verbindung $A_m B_n$ zu erwarten. Andererseits bleibt nach unserer Annahme bei allen Konzentrationen die Hälfte der Schmelze unaufgezehrt und gibt daher Veranlassung zu einer eutektischen Kristallisation in C. Die eutektische Horizontale aCb müßte sich daher durch das ganze Diagramm bis zu 100 % B erstrecken. Wir sehen also, daß unter diesen Verhältnissen von den zwei Kriterien für die Zusammensetzung der Verbindung $A_m B_n$ das erste, bestehend in der Bestimmung des Maximums der Kristallisationszeiten auf Dc, erhalten bleibt, während das zweite, bestehend in der Ermittelung des Endpunktes b der eutektischen Horizontalen aCb, versagt.

Bei der Übertragung dieser Resultate auf die tatsächlichen Verhältnisse leuchtet es zunächst ein, daß die durch eine ungleichmäßige Verteilung von B in der Schmelze bewirkten Störungen sich auf den mittleren Teil der Horizontalen Dc beschränken werden. Solange Schmelze in großem Überschusse vorhanden ist, also bei Konzentrationen zwischen D und l (Fig. 27) wird selbst eine Anhäufung der B-Kristalle im unteren Teile des Schmelzgefäßes ihre vollständige Aufzehrung durch die Schmelze nicht verhindern, da wegen des großen Überschusses der Schmelze jeder B-Kristall noch eine zur Umsetzung hinreichende Menge derselben in seiner Nachbarschaft vorfinden wird. Der Punkt l liegt um so näher an D, je ungleichmäßiger die Verteilung der Kristalle in der Schmelze ist. Auf der anderen Seite gibt der Punkt m die Grenze der Störung an. Bei Konzentrationen zwischen c und m ist die ausgeschiedene Kristallart B in so großem Überschusse, daß die Schmelze trotz ungleichmäßiger Verteilung in allen Fällen vollständig aufgezehrt wird. Das Diagramm wird also zwischen D und l einerseits, m und c andererseits keine Veränderung erleiden.

Zwischen l und m bleibt die Bildung von $A_m B_n$ um einen gewissen Betrag hinter der theoretisch möglichen zurück. Der Ein-

fluß der ungleichmäßigen Verteilung der *B*-Kristalle in der Schmelze
muß sich um so stärker geltend machen, je geringer der Überschuß
der vorwaltenden Komponente ist; d. h. also je mehr wir uns von
beiden Seiten der Konzentration von reinem $A_m B_n$ nähern. Daher
wird von *l* und ebenso von *m* aus zum Maximum *i* hin ein immer
langsameres Anwachsen der Kristallisationszeiten auf *Dc* erfolgen
und demgemäß die Kurve *Dec*, die die Endpunkte der diesen Kristallisationszeiten proportionalen Senkrechten miteinander verbindet,
nicht wie in Fig. 21 eine scharfe Spitze, sondern, wie Fig. 27 er-

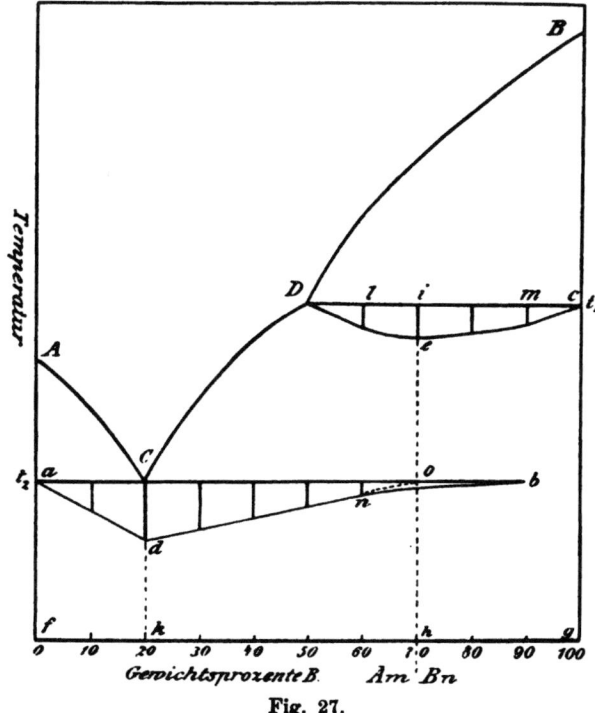

Fig. 27.

kennen läßt, eine flache Kuppe aufweisen. Die Lage des Maximums
der Kristallisationszeiten muß aber unverändert bleiben und daher
mit der Konzentration der reinen Verbindung $A_m B_n$ zusammenfallen.
Über dieses Maximum hinaus erstreckt sich jedoch die eutektische
Horizontale *a Cb* (Fig. 27), und zwar bis zu der Konzentration, bei
der sich die erste Spur Schmelze der Reaktion mit den *B*-Kristallen
entzieht, nach unserer Annahme also bis zur Konzentration *m*.

9*

Mit dieser Überlegung steht in der Tat die Erfahrung im Einklange. Ein unvollständiger Verlauf der Umsetzung von B mit der Schmelze D zu $A_m B_n$ ist meistens auf die Lage des Maximums der Kristallisationszeiten auf Dc ohne Einfluß. Seine Lage stimmt mit der Konzentration der Verbindung $A_m B_n$ überein. ·Doch läßt sich die Lage des Maximums wegen seines meist wenig ausgeprägten Charakters im allgemeinen nur schwer genau bestimmen. Es kommen Fälle vor, wo die Dauer der Kristallisationszeiten auf Dc zwischen l und m innerhalb der Versuchsfehler gleich bleibt. In einzelnen Fällen läßt sich das Maximum immerhin noch leidlich genau bestimmen und liefert dann einen wertvollen Anhalt für die Zusammensetzung der Verbindung. Dagegen erstreckt sich die eutektische Gerade in solchen Fällen stets über die Konzentration der Verbindung hinaus. .Dadurch verlieren wir also die Kontrolle für die aus dem Maximum der Kristallisationszeiten ermittelte Formel der Verbindung. Die Struktur der Reguli wird in der Hinsicht eine abnorme sein, daß an einigen Stellen der Schliffe die zuerst ausgeschiedene Kristallart B, umgeben von der Verbindung $A_m B_n$, an anderen die Verbindung $A_m B_n$, umgeben von Eutektikum zu beobachten ist.

Natürlich ist es auch möglich, daß neben Saigerungen gleichzeitig Umhüllungen auftreten. Die hieraus resultierenden Störungen ergeben sich nach obigem ohne weiteres.

Es sei noch darauf hingewiesen, daß ein bei unvollständigem Reaktionsverlaufe erhaltenes Schmelzdiagramm von der Konzentration 0 (= reines A) bis zur Konzentration D natürlich vollständig mit Fig. 21 übereinstimmen muß, da die durch Umhüllungen, Saigerungen usw. bewirkten Störungen erst zwischen D und 100 % B auftreten können. Das macht sich durch die relativen Mengen des Eutektikums auf der Horizontalen $a C b$ (Fig. 27) bemerkbar. Diese nehmen von der Konzentration C bis D (resp. bis zu der Konzentration, bei der die Störungen beginnen) linear gegen die Konzentration $A_m B_n$ ab, und prinzipiell gibt die gestrichelt gezeichnete Verlängerung von dn bis zum Schnittpunkte o mit der eutektischen Horizontalen $a C b$ stets ein Mittel zur Bestimmung der Zusammensetzung der Verbindung $A_m B_n$. Da wir jedoch schon in früheren Beispielen gesehen haben, daß in praxi die eutektischen Haltezeiten den eutektischen Mengen nicht immer proportional sind, so erscheint die Zuverlässigkeit einer derartigen Bestimmung, sofern sie nicht durch andere Umstände kontrolliert wird, nicht sehr groß.

Aus obigem sehen wir, daß der unvollständige Verlauf der Umsetzung, mögen nun seine Gründe sein welche sie wollen, der Ermittelung der Zusammensetzung der Verbindung ein großes Hindernis entgegensetzt. Das Maximum der Kristallisationszeiten ist häufig wenig ausgeprägt und demgemäß schwer zu ermitteln. Eine Garantie, daß seine Konzentration mit der Zusammensetzung der Verbindung übereinstimmt, wie sie in normalen Fällen durch die einheitliche Struktur der Legierung dieser Zusammensetzung gegeben ist, fehlt hier. Ebenso fehlt die Kontrolle des Resultates durch das zweite Kriterium, daß nämlich der Endpunkt b der eutektischen Horizontalen $a\,Cb$ bei der Konzentration der Verbindung liegt, denn wir haben ja gesehen, daß die eutektische Gerade sich über diese Konzentration hinaus erstrecken muß. Es ist daher von großem Werte, daß es, wie TAMMANN[1] gezeigt hat, in einigen Fällen möglich ist, einen vollständigen Verlauf der Reaktion zu bewirken. Man pulverisiert zu diesem Zwecke zunächst die erkaltete Legierung und sorgt so für ihre gleichmäßige Durchmischung, sowie dafür, daß die eingeschlossenen Kristalle freigelegt werden. Darauf erhitzt man sie bis nahe an die Umsetzungstemperatur t_1 und erhält sie einige Zeit bei dieser Temperatur. Dadurch setzen sich in vielen Fällen die B-Kristalle noch nachträglich mit der Schmelze zu A_mB_n um. Gelingt dies und läßt man jetzt die Masse erkalten, so wird die eutektische Kristallisation auf $a\,Cb$ nur noch bei solchen Konzentrationen zu beobachten sein, die A-reicher sind als A_mB_n, in denen also auch nach vollständiger Aufzehrung von B noch Schmelze vorhanden sein muß. Die eutektische Horizontale $a\,Cb$ endet also jetzt bei der Konzentration der Verbindung und kann zur Ermittelung ihrer Zusammensetzung dienen. Die Struktur der Schliffe muß eine normale sein, und ein Schliff von der Konzentration der Verbindung A_mB_n muß bei der mikroskopischen Untersuchung homogen erscheinen. Schließlich kann man auch durch Aufnahme von Erhitzungskurven das Maximum der Haltezeiten auf Dc genau ermitteln und hat dann alle Kriterien und Kontrollen des normalen Falles zur Verfügung. Versagt jedoch das obengenannte Hilfsmittel, so muß man auf eine sichere Ermittelung der Zusammensetzung der Verbindung zurzeit verzichten. (Vergl. z. B. R. SAHMEN, Kupfer-Kadmiumlegierungen, Z. f. anorgan. Chem. **49**. 301. 1906.)

---

[1] TAMMANN, *Z. anorg. Chem.* **45** (1905), 30.

D. Veränderungen im kristallisierten Zustande.

Wir haben uns bisher nur mit solchen Zweistoff-Systemen befaßt, in denen nach vollständiger Erstarrung keine Veränderungen mehr eintreten. Die thermische Untersuchung lehrt jedoch, daß Legierungen auch nach erfolgter Erstarrung noch Zustandsänderungen erleiden können. Dieser Fall ist nicht gerade selten, und häufig sind diese Zustandsänderungen von ganz erheblichen Wärmetönungen begleitet. Ihre Ursache kann zweifacher Natur sein. Einmal kann eine einzige Kristallart sich in eine andere bei tieferer Temperatur stabile Kristallart umwandeln. Wir haben solche Vorgänge schon als polymorphe Umwandlungen kennen gelernt. Andererseits sind Fälle bekannt, die wohl nur so gedeutet werden können, daß hier zwei Kristallarten miteinander in Reaktion treten, um sich zu einer dritten, einer chemischen Verbindung, zu vereinigen. Diese letztere Erscheinung steht mit unseren gewöhnlichen Erfahrungen und ebenso mit der alten Regel: „Corpora non agunt nisi fluida" im Widerspruch. Die Diffusionsgeschwindigkeit eines in einem festen Körper gelösten Stoffes ist im allgemeinen so gering, daß man, selbst wenn man die Möglichkeit einer Reaktion zwischen zwei kristallisierten Stoffen ohne weiteres zugibt, doch nicht erwarten wird, daß derartige Reaktionen in kurzen Zeiträumen zu merklichen Beträgen fortschreiten. Denn alle unsere Erfahrungen sprechen dafür, daß die Vorbedingung zum Zustandekommen chemischer Reaktionen eine äußerst innige Berührung, eine molekulare Durchdringung der reagierenden Stoffe ist, und das kann bei starren Körpern wohl nur dadurch erreicht werden, daß sie ineinander diffundieren. Immerhin lassen sich einige Beispiele dafür anführen, daß bei höherer Temperatur das Diffusionsvermögen in starren Körpern merkliche Werte annehmen kann. Im allgemeinen scheinen Reaktionen im festen Zustande nur dann stattfinden zu können, wenn die reagierenden Stoffe sich ineinander in merklichem Betrage zu lösen vermögen. Doch wollen wir an dieser Stelle jegliche Erörterung über die in ihrem Mechanismus noch nicht erforschte Erscheinung unterdrücken und die Möglichkeit der Reaktion zweier Kristallarten unter Bildung einer dritten als gegebene, wenn auch unerwartete Erfahrungstatsache hinnehmen.

Wir können nun, wie TAMMANN [1] gezeigt hat, eine polymorphe

---

[1] TAMMANN, *Z. anorg. Chem.* **47** (1905), 296.

Umwandlung leicht von einer chemischen Reaktion, bei der sich zwei Kristallarten bei der Abkühlung zu einer dritten vereinigen, unterscheiden.

Eine polymorphe Umwandlung kennzeichnet sich dadurch, daß sich eine schon vorhandene Kristallart ohne Änderung ihrer Zusammensetzung in eine neue umwandelt. Eine solche Umwandlung findet, wie S. 11 erörtert, und wie sich nach S. 32 ohne weiteres ergibt, bei einem reinen Stoffe bei konstanter Temperatur statt. Da wir Löslichkeit im kristallisierten Zustande ausgeschlossen haben, so ist die eine polymorphe Umwandlung erleidende Kristallart als rein anzusehen. Ihre Umwandlung wird daher stets bei derselben Temperatur erfolgen und zwar bei allen Konzentrationen, in denen sie vorhanden ist, sei es als primäres Strukturelement, sei es als Bestandteil des Eutektikums. Die Wärmetönung ist natürlich der Menge der sich umwandelnden Kristallart proportional. Nimmt man daher die Abkühlungskurven unter den üblichen Bedingungen auf, so wird man auf diesen bei der Temperatur der Umwandlung Haltepunkte beobachten, deren Zeitdauer ihr Maximum bei der Konzentration der sich umwandelnden Kristallart aufweist und nach beiden Seiten hin zu den Konzentrationen, wo die Menge dieser Kristallart null wird, linear abnimmt. Fig. 28 gibt ein Diagramm für den Fall, daß zwei Stoffe A und B keine Verbindung miteinander eingehen, und daß der eine Stoff A bei der unterhalb der eutektischen Temperatur t_1 liegenden Temperatur t_2 eine polymorphe Umwandlung von der β-Form in die α-Form (siehe S. 11) erleidet. Die Umwandlungs-

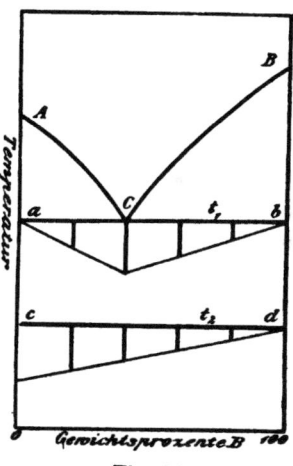

Fig. 28.

wärme, welche bei den einzelnen Konzentrationen frei wird, ist durch Senkrechte auf der Horizontalen od dargestellt und nimmt, wie man sieht, von 0 (= reines A), wo das Maximum liegt, zu 100 (= reines B), wo sie null wird, linear ab.

Betrachten wir jetzt den Fall Fig. 29, daß zwei Stoffe beim Zusammenschmelzen keine Verbindung miteinander eingehen, und daß demgemäß aus den erkaltenden Schmelzen zunächst die reinen Stoffe A und B längs der Kurvenäste AC resp. BC auskristallisieren. Bei der unterhalb der eutektischen Temperatur t_1 liegenden Temperatur t_2 sollen sich die beiden Kristallarten zu einer Verbindung $A_m B_n$ unter merklicher Wärmetönung vereinigen. Die Gleichung der (wie wir annehmen) vollständig verlaufenden Reaktion laute

$$m A + n B \rightleftarrows A_m B_n.$$

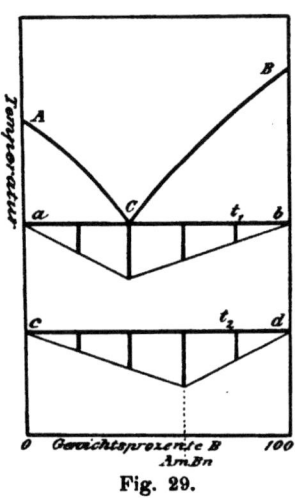

Fig. 29.

Die Reaktion findet nach Seite 32 bei konstanter Temperatur statt. Entziehen wir dem Systeme Wärme, so vermindert sich die Menge der Kristalle A und B, es vermehrt sich die Menge der Kristallart $A_m B_n$, ohne daß eine der Phasen ihre Zusammensetzung ändert, d. h. es besteht vollständiges Gleichgewicht, die Temperatur bleibt so lange konstant, bis sich die Reaktion vollzogen hat. Bei Zuführung von Wärme verläuft die Reaktion in umgekehrter Richtung, die Verbindung $A_m B_n$ zersetzt sich bei der Temperatur t_2 in die beiden Kristallarten A und B. Oberhalb t_2^0 sind die Kristallarten A und B nebeneinander, unterhalb t_2^0 je nach der Konzentration entweder $A_m B_n$ und A oder $A_m B_n$ und B beständig.

Das Maximum der Wärmetönung auf der Horizontalen $c\,d$ liegt bei der Konzentration der Verbindung $A_m B_n$ und nimmt nach reinem A und reinem B hin linear ab, wie in Fig. 29 dargestellt ist. Der Unterschied zwischen der in Fig. 28 dargestellten polymorphen Umwandlung und der in Fig. 29 dargestellten Vereinigung zweier Kristallarten zu einer dritten dokumentiert sich also dadurch, daß das Maximum der Wärmetönung im ersten Falle bei einer solchen Konzentration liegt, bei der das System nur eine Kristallart enthält, während es im zweiten Falle bei einer Konzentration liegen muß, bei der zwei Kristallarten (in dem durch die Reaktionsgleichung gegebenen Verhältnisse) vorhanden sind.

Erleidet eine Verbindung $A_m B_n$ polymorphe Umwandlungen, so ergeben sich daraus so viele weitere Kriterien für ihre Zusammensetzung, als sie Umwandlungen erleidet. In Fig. 30 ist der Fall dargestellt, daß die bei C ohne Zersetzung schmelzende Verbindung $A_m B_n$ zwei polymorphe Umwandlungen erleidet, die eine bei der

Temperatur t_1 oberhalb, die zweite bei der Temperatur t_4 unterhalb der beiden eutektischen Temperaturen. Wir erkennen, daß
die Lage des Maximums der Haltezeiten auf den beiden Horizontalen t_1 und t_4, weil diese Maxima nach den bisherigen Erörterungen
mit der Konzentration der reinen Verbindung zusammenfallen müssen,
zwei weitere unabhängige Wege zur Bestimmung ihrer Zusammensetzung liefert. Die Schmelzkurve muß in den Punkten F und G
zwei Knicke aufweisen, und die gestrichelt gezeichneten Fortsetzungen
der Kurvenäste in das instabile Gebiet hinein müssen die in der Figur
angegebene Lage gegen die voll ausgezogenen, stabile Gleichgewichte

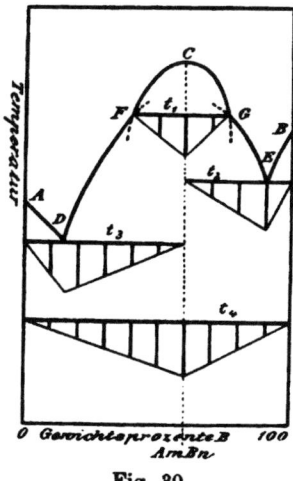

Fig. 30.

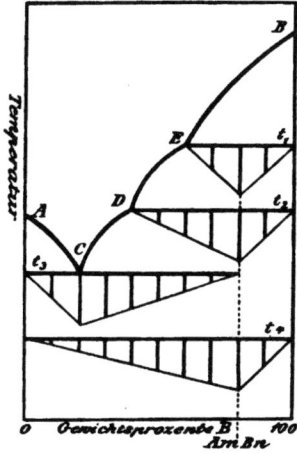

Fig. 31.

darstellenden Kurvenäste haben, denn die stabile Kristallart besitzt
bei der betreffenden Temperatur die geringste Löslichkeit (s. S. 102).
Als Lösungsmittel ist in F reines A, in G reines B zu betrachten.
Doch werden sich solche Knicke entsprechend der Schwierigkeit,
die eine genaue experimentelle Bestimmung der Schmelzkurve bietet,
häufig der Beobachtung entziehen.

Ganz analog liegen die Verhältnisse, wenn die eine polymorphe Umwandlung erleidende Verbindung nicht ohne Zersetzung
schmelzbar ist, sondern sich, wie Fig. 31 zeigt, bei der Temperatur t_1 in Kristalle von B und eine Schmelze von der Konzentration E spaltet. Das Maximum der Reaktionszeiten auf den
Horizontalen t_2 und t_4, bei deren Temperaturen die polymorphen

Umwandlungen statthaben, fällt mit der Konzentration der Verbindung $A_m B_n$ zusammen. Bei unvollständigem Reaktionsverlauf zwischen der Kristallart B und der Schmelze E treten auch hier die S. 126 u. f. erörterten Komplikationen auf.

In den Schliffen der Reguli wird man natürlich unter normalen Verhältnissen nur die bei der niedrigsten Temperatur stabile Kristallart beobachten können. Doch gelingt es in vielen Fällen durch rasche Abkühlung (sogenanntes Abschrecken), die Vorgänge im kristallisierten Zustande zu verhindern und die bei höherer Temperatur stabilen Kristallarten ohne Veränderung in das Gebiet tieferer Temperatur herüberzubringen, trotzdem sie unter diesen Verhältnissen instabil sind. Das Mittel ist ganz analog dem, eine Flüssigkeit durch rasche Abkühlung in amorph-glasigem, d. h. also flüssigem Zustande (S. 9) zu erhalten, trotzdem bei niederer Temperatur der Kristallzustand stabil ist, und beruht auf der Abnahme, welche sowohl die Kristallisationsgeschwindigkeit als auch jede Reaktionsgeschwindigkeit bei Temperaturerniedrigung erleiden. Wenn man beispielsweise eine Legierung, deren Komponenten A und B das durch das Schmelzdiagramm Fig. 29 beschriebene Verhalten zueinander zeigen, also bei der Temperatur t_2 zu einer Verbindung $A_m B_n$ zusammentreten, bei gewöhnlicher Temperatur in dem Zustande zwischen t_1 und t_2 beobachten will, wo sie aus einem Gemenge von A resp. B mit dem Eutektikum C besteht, so muß man sie möglichst schnell durch das Temperaturgebiet, in dem die Geschwindigkeit der Bildung von $A_m B_n$ merkliche Werte hat, hindurch und in ein solches Temperaturgebiet hineinbringen, in dem diese Geschwindigkeit praktisch null ist. Zu diesem Zwecke schreckt man sie, sobald sie vollständig erstarrt ist, die Temperatur also unter t_1 aber noch nicht bis t_2 gesunken ist, durch Eintauchen in kaltes Wasser ab. Die Reaktion der Bildung von $A_m B_n$ verläuft dann wegen der Schnelligkeit der Abkühlung bei der Temperatur t_2 häufig nicht vollständig, und unmittelbar darauf ist die Temperatur soweit unter t_2 gesunken, daß die Reaktionsgeschwindigkeit praktisch null ist. Man kann auch nachträglich die schon bis Zimmertemperatur erkalteten Legierungen bis über t_2 erwärmen, dadurch die bei der vorherigen langsamen Abkühlung entstandene Verbindung $A_m B_n$ in A und B zersetzen und dann abschrecken. Das Verfahren ist natürlich ganz dasselbe, wenn, wie im Schmelzdiagramm Fig. 28 beschrieben ist, eine einzige Kristallart eine polymorphe Umwandlung erleidet. Ob das Abschrecken zum Ziele führt, hängt natürlich von dem Verhältnisse der Abkühlungsgeschwindigkeit zu der Reaktionsgeschwindigkeit des betreffenden Vorganges ab. Ist die Reaktionsgeschwindigkeit bei t_2 eine außerordentlich große, so wird man kaum schnell genug abkühlen können, um den Vorgang zu verhindern. In praxi trifft man sowohl solche Fälle an, in denen wegen zu großer Reaktionsgeschwindigkeit das Abschrecken völlig erfolglos ist, als auch solche, in denen es vollständig zum Ziele führt, wo also die betreffende Reaktion praktisch gänzlich verhindert wird. Zwischen diesen beiden Extremen liegen die Fälle, in denen es gelingt, mehr oder minder große Reste der bei höheren Temperaturen stabilen Kristallarten in das Gebiet gewöhnlicher Temperatur herüberzuretten.

Schließlich sei noch darauf aufmerksam gemacht, daß die Regel, wonach die Anzahl der Verbindungen gleich der um zwei verminderten Anzahl der Äste der Schmelzkurve ist, versagt, wenn Veränderungen im kristallisierten Zustande vor sich gehen. In Fig. 29 hat die Schmelzkurve nur zwei Äste, trotzdem existiert die Verbindung $A_m B_n$. In Fig. 30 finden sich auf der Schmelzkurve vier Punkte, D, F, G, E, in denen sie, wie wir wissen, plötzlich ihre Richtung ändern muß, sie hat also fünf Äste. Trotzdem existiert nur die eine Verbindung $A_m B_n$.

Angesichts der vielen Horizontalen konstanter Temperatur, die beim Vorhandensein polymorpher Umwandlungen das Diagramm durchziehen, verliert auch die Regel, daß die Anzahl der Verbindungen gleich der um eins verminderten Anzahl der eutektischen Horizontalen ist, mindestens jede praktische Bedeutung. Man kann sie ja halten, wenn man die Horizontalen, welche von den polymorphen Umwandlungen herrühren, nicht mitrechnet. Die Unterscheidung der einzelnen Horizontalen voneinander erfordert aber natürlich Kenntnis des ganzen Schmelzdiagrammes.

§ 2. Es herrscht unvollständige Mischbarkeit im flüssigen, vollständige Nichtmischbarkeit im kristallisierten Zustande.

Der Fall vollständiger Nichtmischbarkeit zweier reinen Stoffe ist, wie wir S. 87 bemerkten, theoretisch als Grenzfall einer äußerst geringen gegenseitigen Löslichkeit zu betrachten. Hat man zwei reine Stoffe A und B im flüssigen Zustande, die sich bei der Versuchstemperatur t_1 nicht vollständig miteinander mischen, zusammengebracht und durch Umrühren oder Schütteln dafür gesorgt, daß sich das Gleichgewicht zwischen beiden hergestellt hat, so sind beide gegenseitig miteinander gesättigt. Wird nun das System sich selbst überlassen, so trennen sich nach genügend langem Stehen die beiden Lösungen vermöge ihres verschiedenen spezifischen Gewichtes voneinander und bilden zwei Schichten. Die eine besteht aus dem Stoffe A gesättigt mit B, die zweite aus B gesättigt mit A. Wir bezeichnen die A-reichere Schicht als Lösung von B in A, die B-reichere als Lösung von A in B. Eine quantitative Analyse der beiden Schichten gibt uns die Konzentration der beiden gesättigten Lösungen bei der Versuchstemperatur. Nun steigt im allgemeinen die Löslichkeit der Stoffe ineinander mit steigender Tem-

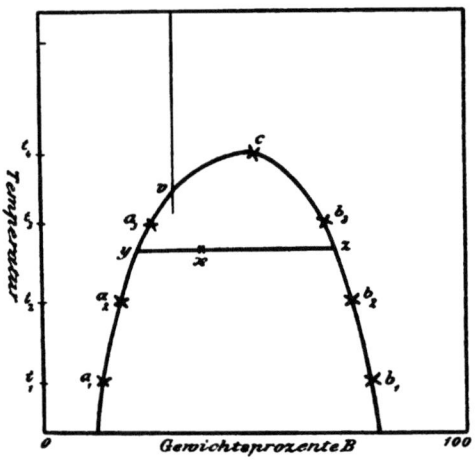

Fig. 32.

peratur. Wir wollen in Übereinstimmung mit der Erfahrung annehmen, daß dies für geschmolzene Metalle stets stattfinde. Untersuchen wir daher die Zusammensetzung der zwei bei einer höheren Temperatur t_2 im Gleichgewichte befindlichen Schichten, so müssen wir finden, daß die Lösung von B in A reicher an B, und die Lösung von A in B reicher an A geworden ist. Benutzen wir zur Veranschaulichung wieder unser Konzentrations-Temperaturdiagramm (Fig. 32). Die bei der Temperatur t_1 gesättigte Lösung von B in A entspreche dem Punkte a_1, die gesättigte Lösung von A in B dem Punkte b_1. Bei der Temperatur t_2 sind die entsprechenden Punkte a_2 und b_2, sie müssen sich, wie oben erörtert, nähergerückt sein. Fahren wir in der Bestimmung der Zusammensetzung der gesättigten

Lösungen weiter fort, so rücken sich die beiden Konzentrationen immer näher, um schließlich, falls das Gemisch nicht vorher zu sieden beginnt, im Punkte o zusammenzufallen. Dann hat also die gesättigte Lösung von B in A dieselbe Zusammensetzung wie die von A in B, d. h. bei dieser und bei allen höheren Temperaturen sind beide Lösungen identisch. Eine Trennung der Mischung in zwei Schichten kann also nicht mehr stattfinden, wir befinden uns im Gebiete vollständiger Mischbarkeit. Verbinden wir die in der obenbeschriebenen Weise experimentell ermittelten Punkte durch eine kontinuierliche Kurve, so erhalten wir die Löslichkeitskurve, deren Kenntnis uns über alle diese Erscheinung betreffenden Fragen erschöpfend Auskunft gibt. Im Gebiete außerhalb der Löslichkeitskurve ist das System homogen, während in Systemen, die in das von der Löslichkeitskurve umschlossene Gebiet fallen, eine Trennung in zwei Schichten stattgefunden hat. Angenommen, das System sei nach Konzentration und Temperatur durch den Punkt x charakterisiert, so geben die Schnittpunkte y und z der Löslichkeitskurve mit der durch x gezogenen Horizontalen die Zusammensetzung der beiden Schichten an, die bei der x entsprechenden Temperatur im Gleichgewichte miteinander sind. Das System x muß sich also in zwei Schichten von den Konzentrationen y und z gespalten haben, und die relativen Mengen von y und z ergeben sich in bekannter Weise durch die Hebelbeziehung

$$\text{(Menge } y) \cdot xy = \text{(Menge } z) \cdot xz.$$

Trotzdem bei Metallen beschränkte Mischbarkeit im geschmolzenen Zustande keineswegs selten zu beobachten ist, kennt man die Löslichkeitskurve nur für zwei Metallpaare, nämlich Blei—Zink und Wismut—Zink, von denen das System Blei—Zink ein gewisses technisches Interesse bietet (s. S. 37). Die Forschung hat sich bisher fast nur mit dem Verhalten durchsichtiger Flüssigkeiten bei nicht zu hoher Temperatur beschäftigt. Für diese liefert die Methode von ALEXEJEW [1] ein sehr einfaches Verfahren zur Bestimmung der Punkte der Löslichkeitskurve. Man bereitet durch Abwägung Mischungen bekannter Konzentration und beobachtet die Temperatur, bei der die erkaltende Flüssigkeit anfängt, sich zu entmischen. Die hierbei auftretende Trübung ist sehr scharf zu erkennen. Man bestimmt also nicht die Schnittpunkte y und z der Horizontalen konstanter Temperatur mit

[1] ALEXEJEW, *Wied. Ann.* 28 (1886), 305.

der Löslichkeitskurve, wozu die Trennung und Analyse der beiden Schichten erforderlich ist, sondern man bestimmt den Schnittpunkt v einer bestimmten Konzentration mit der Löslichkeitskurve (Fig. 32), wozu, da man mit abgewogenen Mengen arbeitet, nur eine Temperaturbestimmung erforderlich ist. Bei den undurchsichtigen Metallen ist ein solches Verfahren natürlich nicht möglich. Man könnte daran denken, bei der Untersuchung der Metalle ein analoges Verfahren einzuschlagen, indem man die Temperatur der beginnenden Entmischung der sich abkühlenden Legierung auf thermischem Wege bestimmt. Jedoch ist die bei der Entmischung auftretende Wärmetönung zu gering.

Bei der Entmischung muß, wenn unsere Voraussetzung, daß die Mischbarkeit mit steigender Temperatur zunimmt, richtig ist, eine gewisse Wärmemenge frei werden. Denn andernfalls könnte unser aus zwei Schichten bestehendes System nicht stabil sein. Das erscheint durch folgende Überlegung verständlich. Wenn die bei der Abkühlung stattfindende Entmischung mit Verbrauch von Wärme verknüpft wäre, so müßte bei der beim Erwärmen vor sich gehenden Mischung Wärme frei werden. Befindet sich das aus zwei im Gleichgewichte befindlichen Schichten bestehende System bei einer gewissen Temperatur t_1, so würde beispielsweise die geringste Temperaturerhöhung in solchem Falle eine Erhöhung der Mischbarkeit bewirken. Da bei der infolgedessen vor sich gehenden Mischung Wärme frei würde, so würde dadurch wieder eine Erhöhung der Temperatur, und dadurch eine weitere Erhöhung der Mischbarkeit bewirkt werden, durch die weiter fortschreitende Mischung würde wiederum Wärme frei u. s. f., d. h. das aus zwei Schichten bestehende System würde bei der geringsten Temperaturerhöhung unter weiterem freiwilligen Steigen der Temperatur in eine homogene Mischung übergehen. Wir hätten ein instabiles System vor uns. Die Bedingung der Stabilität verlangt also, daß, wenn die Mischbarkeit mit steigender Temperatur zunimmt, oder, was dasselbe ist, wenn bei sinkender Temperatur Entmischung stattfindet, diese letztere unter Freiwerden von Wärme stattfindet. Die oben benutzte Schlußweise ist von allgemeiner Anwendbarkeit. Die Voraussetzung, daß ein System sich im Gleichgewichte befindet, ist gleichbedeutend damit, daß Wärmezufuhr nur solche Veränderungen bewirken kann, die mit Verbrauch von Wärme verbunden sind. Führen wir also einem mit seiner Schmelze im Gleichgewichte befindlichen Kristalle Wärme zu, so können wir aus der erfahrungsmäßig hierdurch eintretenden Schmelzung schließen, daß diese mit Wärmeverbrauch verknüpft sein muß. Denn würde die Schmelzung mit Wärmeentwicklung verknüpft sein, so würde die geringste Zufuhr von Wärme genügen, vollständiges Schmelzen unter freiwilliger Steigerung der Temperatur zu bewirken, weil eine in noch so geringem Maße fortschreitende Schmelzung eine sich selbst verstärkende Quelle weiterer Wärmeentwicklung darstellen würde. Das Gleiche gilt für die Umwandlung einer α-Form in die zugehörige β-Form (siehe S. 11). Mit eben dem Rechte können wir schließen, daß die bei Zufuhr von Wärme von links nach rechts sich vollziehende Reaktion

$$A_m B_n \; \overset{\longrightarrow}{\underset{\longleftarrow}{}} \; m\,A + n\,B \quad (\text{S. 136})$$

hierbei Wärme verzehrt, daß daher der beim Erkalten in umgekehrter Richtung verlaufende Vorgang mit Wärmeentwicklung verknüpft sein muß. Solange es sich um Gleichgewichtszustände handelt, ist demnach jeder bei der Abkühlung eintretende Vorgang mit Entwicklung von Wärme verknüpft.

Über die Gröfse der Wärmetönung sagt dieser VAN'T HOFFsche Satz, der gewöhnlich zusammen mit einem analogen die Wirkung des Druckes auf die Gleichgewichtsverschiebung betreffenden Satze als LE CHATELIERsches Prinzip bezeichnet wird, nichts aus. Sie kann beliebig gering sein. Tatsächlich ist (siehe oben) die durch die Entmischung zweier Flüssigkeiten freiwerdende Wärmemenge so gering, daß sie keinen merklichen Knick auf den Abkühlungskurven verursacht.

Es bleibt daher als einziges Hilfsmittel zur Ermittelung der Löslichkeitskurve zweier geschmolzenen Metalle die Trennung der zwei Schichten bei den Temperaturen übrig, für die die Punkte der Löslichkeitskurve bestimmt werden sollen. Die hiermit verknüpfte experimentelle Schwierigkeit ist die Ursache für die mangelhafte Kenntnis der hier obwaltenden Verhältnisse. SPRING und ROMANOFF,[1] welchen wir die Untersuchung der Metallpaare Blei-Zink und Wismut-Zink verdanken, benutzten graphithaltige Tontiegel, deren Seitenwände in bestimmter Höhe ein durch einen Stopfen aus gleichem Material verschlossenes Loch enthielten. Die Füllung geschah in der Weise, daß die Trennungsfläche beider Schichten nach Einstellung des Gleichgewichtes über der Öffnung lag. Die Mischung wurde auf die Versuchstemperatur erhitzt, umgerührt und sich selbst überlassen. Hierauf wurde mittels eines Löffels eine Probe der oberen Schicht entnommen. Zum Schlusse wurde mittels einer eisernen Stange der Stopfen aus der Öffnung hinausgestoßen und dadurch ein Abfließen der oberen Schicht und demgemäß ihre Trennung von der unteren bewirkt. Die Resultate der beiden Autoren ergeben zunehmende Löslichkeit der beiden Stoffe ineinander bei steigender Temperatur und zeigen auch in allen anderen Punkten Übereinstimmung mit den durch Fig. 32 dargestellten Verhältnissen.

Wir wollen jetzt das Schmelzdiagramm für einige Spezialfälle kennen lernen.

---

[1] SPRING u. ROMANOFF, Z. anorg. Chem. 18 (1896), 29.

A. Die Komponenten bilden keine Verbindung miteinander.

Wir betrachten zwei Elemente A und B mit den Schmelzpunkten A und B (Fig. 33). Die Löslichkeitskurve der beiden Schmelzen
sei DFE, sie ist, weil wegen der geringen Entmischungswärme auf
thermischem Wege nicht nachweisbar, gestrichelt gezeichnet. In dem
von der Löslichkeitskurve nicht umschlossenen Gebiete besteht also der
flüssige Teil der Legierung aus nur einer Schicht. In diesem Gebiete
haben wir demnach vollständige Mischbarkeit im flüssigen und nach
unserer Annahme vollständige Nichtmischbarkeit im kristallisierten

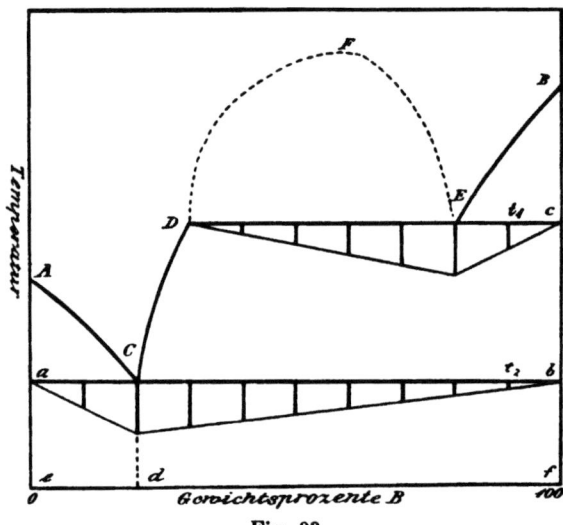

Fig. 33.

Zustande. Hier muß also das Gesetz der Schmelzpunktserniedrigung
(S. 38) gelten und der Schmelzpunkt sowohl von reinem A durch
Zusatz von B längs des Kurvenastes AC, als auch von reinem B
durch Zusatz von A längs des Kurvenastes BE erniedrigt werden.
Einer der beiden Kurvenäste wird nun die Löslichkeitskurve DFE
bei der höchsten Temperatur schneiden, es geschehe dies durch den
Kurvenast BE im Punkte E bei der Temperatur t_1. Dann läßt sich
zeigen, daß die Löslichkeitskurve DFE unterhalb der Temperatur t_1
keinen stabilen Zustand mehr darstellt, da eine Lösung von der Konzentration E die bei der tiefsten Temperatur stabile Lösung von A in
B ist (wie wir die Lösungen auf der B-reichen Seite der Löslich-

keitskurve zum Unterschiede von den Lösungen auf der A-reichen Seite, den Lösungen von B in A genannt haben). Dies folgt daraus, daß E gleichzeitig ein Punkt der Löslichkeitskurve DFE und der Schmelzkurve BE ist. Legierungen von Konzentrationen zwischen E und 100 ($=$ reines B) sind bei der Abkühlung bis $t_1{}^0$ unter Ausscheidung von reinem B, Legierungen von Konzentrationen zwischen D und E unter Abscheidung einer zweiten Schicht D in eine Lösung von der Konzentration E übergegangen. Eine solche Lösung ist demnach sowohl an A wie an B gesättigt. Wir haben hier ähnliche Verhältnisse wie bei der eutektischen Kristallisation, wo ebenfalls eine Schmelze mit zwei Stoffen gesättigt ist und die Ausscheidung des einen Stoffes die gleichzeitige Ausscheidung des anderen bedingt; nur wird sich hier neben kristallisiertem B das A nicht in Form reiner Kristalle ausscheiden, sondern in der Form, in der es mit der Schmelze E im Gleichgewichte ist, nämlich als gesättigte Lösung von B in A, deren Konzentration bei dieser Temperatur D entspricht. Es befindet sich demgemäß bei der Temperatur t_1 kristallisiertes B mit zwei Schmelzen von den resp. Konzentrationen D und E im Gleichgewichte. (Daß sich kristallisiertes B auch mit der Schmelze D im Gleichgewichte befindet, folgt aus dem Satze S. 27, wonach ein Gleichgewicht unabhängig von der Anordnung der einzelnen Phasen ist.) Scheidet die Schmelze E weiter kristallisiertes B aus, so muß gleichzeitig eine durch ihren A-Gehalt bestimmte Menge der Schmelze D entstehen. Die Reaktionsgleichung lautet also:

$$\text{Schmelze } E \rightleftarrows \text{ Kristallart } B + \text{Schmelze } D,$$

wobei die Reaktion durch Wärmeentziehung von links nach rechts verläuft. Bei der Abkühlung verschwindet die Schmelze von der Zusammensetzung E, es vermehrt sich die Menge der B-Kristalle und der Schmelze D, ohne daß eine der Phasen ihre Zusammensetzung ändert, d. h. wir haben ein vollständiges Gleichgewicht, die Temperatur t_1 muß bis zur Aufzehrung einer der Phasen, bei Wärmeentziehung bis zum Verschwinden der Schmelze E, konstant bleiben. Erst wenn alles E aufgezehrt ist und wir nur noch Schmelze von der Zusammensetzung D und Kristallart B haben, wird fortgesetzte Wärmeentziehung ein Sinken der Temperatur hervorrufen. Sobald die Temperatur jedoch unter $t_1{}^0$ gefallen ist, kann weitere Ausscheidung von B aus der Schmelze nur noch in Form von B-Kristallen, nicht etwa als Lösung von A in B erfolgen, da unterhalb $t_1{}^0$ eine solche nicht mehr stabil ist. Denn die einzige B-reiche

Lösung E, welche bei der Temperatur t_1 noch existieren konnte, wurde bei dieser Temperatur ja vollständig aufgezehrt. Unterhalb t_1^0 existiert nur noch eine Art Lösungen, die A-reichen, deren Konzentrationen zwischen D und 0 ($=$ reines A) liegen, und die wir als Lösungen von B in A bezeichnet haben. Der stabile Teil der Löslichkeitskurve $D\,F\,E$ endet daher, wie wir schon vorweg nahmen, bei der Temperatur t_1 in den Punkten D und E. Da demnach Konzentrationen zwischen D und 0 ($=$ reines A) wieder in das Gebiet vollständiger Mischbarkeit im flüssigen Zustande fallen, so ist ohne weiteres klar, daß die fernere Abscheidung von B unter beständigem Sinken der Temperatur und Anreicherung der Schmelze an A (längs des Kurvenastes $D\,C$) stattfindet. Im Punkte C, dem Schnittpunkt des Kurvenastes $D\,C$ mit $A\,C$, findet eutektische Kristallisation bei der Temperatur t_2 statt. Die Kristallisation der einzelnen Schmelzen geht in folgender Weise vor sich:

1. Bei Konzentrationen zwischen 100 ($=$ reines B) und E findet die Ausscheidung von kristallisiertem B längs des Kurvenastes $B\,E$ statt und beginnt in dem der betreffenden Konzentration entsprechenden Punkte dieses Kurvenastes. Die Schmelze reichert sich durch Ausscheidung von B-Kristallen so lange an A an, bis bei der Temperatur t_1 die Konzentration E erreicht ist. Bei dieser konstanten Temperatur findet aus der Schmelze E eine fortgesetzte Kristallisation von reinem B statt, wobei sich gleichzeitig das zurückbleibende A in Form einer zweiten Schicht von der Zusammensetzung D ausscheidet. Die Periode konstanter Temperatur dauert so lange, bis alle Schmelze E verschwunden ist und nur noch B-Kristalle und Schmelze D vorhanden sind. Darauf findet weitere Ausscheidung von B längs $D\,C$ statt, wobei sich die Schmelze unter beständigem Sinken der Temperatur bis zur Konzentration C an A anreichert. Der Rest der Schmelze von der Konzentration C kristallisiert dann bei der konstanten Temperatur t_2 zu einem Eutektikum aus B und A. Die Abkühlungskurven zeigen daher einen Knick beim Überschreiten des Kurvenastes $B\,E$, einen Haltepunkt bei t_1^0 und einen zweiten Haltepunkt bei t_2^0.

2. Die Abkühlungskurve einer Schmelze von der Konzentration E zeigt den dem Kurvenast $B\,E$ entsprechenden Knick nicht, sondern nur zwei Haltepunkte bei t_1^0 und t_2^0.

3. Dasselbe gilt für die Abkühlungskurven der Legierungen der Konzentrationen zwischen D und E, da die Wärmetönung der

beim Überschreiten der Löslichkeitskurve DFE beginnenden Entmischung so gering ist, daß sie sich der Beobachtung entzieht.

4. Die Abkühlungskurven von Konzentrationen zwischen D und C zeigen bei t_1^0 keine Haltepunkte mehr. Es findet vielmehr ohne vorherige Entmischung bei dem der betreffenden Konzentration entsprechenden Punkte des Kurvenastes DC die erste Ausscheidung von kristallisiertem B statt, dessen weitere Kristallisation sich längs des Kurvenastes DC vollzieht, bis im Punkte C der Rest der Schmelze eutektisch erstarrt. Die Abkühlungskurven zeigen also einen Knick unterhalb t_1^0 und einen Haltepunkt bei t_2^0.

5. Eine Schmelze von der Konzentration C erstarrt vollständig eutektisch. Die Abkühlungskurve einer solchen Legierung zeigt demgemäß nur einen Haltepunkt bei t_2^0.

6. Die Legierungen der Konzentrationen zwischen 0 (= reines A) und C scheiden primär kristallisiertes A längs des Kurvenastes AC aus und erstarren ebenfalls schließlich eutektisch in C. Die Abkühlungskurven zeigen demgemäß einen Knick und bei t_2^0 einen Haltepunkt.

Bei der konstanten Temperatur t_1 findet, wie wir sahen, folgender Vorgang statt:

$$\text{Schmelze } E \xleftrightarrow{\quad} \text{Kristallart } B + \text{Schmelze } D.$$

Die bei dieser Reaktion freiwerdende Wärmemenge und unter den üblichen Voraussetzungen auch die Länge der Haltepunkte bei t_1^0 ist also durch die relative Menge der Schmelze E gegeben, die bei dieser Temperatur vorhanden ist. Dieselbe hat ihr Maximum 1 bei der Konzentration E und nimmt nach den Konzentrationen D und 100 (= reines B) hin, wo sie null wird, linear ab.

Ebenso hat die relative Menge des Eutektikums ihr Maximum bei der Konzentration C und nimmt nach den Konzentrationen 0 (= reines A) und 100 (= reines B) hin, wo sie null wird, linear ab.

Im Diagramm Fig. 33 ist dies in üblicher Weise durch Senkrechte auf den Horizontalen DEc und aCb gekennzeichnet.

Das Charakteristische des Diagramms ist, daß zwei Perioden konstanter Temperatur vorhanden sind, trotzdem weder eine Verbindung entsteht noch eine polymorphe Umwandlung stattfindet. Daß keine Verbindung entsteht, folgt daraus, daß die eutektische Gerade aCb das ganze Diagramm durchzieht, und daß die relative Menge des Eutektikums von der eutektischen Konzentration nach beiden Seiten hin linear abnimmt.

In bezug auf die Zustandsfelder haben wir hier das Gebiet des vollkommen Flüssigen oberhalb $ACDEB$ in zwei Teile zu teilen. Es zerfällt in:

1. das Gebiet der homogenen Schmelze oberhalb $ACDFEB$ und

2. in das Gebiet zweier flüssiger Schichten, welches durch die Löslichkeitskurve DFE und die Horizontale DE begrenzt wird.

Ferner existieren zwei Gebiete mit einer Kristallart, nämlich:

1. das Gebiet $BEDCb$ der B-Kristalle und Schmelze. Auf der Horizontalen DEc besteht die Schmelze im allgemeinen aus zwei Schichten.

2. das Gebiet ACa der A-Kristalle und Schmelze.

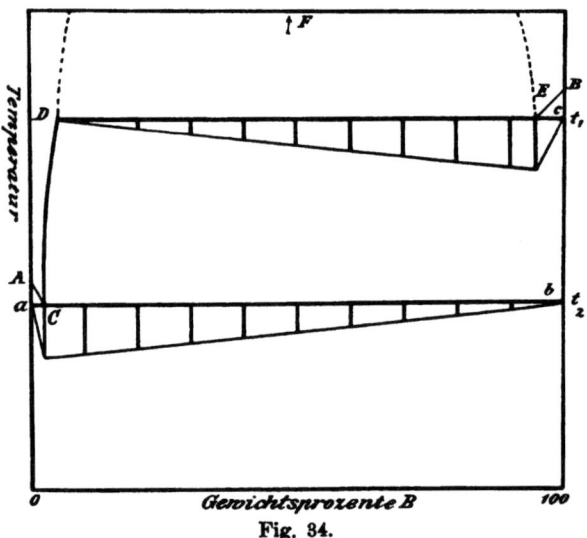

Fig. 34.

Die beiden Gebiete mit zwei Kristallarten sind:

1. $bCdf$, entsprechend der primär ausgeschiedenen Kristallart B und dem Eutektikum C.

2. $aCde$, entsprechend der primär ausgeschiedenen Kristallart A und dem Eutektikum C.

Die partielle Mischbarkeit von A und B in der Nähe des Schmelzpunktes der höchstschmelzenden Komponente kann sehr verschiedenen Grades sein. In Fig. 34 ist sie bei dieser Temperatur als gering angenommen, d. h. die Zusammensetzung der beiden Schichten ist beim Schmelzpunkt von B nicht sehr verschieden von der der reinen Stoffe. Dadurch fällt zunächst der Punkt E, in dem der Kurvenast der primären B-Ausscheidung die Löslichkeitskurve der beiden Schmelzen trifft, nur wenig unterhalb B, und die Temperatur t_1 der Horizontalen cED ist nur wenig niedriger als der Schmelzpunkt von B. Dasselbe gilt bezüglich der Temperatur t_2 der eutektischen Horizontalen aCb, auch diese Temperatur liegt nur wenig unterhalb des Schmelzpunktes von reinem A. Der Grenzfall, daß beide Stoffe im flüssigen Zustande beim Schmelzpunkt von B sich nicht mehr lösen, daß also die beiden Schichten die reinen Metalle darstellen, ist in Fig. 35 dargestellt. Es fällt der Punkt

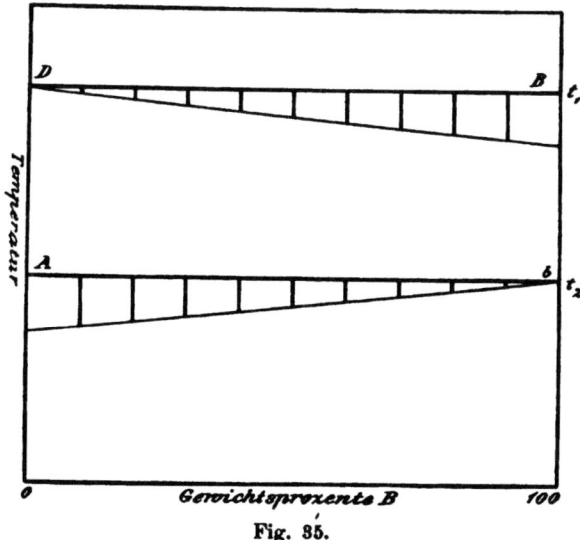

Fig. 35.

E mit B, und C mit A zusammen. Alle Konzentrationen mit Ausnahme der reinen Stoffe lassen auf ihren Abkühlungskurven zwei Haltepunkte t_1 und t_2 erkennen, die mit den Schmelzpunkten der reinen Metalle übereinstimmen.

Wenn also auch die thermische Analyse uns keine Auskunft über den Verlauf der Löslichkeitskurve der beiden Schmelzen gibt, so liefert sie uns doch stets die beiden untersten Punkte D und E.

Was die Struktur der Schliffe anbetrifft, so sollten bei verhältnismäßig größerer Löslichkeit der flüssigen Stoffe ineinander, wie sie in Fig. 33 angenommen ist, eigentlich in dieser Hinsicht keine Unterschiede von dem Falle vollständiger Mischbarkeit im flüssigen Zustande ohne Entstehung einer Verbindung (Fig. 11 a) vorhanden sein. Wir haben auch hier, je nach der Konzentration, primär ausgeschiedenes A oder primär ausgeschiedenes B, umgeben vom Eutektikum. Doch hat die primäre Ausscheidung der Kristallart B bei Konzentrationen zwischen $100\,^0/_0$ B und D anfangs ausschließlich in der B-reichen Schicht stattgefunden. Erst wenn diese Schicht verschwunden ist, beginnt die Schicht D zu kristallisieren und scheidet erst B, dann Eutektikum aus. Man kann häufig an dem Aussehen der Schliffe schon makroskopisch erkennen, daß die Kristallisation in zwei Schichten stattgefunden hat. Die Schichten treten im allgemeinen um so deutlicher hervor, je geringer die gegenseitige Löslichkeit im flüssigen Zustande ist. Zuweilen ist jedoch, wenn die spezifischen Gewichte von A und B nicht sehr verschieden sind, auch bei geringer gegenseitiger Löslichkeit keine Trennung in zwei Schichten zu erkennen. Es hat dann kein Absitzen stattgefunden, sondern die beiden Lösungen bildeten bei Eintritt der Kristallisation eine Emulsion, indem die eine Schicht in Gestalt feiner Tröpfchen in der anderen verteilt war. In solchen Fällen läßt die mikroskopische Untersuchung leicht die tropfenartigen Einschlüsse erkennen.

Als Beispiele für unsern Fall bei praktisch vollständiger Nichtmischbarkeit im flüssigen Zustande sei auf das System Na-Al[1] und das System Tl-Al[2] hingewiesen. In den Systemen Na-Mg,[3] Al-Bi[4] und Zn-Tl[5] lösen sich die resp. Komponenten bei der Temperatur des Kristallisationsbeginns schon merklich ineinander. Im System Tl-Cu[6] vermag geschmolzenes Kupfer bei der Temperatur seines Schmelzpunktes ca. $35\,^0/_0$ Thallium zu lösen, während geschmolzenes Thallium bei eben dieser Temperatur nur ca. $2\,^0/_0$ Kupfer aufnimmt. Es hat keinen Zweck, näher auf diese Beispiele einzugehen, wir können uns vielmehr damit begnügen, daß nach obigem für die in Fig. 33, 34, 35 dargestellten Fälle Beispiele in der Tat bekannt sind.

B. Die Komponenten bilden eine Verbindung miteinander.

Es würde natürlich nichts prinzipiell Neues bieten, wenn wir auf Fig. 33 zurückgehend annehmen, daß eine der beiden Komponenten des Systems, etwa B, kein Element, sondern eine Ver-

[1] Mathewson, Z. anorg. Chem. 48 (1906), 191.
[2] Doerinckel, Z. anorg. Chem. 48 (1906), 185.
[3] Mathewson, l. c.
[4] Gwyer, Z. anorg. Chem. 49 (1906), 311.
[5] v. Vegesack, Z. anorg. Chem. 52 (1907), 32.
[6] Doerinckel, l. c.

bindung $A_m B_n$ sei. Wir haben ja S. 77, als wir uns das erste-
mal mit den durch die Existenz einer Verbindung bewirkten
Änderungen des Schmelzdiagramms beschäftigten, gesehen, wie man
ein Schmelzdiagramm bei der Konzentration einer unzersetzt
schmelzenden Verbindung teilen und die einzelnen Teile gesondert
als selbständige Diagramme betrachten kann. Danach bedarf das
Diagramm Fig. 36 keiner weiteren Erläuterung. Die bei der Konzentration der Verbindung $A_m B_n$ durchgezogene, gestrichelt gezeichnete
Senkrechte teilt das Diagramm in zwei einzelne Diagramme. Links
herrscht unvollständige, rechts vollständige Mischbarkeit im flüssigen

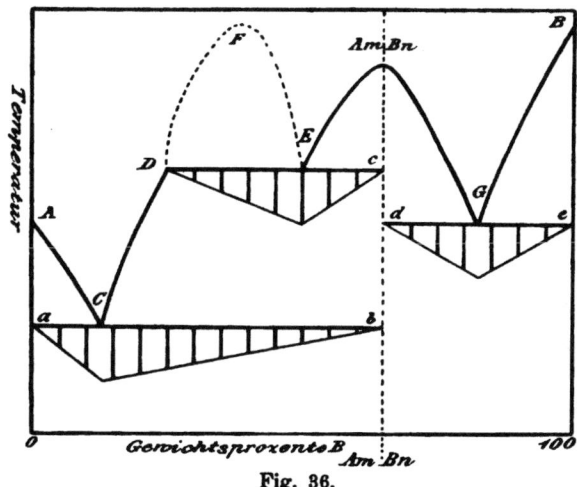

Fig. 36.

Zustande. Die Verbindung $A_m B_n$ schmilzt unzersetzt, doch würde
auch die Angliederung eines „verdeckten Maximums" keine Schwierigkeit bereiten.

Nicht ohne weiteres gegeben sind die Verhältnisse, wenn die
Zusammensetzung der Verbindung $A_m B_n$ zwischen die beiden Kon-
zentrationen D und E, also in das Gebiet der zwei Schichten fällt.
Dann kann die Verbindung nicht zu einer homogenen Flüssigkeit
schmelzen, sondern muß sich dabei in ein Gemenge (Emulsion) zweier
Flüssigkeiten spalten. Fig. 37 stellt das Schmelzdiagramm für diesen
Fall dar.

Die Reaktionsgleichung lautet:

$$A_m B_n \rightleftharpoons \text{Schmelze } D + \text{Schmelze } E,$$

wir ersehen daraus, daß wir es hier mit einem vollständigen Gleichgewichte zu tun haben, und daß daher der Vorgang bei konstanter Temperatur (t_1) verlaufen muß. Bei der Zersetzung der Verbindung durch Wärmezufuhr vermehrt sich die Menge der beiden Schmelzen, vermindert sich die Menge der $A_m B_n$-Kristalle. Bei der Bildung der Verbindung durch Wärmeentziehung findet der umgekehrte Vorgang statt. Keine der Phasen ändert ihre Zusammensetzung.

Die relative Menge von $A_m B_n$, welche bei der Temperatur t_1 unter Spaltung in zwei Flüssigkeiten schmilzt, ist am größten bei der Konzentration der Verbindung und null bei den Konzentrationen D und E. Im Diagramme ist dies in der üblichen Weise dargestellt.

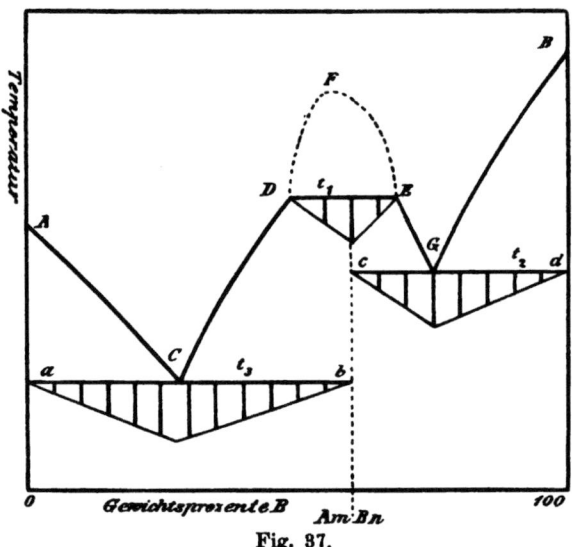

Fig. 37.

In den übrigen Punkten unterscheidet sich das Diagramm prinzipiell in keiner Weise von dem in Fig. 16c (S. 77) dargestellten Falle einer ohne Zersetzung schmelzenden Verbindung, den man in der Weise als Grenzfall des hier behandelten Falles herleiten kann, daß man die Horizontale DE (Fig. 37) immer kleiner werden und schließlich zu einem Punkte zusammenschrumpfen läßt. Dieser Punkt fällt dann mit dem Maximum auf der Schmelzkurve zusammen und die Löslichkeitskurve DFE der beiden flüssigen Schichten ist verschwunden.

Ein Kriterium für die Zusammensetzung der Verbindung liefert die Bestimmung des Maximums der Reaktionszeiten auf der Horizontalen DE. Es tritt dieses Hilfsmittel an Stelle der Bestimmung des Maximums auf der Schmelzkurve bei der zu einer homogenen Flüssigkeit schmelzenden Verbindung.

Es findet sich bis jetzt in der Literatur nur ein, Beispiel für den soeben besprochenen Fall. Nach MATHEWSON[1] bilden Natrium und Zink eine Verbindung von der Formel $NaZn_{11}$ oder $NaZn_{12}$ miteinander, die bei 557^0 zu einer aus zwei Schichten bestehenden Flüssigkeit schmilzt, von denen die eine aus fast reinem Natrium besteht, während die andere zinkreicher ist, als die sich zersetzende Verbindung.

§ 3. Es herrscht vollständige Mischbarkeit im flüssigen und kristallisierten Zustande.

Wir haben schon S. 37 erwähnt, daß Beispiele dafür, daß sich Stoffe im kristallisierten Zustande in merklichem Maße ineinander lösen, nicht gerade selten sind. Bei Metallen wird sogar häufig die Bildung von Mischkristallen beobachtet. Die Erforschung der Natur der Metallegierungen wird hierdurch sehr erschwert. Nun sind es gerade die technisch wichtigsten Legierungen, die Eisen-Kohlenstofflegierungen, die Bronze, das Messing, deren Komponenten Mischbarkeit im kristallisierten Zustande zeigen, und daher rührt es auch zum Teil, daß trotz der vielen exakten Untersuchungen über diese Systeme noch manche sie betreffende Frage der Aufklärung harrt.

Wir setzen in diesem Paragraphen voraus, daß die beiden Metalle A und B sowohl im flüssigen wie im kristallisierten Zustande in allen Verhältnissen miteinander mischbar sind. In solchem Falle besteht in dem Verhalten der kristallisierten und der flüssigen Phase eine große Analogie. Die Voraussetzung der vollständigen Mischbarkeit im flüssigen Zustande besagt, daß homogene Schmelzen jeder Konzentration zwischen $0^0/_0$ (= reines A) und $100^0/_0$ (= reines B) darstellbar sind, deren Eigenschaften sich erfahrungsmäßig kontinuierlich mit der Konzentration ändern. Das entsprechende gilt für den Fall vollständiger Mischbarkeit im kristallisierten Zustande, den man häufig auch als Fall des vollkommenen oder lückenlosen Isomorphismus bezeichnet. Der Analogie der Mischkristalle mit den flüssigen Mischungen, die in vielen Fällen eine sehr weitgehende zu sein scheint, hat VAN'T HOFF durch Einführung der Bezeichnung „feste Lösungen" Ausdruck gegeben.[2]

---

[1] MATHEWSON, Z. anorg. Chem. 48 (1906), 191.

[2] VAN'T HOFF, Zeitschr. phys. Chem. 5 (1890), 322.

Die vollständige Mischbarkeit im flüssigen und kristallisierten Zustande bewirkt, daß die mit der Schmelze im Gleichgewichte befindlichen Kristalle unter sich die gleiche Zusammensetzung haben. Ebensowenig wie sich die Schmelze in zwei Schichten zerteilen kann, können die mit ihr im Gleichgewichte befindlichen Kristalle verschiedener Art sein, wie dies z. B. bei der Kristallisation eines Eutektikums der Fall ist. Bei vollständiger Mischbarkeit im kristallisierten Zustande würde dann eben kein Gleichgewicht vorhanden sein. Denken wir uns z. B. zwei in allen Verhältnissen mischbare Flüssigkeiten wie Wasser und Alkohol übereinander geschichtet, so kommt das System nicht eher zur Ruhe, d. h. es herrscht nicht eher Gleichgewicht, als bis beide Flüssigkeitsschichten ihre Zusammensetzung durch Diffusion ausgeglichen haben. Ganz dasselbe muß bei zwei in allen Verhältnissen mischbaren Kristallen eintreten, wenn wir sie miteinander in Berührung bringen. Nach dem Satz, daß das Gleichgewicht von der Anordnung der einzelnen Phasen unabhängig ist (s. S. 27), bedarf es nicht einmal der direkten Berührung beider Kristallarten, sondern der Konzentrationsausgleich kann auch durch die mit beiden Kristallarten in Berührung befindliche Schmelze erfolgen. Daher existiert bei vollständiger Mischbarkeit im flüssigen und kristallisierten Zustande in einem im Gleichgewichte befindlichen Systeme stets nur eine einzige flüssige und eine einzige kristallisierte Phase.

Die einfachste und nächstliegende Annahme über den Kristallisationsvorgang wäre nun die, daß die mit der Schmelze im Gleichgewicht befindlichen Kristalle nicht nur unter sich, sondern auch mit der Schmelze die gleiche Zusammensetzung hätten. Es ist von vornherein, wenn beide Stoffe sich sowohl im flüssigen wie im kristallisierten Zustande vollkommen mischen können, kein Grund anzugeben, warum bei der Kristallisation eine Trennung der Bestandteile eintreten sollte. Nach Seite 32 können wir diese Annahme leicht prüfen. Wir brauchen nur die Abkühlungskurven von Mischungen verschiedener Konzentrationen von A und B aufzunehmen. Findet dann die Kristallisation in der oben angenommenen Weise statt, daß die sich ausscheidenden Kristalle dieselbe Zusammensetzung haben wie die restierende Mutterlauge, so haben wir während des Vorganges ein vollständiges Gleichgewicht. Es vermehrt sich die Menge der Kristalle, es vermindert sich die Menge der Schmelze, aber keine der beiden Phasen ändert ihre Zusammensetzung. Die Kristallisation müßte bei konstanter Temperatur wie bei einem reinen Stoffe erfolgen, die Abkühlungskurven müßten Haltepunkte zeigen.

Die Erfahrung zeigt nun, daß unsere Annahme nicht zutrifft. In weitaus der Mehrzahl der Fälle zeigen die Abkühlungskurven auch bei völliger Mischbarkeit im kristallisierten Zustande keine Haltepunkte, sondern sogenannte Kristallisationsintervalle. Die Temperatur, bei der die Ausscheidung der Kristalle beginnt, ist verschieden von der, bei der sie beendet ist. Auf den Abkühlungs-

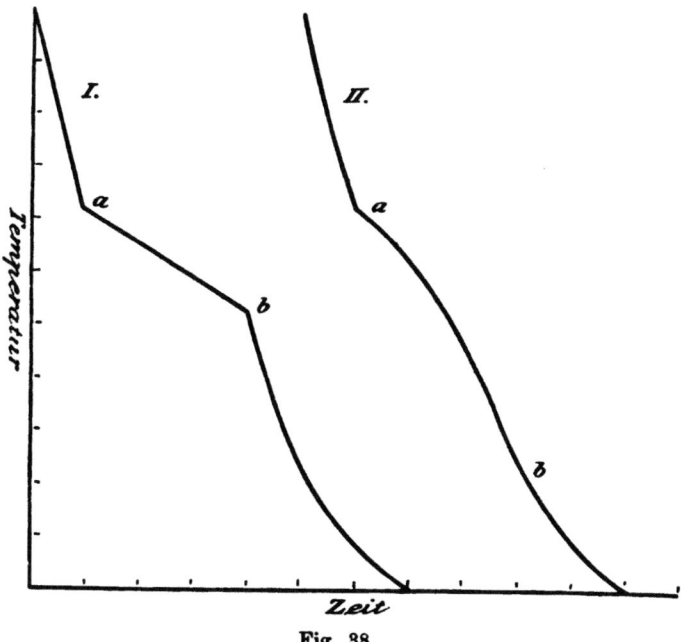

Fig. 38.

kurven (Fig. 38) macht sich dies dadurch bemerkbar, daß nach Beginn der Kristallisation im Punkte *a* keine Periode konstanter Temperatur, sondern nur eine solche verringerter Abkühlungsgeschwindigkeit einsetzt.

Eine genauere theoretische Untersuchung des Kristallisations-vorganges bei vorhandener Mischbarkeit im kristallisierten Zustande, die wir BRUNI[1] und ROOZEBOOM[2] verdanken, hat ergeben, daß die

[1] BRUNI, Rend. Acad. Lincei 1898, II. 138, 347, 4. Sept. und 18. Dez. 1898.
[2] ROOZEBOOM, Acad. Wiss. Amsterdam, 24. Sept. 1898; *Zeitschr. phys. Chem.* 30 (1899), 385.

obige Annahme auch theoretisch nicht haltbar ist. Ehe wir auf diese Fragen eingehen, wollen wir einen von WILLARD GIBBS[1] auf theoretischem Wege aufgefundenen allgemeinen Satz kennen lernen, der uns unter anderm auch Auskunft darüber gibt, in welchen Fällen in einem Zweistoff-System mit vollständiger Mischbarkeit im flüssigen und kristallisierten Zustande eine Schmelze einheitlich und daher bei konstanter Temperatur erstarrt.

Der Satz von GIBBS.

Der uns hier interessierende Teil dieses Satzes lautet: Wenn in einem Zweistoff-System, welches aus zwei im Gleichgewichte befindlichen Phasen besteht, die Zusammensetzung der beiden Phasen die gleiche ist, so ist bei konstantem Druck die Temperatur im allgemeinen ein Maximum oder Minimum.

Wir wollen den GIBBSschen Satz für die Erstarrungsvorgänge in einem Zweistoff-System etwas schärfer und zugleich etwas allgemeiner fassen,[2] indem wir sagen:

In einem aus einer einzigen flüssigen und einer einzigen kristallisierten Phase bestehenden Zweistoff-System haben bei allen solchen und nur bei solchen Konzentrationen die beiden im Gleichgewichte befindlichen Phasen die gleiche Zusammensetzung, bei denen die Schmelzkurve im Konzentrations-Temperaturdiagramm (Druck konstant) eine horizontale, d. h. zur Konzentrationsachse parallele Tangente hat.

Es handelt sich also hier um Folgerungen, die aus der geometrischen Gestalt der Schmelzkurve gezogen werden. Ganz allgemein sind folgende drei Fälle möglich, in denen eine Kurve eine horizontale Tangente hat.

1. Die Kurve hat eine nach oben gerichtete mehr oder minder flache Kuppe (Fig. 39a). Diesen Fall haben wir schon als Maximum kennen gelernt. Die Tangente ist gestrichelt gezeichnet.

2. Dem ersten Falle ganz analog ist der, daß die Kurve ein Minimum hat (Fig. 39b).

---

[1] WILLARD GIBBS, Thermodynamische Studien, übersetzt von OSTWALD, Leipzig 1892, S. 118.

[2] RUER, Zeitschr. phys. Chemie 59 (1907), 1.

3. Die Kurve hat eine horizontale Wendetangente (Fig. 39c). Eine solche Kurve ist im oberen Teile konvex, im unteren Teile konkav nach unten gekrümmt. Der Wendepunkt a trennt diese beiden Teile voneinander. Wir können uns diese Kurve aus der Kurve Fig. 39d, die gleichzeitig ein Maximum a und ein Minimum b besitzt, hergeleitet denken. Lassen wir a und b immer näher zusammenrücken, bis schließlich beide Punkte zusammenfallen, so erhalten wir Fig. 39c. Daher bezeichnet man einen Wendepunkt a, wenn in ihm die Kurve eine horizontale Tangente hat, auch als Maximum — Minimum.

Zunächst wollen wir den GIBBSschen Satz auf einige vorhergehende Beispiele anwenden. Wir sehen zunächst, daß die Seite 77 aufgestellte Behauptung, wonach bei der Konzentration einer unzersetzt schmelzenden Verbindung auf der Schmelzkurve niemals eine scharfe Spitze, sondern stets ein Maximum vorhanden ist, einen

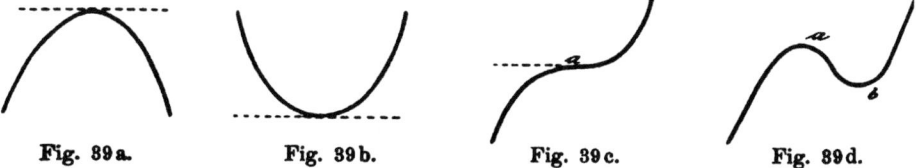

Fig. 89a.   Fig. 39b.   Fig. 39c.   Fig. 89d.

Spezialfall unseres Satzes bildet, denn wenn sich zwei Kurvenäste in einer nach oben gerichteten Spitze schneiden, so ist die Tangente in diesem Punkte (nicht eindeutig und) nicht horizontal. Ferner erkennen wir auf Grundlage unseres Satzes, daß in dem von VOGEL ausgearbeiteten Schmelzdiagramm der Gold-Antimonlegierungen (s. S. 122, Fig. 25) der Kurvenast BC horizontal in den Punkt C einmünden muß. Im Punkte C entsprechend der Konzentration der reinen Verbindung $AuSb_2$ findet ja einheitliche Erstarrung statt, und daher muß der dieser Kristallart entsprechende Ast der Schmelzkurve in diesem Punkte eine horizontale Tangente haben. Da die Gestalt der Schmelzkurve, wie wir wissen, experimentell schwer ganz genau zu bestimmen ist (s. S. 84), so wird man allerdings aus einem solchen Befunde keinen Schluß auf die Zusammensetzung der Verbindung ziehen.

Unser Satz gilt nur für ein aus zwei Phasen bestehendes Zweistoff-System. Die Erstarrung der Schmelze muß daher zu einer einheitlichen Kristallart erfolgen. Daher können wir ihn nicht anwenden, wenn eine Schmelze eutektisch, d. h. zu zwei Kristallarten erstarrt. In dem eutektischen Punkt hat die Schmelzkurve auch keine horizontale Tangente, sondern bekanntlich eine nach unten gerichtete Spitze.

Da, wie wir gesehen haben, bei vollständiger Mischbarkeit im flüssigen und kristallisierten Zustande stets nur eine flüssige und eine kristallisierte Phase vorhanden sein kann, so muß der GIBBSsche Satz auf die hier stattfindenden Kristallisationsvorgänge in allen Fällen anwendbar sein. Er lehrt daher ohne weiteres, daß im allgemeinen die Zusammensetzung der Schmelze und der Kristalle voneinander verschieden sein wird, und daß Übereinstimmung nur bei solchen Konzentrationen, in denen die Tangente an der Schmelzkurve horizontal verläuft, eintreten kann. Bei der systematischen Betrachtung der hier vorhandenen Möglichkeiten werden wir die Fälle, in denen solche Konzentrationen im System vorkommen, trennen von dem einfachsten Falle, in dem dies nicht der Fall ist, und mit Besprechung des letzteren beginnen.

A. Die ausgeschiedenen Kristalle haben bei allen Konzentrationen eine andere Zusammensetzung als die Schmelze, mit der sie sich im Gleichgewichte befinden. Typus I nach Roozeboom.

Die Schmelzpunkte der beiden Metalle A und B bezeichnen wir in gewohnter Weise ebenfalls mit A und B. B schmelze bei höherer Temperatur als A. Bestimmen wir für verschiedene Konzentrationen die Temperatur des Kristallisationsbeginns, also den Punkt a auf den Akühlungskurven (Fig. 38) und tragen diese Punkte in bekannter Weise in ein Koordinatensystem ein, so erhalten wir durch die Verbindung derselben eine Kurve, die man, wie wir wissen, als Schmelzkurve bezeichnet. Die Schmelzkurve endet natürlich bei den reinen Stoffen A und B. Über ihren Verlauf können wir zunächst aussagen, daß sie plötzliche Richtungsänderungen nicht aufweisen kann. Knicke, Ecken und Spitzen treten ja auf Schmelzkurven (und Gleichgewichtskurven überhaupt) nur in solchen Punkten auf, in denen sich zwei Äste der betreffenden Kurve, die demnach verschiedenen Gleichgewichtszuständen entsprechen, schneiden. Einer solchen Diskontinuität auf der Gleichgewichtskurve entspricht also eine diskontinuierliche Änderung in dem System, die beispielsweise in dem Auftreten einer neuen Kristallart bestehen kann. In solchen Fällen (vergl. S. 115 und S. 137) haben wir die Notwendigkeit einer plötzlichen Richtungsänderung auf der Schmelzkurve auf Grund der Möglichkeit erkannt, gewisse Zustände über ihr Stabilitätsgebiet hinaus zu realisieren. Im Falle der vollständigen Mischbarkeit im flüssigen und kristallisierten Zustande müssen sich aber die Zusammensetzung und demgemäß auch die Eigenschaften der mit der Schmelze im Gleichgewicht befindlichen Kristallart kontinuierlich mit der Zusammensetzung der Schmelze ändern. Daher müssen die Kurven, die dieses Gleichgewicht darstellen, aus nur einem Aste bestehen. Weiterhin können wir nach dem GIBBSschen Satze über die Form der Schmelzkurve noch aussagen, daß sie mit zunehmender A-Konzentration von B nach A kontinuierlich zu immer tieferen Temperaturen sinken muß, da wegen unserer Voraussetzung, daß die ausgeschiedenen Kristalle bei allen Konzentrationen bezüglich ihrer Zusammensetzung von der Mutterlauge verschieden sein sollen, Maxima, Minima und horizontale Wendetangenten auf ihr nicht auftreten können. (Weil demnach der Schmelzpunkt der niedrigst schmelzenden Komponente A von vornherein durch Zusatz von B erhöht werden muß, so sehen wir hier, daß das S. 38 unter Voraussetzung der Nichtmischbarkeit im kristallisierten Zustande aufgestellte Gesetz der Schmelzpunktserniedrigung tatsächlich seine Gültigkeit verliert, wenn diese Voraussetzung nicht zutrifft.)

Auch über die Zusammensetzung der Kristalle, die mit einer Schmelze bestimmter Konzentration sich im Gleichgewichte befinden, können wir eine Aussage machen. Wir haben schon S. 39 von dem selbstverständlichen Satz Gebrauch gemacht, daß, sofern nicht Kristallisation bei konstanter Temperatur stattfindet, der Gefrierpunkt eines Gemisches durch fortgesetztes Ausfrieren sinkt. Da nun, wie wir sehen, die Schmelzkurve mit wachsendem A-Gehalte zu immer tieferer Temperatur fällt, der Gefrierpunkt eines Gemisches also um so tiefer liegt, je höher sein A-Gehalt ist, so besagt obiger Satz für unsern Fall, daß sich die Schmelze durch fortgesetztes Ausfrieren an der niedrigst schmelzenden Komponente A anreichern muß. Dies kann nur dadurch geschehen, daß die sich ausscheidenden Kristalle einen höheren B-Gehalt haben als die mit ihnen im Gleichgewichte befindliche Schmelze.

Wir erweitern nun unsere Aufgabe dahin, für verschiedene etwa von 10 zu 10 % fortschreitende Konzentrationen nicht nur die Temperatur der beginnenden Kristallausscheidung, sondern auch die Zusammensetzung der zuerst ausgeschiedenen Kristalle zu bestimmen. Lassen wir nur eine sehr kleine Menge kristallisieren, so stimmt die Zusammensetzung der zurückbleibenden Mutterlauge innerhalb der Fehlergrenzen mit der der ursprünglichen Schmelze überein. Wir brauchen dann nur die Kristalle zu analysieren. Die erhaltenen Resultate seien in ein Koordinatensystem (Fig. 40) eingetragen und die einzelnen Punkte zu kontinuierlichen Kurven verbunden. Wir erhalten hier zwei Kurven; auf der einen, der l-Kurve (liquidus), sind die Temperaturen eingetragen, bei denen die Schmelzen der betreffenden Konzentrationen die erste Kristallausscheidung zeigen, sie stellt also die Schmelzkurve dar. Auf der zweiten, der s-Kurve (solidus) ist zu jedem l-Punkte die Zusammensetzung der sich aus der betreffenden Schmelze ausscheidenden

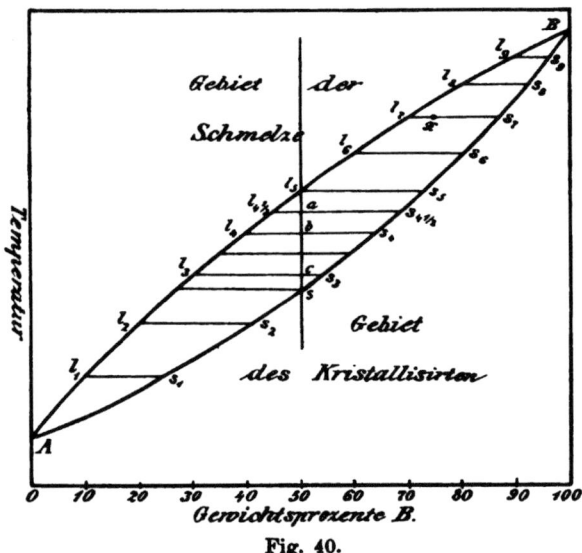

Fig. 40.

Kristallart angegeben. Die beiden Kurven fallen in ihrem höchsten und tiefsten Punkte, den Konzentrationen 0 und 100, zusammen. Bei allen anderen Konzentrationen sind die Kristalle stets B-reicher, als die Schmelze, aus der sie sich ausgeschieden haben.

Bei vollkommener Mischbarkeit im kristallisierten Zustande gelten für die s-Kurve dieselben Beziehungen (S. 156, 158) wie für die l-Kurve.[1]

---

[1] Bei beschränkter Mischbarkeit im kristallisierten Zustande besteht die s-Kurve aus einzelnen, voneinander getrennten Stücken. Bei vollständiger Nichtmischbarkeit in kristallisiertem Zustande würde sie aus so vielen bei den Konzentrationen der reinen Stoffe und Verbindungen liegenden Vertikalen bestehen, als Kristallarten verschiedener Zusammensetzung vorhanden sind.

Die beiden Kurven teilen das Konzentrations-Temperaturdiagramm in drei Gebiete. Oberhalb der Schmelzkurve $All..B$ ist alles flüssig, es ist das Gebiet der Schmelze. Unterhalb der s-Kurve $Ass..B$ ist alles kristallisiert. Innerhalb des von beiden Kurven umschlossenen Gebietes befinden sich Kristalle und Schmelze miteinander im Gleichgewicht, und zwar geben die Schnittpunkte l und s jeder Horizontalen mit den beiden Kurven die Zusammensetzung der Schmelze und der Kristalle an, die bei der Temperatur der betreffenden Horizontalen miteinander im Gleichgewichte sind. Auch über die relativen Mengen von Schmelze und Kristallen, aus denen eine Legierung von bestimmter Konzentration bei bestimmter Temperatur (Gleichgewicht vorausgesetzt) besteht, erhalten wir somit Auskunft. Entsprechen Temperatur und Konzentration einem Punkte der l-Kurve, so ist die ganze Legierung flüssig, die relative Menge der Schmelze also 1. Entsprechen sie einem Punkte der s-Kurve, so ist alles kristallisiert, und im allgemeinen gilt für einen beliebigen Punkt x die Hebelbeziehung

$$\text{(Menge Schmelze)} \cdot xl = \text{(Menge Kristalle)} \cdot xs$$

oder

$$\frac{\text{Menge Schmelze}}{\text{Menge Kristalle}} = \frac{xs}{xl}.$$

Wenn wir nun nach Roozeboom (l. c.) annehmen, daß während der Kristallisation stets Gleichgewicht vorhanden sei, so gibt uns das Diagramm auch Auskunft über alle den Verlauf der Kristallisation betreffenden Fragen. Betrachten wir unter dieser Voraussetzung den Kristallisationsvorgang einer beliebigen Schmelze, etwa von der Konzentration $50^0/_0$. Beim Erkalten beginnt bei der Temperatur l_5 die erste Kristallausscheidung. Die Kristalle haben die Zusammensetzung s_5. Durch die Ausscheidung der B-reichen Kristalle verarmt die Schmelze allmählich an B, sie habe nach einer bestimmten Zeit die Konzentration $45^0/_0$ B. Die Kristallisationstemperatur ist dann bis $l_{4^1/_2}$ gesunken; die sich ausscheidenden Kristalle haben jetzt nach Aussage des Diagramms die Konzentration $s_{4^1/_2}$. Mit einer Schmelze dieser Konzentration sind aber die bis jetzt ausgeschiedenen Kristalle, deren B-Gehalt größer ist als $s_{4^1/_2}$, nicht mehr im Gleichgewichte. Wir wollen nun annehmen, daß die Abkühlung so langsam erfolgt, daß die ausgeschiedenen Kristalle genügend Zeit haben, sich durch Diffusion stets mit der Schmelze ins Gleichgewicht zu setzen. Wir müssen demgemäß den Komponenten der Kristalle ein erhebliches

Diffusionsvermögen in diesen zuschreiben, wozu uns nach S. 134 die Erfahrung innerhalb gewisser Grenzen berechtigt. Allerdings wird zu vollständiger Erfüllung dieser Voraussetzung eine außerordentlich langsame Abkühlung erforderlich sein. Nehmen wir diese als vorhanden an, so haben also, wenn Temperatur und Konzentration der Schmelze dem Punkte $l_{4^1/_2}$ entsprechen, die ausgeschiedenen Kristalle sämtlich die Zusammensetzung $s_{4^1/_2}$. Das vorhandene Gleichgewicht berechtigt uns zur Benutzung der Hebelbeziehung

$$\frac{\text{Menge Schmelze}}{\text{Menge Kristalle}} = \frac{s_{4^1/_2}a}{l_{4^1/_2}a},$$

aus der wir erfahren, daß die Legierung unter diesen Umständen zu fast $^1/_4$ aus Kristallen $s_{4^1/_2}$ und demgemäß zu etwas über $^3/_4$ aus Schmelze $l_{4^1/_2}$ besteht. Konzentration und Temperatur der Legierung werden nämlich durch den Punkt a dargestellt. Ist nach weiterem Verlauf der Kristallisation die Konzentration der Schmelze durch fortgesetzte Ausscheidung B-reicher Kristalle auf $40\,^0/_0$ B gesunken, so entspricht ihre Temperatur dem Punkt l_4, und die Zusammensetzung der mit dieser Schmelze im Gleichgewicht befindlichen Kristalle der Konzentration s_4. Kristalle von der Konzentration $s_{4^1/_2}$ würden demnach nicht mehr im Gleichgewichte mit der Schmelze sein. Solche sind aber auch jetzt nicht mehr vorhanden, denn die ausgeschiedenen Kristalle haben ja nach unserer Voraussetzung Zeit gefunden, sich während der Kristallisation mit der Schmelze ins Gleichgewicht zu setzen, so daß sie sich, wenn die Kristallisation auf diesen Punkt gelangt ist, so weit durch Umsetzung mit der Schmelze an A angereichert haben, daß ihre Zusammensetzung s_4 entspricht. Da wir uns im Punkte b des Diagramms befinden, so besteht die Legierung zu etwa $45\,^0/_0$ aus Kristallen und $55\,^0/_0$ aus Schmelze. In dieser Weise geht der Prozeß fort. Ist die Temperatur bis c gesunken, so besteht die Legierung zu ca. $85\,^0/_0$ aus den Kristallen s_3 und nur noch zu etwa $15\,^0/_0$ aus Schmelze l_3. Im Punkte s endlich wird die s-Kurve erreicht, und die ganze Legierung ist zu einem Konglomerat von Mischkristallen erstarrt, die sämtlich die gleiche Zusammensetzung s, in unserm Falle also $50\,^0/_0$ B haben.

Wenn die Kristallisation in dieser idealen Weise verlaufen ist, so müssen auf der Abkühlungskurve (Fig. 381) zwei Knicke zu erkennen sein. Im Punkte a beginnt die Kristallisation, wodurch die Abkühlungsgeschwindigkeit verringert wird, und im Punkte b ist sie beendet, die Abkühlung vollzieht sich wieder mit der normalen,

durch das NEWTONsche Gesetz bestimmten Geschwindigkeit. Daher
liefert uns die Aufnahme der Abkühlungskurven für verschiedene
Konzentrationen ein Mittel, nicht nur den Verlauf der l-Kurve,
sondern auch den der s-Kurve zu bestimmen, ohne daß wir es nötig
haben, die in jedem Falle schwierige, in vielen Fällen unmögliche
Trennung der zuerst ausgeschiedenen Kristalle von der Mutterlauge
zum Zwecke der Analyse vorzunehmen. Denn ebenso, wie uns der
Punkt a der Abkühlungskurve den der betreffenden Konzentration
entsprechenden Punkt der l-Kurve liefert, gibt uns b den eben dieser
Konzentration entsprechenden Punkt der s-Kurve. In der Tat ist
dieses oder ein auf derselben Überlegung beruhendes Verfahren bei
Metallegierungen stets benutzt worden. Die Temperaturdifferenz
zwischen a und b nennt man das Kristallisationsintervall.

Sofern wir, wie stets, von Unterkühlungen absehen, ist die Bestimmung der durch den Kristallisationsbeginn a gegebenen Punkte
der l-Kurve unabhängig von unserer Annahme über den Kristallisationsverlauf und daher einwandsfrei. Für die Bestimmung der
s-Kurve trifft dies nicht zu. Ihre Punkte werden nur dann den
b-Punkten auf den Abkühlungskurven entsprechen, wenn sich das
Gleichgewicht zwischen den Kristallen und der Schmelze wirklich
eingestellt hat, und demgemäß nach beendeter Kristallisation alle
Kristalle dieselbe, der ursprünglichen Mischung entsprechende Zusammensetzung haben. Man kann wohl ohne weiteres behaupten,
daß der hierzu notwendige Konzentrationsausgleich der Kristalle
mit der Schmelze niemals vollständig stattfindet. Daher werden
alle Angaben über den Verlauf der s-Kurve mit einem einseitigen
Fehler behaftet sein.

Wir wollen, um die Wirkung des unvollständigen Konzentrationsausgleichs kennen zu lernen, die Kristallisation einer Legierung, deren
Konzentration wir wieder zu $50\,^0/_0$ B annehmen, unter der Voraussetzung betrachten, daß ein Konzentrationsausgleich zwischen Kristallen
und Schmelze überhaupt nicht stattfindet. Dadurch wird natürlich
die Temperatur des Kristallisationsbeginns a (Fig. 38 II) entsprechend
l_5 (Fig. 40) nicht beeinflußt, in Übereinstimmung damit, daß die Bestimmung der l-Kurve unabhängig von einer speziellen Annahme
über den Kristallisationsverlauf ist. Hat sich aber eine gewisse
Menge von Kristallen ausgeschieden, ohne daß der Konzentrationsausgleich derselben durch Aufnahme von A aus der Schmelze stattgefunden hat, so ist die Schmelze A-reicher, als sie es im Falle
stattgehabten Konzentrationsausgleichs sein würde, und die Tem-

peratur ihres Kristallisationsbeginns liegt nach Aussage des Diagramms (Fig. 40) tiefer. Das Kurvenstück ab muß also in Fig. 38 II einen schnelleren Temperaturabfall zeigen als im idealen Falle Fig. 38 I. Ferner muß die Konzentration der Schmelze alle Werte von der Anfangskonzentration 50% B bis zu 0% B (= reines A) durchlaufen, wobei sich ihre Menge fortwährend verringert. Der letzte, wenn auch noch so minimale Rest muß aus praktisch reinem A bestehen. Die ausgeschiedenen Kristalle müssen gleichfalls alle Konzentrationen, beginnend von s_5 bis herab zu reinem A, aufweisen und müssen ebenfalls mit zunehmendem A-Gehalte in beständig abnehmender Menge vorhanden sein. Die bei der Kristallisation freiwerdende Wärme ist dadurch immer geringer und schließlich im Schmelzpunkt von A Null geworden. Die Abkühlungskurve Fig. 38 II wird also bis zum Knickpunkt a, wo die Kristallisation anfängt, mit der idealen Kurve (Fig. 38 I) übereinstimmen, dann aber zunächst einen stärkeren Temperaturabfall zeigen als jene. Das Ende b der Kristallisation fällt mit dem Schmelzpunkt von reinem A zusammen, doch ist die freiwerdende Wärmemenge infolge der geringen Menge der zuletzt noch vorhandenen Schmelze so klein geworden, daß sie sich der Beobachtung entzieht. Die Kurve geht in b kontinuierlich (ohne Knick) in ihr letztes Stück über, auf dem sich die vollständig erstarrte Legierung in normaler Weise nach dem NEWTONschen Gesetz abkühlt.

Der in Wirklichkeit stattfindende Kristallisationsvorgang wird nun in der Mitte zwischen den durch Fig. 38 I und 38 II dargestellten extremen Fällen liegen. Bis zu einem gewissen Grade wird ein Konzentrationsausgleich zwischen der jeweils ausgeschiedenen Kristallart und der Schmelze eintreten, aber dieser wird niemals vollständig sein. Demgemäß wird die Kristallisation praktisch bei einer Temperatur beendet sein, die niedriger als der der betreffenden Konzentration entsprechende Punkt der s-Kurve, aber höher als der Schmelzpunkt der niedrigst schmelzenden Komponente A liegt. Jedenfalls müssen, und das ist das wesentliche Resultat der obigen Betrachtungen, die Abkühlungskurven wegen des nicht vollständig stattfindenden Konzentrationsausgleichs ein größeres Kristallisationsintervall zeigen, als es theoretisch durch den Abstand der beiden Punkte der l- und s-Kurve bei der betreffenden Konzentration gegeben ist. Die Bestimmung der Lage der s-Kurve mittels Abkühlungskurven wird daher in praxi stets eine zu tiefe Lage derselben ergeben. Das Resultat wird ceteris paribus dem Gleichgewichtszustand um so näher kommen, je mehr Zeit den Kristallen zum Ausgleich ihrer Konzentration gelassen wird, je langsamer also die Abkühlung erfolgt. Der Punkt *b* wird um so weniger scharf auf der Abkühlungskurve hervortreten, je unvollständiger der Konzentrationsausgleich ist. Unter Umständen wird er sich daher der Beobachtung entziehen. Tatsächlich ist beim Auftreten von Mischkristallen in weitaus den meisten Fällen der Punkt *b* auf der Abkühlungskurve sehr wenig

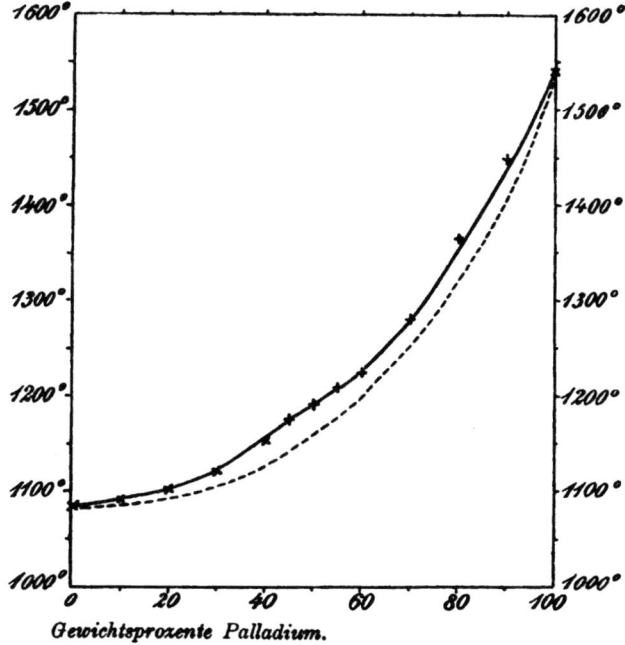

Fig. 41. Schmelzdiagramm der Palladium-Kupferlegierungen.

ausgeprägt. Dadurch tritt eine weitere Unsicherheit in bezug auf die Ermittelung der *s*-Kurve ein.

Die Form der *l*- und *s*-Kurve kann bei den einzelnen Stoffpaaren eine sehr verschiedene sein. Figg. 41, 42 und 43 stellen nach RUER[1] die Schmelzdiagramme der Legierungen des Palladiums mit den eine natürliche Gruppe des periodischen Systems bildenden Metallen Kupfer, Silber, Gold dar.

---

[1] RUER, *Z. anorg. Chem.* **51** (1906), 223, 315, 391.

Nach Aussage der Schmelzdiagramme bildet Palladium mit allen drei Metallen eine lückenlose Reihe von Mischkristallen.

Die experimentell ermittelten Punkte der *l*-Kurven sind durch Kreuze gekennzeichnet, diese selbst sind voll ausgezogen. Der Verlauf der *s*-Kurven, wie er sich aus den Abkühlungskurven durch Ermittelung der Kristallisationsintervalle ergibt, ist gleichfalls in die

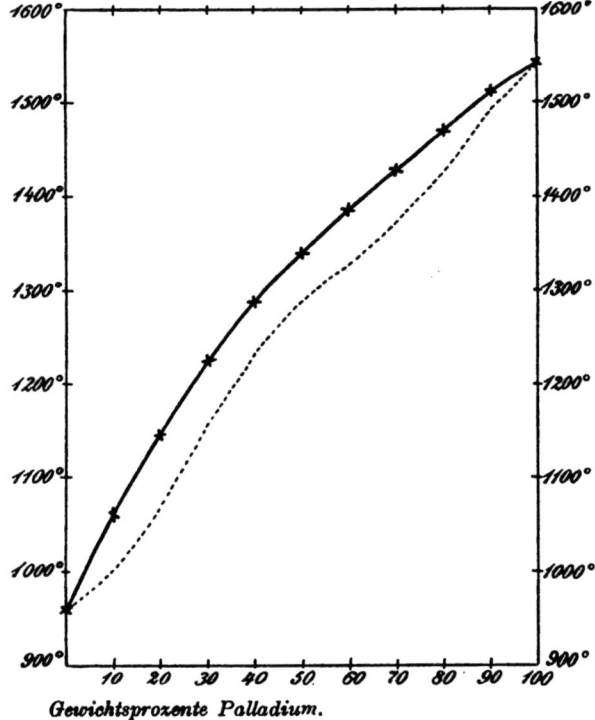

Gewichtsprozente Palladium.

Fig. 42. Schmelzdiagramm der Palladium-Silberlegierungen.

Diagramme aufgenommen, doch sind diese Kurven wegen der der Bestimmungsmethode anhaftenden Unsicherheit gestrichelt gezeichnet. Die Form der Schmelzkurve ist in den drei Diagrammen sehr verschieden. Wir erkennen im System Palladium-Kupfer (Fig. 41) ein zuerst sehr schwaches, dann sehr starkes Ansteigen der Schmelzkurve vom Kupfer zum Palladium und demgemäß eine konvexe Krümmung derselben zur Konzentrationsachse. Im System Palladium - Gold (Fig. 43) findet das Umgekehrte statt, zuerst starkes, schließlich sehr flaches Ansteigen der Schmelzkurve vom Gold zum Palladium, die demnach konkav zur Konzentrationsachse gekrümmt ist. Die Schmelzkurve des Systems Palladium-Silber (Fig. 42) steht in ihren Eigenschaften ungefähr in der Mitte zwischen diesen beiden extremen Fällen. Sie ist zwar noch schwach (konkav zur Konzentrationsachse) gekrümmt, doch nähert sich ihre Gestalt schon mehr der einer Geraden. Folgende Zusammenstellung diene zur Übersicht über

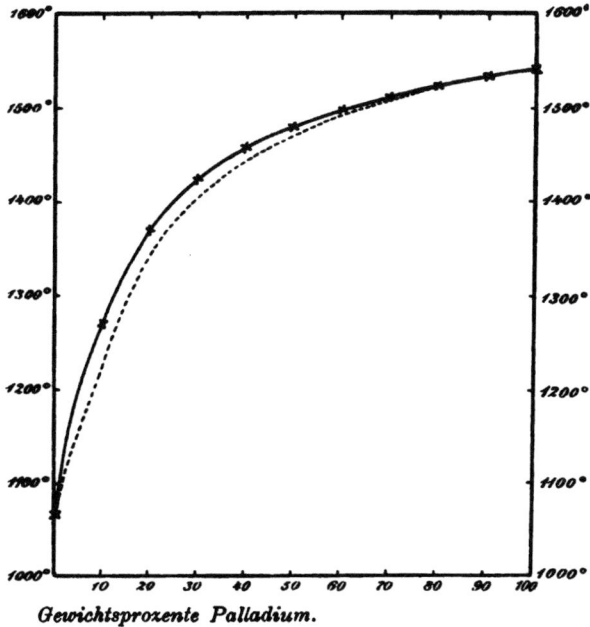

Gewichtsprozente Palladium.

Fig. 43. Schmelzdiagramm der Palladium-Goldlegierungen.

diese eigentümlichen, durch die Form der einzelnen Schmelzkurven bedingten Verhältnisse.

Der Schmelzpunkt des Palladiums wird durch Zusatz von

$$10\,^0/_0 \text{ Cu um } 94\,^0$$
$$10\,^0/_0 \text{ Ag um } 26\,^0$$
$$10\,^0/_0 \text{ Au um } 7\,^0 \quad \text{erniedrigt.}$$

$10\,^0/_0$ Palladium erhöhen den Schmelzpunkt des

$$\text{Cu um} \quad 7.0\,^0$$
$$\text{Ag um} \quad 98.5\,^0$$
$$\text{Au um } 207.0\,^0.$$

Bezüglich der Kristallisationsintervalle, welche durch den Abstand der l- und s-Kurven gegeben sind, sehen wir, daß sie durchgängig am größten bei den Palladium-Silberlegierungen, am kleinsten bei den Palladium-Goldlegierungen sind. Sie nehmen natürlich zu den reinen Stoffen hin, wo sie null werden, ab. Bei den Palladium-Goldlegierungen erkennen wir noch, daß die Intervalle auf der goldreichen Seite größer als auf der palladiumreichen Seite sind.

Die Struktur der Reguli müßte, falls die Kristallisation in der idealen Weise erfolgt wäre und daher nach Beendigung derselben alle Kristalle die gleiche Zusammensetzung der ursprünglichen Mischung hätten, eine vollkommen homogene wie bei einem reinen Stoffe sein (vergl. Fig. 12a u. 12f.). In praxi wird man eine solch homogene Struktur nur in den Fällen erwarten können, in denen das Kristallisationsintervall sehr klein ist, und demgemäß die sich ausscheidenden Kristalle sehr nahe dieselbe Zusammensetzung haben wie die Schmelze, mit der sie im Gleichgewichte sind. Ein solch kleines Kristallisationsintervall bemerken wir auf der palladiumreichen Seite des Systems Palladium-Gold von etwa 50 °/₀ Palladiumgehalt an. Fig. I, Tafel IV, stellt einen mit verdünntem Königswasser geätzten Schliff einer Legierung aus 60 °/₀ Pd und 40 °/₀ Au bei 70facher Vergrößerung dar. Die einzelnen Kristallpolygone sind sehr gleichmäßig von der Mitte bis zum Rande hin geätzt, zeigen also eine sehr homogene Zusammensetzung. Der Umstand, daß einige Polygone dem Ätzmittel großen Widerstand geleistet haben und daher hell geblieben sind, während andere durch das Ätzmittel stark angegriffen sind und demgemäß eine dunkle Färbung zeigen, ist darauf zurückzuführen, daß die Schliffläche die Kristalle in verschiedener Richtung durchschnitten hat. Derartige Erscheinungen zeigen sich auch bei reinen Metallen, speziell beim reinen Palladium, wie Fig. 2, Tafel IV, zeigt, welche einen mit konzentrierter Salpetersäure geätzten Schliff von reinem Palladium bei 70facher Vergrößerung darstellt. Auch hier bemerkt man hell gebliebene Kristallpolygone, welche sich scharf von der dunkel geätzten Umgebung abheben. Ist das Kristallisationsintervall ein größeres, unterscheiden sich also die zuerst ausgeschiedenen Kristalle in ihrer Zusammensetzung schon erheblich von der Schmelze, so wird das Aussehen der Schliffe weniger homogen sein. Dafür liefert Fig. 3, Tafel IV, ein typisches Beispiel. Sie stellt einen Schliff von 30 °/₀ Cu und 70 °/₀ Pd dar, der mit verdünnter Salpetersäure geätzt und dann schwach überpoliert worden ist. Nach Aussage des Diagramms Fig. 41 sind die zuerst ausgeschiedenen Kristalle die palladiumreichsten, weil Palladium die höher schmelzende Komponente dieses Systems ist. Diese zuerst ausgeschiedenen Kristalle haben als Kerne für die weitere Kristallisation gedient und sind von den später ausgeschiedenen, stetig kupferreicher werdenden Schichten umhüllt worden. Nun wird Kupfer von Salpetersäure leichter angegriffen als Palladium, und demgemäß beobachten wir bei diesem Schliffe, daß die Kristallpolygone im Innern heller erscheinen, also weniger durch das Ätzmittel angegriffen sind, als am Rande. Hier läßt die mikroskopische Untersuchung des geätzten Schliffes mit Sicherheit erkennen, daß ein vollkommener Konzentrationsausgleich nicht stattgefunden hat.

Die Inhomogenität der Schliffe kann erfahrungsmäßig noch schärfer hervortreten. Fig. 1, Tafel V, gibt einen Schliff mit $70\,^0/_0$ Fe und $30\,^0/_0$ Mn bei 40facher Vergrößerung, Fig. 2, Tafel V, einen solchen mit $50\,^0/_0$ Fe und $50\,^0/_0$ Mn bei 100facher Vergrößerung. Die Abbildungen sind der Arbeit von LEVIN und TAMMANN[1] über diesen Gegenstand entnommen. Wir erkennen deutlich zwei Strukturelemente, nämlich primär ausgeschiedene bei der Ätzung hell gebliebene Kristalle, die von dunkel geätzten Massen umgeben sind. (Als Ätzmittel diente gesättigte Pikrinsäurelösung oder eine alkoholische Lösung von Salzsäure.)

Beim Anblick dieser Figuren wird man zunächst wohl nicht geneigt sein, die Ergebnisse der thermischen Untersuchung (l. c.), die auf vollständige Mischbarkeit im flüssigen und kristallisierten Zustande hinweisen, für richtig zu halten. Eine plausible Erklärung für das Auftreten dieser zwei Strukturelemente kann man auch kaum geben. Selbst wenn man annimmt, daß die Fähigkeit zur Bildung von Kristallisationskernen in diesem Falle so stark ist, daß ein schichtenweises Umhüllen der zuerst ausgeschiedenen Kristalle durch die später ausgeschiedenen Mengen nur in beschränktem Maße stattfindet, ist doch nicht einzusehen, wie zwei so scharf unterschiedene Strukturelemente zustande kommen können. Daß aber in der Tat hier vollständige Mischbarkeit im kristallisierten Zustande anzunehmen ist, ergibt sich aus Fig. 3, Tafel V, welche gleichfalls einen Schliff mit $50\,^0/_0$ Fe und $50\,^0/_0$ Mn, also von derselben Konzentration wie Fig. 2, Tafel V, und zwar ebenfalls bei 100facher Vergrößerung darstellt. Aber während im ersten Falle die Kristallisation schnell, in etwa 30 Sekunden, verlief, ging hier die Abkühlung so

---

[1] LEVIN und TAMMANN, Z. anorg. Chem. 47 (1905), 136.

langsam vor sich, daß die Legierung etwa eine Stunde zum Durchlaufen ihres Kristallisationsintervalles brauchte. Man erkennt, daß die Struktur nach langsamer Abkühlung fast völlig homogen geworden ist. Das Konglomerat besteht aus großen Kristallen, welche nur durch feine Linien voneinander getrennt sind. Die Flächen der einzelnen Kristalle sind sehr gleichmäßig angeätzt (die schwarzen, langgestreckten, ovalen Flecken entsprechen Luftblasen).

Anstatt von vornherein den Schliff langsam kristallisieren zu lassen, kann man häufig auch Homogenisierung dadurch erzielen, daß man ihn nach erfolgter Kristallisation längere Zeit bei einer Temperatur erhält, welche dem dieser Konzentration entsprechenden Punkte der s-Kurve möglichst nahe liegt oder ihn vielleicht um einige Grade überschreitet. Dann findet zuweilen nachträglich noch zwischen den erstarrten, jedoch nahe bei ihrer Schmelztemperatur befindlichen Kristallen Konzentrationsausgleich durch Diffusion statt, besonders wenn diese Diffusion durch das Vorhandensein einer wenn auch geringen Menge Schmelze erleichtert wird. Doch wird langsame Kristallisation aus dem Schmelzfluß einen sichereren Erfolg gewährleisten.

B. Die ausgeschiedenen Kristalle haben bei bestimmten Konzentrationen dieselbe Zusammensetzung wie die Schmelze, mit der sie sich im Gleichgewichte befinden.

Nach Seite 156 muß die Schmelzkurve in solchen Fällen entweder ein Maximum oder ein Minimum oder eine horizontale Wendetangente haben. Durch Kombination dieser drei einfachen Fälle kann man zu komplizierteren Typen gelangen. Die l- und s-Kurve können keine plötzlichen Richtungsänderungen (Knicke, Ecken, Spitzen) aufweisen (s. S. 158).

1. Die Schmelzkurve hat ein einziges Maximum. Typus II nach ROOZEBOOM.

In diesem Falle muß sowohl der Schmelzpunkt der niedrigst schmelzenden Komponente A durch Zusatz von B, wie der höchst schmelzenden Komponente B durch Zusatz von A zunächst erhöht werden. Die l-Kurve, die wir hier zum Unterschiede von der gestrichelt gezeichneten s-Kurve voll ausziehen, wird etwa den in Fig. 44 angegebenen Verlauf $A\,C\,B$ zeigen. Das Maximum liegt bei C. Um uns über die Lage der s-Kurve zu orientieren, machen

wir wiederum von dem Satze Gebrauch, daß der Gefrierpunkt eines
Gemisches, falls es nicht bei konstanter Temperatur kristallisiert,
durch fortgesetztes Ausfrieren erniedrigt wird. Lassen wir also eine
Schmelze von der Konzentration zwischen B und C kristallisieren, so
kann, wie aus dem Verlaufe der l-Kurve ersichtlich ist, der Schmelzpunkt nur dadurch sinken, daß die Schmelze bei fortgesetztem Ausfrieren B-reicher wird. Die ausgeschiedenen Kristalle müssen demnach
hier A-reicher sein als die Schmelze, mit der sie im Gleichgewicht
sind, die s-Kurve muß in diesem Konzentrationsgebiete also links von
der l-Kurve verlaufen. Aus der analogen Überlegung ergibt sich,

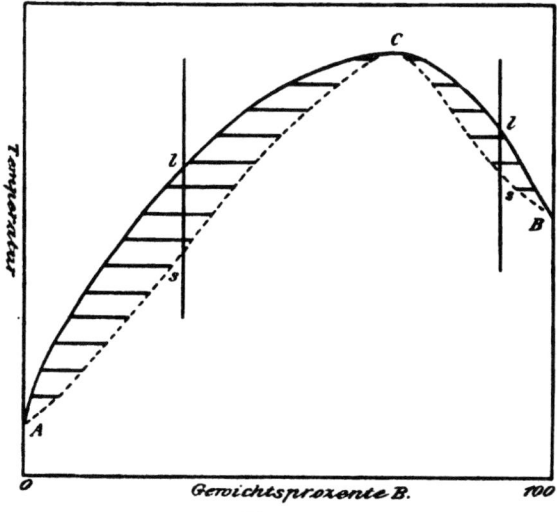

Fig. 44.

daß in Konzentrationsgebieten zwischen A und C die ausgeschiedenen
Kristalle B-reicher sein müssen als die Schmelze, mit der sie im
Gleichgewichte sind, welcher Forderung durch die in der Figur angenommene Lage der s-Kurve rechts zur l-Kurve Rechnung getragen
ist. Bezüglich des Maximums C können wir folgende Überlegung
anstellen. Nähert man sich dem Punkte C der Schmelzkurve von
der A-reichen Seite, so sind die ausgeschiedenen Kristalle B-reicher
als die Schmelze. Nähert man sich ihm von der B-reichen Seite,
so sind die ausgeschiedenen Kristalle B-ärmer als die Schmelze.
Da das Bestehen des lückenlosen Isomorphismus fordert, daß die
Zusammensetzung der Kristalle, die mit einer Schmelze im Gleichgewichte sind, sich bei kontinuierlicher Veränderung der Zusammen-

setzung der Schmelze ebenfalls kontinuierlich ändert, so können im Maximum *C* die Kristalle weder reicher noch ärmer an *B* sein als die Schmelze, sie müssen die gleiche Zusammensetzung haben wie diese. **Daher muß die *s*-Kurve im Punkte *C* die *l*-Kurve berühren.** Im Maximum *C* haben wir daher ein vollständiges Gleichgewicht. Die Schmelze erstarrt bei konstanter Temperatur wie ein einheitlicher Körper. In diesem speziellen Falle konnten wir dies ohne Berücksichtigung des Gibbsschen Satzes erkennen. Zu dem gleichen Ergebnisse kommt man auch auf Grund der Überlegung, daß die *s*-Kurve (auf der die Legierung vollständig erstarrt ist) niemals oberhalb der *l*-Kurve (auf der alles geschmolzen ist) verlaufen kann, und daß jedem Punkte der *l*-Kurve ein bei gleicher Temperatur liegender Punkt der *s*-Kurve entspricht.

Die Abkühlungskurven von Legierungen, deren Konzentration zwischen *A* und *C* liegt, zeigen Intervalle, deren Größe bei idealem Verlauf des Kristallisationsvorganges durch die resp. Strecken *ls* (Fig. 44) gegeben ist. Das Analoge gilt für Legierungen der Konzentrationen zwischen *C* und *B*. Die Abkühlungskurve einer Legierung, deren Zusammensetzung dem Maximum *C* der Schmelzkurve entspricht, zeigt kein Intervall, sondern einen Haltepunkt wie ein reiner Stoff. Die Struktur muß bei allen Konzentrationen vollständig homogen sein.

Hat jedoch kein vollständiger Konzentrationsausgleich stattgefunden, so ist bei Konzentrationen zwischen *A* und *C* das Innere der Kristalle *B*-reicher, bei Konzentrationen zwischen *B* und *C* *B*-ärmer als der Rand. Die Struktur einer Legierung von der Konzentration *C* wird stets völlig homogen sein.

Ein Beispiel für diesen Fall eines einfachen Maximums auf der Schmelzkurve bei vollkommener Mischbarkeit in flüssigem und kristallisiertem Zustande ist bei Metallegierungen nicht bekannt. Nach Adriani[1] zeigen *r*- und *l*-Carvoxim dieses Verhalten zueinander.

2. **Die Schmelzkurve hat ein einziges Minimum. Typus III**
nach Roozeboom.

Die (voll ausgezogene) *l*-Kurve *A C B* wird in diesem Falle etwa den in Fig. 45 angegebenen Verlauf zeigen. Insbesondere wird sowohl der Schmelzpunkt von *A* durch *B* wie der von *B* durch *A* erniedrigt. Das Minimum liegt bei *C*. In ganz analoger Weise wie

---

[1] Adriani, *Zeitschr. phys. Chem.* **38** (1900), 453.

im Falle 1 des Maximums erkennen wir, daß die zuerst ausgeschiedenen Kristalle bei Konzentrationen zwischen A und C A-reicher, bei Konzentrationen zwischen B und C A-ärmer sind als die Schmelze, und daß im Punkte C Kristalle und Schmelze die gleiche Zusammensetzung haben. Diesen Forderungen trägt der Verlauf der gestrichelt gezeichneten s-Kurve, die die l-Kurve in C berührt, Rechnung.

Die Abkühlungskurven aller Konzentrationen zwischen A und C und zwischen B und C weisen Intervalle auf. Im Minimum C kristallisiert die Legierung wie ein reiner Stoff bei konstanter Temperatur, die Abkühlungskurve dieser Konzentration hat einen Halte-

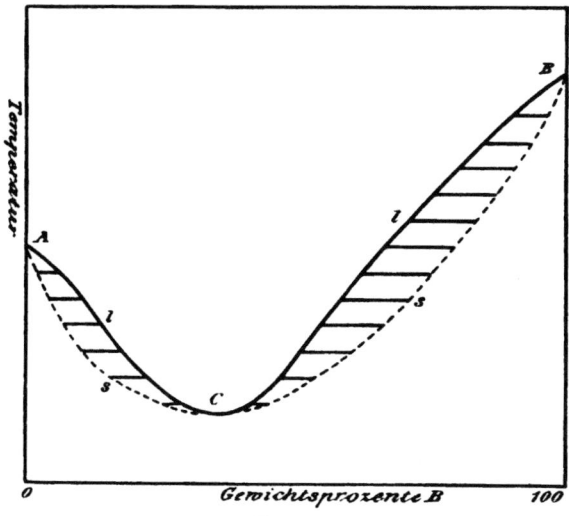

Fig. 45.

punkt. Bei unvollständigem Konzentrationsausgleich ist bei Konzentrationen zwischen A und C das Innere der Kristalle A-reicher, bei Konzentrationen zwischen B und C B-reicher als der Rand. Im Minimum C muß eine Legierung von der Konzentration C unter allen Umständen vollkommen homogen erscheinen.

Wir kennen ganz neuerdings zwei Metallpaare, nämlich Mn-Cu[1] und Mn-Ni[1 u. 2], bei denen die Schmelzkurve ein einfaches Minimum aufweist.

---

[1] ŽEMČŽUŽNYJ, URASOW und RYKOWSKOW. Russ. phys. chem. Ges. 7./20. Sept. 1906.

[2] Vergl. jedoch eine demnächst erscheinende Arbeit von DURDIN aus dem hiesigen Institute.

**3. Die Schmelzkurve hat eine einzige horizontale Wende-
tangente.**

Dieser Fall ist in Fig. 46 dargestellt. Die *l*-Kurve ist voll
ausgezogen, die *s*-Kurve gestrichelt gezeichnet. Der Verlauf der
Schmelzkurve ist hier ein ganz ähnlicher, wie beim Typus I nach
ROOZEBOOM (Fig. 40). Es wird auch hier der Schmelzpunkt von *B*
durch Zusatz von *A* erniedrigt, der Schmelzpunkt von *A* durch Zusatz von *B* erhöht. Bei der experimentellen Ermittelung des Ver-

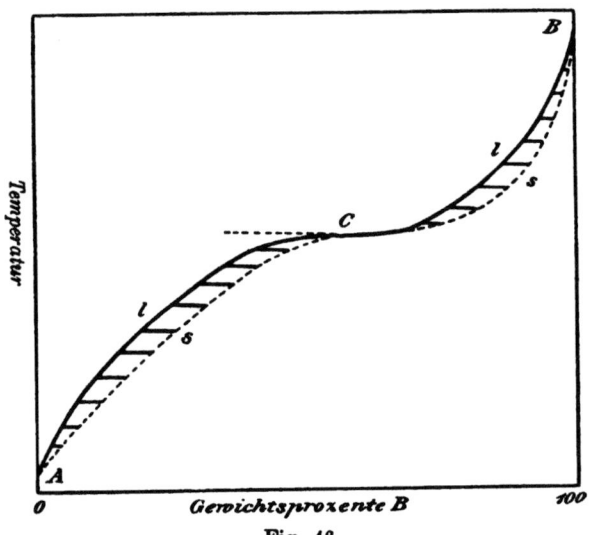

Fig. 46.

laufes der Schmelzkurve wird die horizontale Richtung im Wende-
punkte *C* sich leicht der Beobachtung entziehen können. In *C* findet
nach S. 156 einheitliche Erstarrung der Schmelze statt. Die Abkühlungskurve dieser Konzentration zeigt demgemäß einen Haltepunkt wie die reinen Stoffe *A* und *B*, während die Abkühlungskurven
aller anderen Konzentrationen Kristallisationsintervalle erkennen
lassen. Dieser Umstand, der im allgemeinen bei der Ausarbeitung
des Schmelzdiagramms nicht übersehen werden wird, fordert umgekehrt die horizontale Tangente in *C*. Wir kennen zwei Systeme von
Elementenpaaren, die aller Wahrscheinlichkeit nach diesem Typus
angehören, es sind das die Systeme Br-J und Mg-Cd. Ihre
Besprechung soll weiter unten erfolgen. ROOZEBOOM führt diesen

Typus nicht auf. Wir wollen ihn wegen der äufseren Ähnlichkeit, die die Schmelzkurve hier im allgemeinen mit der des Typus I zeigt, als Typus I a bezeichnen.

4. Kompliziertere Formen der Schmelzkurve.

In den bisher betrachteten Fällen wird entweder der Schmelzpunkt des niedrigst schmelzenden Stoffes A durch Zusatz von B von Anfang an erhöht, der des höchst schmelzenden Stoffes B durch Zusatz

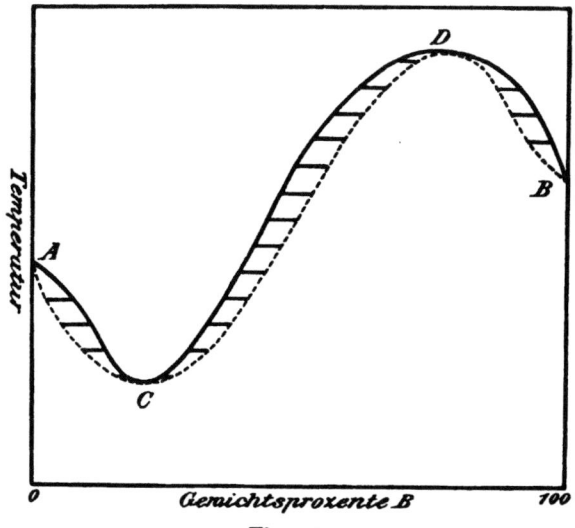

Fig. 47.

von A erniedrigt (Typus I, I a), oder beide Schmelzpunkte werden im Anfang erhöht (Typus II) oder erniedrigt (Typus III). Es wäre noch der Fall denkbar, daß der Schmelzpunkt der niedrigst schmelzenden Komponente A durch Zusatz von B anfänglich erniedrigt, der der höchst schmelzenden Komponente B durch Zusatz von A im Anfang erhöht würde. Die Schmelzkurve wird dann sowohl ein Maximum wie ein Minimum aufweisen (Fig. 47). Die Möglichkeit eines solchen Typus, der zuerst von NERNST[1] für Dampfdruckkurven aufgestellt ist, ist auch für Schmelzkurven nicht von der Hand zu weisen, solange man nicht bestimmte Annahmen über den Molekularzustand der beteiligten Stoffe macht. Ebenfalls ein Maximum und Minimum zeigt die Schmelz-

---

[1] NERNST, Theoretische Chemie, 4. Aufl., S. 113.

kurve Fig. 48, aus der man (vergl. Seite 157) den Typus Ia als Grenzfall herleiten kann. Endlich könnten auch auf der Schmelz-

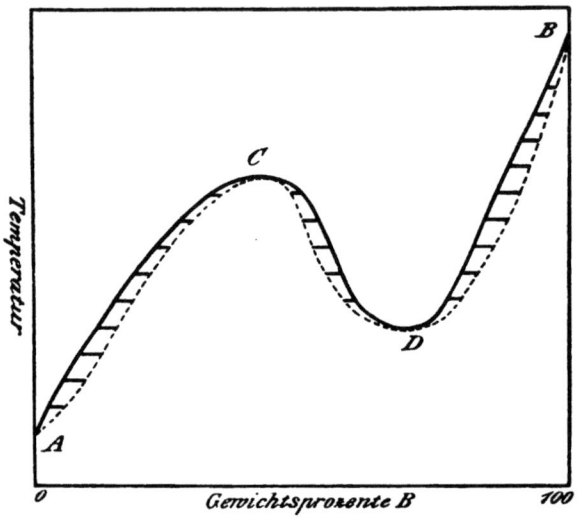

Fig. 48.

kurve zwei Maxima und ein Minimum, zwei Minima und ein Maximum usw. auftreten. Beispiele für diese Fälle sind allerdings nicht bekannt.

C. Horizontaler Verlauf der Schmelzkurve in einem endlichen Konzentrationsintervall.

Ist der Verlauf der Schmelzkurve innerhalb eines endlichen Konzentrationsintervalles ein horizontaler, so müssen nach Seite 156 alle in dieses Intervall fallenden Konzentrationen einheitlich erstarren. Ein solcher horizontaler Verlauf der Schmelzkurve könnte sowohl im ganzen Schmelzdiagramme als in einem Teile desselben stattfinden. Den ersten Fall stellt Fig. 49 dar. Alle Mischungen erstarren einheitlich bei der gleichen Temperatur, bei der auch die Komponenten erstarren. Die *l*- und *s*-Kurve fallen vollständig zusammen. Das einzig bekannte Beispiel für diesen Fall ist das System *r*- und *l*-Kampheroxim.[1] Schon aus der theoretisch nötigen absoluten Gleichheit der Schmelzpunkte

---

[1] ADRIANI, *Zeitschr. phys. Chem.* **33** (1900), 453.

beider Komponenten dürfte sich dieser Fall auf optisch isomere Körper beschränken; doch braucht er auch in diesem Falle durchaus nicht einzutreten (s. S. 172). Bei Metallen ist er hiernach ausgeschlossen.

Das Auftreten des zweiten Falles, daß die Schmelzkurve nur in einem Teile des Schmelzdiagramms einen horizontalen Verlauf hat,

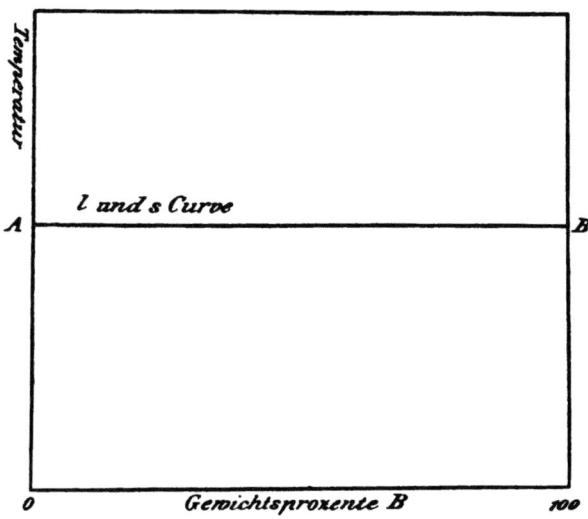

Fig. 49.

erscheint aus theoretischen Gründen wenig wahrscheinlich. Trotzdem ist dieser Fall praktisch (d. h. innerhalb der Grenzen der Beobachtungsfehler $\pm 5^\circ$) in dem von Gürtler und Tammann [1] untersuchten Systeme Kobalt-Eisen realisiert. Die Schmelzpunkte der Kobaltstahle von $100—5^\circ/_0$ Co liegen bei der Schmelztemperatur des Kobalts.

D. Polymorphe Umwandlungen.

Der vollständig verschiedene Charakter, den die zuletzt beschriebenen Schmelzdiagramme im Vergleich zu den früher betrachteten aufweisen, wird ausschließlich dadurch bedingt, daß hier in beiden Phasen vollständige Mischbarkeit der Komponenten vorausgesetzt, dort in einer der Phasen jegliche Mischbarkeit aus-

---

geschlossen wurde. Wir können daher die zuletzt angestellten Betrachtungen im allgemeinen auf alle Gleichgewichte übertragen, bei denen in beiden am Gleichgewichte teilnehmenden Phasen vollständige Mischbarkeit der Komponenten besteht. Nehmen wir an, die beiden Stoffe wären im reinen Zustande in zwei Formen, den bei niederen Temperaturen beständigen α-Formen A_α und B_α und den bei höheren Temperaturen beständigen β-Formen A_β und B_β existenzfähig. Die Umwandlungen seien reversibel, und ferner seien sowohl die β-Formen unter sich als auch die α-Formen unter sich in jedem Verhältnisse mischbar. Dann brauchen wir in den

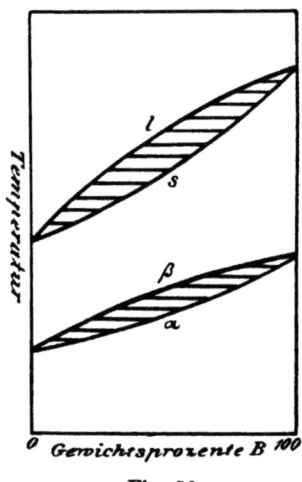

Fig. 50.

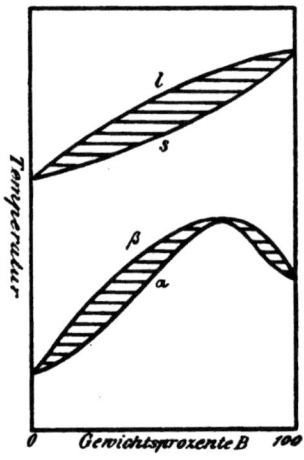

Fig. 51.

Figuren 40, 44, 45 und 46 einfach die l-Kurve, die dem bei der höheren Temperatur beständigen flüssigen Zustande angehört, als β-Kurve, die hier der bei höherer Temperatur beständigen Kristallart zukommt, und analog die s-Kurve als α-Kurve zu bezeichnen, um die hier auftretenden Umwandlungserscheinungen vollständig zu beschreiben. Wir haben demgemäß dieselben Typen von Umwandlungskurven wie von Schmelzkurven zu unterscheiden. Die sich bei der Abkühlung aus den β-Kristallen ausscheidenden α-Kristalle haben also im allgemeinen eine andere Zusammensetzung wie diese, und daher vollzieht sich die Umwandlung ebenfalls in einem Intervalle. Geht sie in der S. 161 beschriebenen idealen Weise vor sich, so haben die nach vollendeter Umwandlung resultierenden α-Kristalle alle die gleiche, durch die Zusammensetzung der sich umwandelnden β-Kristalle gegebene Konzentration. Nur bei den Konzentrationen der reinen Stoffe und event. in ausgezeichneten Punkten findet die Umwandlung bei konstanter Temperatur statt.

Fig. 50 zeigt die Kombination einer Schmelzkurve ohne Maximum und Minimum mit einer ebensolchen Umwandlungskurve, Fig. 51 die einer ebensolchen Schmelzkurve mit einer ein Maximum aufweisenden Umwandlungskurve. Es sind natürlich sämtliche Kombinationen der verschiedenen Typen der Gleichgewichtskurven miteinander möglich. Wenn nur eine der beiden Komponenten, etwa

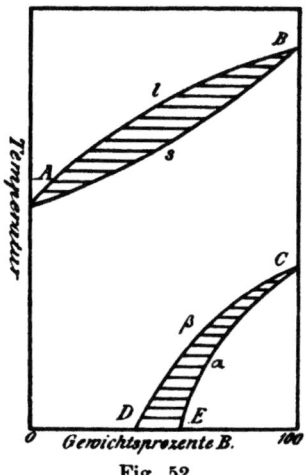

Fig. 52.

B, einen Umwandlungspunkt hat, so resultiert nach der Untersuchung von Roozeboom[1] die in Fig. 52 beschriebene Sachlage. Von dem Umwandlungspunkte des reinen Stoffes aus gehen die β- und α-Kurve zu niedrigerer Temperatur und abnehmendem B-Gehalte, ohne jedoch bis zu reinem A zu gelangen. In Mischkristallen, die A-reicher sind als der Konzentration D entspricht, ist der B-Gehalt zu gering, um die Umwandlung bewirken zu können. Ein Beispiel für diesen Fall bietet das System Kupfer-Nickel.[2] Hier vermag das Nickel bei niederer Temperatur in eine magnetisierbare Modifikation überzugehen. Jedoch zeigen Reguli mit weniger als 40 °/₀ Nickel bei Zimmertemperatur keine Wirkung auf die Kompaßnadel.

[1] Roozeboom, *Zeitschr. phys. Chem.* **30** (1899), 413.

[2] Gürtler und Tammann, *Z. anorg. Chem.* **52** (1906), 27.

E. Die Komponenten bilden Verbindungen miteinander.

Die früher zuweilen vertretene Ansicht, daß eine Verbindung mit ihren Komponenten keine Mischkristalle bildet, kann durch die Untersuchung von HOLLMANN [1] wohl als widerlegt betrachtet werden. Allerdings wird der einwandsfreie Nachweis einer Verbindung zwischen zwei isomorphen Stoffen nur in seltenen Fällen zu erbringen sein. Wir haben, wie wir oben sahen, keine Berechtigung, eine solche ohne weiteres anzunehmen, wenn ein Gemisch bei einer bestimmten Konzentration einheitlich kristallisiert. Da hier das Gesetz der Schmelzpunktserniedrigung keine Gültigkeit hat, so beweist ein Maximum ebenso wenig die Existenz einer Verbindung, wie ein Minimum. Andererseits kann die Möglichkeit, daß ein Maximum usw. durch die Existenz einer Verbindung verursacht wird, nicht von vornherein bestritten werden. Ein Beweis dafür, daß in einem solchen Falle die Komponenten eine Verbindung miteinander bilden, wird sich nur dann sicher führen lassen, wenn Kriterien anderer Natur (z. B. polymorphe Umwandlungen, siehe unten) helfend hinzukommen.

Allerdings kann man stets einen Weg angeben, der prinzipiell zum Ziele führen muß. Er ist der Methode vollkommen analog, mittels welcher ROSCOE nachwies, daß die konstant siedenden Gemische aus Wasser und Ameisensäure, Wasser und Salzsäure usw. keine chemischen Verbindungen sind. Die Zusammensetzung einer chemischen Verbindung muß unabhängig von ihrer Herstellungsart sein, und ROSCOE konnte zeigen, daß das in obigen Fällen nicht zutrifft, weil die Zusammensetzung jener konstant siedenden Gemische von dem Druck abhängig ist, unter dem die Destillation ausgeführt wird. Ganz in derselben Weise kann man hier schließen, daß das Maximum usw. auf der Schmelzkurve dann und nur dann durch eine chemische Verbindung verursacht wird, wenn seine Konzentration unabhängig von dem Drucke ist, unter dem die Schmelzung geschieht. Leider stehen der praktischen Anwendung dieses Mittels große Schwierigkeiten entgegen, da die Wirkung des äußeren Druckes auf die Vorgänge, die in der kristallisierten und flüssigen Phase stattfinden, eine sehr geringe ist im Vergleich zu seiner Wirkung auf Vorgänge in der Gasphase.

Vielleicht wird man sich für oder gegen die Annahme einer Verbindung entscheiden, je nachdem das Maximum usw. einer einfachen Formel entspricht oder nicht.

---

[1] HOLLMANN, *Zeitschr. phys. Chem.* **37** (1901), 193.

In den zwei Systemen J-Br und Mg-Cd (siehe unten), in denen
auf der Schmelzkurve ein Wendepunkt mit horizontaler Tangente
auftritt, entspricht die Konzentration dieses Punktes im ersten Falle
sehr wahrscheinlich, im zweiten sicher einer Verbindung. Voraus-
sichtlich wird dies stets der Fall sein, denn aus theoretischen

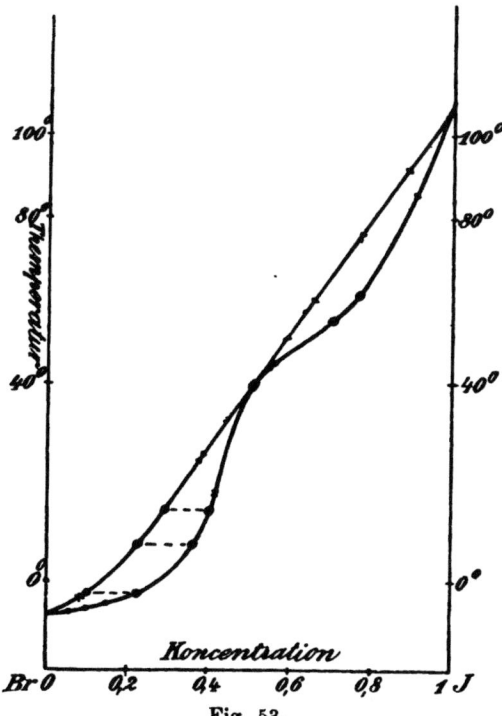

Fig. 53.
Schmelzdiagramm des Systems Brom-Jod nach MEERUM TERWOGT.

Gründen[1] ist ein gewissermaßen zufälliges Auftreten eines solchen
Wendepunktes sehr unwahrscheinlich, jedenfalls viel weniger wahrscheinlich, als das Auftreten eines Maximums oder Minimums, wofür
doch auch nur wenige Beispiele bekannt sind.

1. Das System Brom-Jod.

Fig. 53 gibt das von MEERUM TERWOGT[2] ausgearbeitete Schmelzdiagramm des Systems Brom-Jod. Die Konzentrationsachse ist nach
Atomprozenten Jod geteilt. Wir sehen, daß die l-Kurve anscheinend

[1] RUER, Zeitschr. phys. Chem. 59 (1907), 6.
[2] MEERUM TERWOGT, Z. anorg. Chem. 47 (1905), 203.

kontinuierlich von dem Schmelzpunkt des reinen Jods ($+ 110.6^0$) bis zu dem des reinen Broms ($- 7.3^0$) herabsinkt. In der Nähe der Konzentration $50^0/_0$ Jod wird sie von der s-Kurve berührt, denn Konzentrationen von 50—53 Atomprozenten Jod erstarren vollständig innerhalb eines Temperaturintervalles von 1^0, also nahezu wie ein einheitlicher Körper. Die nahe Übereinstimmung dieser ausgezeichneten Konzentration im Schmelzdiagramm mit der Formel JBr läßt die Existenz einer Verbindung dieser Zusammensetzung sehr wahrscheinlich erscheinen. Wenn die Verbindung einen scharfen Schmelzpunkt hat, so ist nach Seite 156 bei dieser Konzentration die Tangente an der l-Kurve horizontal, und bei lückenlosem Isomorphismus muß der Verlauf der l- und s-Kurve in dem fraglichen Konzentrationsgebiete der Fig. 46 (S. 174) in der Nähe des Punktes C entsprechen. Die s-Kurve hat hier in der Tat einen Wendepunkt bei etwa $50^0/_0$ Jod, und die Unsicherheit ihrer Bestimmung läßt ohne weiteres die Annahme zu, daß die Tangente in diesem Punkte in Wirklichkeit horizontal verläuft. Wenn man bezüglich der l-Kurve Fehler in der Temperaturbestimmung von 1—2^0 zugibt, kann man auch hier im Konzentrationsgebiet 50—53$^0/_0$ Jod einen Wendepunkt mit horizontaler Tangente annehmen.

2. Die Magnesium-Cadmiumlegierungen.

Fig. 54 gibt das von Grube[1] auf Grund von Abkühlungskurven entworfene Schmelzdiagramm des Systems Magnesium-Cadmium wieder. Die vollständig ausgezogene Kurve $A\,B\,C$ stellt die l-Kurve, die gestrichelt gezeichnete Kurve $A\,D\,B\,E\,C$ die s-Kurve dar. Beide Kurven berühren sich im Punkte B, in dem das Kristallisationsintervall null wird, so daß eine Legierung dieser Konzentration wie ein einheitlicher Körper erstarrt. Die Konzentration des Punktes B entspricht der Formel MgCd, welche $82.19^0/_0$ Cd verlangt. Der experimentell ermittelte Verlauf der l- und s-Kurve läßt auch hier, wenn man Fehler in der Temperaturbestimmung von wenigen Graden zugibt, die Annahme einer horizontalen Wendetangente in B zu. Darüber, daß die Konzentration B wirklich einer Verbindung entspricht, kann in diesem Falle kein Zweifel sein. Die Verbindung erleidet nämlich bei weiterer Abkühlung eine polymorphe Umwandlung, zu der die beiden Komponenten Magnesium und Cadmium nicht befähigt sind. Durchschneiden wir das Diagramm bei der

[1] Grube, Z. anorg. Chem. 49 (1906), 72.

Konzentration *B,* so erhalten wir zwei Einzeldiagramme, deren jedes dem in Fig. 52 gegebenen Schmelzdiagramme entspricht. Die Umwandlung findet im Punkte *F,* dessen Konzentration mit der von *B* zusammenfällt, bei der höchsten Temperatur statt. Außerdem geht

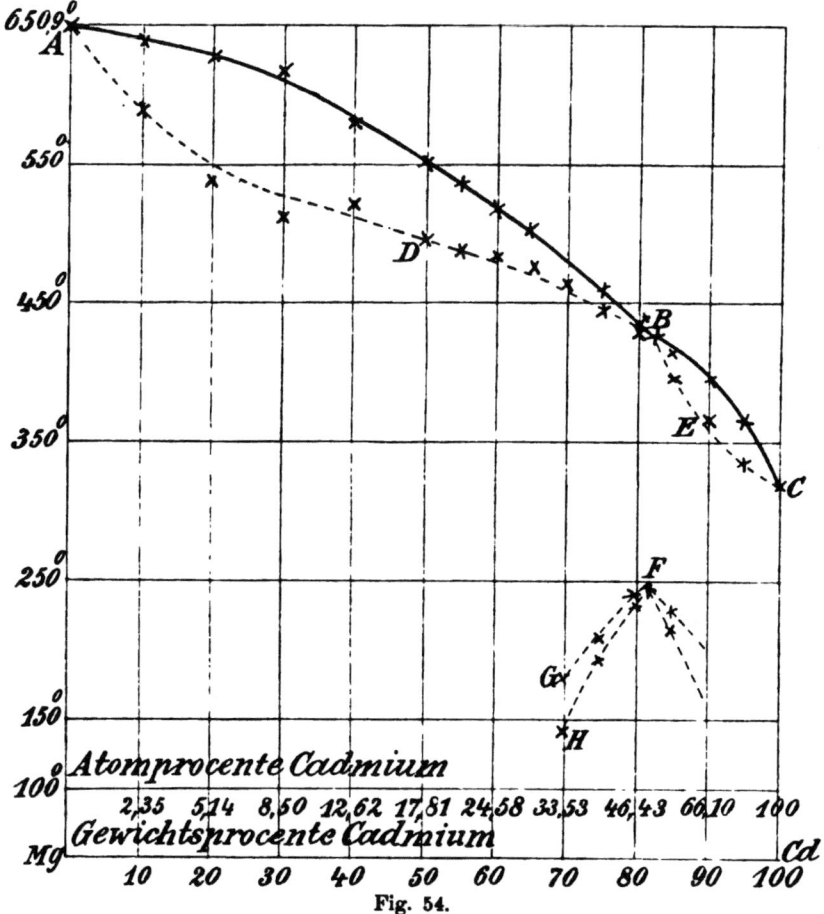

Fig. 54.

Schmelzdiagramm der Magnesium-Kadmiumlegierungen nach GRUBE.

sie bei konstanter Temperatur vor sich, wie es die Theorie für einen einheitlichen Stoff verlangt, während bei den benachbarten Konzentrationen ein Umwandlungsintervall vorhanden ist. Da, wie erwähnt, die Komponenten der Verbindung nicht zu dieser Umwandlung befähigt sind, so enden die betreffenden Kurven, ehe sie die Konzentration 0 (reines Mg) und 100 (reines Cd) erreicht haben.

§ 4. Es herrscht vollständige Mischbarkeit im flüssigen, unvollständige Mischbarkeit im kristallisierten Zustande.

Die Verhältnisse bei beschränkter Löslichkeit zweier Flüssigkeiten ineinander sind S. 139 u. f. ausführlich erörtert. Wenn wir uns ausschließlich auf die Betrachtung des kristallisierten Zustandes beschränken, so können wir die in Fig. 32 für den flüssigen Zustand dargestellten Verhältnisse im wesentlichen auf diesen übertragen. Für jede Temperatur existieren zwei Konzentrationen, a und b, die bei diesen Temperaturen miteinander im Gleichgewichte sind, und die wir als die gesättigten Mischkristalle bezeichnen wollen. Wenn wir die früher gewählte Bezeichnung auch hier anwenden, so nennen wir a_1 den bei der betreffenden Temperatur t_1 mit B gesättigten Mischkristall von A; und ebenso nennen wir b_1 den bei der Temperatur t_1 mit A gesättigten Mischkristall des Stoffes B. Entspricht die Konzentration der Legierung einem Punkte außerhalb der Löslichkeitskurve, so ist nur eine Kristallart vorhanden. Entspricht sie jedoch einem Punkte des von der Löslichkeitskurve umschlossenen Gebietes, so ist analog der Spaltung der flüssigen Phase in zwei Schichten hier die kristallisierte Phase in zwei Kristallarten, nämlich in die bei der betreffenden Temperatur gesättigten Mischkristalle der Stoffe A und B gespalten. Ihre Konzentrationen werden durch den Schnittpunkt der Löslichkeitskurve mit der Horizontalen, die dieser Temperatur entspricht, gegeben. Über die relativen Mengen der beiden Kristallarten gibt auch hier die Hebelbeziehung Auskunft. Die durch Fig. 32 ausgedrückte Annahme, daß die Mischbarkeit bei höherer Temperatur zunimmt, und daß demnach die beiden Sättigungskonzentrationen a und b bei Temperaturerhöhung sich in ihrer Zusammensetzung immer mehr nähern, wollen wir auch für den kristallisierten Zustand beibehalten und befinden uns in dieser Hinsicht im allgemeinen mit der Erfahrung in Übereinstimmung.

In zwei Punkten jedoch bedarf die Übertragung der für den flüssigen Zustand gewonnenen Erfahrungen auf die beim kristallisierten Zustand vorliegenden Verhältnisse einer Ergänzung resp. Abänderung. Zunächst ergibt sich ein Unterschied daraus, daß das Stabilitätsgebiet des kristallisierten Zustandes bei tieferer Temperatur liegt, als das des flüssigen Zustandes. Daher besteht auch wenig Aussicht, für das in Fig. 55 dargestellte Schmelzdiagramm ein Beispiel zu finden. Hier ist angenommen, daß nach erfolgter einheitlicher Erstarrung eine nachträgliche Entmischung eintritt, die

in bekannter Weise durch die m-Kurve dargestellt wird. Daß wir
bisher kein Beispiel dieser Art, in dem der obere Teil der Löslichkeitskurve für den kristallisierten Zustand verwirklicht ist, kennen,
liegt, abgesehen von der Schwierigkeit der Bestimmung der Löslichkeitskurve (s. S. 189), wohl darin, daß diese durch das Zusammentreffen mit einer Gleichgewichtskurve flüssig-kristallisiert (der s-Kurve)
schon vorher beendet wird. Derselbe Umstand, der der Realisierung
der Löslichkeitskurve für Flüssigkeiten unter eine gewisse Temperaturgrenze hinab ein Ziel setzt (s. S. 144), verhindert für den kristalli-

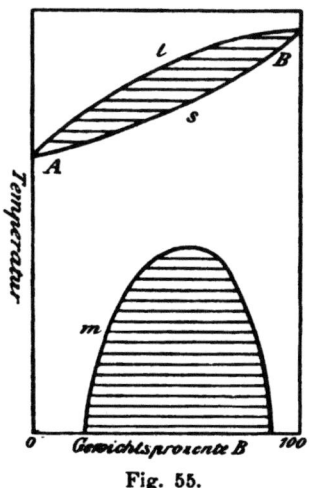

Fig. 55.

sierten Zustand ihre Realisierung über eine gewisse obere Temperaturgrenze hinüber.

Die Löslichkeitskurve der beiden Kristallarten findet also ihr
naturgemäßes Ende bei der Temperatur t_1, bei der Schmelzung
beginnt, und besteht daher aus zwei voneinander getrennten Stücken.
Nun haben im allgemeinen, wie wir wissen, die im Gleichgewichte
miteinander befindliche Schmelze und Kristallart verschiedene
Zusammensetzung. Wir nehmen daher an, daß die Schmelze, die
bei einer bestimmten Temperatur auftritt, nicht die Zusammensetzung eines der gesättigten Mischkristalle habe, die bei dieser
Temperatur untereinander und daher auch mit der Schmelze
im Gleichgewichte sind, und verschieben die Betrachtung der
speziellen Fälle, in denen die Zusammensetzung der Schmelze mit
der einer Kristallart übereinstimmt, auf später (s. S. 193 und 197).

Es sind nun zwei Fälle möglich: entweder die Zusammensetzung c der Schmelze liegt bei einer Konzentration zwischen den beiden gesättigten Mischkristallen a_1 und b_1 (Fig. 56) oder sie liegt bei einer solchen, die reicher an einer der beiden Komponenten des Systems, etwa an A, ist (Fig. 57). Im ersten Falle (Fig. 56) kann die Schmelze nur durch Mitwirkung der beiden vorhandenen Kristallarten a_1 und b_1 entstehen, und wir haben die Reaktionsgleichung:

Ges. Mischkristalle a_1 + Ges. Mischkristalle $b_1 \rightleftharpoons$ Schmelze c.

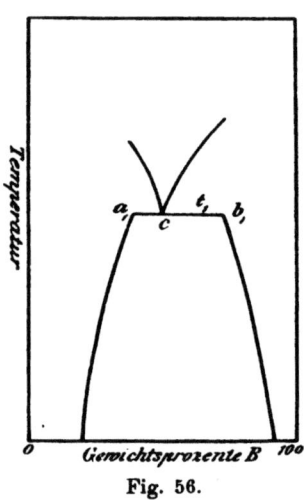

Fig. 56.

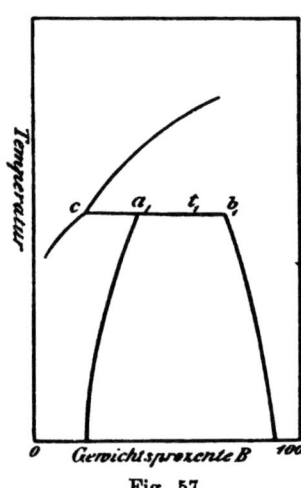

Fig. 57.

Die Reaktion geht beim Erwärmen von links nach rechts vor sich. Wir haben hier ein vollständiges Gleichgewicht, die Temperatur t_1 wird demnach so lange konstant bleiben, bis eine der Phasen aufgebraucht ist. Entspricht die Gesamtkonzentration des Systems dem Punkte c, so wird nach Vollendung der Reaktion keine Kristallart mehr vorhanden sein und sich alles im flüssigen Zustande befinden. Liegt sie zwischen a_1 und c, so werden noch Kristalle der Konzentration a_1, liegt sie zwischen b_1 und c, so werden solche der Konzentration b_1 zusammen mit der Schmelze übriggeblieben sein. Es bedarf daher einer weiteren Temperaturerhöhung, um alles in den geschmolzenen Zustand überzuführen. Es muß daher die Gerade $a_1 c b_1$ von zwei Ästen der l-Kurve überlagert sein, die beide in den Punkt c einmünden und von denen der eine dem Gleichgewichte der A-reichen, der andere dem Gleichgewichte der B-reichen Kristalle mit der Schmelze entspricht (Fig. 56).

Im zweiten Falle (Fig. 57), wenn die Schmelze reicher an A ist als die beiden Kristallarten a_1 und b_1, mit denen sie im Gleichgewichte ist, kann man natürlich durch Mischung von a_1 und b_1 niemals zur Schmelze c kommen In diesem Falle kann die Bildung der Schmelze nur in der Weise vor sich gehen, daß die A-reichere der beiden vorhandenen Kristallarten, nämlich der ges. Mischkristall a_1 die Schmelze von der Zusammensetzung c liefert, während das überschüssige B in kristallisiertem Zustande zurückbleibt, und zwar in Form der mit A gesättigten Mischkristalle B, deren Konzentration, wie wir wissen, dem Punkte b_1 entspricht. Bei dieser Temperatur verschwindet also der ges. Mischkristall a_1 bei Wärmezufuhr, indem er sich in Schmelze c und ges. Mischkristall b_1 spaltet. Die Reaktionsgleichung lautet:

Ges. Mischkristalle a_1 $\rightleftarrows$ Schmelze c + ges. Mischkristalle b_1.

Wir haben auch hier ein vollständiges Gleichgewicht. Die Temperatur t_1 bleibt bis zum völligen Verschwinden einer der Phasen konstant.

Der A-reiche Kristall a_1 verschwindet durch Wärmezufuhr bei $t_1{}^0$ vollständig. Es können nach Überschreitung dieser Temperatur nur B-reiche Kristalle übriggeblieben sein, deren Schmelzung weitere Temperaturerhöhung erfordert. Daher kann die Gerade $c\,a_1\,b_1$ nur von einem einzigen Aste der l-Kurve überlagert sein, der dem Gleichgewicht der Schmelze mit den B-reichen Kristallen entspricht.

Betrachten wir den Verlauf der Reaktion von rechts nach links (beim Erkalten), so erkennen wir, daß die Reaktion bei allen zwischen b_1 und c liegenden Konzentrationen stattfinden muß. Sind die Mischkristalle b_1 und die Schmelze c in solchem Verhältnisse vorhanden, daß die Durchschnittskonzentration dem Mischkristall a_1 entspricht, so ist nach Ablauf der Reaktion alles zu Mischkristallen von der Konzentration a_1 erstarrt. Sind b_1 Kristalle im Überschuß, liegt daher die Durchschnittskonzentration zwischen a_1 und b_1, so findet bei t_1 gleichfalls vollständige Erstarrung, in diesem Falle zu einem Gemenge von Mischkristallen a_1 und Mischkristallen b_1 statt. Ist endlich Schmelze c im Überschusse, liegt demnach die Konzentration zwischen a_1 und c, so ist nach Ablauf der Reaktion noch Schmelze c übriggeblieben, deren Kristallisation erst bei weiterem Sinken der Temperatur erfolgen kann. Solange die Durchschnittskonzentration der Legierung zwischen c und b_1 liegt, müssen, wenn

die Temperatur auf t_1 gefallen ist, neben Schmelze c auch Mischkristalle b_1 vorhanden sein. Ihre Menge ist erst null bei der Konzentration c. Aus obigem folgt, daß

1. der Ast der l-Kurve, welcher dem Gleichgewichte der bei der
höheren Temperatur stabilen B-reichen Kristalle mit Schmelze entspricht, in c einmünden muß, und daß

2. in c ein nach tieferer Temperatur gehender Ast der l-Kurve
einsetzt, welcher dem Gleichgewichte der bei niederer Temperatur stabilen A-reichen Mischkristalle mit Schmelze entspricht
(Fig. 57).

Wir sehen also, daß bei unvollständiger Mischbarkeit im kristallisierten Zustande je nach der Zusammensetzung der Schmelze c zwei
verschiedene Formen von Schmelzdiagrammen auftreten müssen.
Roozeboom reiht den in Fig. 57 dargestellten Fall als Typus IV,
den in Fig. 56 dargestellten Fall als Typus V den drei von
ihm für lückenlosen Isomorphismus aufgestellten Typen an. Wir
werden weiter unten die beiden Typen noch einzeln besprechen.

Ein zweiter Unterschied zwischen der unvollständigen Mischbarkeit im kristallisierten Zustande und der im flüssigen Zustande ergibt sich daraus, daß bei kristallisierten Körpern neben ihrer Zusammensetzung auch die Kristallform in Betracht zu ziehen ist.
Prinzipiell wären hier zwei Fälle zu unterscheiden, je nachdem die
beiden gesättigten Mischkristalle der Stoffe A und B in der gleichen
oder in verschiedenen Kristallformen auftreten. Eigentlich müßte
man den ersten Fall als den der „beschränkten Isomorphie" von
dem zweiten Falle der „Isodimorphie" trennen. Bei flüssigen Lösungen fällt eine derartige Unterscheidung natürlich fort. Wir
wollen auch hier keine Rücksicht auf diesen Unterschied nehmen,
da die Schmelzdiagramme für den einen und den anderen Fall in
den Punkten, auf die wir unsere Betrachtungen beschränken, übereinstimmen. Wir wollen es also dahingestellt sein lassen, ob die
Mischkristalle a und b sich außer in ihrer Zusammensetzung auch
noch in ihrer Kristallform unterscheiden oder nicht.

Schließlich wäre noch zu erwähnen, daß die Herstellung des
Gleichgewichtes bei Temperaturänderungen, welche für die innerhalb
der Löslichkeitskurve liegenden Konzentrationen mit einer Änderung
der Zusammensetzung sämtlicher Kristalle verknüpft ist, hohe Anforderungen an das Diffusionsvermögen der in den Kristallen gelösten Stoffe A und B stellt.

A. Typus IV nach Roozeboom.

Das vollständige Schmelzdiagramm dieses Falles, dessen wesentliche Eigenschaften wir schon kennen gelernt haben, ist in Fig. 58 dargestellt. Die l-Kurve $A\,C\,B$, deren Bestimmung, falls keine Unterkühlungen auftreten, auch hier nur von der Genauigkeit unserer Temperaturmessung abhängig ist, ist aus diesem Grunde stark ausgezogen, und das gleiche gilt für die Horizontale $C\,D\,E$, auf der bei der Abkühlung die schon betrachtete Reaktion

Ges. Mischkristalle E + Schmelze $C \rightleftharpoons$ Ges. Mischkristalle D

in der Richtung von links nach rechts bei konstanter Temperatur (t_1) vor sich geht.

Es findet also hier ein Stabilitätswechsel statt. Bei Temperaturen oberhalb $C\,D\,E$ $(= t_1)$ sind die B-reichen, unterhalb $C\,D\,E$ die A-reichen Kristalle beständig, und demgemäß zeigt die l-Kurve $A\,C\,B$ bei der Temperatur t_1 einen Knick und steigt bei C im oberen Teile $C\,B$ steiler an, als im Teile $A\,C$ (s. S. 115).

Die aus den beiden getrennten Stücken $B\,E$ und $D\,A$ bestehende s-Kurve, welche auch hier für jede Temperatur die Zusammensetzung der Kristalle angibt, die mit der Schmelze im Gleichgewichte sind, ist dünn gezeichnet, um anzudeuten, daß ihrer exakten Bestimmung in gleicher Weise Schwierigkeiten entgegenstehen wie im Falle des lückenlosen Isomorphismus. In noch höherem Grade besteht diese Schwierigkeit für die Bestimmung des Verlaufs der beiden bis zur oberen Temperaturgrenze t_1 realisierbaren Stücke $D\,F$ und $E\,G$ der Löslichkeitskurve der beiden Kristallarten, da ebenso wie für den flüssigen auch für den kristallisierten Zustand die Mischungswärme wahrscheinlich stets außerordentlich gering ist und sich daher der Vorgang der Entmischung auf den Abkühlungskurven nicht bemerkbar macht. (Ein zweiter Grund dafür, daß der für die Temperatur der beginnenden Entmischung theoretisch geforderte Knick auf den Abkühlungskurven bisher noch nicht beobachtet worden ist, könnte darin bestehen, daß die Geschwindigkeit des Entmischungsvorganges zu gering ist.)

Betrachten wir den Vorgang der Kristallisation geschmolzener Legierungen verschiedener Zusammensetzung unter der Voraussetzung des idealen Verlaufes, wonach die Abkühlung so langsam vor sich geht, daß zu jeder Zeit Gleichgewicht vorhanden ist.

Die Konzentration der Legierung 1 ist zwischen E und 100 $^{o}/_{o}$ B angenommen. Ist die Temperatur bis zum Punkte l_1 gesunken, so wird die l-Kurve geschnitten, bei dieser Temperatur beginnt daher die Kristallisation. Die Zusammensetzung der sich ausscheidenden Kristalle wird durch den bei gleicher Temperatur liegenden Punkt s_1 der s-Kurve angegeben. Da die ausgeschiedenen Kristalle sich in der Seite 161 beschriebenen Weise beständig mit der Schmelze ins Gleichgewicht setzen sollen, so ist schließlich, wenn die Temperatur bis zum Punkt s' gefallen ist, die ganze Schmelze zu einem Gemenge einheitlicher Mischkristalle, die alle die Zusammensetzung s' der ursprünglichen Mischung haben, erstarrt. Demgemäß darf die Abkühlungskurve nur ein Schmelzintervall, dessen Größe durch $l_1 s'$ bestimmt ist, aufweisen. Die Struktur der Schliffe der erkalteten Reguli wird jedoch nur dann eine vollständig homogene sein, wenn die Vertikale 1 die Löslichkeitskurve der beiden Kristallarten nicht, resp. erst bei tieferer Temperatur trifft als die, bei der die Schliffe betrachtet werden. Nehmen wir an, wir untersuchten die Struktur der Schliffe bei der Temperatur Null unseres Koordinatensystems, die also der Zimmertemperatur entsprechen möge, so liegt in unserm Beispiele der Schnittpunkt q dieser Vertikalen mit dem Stücke EG der Löslichkeitskurve oberhalb dieser Temperatur. Wir werden demgemäß ein Gemenge zweier verschiedener Kristallarten, nämlich Mischkristalle von B gesättigt mit A und solche von A gesättigt mit B beobachten müssen, in die sich die anfänglich homogenen Kristalle nachträglich (ohne merkliche Wärmetönung) gespalten haben. Ihre Konzentration entspricht den Punkten F und G, ihre relative Menge ergibt sich durch die Hebelbeziehung.

Die Konzentration der Legierung 2 liegt zwischen D und E. Die Vertikale 2 trifft die l-Kurve im Punkte l_2. Bei dieser Temperatur beginnt die Ausscheidung der ersten Kristalle von der Konzentration s_2. Wenn die Temperatur auf die der Horizotalen CDE gesunken ist, besteht die Legierung aus Schmelze von der Konzentration C, während die ausgeschiedenen Kristalle infolge des vorausgesetzten Konzentrationsausgleichs sämtlich die Zusammensetzung E haben. Entzieht man dem System weiter Wärme, so bewirkt dieses zunächst kein weiteres Sinken der Temperatur, sondern ausschließlich, daß die B-reichen gesättigten Mischkristalle E sich in der eingangs erwähnten Weise mit der Schmelze C zu der A-reichen Kristallart D umsetzen. Die Reaktion dauert so lange, bis alle Schmelze aufgebraucht ist. Die Legierung ist dann vollkommen erstarrt und besteht aus den beiden Kristallarten D und E. Bei weiterem Sinken der Temperatur ändert sich die Zusammensetzung dieser Kristalle längs der Kurvenstücke DF und EG, bis die Temperatur der Umgebung erreicht ist. Nach unserer Annahme haben dann die B-reichen Kristalle die Zusammensetzung G, die A-reichen die Zusammensetzung F angenommen. Da diese letzte Veränderung längs DF und EG ohne merkliche Wärmetönung vor sich geht, so wird die Abkühlungskurve nur einen Knick bei l_2 und einen Haltepunkt bei der Temperatur der Horizontalen CDE aufweisen.

Die Konzentration der Legierung 3 liegt zwischen C und D, die erste Kristallausscheidung findet bei der Temperatur l_3 statt. Die Kristalle haben die Zusammensetzung s_3. Ist die Temperatur auf die der Horizontalen CDE gesunken, so besteht die ganze Legierung wieder aus der Schmelze C und den B-reichen Kristallen von der Konzentration E. Bei weiterer Wärmeentziehung findet bei konstanter Temperatur Umsetzung dieser B-reichen Kristalle mit der Schmelze zur Kristallart D statt: Ist diese Reaktion beendet, so sind alle B-reichen Kristalle aufgebraucht, und die Legierung besteht aus den A-reichen Kristallen von der Zusammensetzung D und Schmelze C. (Nur wenn die Zusammensetzung der Legierung genau dem Punkte D entspricht, sind Schmelze und Kristallart E in solcher Menge vorhanden, daß sie beide nach Verlauf der Reaktion aufgebraucht sind.) Die weitere Erstarrung der Schmelze C findet längs des Astes CA der l-Kurve statt, wobei die Zusammensetzung der mit ihr im Gleichgewichte befindlichen Kristalle durch DA angegeben wird. Infolge des von uns vorausgesetzten Konzentrationsausgleichs ist die Schmelze bei der Temperatur s''' vollständig erstarrt und besteht aus einer homogenen Kristallart. Über spätere Entmischung bei event. Zusammentreffen der Vertikalen 3 mit dem Stücke DF der Löslichkeitskurve gilt das früher Gesagte. Die Abkühlungskurve Fig. 59 einer solchen Legierung zeigt demnach einen Knick bei l_3, ein Intervall zwischen l_3 und der Temperatur t_1 der Horizontalen CDE, einen Haltepunkt bei dieser Temperatur, und dann wieder ein Intervall bis zur Temperatur s'''.

Für Abkühlungskurven von Schmelzen endlich, deren Konzentration zwischen C und A liegt, gilt dasselbe wie für die Konzentrationen zwischen B und E, sie weisen nur ein Intervall auf.

Die Dauer der Haltezeiten, welche der Reaktion auf der Horizontalen CDE entsprechen, hat, wie aus der anfangs angegebenen Reaktionsgleichung ersichtlich ist, ihr Maximum bei der Konzentration D und nimmt nach C und E hin, wo sie null wird, linear ab. In der Figur ist dies durch die gebrochene Linie cde angedeutet, welche die Endpunkte der diesen Haltezeiten proportionalen Senkrechten, die auf der Konzentrationsachse als Grundlinie errichtet sind, miteinander verbindet. Die Beobachtung der Zeiten bietet uns demnach ein Mittel zur Bestimmung der Punkte C, D und E.

Die Struktur der Schliffe ist zwischen 0 ($=$ reines A) und F, und zwischen G und 100 ($=$ reines B) homogen. Bei Konzentrationen

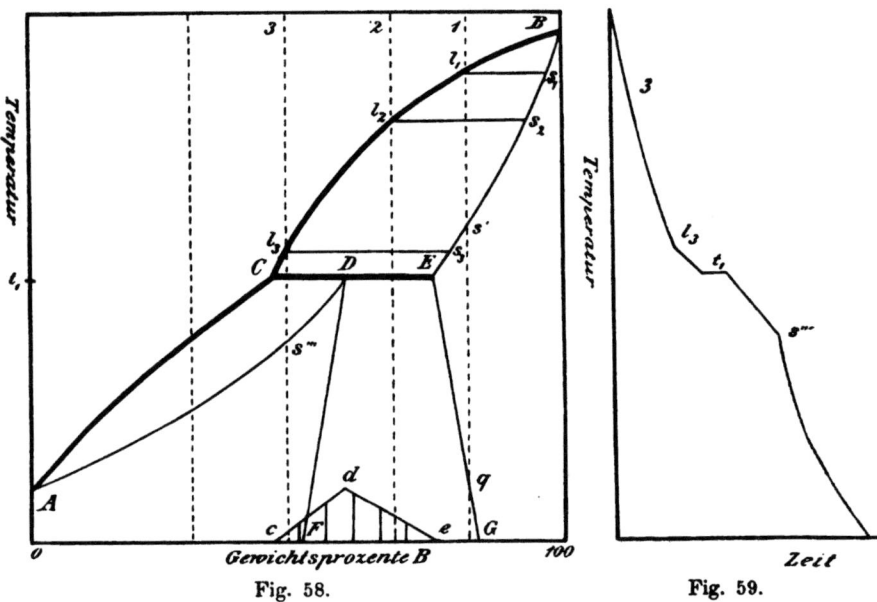

Fig. 58.   Fig. 59.

zwischen F und G müssen die Schliffe zwei Arten von Kristallen aufweisen, und zwar zwischen D und E primär ausgeschiedene Mischkristalle des Stoffes B umgeben von Mischkristallen des Stoffes A, deren Konzentration bei gewöhnlicher Temperatur den Punkten G und F entspricht. Direkt nach dem Erstarren weisen nämlich nur die Konzentrationen zwischen D und E zwei Strukturelemente auf, während die Inhomogenität der Konzentrationen zwischen F und D und zwischen E und G erst durch Entmischung nach erfolgter Erstarrung hervorgerufen ist. Es ist klar, daß Störungen durch mangelnden Konzentrationsausgleich, wie sie wohl stets stattfinden werden, die entsprechenden Folgen haben, wie in dem Falle des lückenlosen Isomorphismus (s. S. 169). Dazu können hier noch weitere Störungen durch unvollständigen Reaktionsverlauf zwischen der Kristallart E und der Schmelze kommen, wie wir sie beim verdeckten Maximum kennen lernten (s. S. 126 u. f.).

Ein Beispiel für diesen Fall bietet das System Hg-Cd.[1] Die Mischungslücke ist hier bei der Temperatur des vollständigen Gleichgewichtes verhältnismäßig klein. Eine sehr große Mischungslücke beobachteten Isaac und Tammann[2] im System Eisen-Gold. Im übrigen tritt dieser Typus verhältnismäßig selten auf.

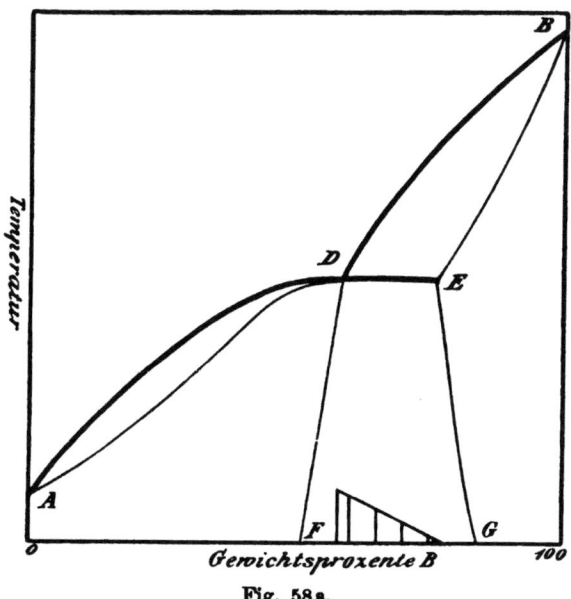

Fig. 58a.

Folgende Fälle können wir als Grenzfälle des hier betrachteten Typus IV erhalten:

1. Wir nehmen an, daß die Konzentrationsdifferenz zwischen der Schmelze C und der Kristallart D (Fig. 58) immer mehr abnimmt, so daß schließlich C und D zusammenfallen. Diesen Fall stellt Fig. 58a dar, wo C und D im Punkte D zusammenfallen. Da in D einheitliche Erstarrung stattfindet, so müssen nach S. 156 die beiden Stücke DA der l- und der s-Kurve mit horizontaler Tangente in den Punkt D einmünden. Beispiele für diesen Fall finden

[1] Bijl, Zeitschr. phys. Chem. 41 (1902), 641.

[2] Isaac und Tammann, Z. anorg. Chem. 53 (1907), 281.

sich wahrscheinlich in den Systemen Au-Cd,[1] Ag-Zn[2] und Cu-Zn (Messing).[3]

2. Wir lassen die Mischungslücke DE (Fig. 58) immer kleiner werden, die Punkte D und E also immer näher zusammenrücken, bis sie vollständig zusammenfallen.[4] Wir gelangen so zum Falle des vollständigen Isomorphismus und zwar zum Typus I nach ROOZEBOOM (Fig. 40). Der Knickpunkt C auf der l-Kurve muß natürlich verschwinden, da bei allen Temperaturen nur eine Art von Mischkristallen existiert. Demgemäß können auf den Abkühlungskurven auch keine (durch Verschwinden einer Kristallart hervorgerufene) Haltepunkte auftreten.

3. Wir lassen alle drei Punkte C, D, E zusammenfallen. Wir gelangen so zum Typus Ia (Fig. 46), bei dem die Schmelzkurve einen Wendepunkt mit horizontaler Tangente hat.

4. Wir lassen die Mischungslücke im kristallisierten Zustand immer größer werden und kommen schließlich dazu, daß die Konzentrationen D und E den reinen Stoffen entsprechen und somit bei 0 und 100 liegen. Dann muß natürlich auch der Punkt C, der der Zusammensetzung der Schmelze entspricht, mit D und daher auch mit A zusammenfallen, d. h. der untere Ast CA verschwindet. Wir gelangen auf diese Weise zu dem in Fig. 14 (S. 70) dargestellten Diagramm, welches wir als Grenzfall dafür kennen lernten, daß bei vollständiger Nichtmischbarkeit im kristallisierten Zustande ein Ast der Schmelzkurve immer kleiner wird, und welches demnach auch als Grenzfall des hier dargestellten Verhaltens zweier Stoffe zueinander resultieren kann.

B. Typus V nach Roozeboom.

Auch von diesem Typus haben wir schon das Wesentliche vorweggenommen. Fig. 60 stellt das vollständige Schmelzdiagramm dar. Die l-Kurve ACB und ebenso die Horizontale DCE sind, weil thermisch ohne Schwierigkeiten bestimmbar, stark ausgezogen, während die beiden Stücke AD und BE der s-Kurve, und ebenso die beiden Stücke DF und EG der Löslichkeitskurve der beiden Kristallarten dünn gezeichnet sind, weil man sie auf thermischem Wege nicht sicher oder überhaupt nicht bestimmen kann. Auf der

---

[1] VOGEL, Z. anorg. Chem. 48 (1906), 333.

[2] PETRENKO, Z. anorg. Chem. 48 (1906), 347.

[3] SHEPHERD, Journ. Phys. Chem. 8 (1904), 421.

[4] Der Verlauf der Entmischungskurve ist hierbei nicht berücksichtigt.

Horizontalen DCE findet bei Wärmeentziehung bei konstanter Temperatur t_1 die Reaktion:

Schmelze $C \rightleftharpoons$ Ges. Mischkristalle D + Ges. Mischkristalle E
von links nach rechts statt.

Die Dauer der Haltepunkte, die beim Erstarren der Legierungen durch diese Reaktion auf den Abkühlungskurven auftreten, hat

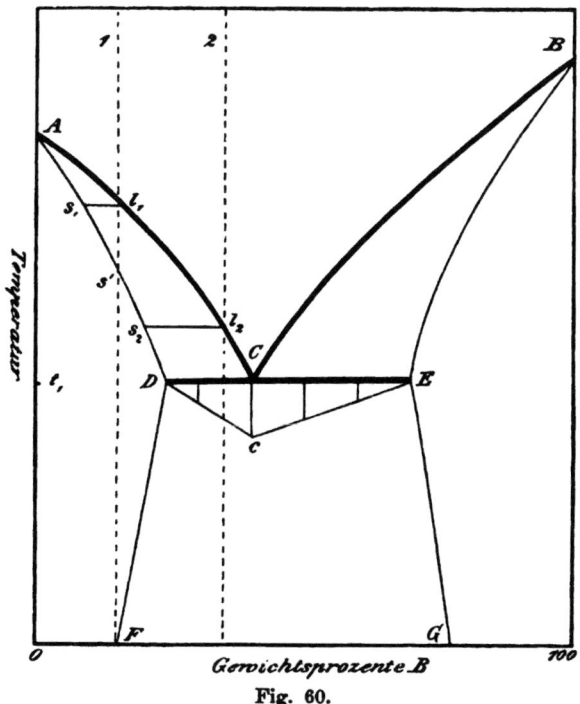

Fig. 60.

nach dieser Gleichung ihr Maximum bei der Konzentration C und nimmt nach den Konzentrationen D und E hin, wo sie Null wird, linear ab. In der Figur ist dies in der bekannten Weise durch die gebrochene Linie DcE ausgedrückt, die die Endpunkte der auf der Horizontalen DCE als Grundlinie errichteten, den Haltezeiten proportionalen Senkrechten miteinander verbindet. In der Bestimmung der Haltezeiten haben wir demnach ein Mittel zur Bestimmung der drei Punkte C, D und E.

Eine Schmelze 1, deren Konzentration zwischen 0 (= reines A) und D liegt, scheidet die ersten Kristalle von der Zusammensetzung

13*

s_1 bei der Temperatur l_1 aus. Wenn wir vollkommenen Konzentrationsausgleich annehmen, so ist die Legierung, wenn ihre Temperatur bis s'' gefallen ist, vollständig zu einem Konglomerat von Kristallen erstarrt, die sämtlich die Zusammensetzung der ursprünglichen Mischung aufweisen. Ob bei weiterer Abkühlung auf die Temperatur der Umgebung (als welche wir wiederum die Temperatur Null unseres Koordinatensystems annehmen) nachträglich noch eine Spaltung der homogenen Kristalle in zwei gesättigte Mischkristalle eintritt, hängt davon ab, ob die betreffende Vertikale das Stück DF der Löslichkeitskurve oberhalb dieser Temperatur schneidet oder nicht. Da dieser letztere Vorgang nicht von merklicher Wärmetönung begleitet wird, beobachten wir auf den Abkühlungskurven in jedem Falle nur ein Intervall von der Größe $l_1 s'$.

Die Legierung 2, deren Konzentration zwischen D und C liegt, scheidet die ersten Kristalle von der Zusammensetzung s_2 bei der Temperatur l_2 aus. Ist die Temperatur auf die der Horizontalen DCE gefallen, so hat die Schmelze die Zusammensetzung C, und sämtliche Kristalle durch Ausgleich die Zusammensetzung D. Es findet jetzt bei konstanter Temperatur vollständige Erstarrung der Schmelze zu den beiden gesättigten Mischkristallen D und E statt. Die Abkühlungskurve zeigt demnach ein Intervall, welches bei der Temperatur l_2 beginnt und bei der Temperatur t_1 der Horizontalen DCE endigt, und darauf einen Haltepunkt bei dieser Temperatur. Der Umstand, daß die gesättigten Mischkristalle D und E bei weiterem Sinken der Temperatur ihre Zusammensetzung längs der beiden Kurvenstücke DF und EG ändern, kommt auf den Abkühlungskurven nicht zum Ausdruck.

Eine Legierung von der Zusammensetzung C erstarrt wie ein reiner Körper. Die Abkühlungskurve läßt nur einen Haltepunkt erkennen.

Für Konzentrationen zwischen C und E gilt das für die Legierung „2" Bemerkte, nur haben hier, wenn die Temperatur auf die der Horizontalen DCE gesunken ist, die mit der Schmelze C im Gleichgewicht befindlichen Kristalle die Zusammensetzung E.

Für Konzentrationen zwischen E und 100 (= reines B) gilt dasselbe wie für die Legierung 1.

Die Struktur der Schliffe der Reguli, die wir bei gewöhnlicher Temperatur untersuchen, muß zwischen 0 und F, und zwischen G und 100 homogen sein. Schliffe von Konzentrationen zwischen F und G weisen die bei gewöhnlicher Temperatur miteinander gesättigten Mischkristalle von B in A und von A in B auf, deren resp. Konzentrationen F und G sind. In Schliffen der Konzentrationen zwischen D und C muß man primär ausgeschiedene Mischkristalle des Stoffes A, welche bei der Temperatur der Horizontalen DCE die Konzentration D hatten, bemerken. Diese sind umgeben von einem Gemenge der Kristalle D und E, welches seiner Entstehung nach ein eutektisches Gefüge zeigen muß. Da die Konzentrationsunterschiede zwischen D und F und zwischen E und G im allgemeinen unbedeutend sind, so wird die nachträgliche Änderung der Zusammensetzung keinen großen Einfluß auf die Struktur der Schliffe haben. In Schliffen von Konzentrationen zwischen C und E haben die primär ausgeschiedenen Kristalle bei der Temperatur der Horizontalen DCE sämtlich die Zusammensetzung E. Das sekundäre, durch Kristallisation der auch hier schließlich zurückbleibenden Schmelze C entstandene Gemenge der Kristalle D und E ist dasselbe wie bei den Legierungen der Konzentrationen zwischen D und C. Bei Konzentrationen zwischen D und F, und E und G ist die ursprünglich homogene Struktur durch nachträgliche Entmischung etwas inhomogen geworden.

Nicht vollständiger Konzentrationsausgleich der zuerst ausgeschiedenen Kristalle mit der Schmelze wird zunächst eine inhomogene, meistens zonale Struktur der Legierungen zwischen 0 und F, und G und 100 zur Folge haben. Außerdem wird schon bei Konzentrationen, welche A-reicher als D und B-reicher als E sind, eine merkliche Menge Schmelze von der Konzentration C zum Schlusse zurückbleiben. Dadurch wird eine Verschiebung des Punktes D nach der A-reichen und des Punktes E nach der B-reichen Seite, also eine Unsicherheit in der Bestimmung der Mischungslücke DE, verursacht. Es ist das dieselbe Ursache, welche eine Vergrößerung des Schmelzintervalles, d. h. eine Verschiebung der Stücke AD und BE der s-Kurve nach tieferer Temperatur hin bewirkt (s. S. 164). Über die Verringerung dieser Fehler durch langsame Abkühlung und nachträgliche Homogenisierung vergl. S. 170.

Folgende Fälle können wir als Grenzfälle des hier betrachteten Typus V erhalten:

1. Wir nehmen an, daß die Konzentrationsdifferenz zwischen der Schmelze C und der Kristallart D (Fig. 60) immer mehr abnimmt, so daß schließlich C und D zusammenfallen. Diesen Fall stellt Fig. 60a dar, wo C und D im Punkte C zusammenfallen. In C findet einheitliche Erstarrung statt, daher müssen nach S. 156 die

beiden Stücke CA der l- und der s-Kurve im Punkte C eine horizontale Tangente haben. Wir bekommen danach zwei verschiedene mögliche Typen (Fig. 58a und 60a) für den Fall, daß die Schmelze, die mit den beiden gesättigten Mischkristallen im Gleichgewichte ist, dieselbe Zusammensetzung wie eine der Kristallarten hat, je nachdem wir ihn als Grenzfall des Typus IV oder V auffassen. Es wird natürlich in praxi sehr schwer sein, eine Entschei-

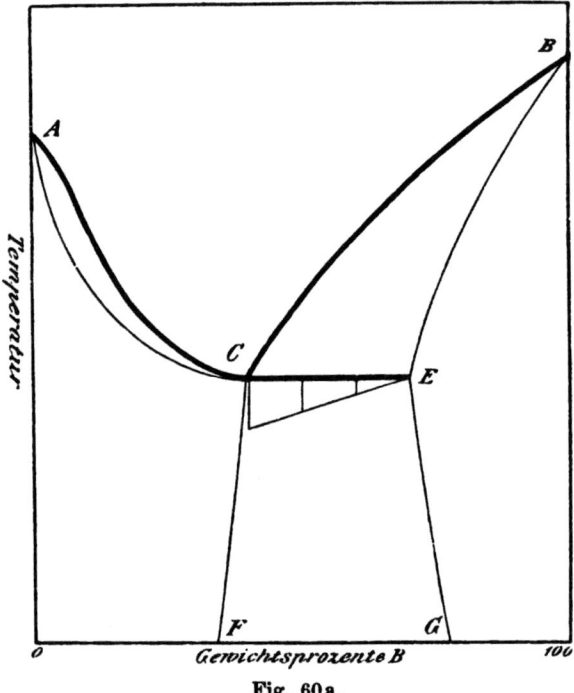

Fig. 60a.

dung darüber zu treffen, ob D und C völlig zusammenfallen oder nicht. Fälle, die dem in Fig. 60a dargestellten jedenfalls sehr nahekommen, sind häufig beobachtet (vergl. z. B. R. Ruer, Z. anorg. Chem. 52. (1907), 355).

2. Wir lassen die Mischungslücke DE (Fig. 60) immer kleiner werden, bis schließlich die beiden Punkte D und E und somit auch der zwischen ihnen liegende Punkt C in einem Punkte zusammenfallen. Auf diese Weise gelangen wir zu dem in Fig. 45 dargestellten Falle des lückenlosen Isomorphismus, wo die Schmelzkurve ein

Minimum aufweist. Wir können daher den Typus III nach Roozeboom als Grenzfall des hier beschriebenen Typus V erhalten.

3. Andererseits können wir die Mischungslücke immer größer
werden, d. h. die Punkte D und E immer weiter auseinanderrücken
lassen (Fig. 60 b). In diesem Falle wird der ges. Mischkristall des
Stoffes A immer B-ärmer und der des Stoffes B immer A-ärmer.
Wenn schließlich D und E auf die Temperaturachsen fallen, so

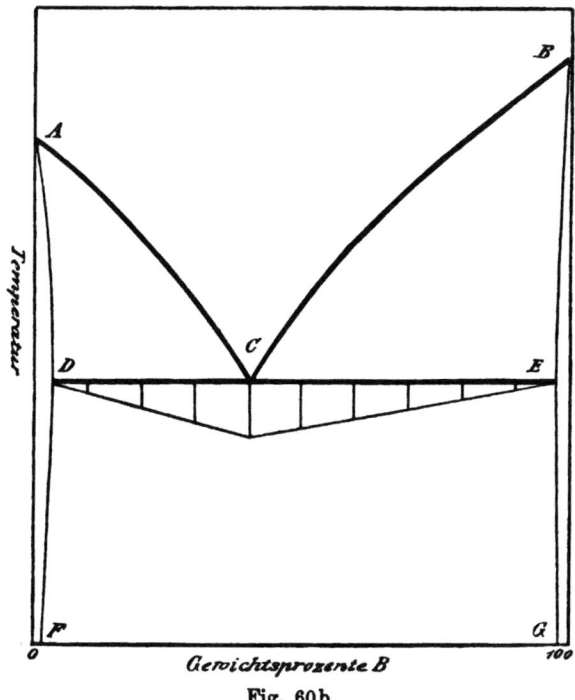

Fig. 60 b.

scheiden sich aus allen Schmelzen die A- resp. B-Kristalle in reinem
Zustande aus, d. h. wir haben den im Anfang (S. 55) betrachteten,
in Fig. 11a dargestellten Fall: „Vollständige Mischbarkeit im flüssigen,
vollständige Nichtmischbarkeit im kristallisierten Zustande, keine
Verbindung, keine polymorphe Umwandlungen", — als Grenzfall der
beschränkten Mischbarkeit und zwar des Typus V erhalten. In der
Tat besagt ja auch die Forderung der vollständigen Nichtmischbarkeit
im kristallisierten Zustande bei Nichtexistenz einer Verbindung weiter
nichts, als daß die Zusammensetzung der mit Schmelzen aller Kon-

zentrationen im Gleichgewichte befindlichen Kristalle den Konzentrationen 0 oder 100, d. h. reinem *A* oder reinem *B* entspricht. Wir erinnern uns gleichzeitig daran, daß wir in praxi nicht mit Sicherheit entscheiden können, ob der Grenzfall vollständiger Nichtmischbarkeit vorliegt oder nicht. Wir werden immer nur eine obere Grenze angeben können, über die hinaus eine Mischbarkeit im kristallisierten Zustande nicht besteht, und diese Grenze wird um so schärfer sein, je schärfer die von uns benutzten Untersuchungsmethoden sind (s. S. 68). Theoretische Erwägungen lehren sogar, daß absolute Nichtmischbarkeit prinzipiell ausgeschlossen ist, doch hat die Erfahrung gezeigt, daß sie in solch hohem Grade bestehen kann, daß wir praktisch das Recht haben, von vollständiger Nichtmischbarkeit zu sprechen, und die zwar in solchen Fällen stets vorhandene, wegen ihrer Geringfügigkeit aber experimentell nicht nachweisbare Mischbarkeit im kristallisierten Zustande zu vernachlässigen. Auf dieser Vernachlässigung beruht ein Teil der modernen Lösungstheorie, und die glänzende Übereinstimmung der theoretisch gewonnenen Folgerungen mit der Erfahrung beweist weiterhin die Berechtigung dieser Idealisierung. Prinzipiell stellt jedoch Fig. 60b das gegenseitige Verhalten zweier Stoffe richtiger dar wie der Grenzfall Fig. 11a.

Die (theoretisch) stets vorhandene Löslichkeit beider Stoffe ineinander wird sich auch hier mit der Temperatur ändern und im allgemeinen mit sinkender Temperatur abnehmen. Dies wird durch die beiden Stücke *DF* und *EG* (Fig. 60b) der Kurve unvollständigen Gleichgewichts angedeutet, welche die Zusammensetzung der beiden im Gleichgewichte befindlichen Kristallarten in Abhängigkeit von der Temperatur angeben und welche nach Obigem praktisch mit den Temperaturachsen zusammenfallen können.

Der Hauptunterschied zwischen den Schmelzdiagrammen Fig. 60 und 60b gegenüber dem Schmelzdiagramm Fig. 11a läßt sich dahin präzisieren, daß im ersten Falle die Horizontale *DCE* ihr Ende schon vor den Konzentrationen der reinen Stoffe erreicht, während sie im zweiten Falle durch das ganze Diagramm hindurchgeht (S. 67). Wir bezeichnen die Horizontale *DCE* in allen Fällen als eutektische Horizontale.

Die Abkühlungskurven der Legierungen, deren Konzentration zwischen *D* und *E* (Fig. 60) liegt, und die demgemäß einen eutektischen Haltepunkt zeigen, sind in der Form nicht verschieden von den Abkühlungskurven solcher Legierungen, deren Komponenten sich im kristallisierten Zustande praktisch nicht mischen. Beispielsweise schließt sich auf der Abkühlungskurve einer Legierung 2 an das bei l_2 beginnende und bei der Temperatur der eutektischen Horizontalen endigende Intervall eine Periode eutektischer Kristallisation an. Nun ist zwar der Kristallisationsvorgang während des Intervalls ein anderer, als wenn jede Mischbarkeit im kristallisierten Zustande ausgeschlossen ist. Im ersten Falle ändert sich die Zusammensetzung der erstarrenden und bei stattfindendem Konzentrationsausgleich auch die der vorher ausgeschiedenen Kristalle beständig, während im zweiten Falle von Anfang bis zu Ende dieselben Kristalle ausgeschieden werden. Auf der Abkühlungskurve macht dies aber keinen Unterschied. Man bemerkt auf der Abkühlungskurve der Konzentration 2 einen Knick bei der Temperatur des Kristallisationsbeginnes l_2, von welcher Temperatur an infolge der durch die Kristallausscheidung freiwerdenden Wärme ein verlangsamtes Sinken der Temperatur stattfindet und daran anschließend bei der Temperatur der eutektischen Horizontalen eine Periode konstanter Temperatur. Wir haben also eine ganz gleiche Kurve, wie wir sie bei ausgeschlossener Mischbarkeit im kristallisierten Zustande beobachten würden. Anstatt aus einem Konglomerat der reinen Stoffe A und B bestehen die erkalteten Legierungen der Konzentrationen zwischen D und E (wenn wir von späterer Entmischung absehen) aus den gesättigten Mischkristallen D und E, von denen einer primär und als eutektischer Bestandteil, der andere nur als eutektischer Bestandteil auftritt.

Beispiele für den hier beschriebenen Typus gibt es sehr viele. Es ist der häufigste Typus des Schmelzdiagramms zweier Stoffe, die bei vollständiger Mischbarkeit im flüssigen Zustande keine Verbindung miteinander bilden. Streng genommen würde nach obigem auch das System Antimon-Blei (S. 71) hierher zu rechnen sein, da man den beiden Komponenten eine wenn auch noch so geringe gegenseitige Löslichkeit im kristallisierten Zustande nicht absprechen darf. In den Systemen Au-Cu[1] und Ag-Cu[2,3] ist die gegenseitige Löslichkeit der Komponenten im kristallisierten Zustande schon recht merklich. Noch stärkere Mischbarkeit im kristalliserten Zustande findet

[1] ROBERTS-AUSTEN und KIRKE ROSE. *Proc. Roy. Soc.* **67** (1900), 105.

[2] HEYCOCK und NEVILLE, *Phil. Trans.* 189 A (1897), 25.

[3] OSMOND, Bull. de le Soc. d'Encouragement, 5. Serie, Band 2, S. 837, 1897.

sich in dem Systeme Au-Ni[1]. In dem System Al-Zn[2,3] besteht auf der aluminiumreichen Seite große, auf der zinkreichen Seite geringere Mischbarkeit.

C. Polymorphe Umwandlungen.

Treten nach vollendeter Kristallisation noch polymorphe Umwandlungen ein, so kann die Mischbarkeit der bei niedrigerer Tem-

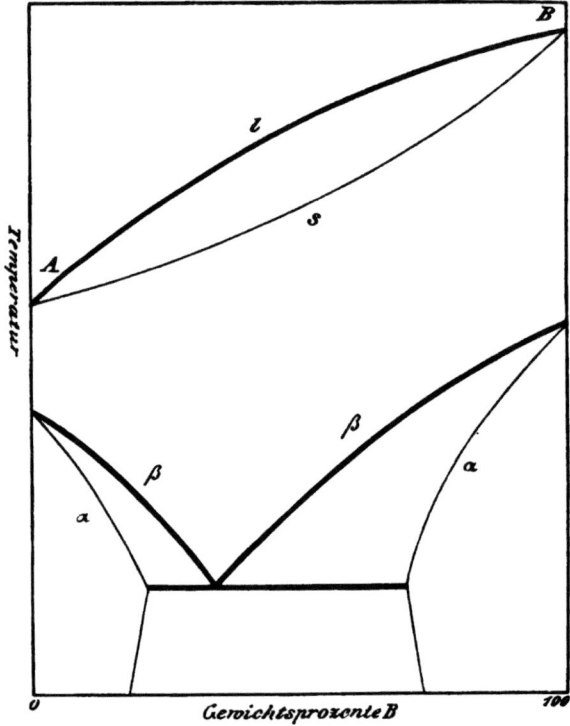

Fig. 61.

peratur beständigen α-Kristalle miteinander größer oder kleiner sein, als die der ursprünglich ausgeschiedenen β-Kristalle. Sind etwa die aus der Schmelze ausgeschiedenen β-Kristalle in allen Verhältnissen mischbar, während die α-Kristalle eine Mischungslücke aufweisen, so geben uns die bisherigen Auseinandersetzungen ohne weiteres eine Übersicht über die hier obwaltenden Verhältnisse.

[1] Levin, Z. anorg. Chem. 45 (1905), 238.
[2] Heycock und Neville, Journ. of the Chem. Soc. 71 (1897), 383.
[3] Shepherd, Aluminium Zink alloys, Journ. Phys. Chem. 9 (1905), 504.

Auch hier haben wir ja ein Gleichgewicht zwischen einer Phase mit vollständiger Mischbarkeit und einer Phase mit unvollständiger Mischbarkeit, und da der Übergang von vollständiger zu unvollständiger Mischbarkeit durch Temperaturerniedrigung bewirkt wird, so ergibt sich ohne weiteres, daß auch hier die Typen IV und V, die wir für das Gleichgewicht flüssig-kristallisiert kennen lernten,

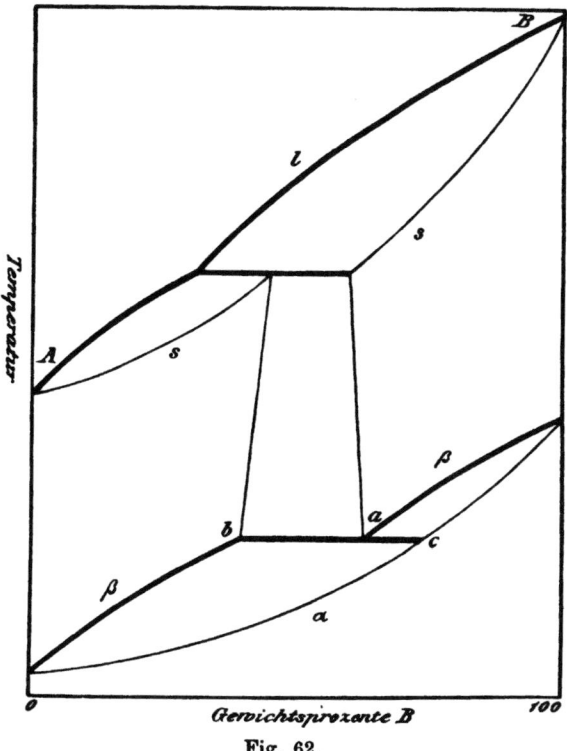

Fig. 62.

in Kombination mit den Typen für lückenlosen Isomorphismus das Verhalten beider Stoffe zueinander vollständig beschreiben müssen. So stellt Fig. 61 das Schmelzdiagramm zweier Stoffe A und B dar, die zuerst zu einer lückenlosen Reihe von β-Mischkristallen nach Typus I von ROOZEBOOM erstarren. Bei weiterer Wärmeentziehung findet bei sämtlichen Konzentrationen eine Umwandlung in die bei niedrigerer Temperatur beständigen α-Kristalle statt, deren Lösungsvermögen füreinander ein beschränktes ist. Die Umwandlung muß demgemäß nach einem der beiden Typen IV oder V, welch letzteren die Figur wiedergibt, stattfinden. Etwas anders liegt der durch Fig. 62 dargestellte Fall, daß die β-Kristalle eine Mischungslücke, hier Typus IV, zeigen, während die bei niedrigerer Temperatur beständigen α-Kristalle miteinander vollkommen mischbar sind. Dieses Schmelzdiagramm können wir nicht ohne weiteres durch Kombination der bisher kennen gelernten Typen erhalten, da hier in dem bei höherer Temperatur stabilen Zustande beschränkte Mischbarkeit herrscht. Der Umstand, daß die mittleren Konzentrationen keine einheitlichen Kristalle sind, bewirkt, daß auch die Umwandlung in die kontinuierliche α-Reihe etwas Diskontinuierliches zeigt. Bei der Temperatur a, bei der die Umwandlungskurve die Löslichkeitskurve der β-Kristalle schneidet, befinden sich nicht nur der gesättigte Mischkristall a der β-Modifikation, sondern auch der damit im Gleichgewichte befindliche gesättigte Mischkristall b eben dieser Modifikation mit den Kristallen der bei niedrigerer Temperatur stabilen α-Modifikation von der Konzentration c im Gleichgewicht (vergl. den ähnlichen Fall S. 144). Die Temperatur bleibt hier bei Wärmeentziehung so lange konstant, bis die Reaktion

$$a \xrightleftharpoons{} b + c$$

vollständig, d. h. bis zur Aufzehrung der Mischkristalle a verlaufen ist.

Machen wir schließlich die Annahme, daß sowohl die β-Kristalle wie die α-Kristalle beschränkte Mischbarkeit zeigen, so können die Verhältnisse hier recht verwickelt werden. Es sei bezüglich weiterer Einzelheiten auf die Abhandlung von ROOZEBOOM, „Umwandlungspunkte bei Mischkristallen",[1] verwiesen.

D. Die Komponenten bilden eine Verbindung miteinander.

Wenn wir zwei Schmelzdiagramme von der in Fig. 60 dargestellten Gestalt miteinander in der S. 77 angegebenen Weise zu einem einzigen vereinigen, so erhalten wir das Schmelzdiagramm Fig. 63. Hier zeigen beide Komponenten A und B mit der Verbindung $C = A_m B_n$ beschränkte Mischbarkeit im kristallisierten Zustande. Die Bestimmung der Zusammensetzung der Verbindung ist in solchem Falle sehr erschwert, da die eutektischen Horizontalen $a\,b$ und $c\,d$ hier nicht bei der Konzentration der Verbindung, sondern schon bei der Konzentration ihrer mit A resp. B gesättigten Mischkristalle enden. Als einziges Kriterium zur Ermittelung der Zu-

---

[1] ROOZEBOOM, Z. phys. Chem. **30** (1899), 413.

sammensetzung der Verbindung bleibt die Bestimmung der Lage
des Maximums *C* auf der Schmelzkurve in Verbindung mit der Tatsache übrig, daß bei dieser Konzentration die Erstarrung bei konstanter Temperatur stattfinden, das Schmelzintervall also null werden
muß. Die Unsicherheit geht aber hier so weit, daß wir aus der
Beobachtung, daß zwei Stoffe das in Fig. 63 dargestellte Verhalten
zueinander zeigen, umgekehrt nicht einmal mit Sicherheit schließen
können, daß sie eine Verbindung miteinander bilden. Denn wir

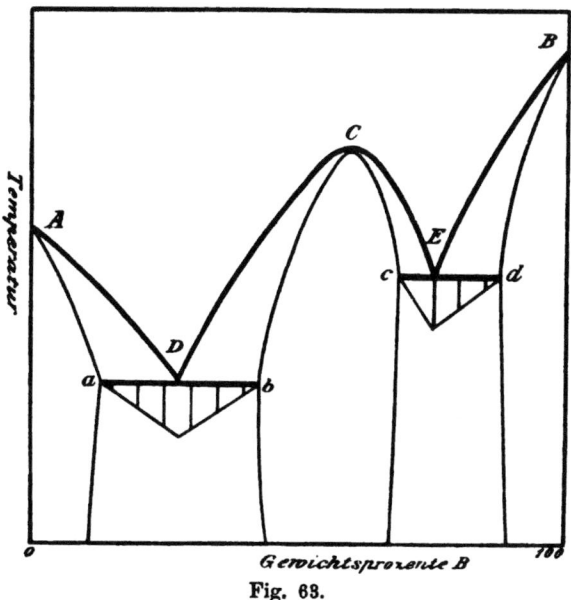

Fig. 63.

wissen ja, daß das Gesetz der Schmelzpunktserniedrigung, worauf
sich unsere Überlegungen (S. 75) stützen, nur dann gelten muß, wenn
keine Mischbarkeit im kristallisierten Zustande herrscht, d. h. also,
wenn die Zusammensetzung der sich aus einer Schmelze ausscheidenden Kristallart innerhalb gewisser Konzentrationsintervalle
praktisch unabhängig von der Zusammensetzung der Schmelze ist.
Trifft dies, wie im vorliegenden Falle, für die zwischen *b* und *c*
liegenden Konzentrationen nicht zu, so sind auch unsere Schlüsse
nicht zwingend. Wir könnten also aus dem Vorhandensein des
Maximums *C* nicht auf die Existenz einer Verbindung dieser Zusammensetzung schließen, solange wir nicht sicher sind, daß seine
Lage unabhängig von dem auf dem System lastenden Druck ist.

Der experimentelle Nachweis hierfür wird sich, wie wir wissen, nur schwer erbringen lassen. Andererseits ist jedoch zu betonen, daß durch die Annahme der Verbindung $A_m B_n$ das Verhalten der beiden Stoffe A und B zueinander am einfachsten und ungezwungensten beschrieben wird. Andernfalls müßte man die Existenz zweier Mischungslücken im kristallisierten Zustande annehmen. Bei Flüssigkeiten kommt ein solcher Fall nicht vor. Hier kann stets nur eine Mischungslücke auftreten, d. h. es kann bei einer bestimmten Temperatur nur zwei verschieden zusammengesetzte Flüssigkeiten, nämlich eine gesättigte Lösung von B in A, und eine gesättigte Lösung von A in B geben, die miteinander im Gleichgewichte sind. Beim kristallisierten Zustande ist die Möglichkeit der Existenz mehrerer Mischungslücken a priori nicht zu bestreiten, da hier außer der Löslichkeit als zweites Moment noch die Kristallform mitbestimmend ist. Eine derartige doppelte Mischungslücke könnte daher durch beschränkte Isomorphie und gleichzeitige Isodimorphie (s. S. 188) der beiden Komponenten ihre Erklärung finden.[1] Ein Beispiel für den soeben behandelten Fall bietet nach den Untersuchungen von Żemczużnyj[2] das System Mg-Ag. Hier ist wohl zweifellos eine dem Maximum C (Fig. 63) entsprechende Verbindung (der die Formel MgAg zukommt) anzunehmen. Außerdem wurde noch die Existenz einer nicht unzersetzt schmelzbaren Verbindung von der Formel Mg_3Ag nachgewiesen, die im kristallisierten Zustande keine Mischbarkeit mit Magnesium zeigt. Weitere Beispiele siehe in den Systemen Au-Zn[3] und Ni-Si.[4]

Fig. 64 kann als eine Kombination der beiden Typen IV und V aufgefaßt werden und ist dann ebenfalls auf eine doppelte Mischungslücke zurückzuführen. Einfacher und ungezwungener wird aber im allgemeinen die Auffassung sein, daß hier ein verdecktes Maximum vorliegt. Der Fall ist dann dem durch Fig. 21 (S. 108) dargestellten ganz analog, nur herrscht hier zwischen der unter Zersetzung schmelzenden Verbindung und den beiden Komponenten begrenzte Mischbarkeit im kristallisierten Zustande. Die Verbindung schmilzt bei der Temperatur der Horizontalen Dc, indem sie sich in eine Schmelze von der Konzentration D und Mischkristalle von der

---

[1] Ließe sich nachweisen, daß die drei Kristallarten beschränkte Isomorphie zeigen, so wäre die Existenz der Verbindung sichergestellt.

[2] Żemczużnyj, Z. anorg. Chem. **49** (1906), 400.

[3] Vogel, Z. anorg. Chem. **48** (1906), 319.

[4] Gürtler und Tammann, Z. anorg. Chem. **49** (1906), 93.

Konzentration c (mit $A_m B_n$ gesättigte B-Kristalle, anstatt reiner B-Kristalle) spaltet. Zur Ermittelung der Zusammensetzung der Verbindung kann hier nur das Maximum i der Kristallisationszeiten auf Dc herangezogen werden, da die eutektische Horizontale ab nicht bis zur Konzentration der Verbindung reicht (siehe unten).

Die Unsicherheit, die der Deutung der experimentellen Ergebnisse bei vorhandener Mischbarkeit im kristallisierten Zustande anhaftet,

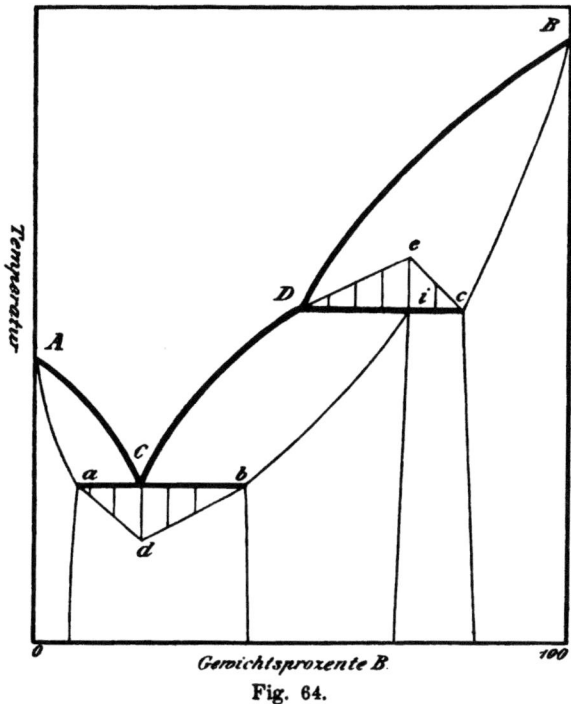

Fig. 64.

darf andererseits nicht überschätzt werden. Eine ganz geringe Mischbarkeit im kristallisierten Zustande ist ja nach S. 200 stets vorhanden und vollständig belanglos. Im allgemeinen wird man bei den in Figg. 63 und 64 dargestellten Fällen von vornherein schon der einfachen und übersichtlichen Beschreibung der Geschehnisse wegen zur Annahme einer Verbindung $A_m B_n$ geneigt sein und diese Annahme für um so begründeter halten, je geringer die beobachteten Mischbarkeiten, je größer also die Mischungslücken sind. Auch wird man in dem Umstande, daß gegebenenfalls die Zusammensetzung der fraglichen Verbindung durch eine einfache Formel ausgedrückt werden kann, eine

Stütze für ihre Existenz sehen. Analoges gilt für die durch Fig. 58a und 60a dargestellten Beziehungen. Man wird auch hier geneigt sein, in den Punkten D resp. C eine Verbindung anzunehmen, wenn die Konzentration einer einfachen Formel entspricht.

Die Bestimmung der Zusammensetzung der durch die Diagramme Figg. 58a, 60a und 64 ev. angezeigten Verbindungen beruht auf der Voraussetzung, daß die betreffende Verbindung in kristallisiertem Zustande nur die eine Komponente, in den vorliegenden Fällen A, in nachweisbarer Menge zu lösen vermag, daß also die Zusammensetzung der mit B gesättigten Mischkristalle von $A_m B_n$ praktisch der Formel $A_m B_n$ entspricht. Das bei der Konzentration der Verbindung liegende Stück der Löslichkeitskurve der beiden Kristallarten $A_m B_n$ und B muß demnach, falls bei sinkender Temperatur keine Zunahme der Löslichkeit eintritt, einen vertikalen Verlauf zeigen. Eine experimentelle Prüfung dieser Annahme ist aus den S. 189 angeführten Gründen schwer ausführbar.

§ 5. Es herrscht unvollständige Mischbarkeit im flüssigen, vollständige oder unvollständige Mischbarkeit im kristallisierten Zustande.

Da im allgemeinen die Mischbarkeit der Stoffe im flüssigen Zustande die im kristallisierten Zustande übertrifft, so wird dieser Fall

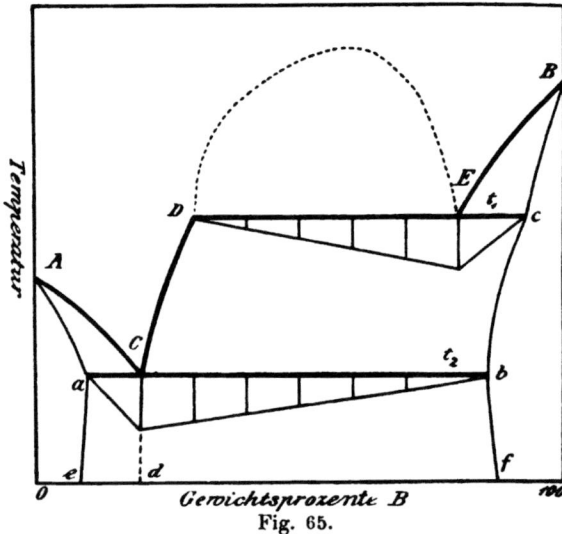

Fig. 65.

jedenfalls nicht häufig sein. Nehmen wir an, es herrsche im kristallisierten Zustande lückenloser Isomorphismus, so können wir den unteren Teil der Fig. 62 zur Darstellung dieses Falles benutzen, indem auch hier die beschränkte Mischbarkeit in dem bei der höheren Temperatur stabilen Zustande besteht. Wir müssen dann annehmen, daß die beiden in a resp. b von oben einmündenden Kurvenstücke der Löslichkeitskurve der Schmelze angehören. Bei der Temperatur der Horizontalen bac zerfällt die B-reiche Schicht von der Konzentration a bei konstanter Temperatur in die Mischkristalle von der Zusammensetzung c und die A-reiche Schmelze von der Konzentration b.

Einen Fall, in welchem im kristallisierten und flüssigen Zustande beschränkte Mischbarkeit besteht, stellt Fig. 65 dar. Er ist dem in Fig. 33 dargestellten Falle ganz analog, nur scheiden sich hier nicht die reinen Kristalle A und B aus, sondern solche, die B resp. A und zwar gegebenenfalls bis zur Sättigung gelöst haben. Ferner sei an dieser Stelle auf einen weiteren, von TAMMANN[1] behandelten Fall hingewiesen.

§ 6. Ausscheidung nicht vollkommen stabiler Kristallarten.

A. Das System Antimon-Cadmium.

Wir haben bei den bisherigen Erörterungen vorausgesetzt, daß wir es stets mit im Gleichgewichte befindlichen Systemen zu tun hatten, d. h. mit solchen, die man beliebig lange sich selbst überlassen kann, ohne daß eine Veränderung eintritt. Bei der Ausarbeitung des Schmelzdiagramms des Systems Sb-Cd wurden Erscheinungen beobachtet, die auf die Nichterfüllung dieser Voraussetzung zurückzuführen sind. TREITSCHKE[2] erhielt zwei verschiedene Schmelzdiagramme, je nachdem die abkühlende Schmelze zur Einleitung der Kristallisation rechtzeitig geimpft wurde oder spontan kristallisierte. Fig. 66a ist das beim Impfen erhaltene Schmelzdiagramm und bezieht sich demgemäß auf die Gleichgewichte absolut stabiler Kristallarten. Wir entnehmen dem Diagramm (bezüglich einiger nicht völlig aufgeklärter Nebenumstände sei auf das Original verwiesen) ohne weiteres, daß Sb und Cd eine bei ca. 460° schmelzende Verbindung C von der Formel SbCd miteinander bilden, welche sich im kristallisierten Zustande weder mit Sb noch Cd mischt und speziell mit dem Antimon ein bei 455° schmelzendes

---

[1] TAMMANN, *Ann. der Phys.* 19 [4] (1906), 421.

[2] TREITSCHKE, *Z. anorg. Chem.* 50 (1906), 217. Die Resultate einer vorläufigen Mitteilung von KURNAKOW und KONSTANTINOW, *Journ. der russ. phys. chem. Ges.* 37 (1905), 580 scheinen im allgemeinen mit denen von TREITSCHKE übereinzustimmen.

Eutektikum B mit einem Gehalte von $60\,^0/_0$ Sb bildet. In den Schliffen der Reguli erscheint diese Verbindung in Form charakteristischer langer Nadeln.

Unterläßt man das Impfen, so läßt sich der Ast $A\,B$, auf dem primäre Ausscheidung von Sb erfolgt, bis zu tieferer Temperatur

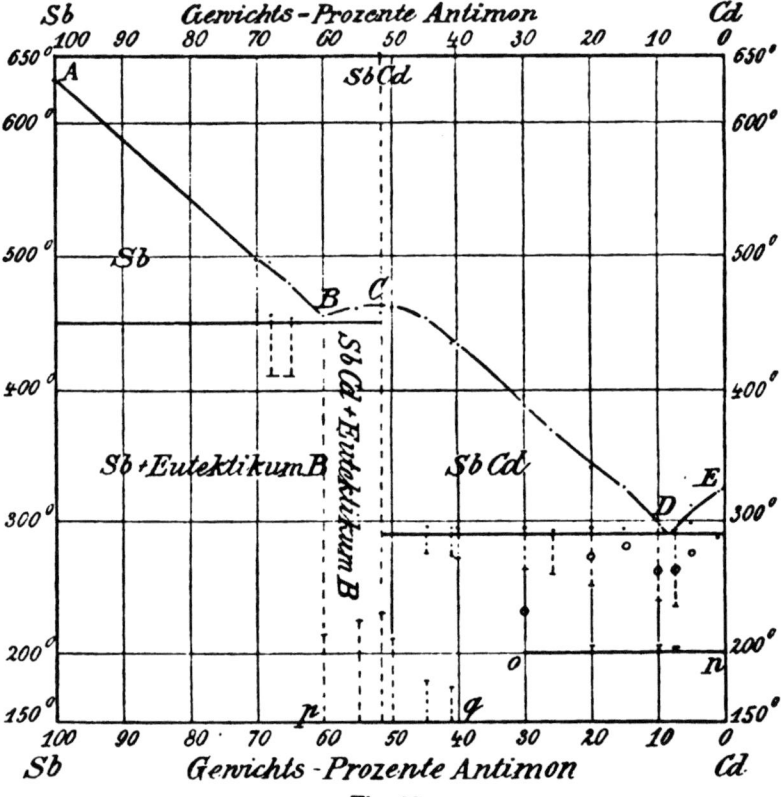

Fig. 66 a.

Schmelzdiagramm des stabilen Systems Antimon-Cadmium nach Treitschke.

und höherer Cadmiumkonzentration, nämlich bis zum Punkte B' (Fig. 66 b), entsprechend 408⁰ und $54\,^0/_0$ Sb, realisieren. Bei Konzentrationen zwischen 54 und $30\,^0/_0$ Sb scheidet sich primär eine bei etwa 424⁰ schmelzende Verbindung C' aus, die im kristallisierten Zustande bis zur Konzentration B' mit Antimon in jedem Verhältnisse mischbar ist, und der wahrscheinlich die Formel Sb_2Cd_3 zukommt. Diese Verbindung kann jedoch nicht stabil sein, denn es

ist klar, daß eine beispielsweise bis zum Kurvenaste $B'\,C'$ abgekühlte
Schmelze in bezug auf die sich bei höherer Temperatur ausscheidende
Verbindung SbCd unterkühlt sein muß. Demgemäß beobachtet man
bei weiterer Abkühlung das spontane Auftreten eines erheblichen
Wärmeeffektes, der ein momentanes Ansteigen der Temperatur um

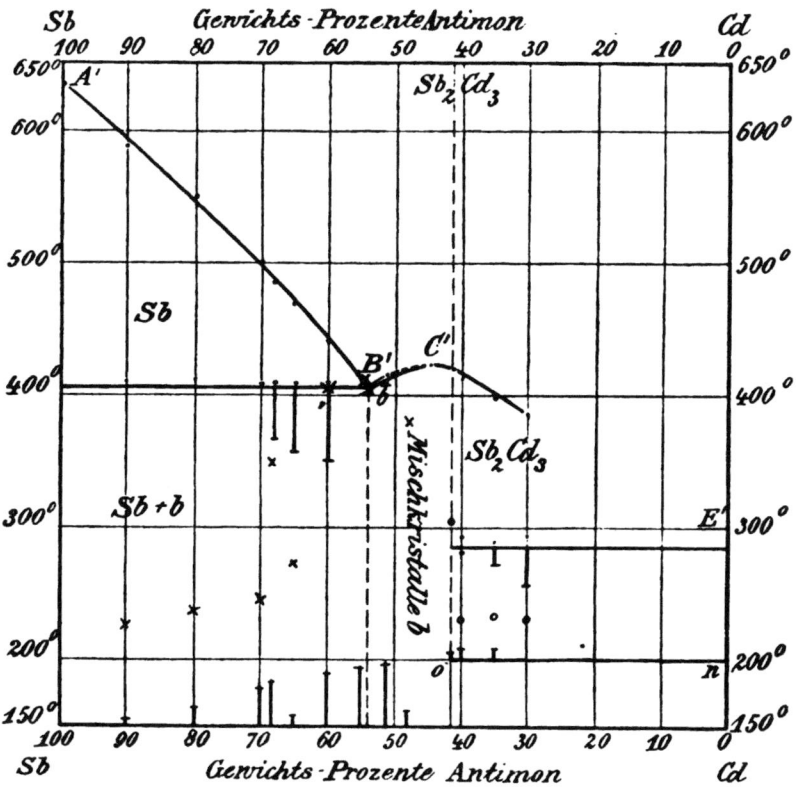

Fig. 66 b.

Schmelzdiagramm des instabilen Systems Antimon-Cadmium nach TREITSCHKE.

ca. 50° bewirken kann, und der seinen Ursprung der Zersetzung
der Verbindung Sb_3Cd_3 (oder event. ihrer Mischkristalle) unter Ausscheidung der stabilen Verbindung SbCd verdankt. Der Eintritt dieses
Temperatursprungs, der im Diagramm für die Temperatur des Beginns des plötzlichen Sprunges durch Kreuze angegeben ist, war
recht unregelmäßig.

Durch Abschrecken der Reguli von 400° in Wasser gelang es

14*

jedoch, die instabile Verbindung schnell in das Gebiet geringer Reaktionsgeschwindigkeit hinüberzubringen und dadurch die obige Reaktion zu überspringen (s. S. 138). So behandelte Reguli mit 42%, 48% und 52% Sb zeigten demgemäß bei der mikroskopischen Untersuchung große homogene Polygone der Verbindung Sb_2Cd_3 resp. ihrer Mischkristalle mit Sb.

Man kann die Gleichgewichtskurven der Fig. 66a und b in ein gemeinsames Koordinatensystem eintragen und erhält dann ein einziges Schmelzdiagramm, welches die stabilen und instabilen Zustände gleichzeitig wiedergibt. A und A', entsprechend dem Schmelzpunkte des Antimons, fallen dann zusammen, und ebenso fällt der Ast AB auf $A'B'$, da beide der primären Ausscheidung der gleichen Kristallart, des reinen Antimons, entsprechen. Jedoch schneidet der Kurvenast BCD der stabilen Kristallart den Ast AB bei höherer Temperatur, als der Kurvenast $B'C'$ der instabilen Kristallart und überdeckt jenen, entsprechend der Tatsache, daß $B'C'$ die Gleichgewichtskurve eines unterkühlten Systems darstellt.

Den eben beschriebenen Erscheinungen ganz analoge beobachtete Žemčužnyj[1] bei der Erstarrung der Zink-Antimonlegierungen.

B. Das System Eisen-Kohlenstoff.

Die obenbeschriebenen Erscheinungen sollen uns den Schlüssel zum Verständnis des Systems Eisen-Kohlenstoff liefern. Nach der Auffassung von Heyn[2] hat man es auch hier mit Zuständen verschiedener Stabilität zu tun, so daß man sich das vollständige Schmelzdiagramm der Eisen-Kohlenstofflegierungen gleichfalls durch Übereinanderlagerung zweier Diagramme entstanden denken kann, von denen das eine vollkommen stabilen, das andere nicht vollkommen stabilen Zuständen entspricht. Jedoch ist hier die Neigung zu Unterkühlungen weit ausgeprägter als bei den oben besprochenen Antimon-Cadmiumlegierungen.

Die Erforschung der Konstitution der Eisen-Kohlenstofflegierungen hat das Interesse stets in höchstem Maße in Anspruch genommen, natürlich besonders deshalb, weil sie in gewerblicher Hinsicht bei weitem die wichtigsten Legierungen sind, in zweiter Linie aber auch, weil die Interpretation der beobachteten Vorgänge der Forschung ungewöhnliche Schwierigkeiten bereitet hat. Die

---

[1] Žemčužnyj, Z. anorg. Chem. **49** (1906), 384.

[2] Heyn, Zeitschr. für Elektrochemie **10** (1904), 491.

Entwicklung der Metallographie ist auf das engste mit der Erforschung des Systems Eisen-Kohlenstoff verknüpft. SORBY und MARTENS haben bei dieser Gelegenheit das Mikroskop in den Dienst der Metallographie gestellt. Die systematische experimentelle Ausarbeitung des Zustandsdiagramms ist weiterhin besonders mit den Namen OSMOND und ROBERTS-AUSTEN verbunden. Mit den Fortschritten der tatsächlichen Erkenntnis hielt die theoretische Deutung der beobachteten Erscheinungen, der sich außer OSMOND und ROBERTS-AUSTEN besonders LE CHATELIER widmete, gleichen Schritt. Einen weiteren Fortschritt in letzterer Hinsicht bedeutete es, als ROOZEBOOM in der Absicht, die Beziehungen zwischen Eisen und Kohlenstoff kennen zu lernen, den Vorgang der Bildung von Mischkristallen aus ihren Schmelzen in theoretischer und experimenteller Hinsicht studierte und die so gewonnenen Erfahrungen auf die Kristallisationsvorgänge der Eisen-Kohlenstofflegierungen übertrug. Das von ihm aufgestellte Schmelzdiagramm,[1] welches sich auf die experimentellen Ergebnisse von ROBERTS-AUSTEN stützte, scheint jedoch in bezug auf die Stabilitätsverhältnisse der Erfahrung nicht vollständig gerecht zu werden, worauf zuerst HEYN (l. c.) aufmerksam machte. Zu diesem Ergebnisse kommen neuerdings auch WÜST,[2] CHARPY[3] und BENEDICKS.[4] Im folgenden ist in den wesentlichen Punkten der Darstellung von HEYN gefolgt. Es sei jedoch in Übereinstimmung mit HEYN bemerkt, daß man die Verhältnisse noch keineswegs als völlig geklärt ansehen kann. Von einigen Erscheinungen ist im Interesse der Einfachheit abgesehen.

1. Das nicht vollkommen stabile System Eisen-Kohlenstoff.

Das Schmelzdiagramm Fig. 67a stellt die Kristallisationsvorgänge in Eisen-Kohlenstofflegierungen bei normaler Abkühlungsgeschwindigkeit dar, sofern der Kohlenstoffgehalt 4.2 % (entsprechend B') nicht wesentlich übersteigt. Wenn wir trotzdem nach HEYN annehmen, daß dieses Diagramm zum Teil nicht vollkommen stabile, sondern mehr oder weniger unterkühlte Zustände darstellt, so müssen wir den Eisen-Kohlenstofflegierungen eine ausgeprägte Neigung zuschreiben, zu instabilen Kristallarten zu erstarren und in diesem Zustande zu

---

[1] ROOZEBOOM. *Zeitschr. phys. Chem.* **34** (1900), 437.
[2] WÜST, Wüllner-Festschrift, Leipzig, 1905, 240; *Metallurgie* **3** (1906), 1.
[3] CHARPY, *Compt. rend.* 141 (1905), 948.
[4] BENEDICKS, *Metallurgie* **3** (1906), 393. Auch als Sonderdruck erschienen. Halle a. S. 1907.

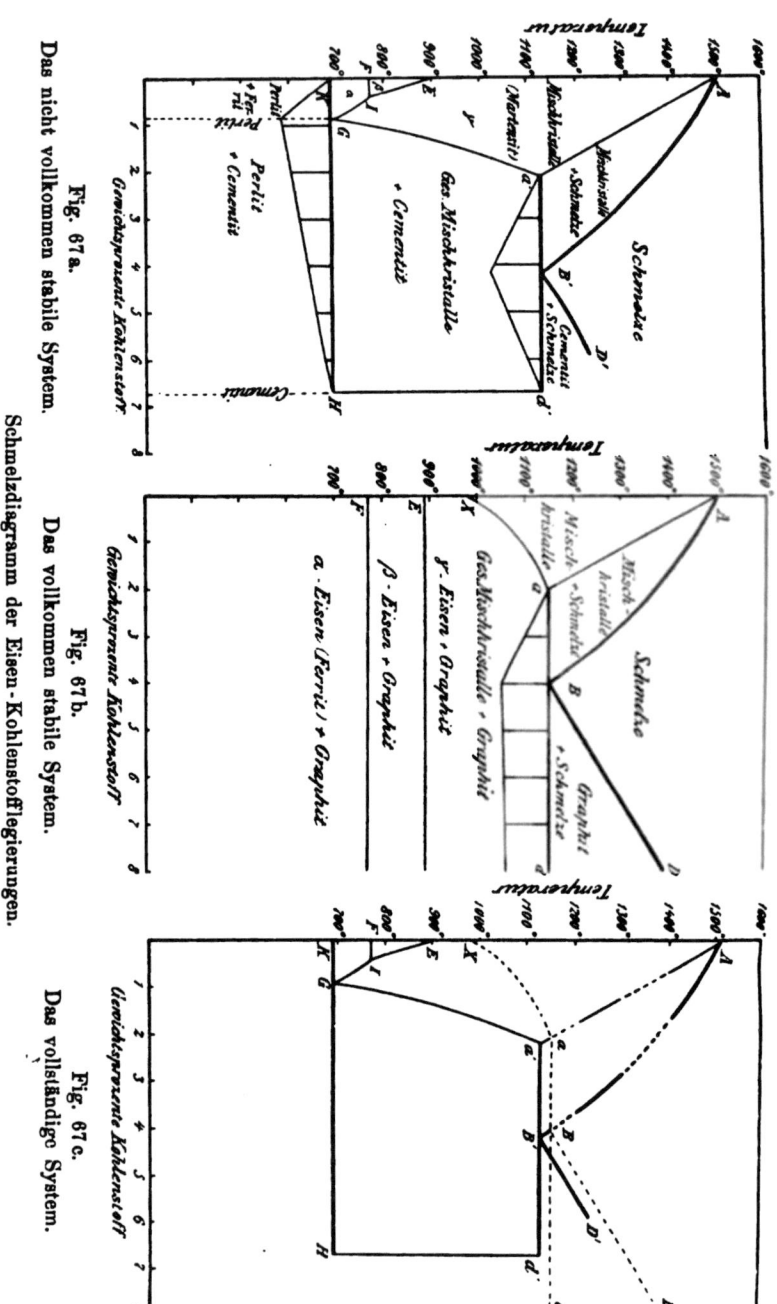

Fig. 67a.
Das nicht vollkommen stabile System.

Fig. 67b.
Das vollkommen stabile System.

Fig. 67c.
Das vollständige System.

Schmelzdiagramm der Eisen-Kohlenstofflegierungen.

verharren. Das Charakteristische des durch Fig. 67a dargestellten Schmelzdiagramms besteht darin, daß Eisen und Kohlenstoff eine (nicht vollkommen stabile) Verbindung von der Formel Fe_3C ($= 6.7 \%$ Kohlenstoff) miteinander bilden. Dieses Eisencarbid, von den Metallurgen Cementit genannt, besitzt im kristallisierten Zustande kein Lösungsvermögen für Eisen. Es zeigt große Härte und Widerstandsfähigkeit gegen Ätzmittel, so daß es durch Behandeln mit verdünnten Säuren von leicht angreifbaren Beimengungen getrennt werden kann. In konzentrierten Säuren löst es sich unter Entwicklung von Wasserstoff und Kohlenwasserstoffen auf. An seiner Existenz ist seit den Untersuchungen von Mylius, Förster und Schoene [1] nicht mehr zu zweifeln.

Im einzelnen erkennen wir aus Fig. 67a folgendes. Der Schmelzpunkt A des reinen Eisens ist zu 1510^0 angenommen. Es erleidet bei der Abkühlung zwei polymorphe Umwandlungen. Die bei der höchsten Temperatur beständige, nicht magnetisierbare γ-Form wandelt sich bei 890^0 (im Punkte E) in die ebenfalls nicht magnetisierbare β-Form um. Bei 770^0 (im Punkte F) wird wieder Wärme frei, die der Umwandlung der β-Form in die bei tieferer Temperatur beständige, magnetisierbare α-Form entspricht. Das reine α-Eisen führt als Gefügebestandteil der erstarrten Legierungen den Namen Ferrit. Sämtliche Modifikationen des Eisens kristallisieren regulär. Die primäre Ausscheidung des Eisens findet längs des Kurvenastes AB' in Form von Mischkristallen statt, deren Zusammensetzung durch Aa' angedeutet wird. Die primäre Ausscheidung des Cementits wird durch den Kurvenast $D'B'$ dargestellt und erfolgt, wie erwähnt, in reiner Form. Da bei Legierungen mit einem wesentlich höheren Kohlenstoffgehalte, als B' entspricht, die Neigung zur Bildung nicht vollkommen stabiler Kristallarten sehr zurückgegangen ist, so ist der Verlauf dieses Kurvenastes nicht vollkommen sichergestellt und insbesondere seine Verfolgung bis zur Konzentration des reinen Cementits (entsprechend d') bisher nicht gelungen. Die Konzentration des Punktes B' liegt bei etwa 4.2%, seine Temperatur bei etwa 1130^0. [2] Als Gefügebestandteile der erstarrten Legierungen werden die Mischkristalle, deren Konzentration zwischen 0 und $a' =$ ca. 2.1% C variieren kann, Martensit (zu Ehren von A. Martens) genannt.

----

[1] Mylius, Förster und Schoene, *Z. anorg. Chem.* 13 (1896), 38.

[2] Vergl. Wüst, Charpy, Benedicks, loc. cit.

Ist die Kristallisation auf der Horizontalen $a'B'd'$ beendet, so ist die Legierung vollkommen erstarrt und besteht aus einem Gemenge von gesättigten Mischkristallen von der Konzentration a', also den kohlenstoffreichsten Martensit-Kristallen einerseits und aus Kristallen von der Konzentration d', den reinen Cementit-Kristallen andererseits. Welcher der beiden Bestandteile primär ausgeschieden ist, ergibt sich aus dem Diagramm. Die relative Menge des Eutektikums B' ist durch Senkrechte auf der Horizontalen $a'B'd'$ angegeben. Bei sinkender Temperatur nimmt das Lösungsvermögen des Eisens für Cementit ab. Es findet demnach längs des Kurvenastes $a'G$ eine Ausscheidung von Cementit statt. Der primär rein ausgeschiedene Cementit ändert seine Zusammensetzung nicht, was durch die Vertikale $d'H$ angedeutet wird. Die bei $E = 890^0$ und $F = 770^0$ stattfindenden polymorphen Umwandlungen des reinen Eisens haben wir bereits erwähnt. Das Diagramm zeigt, daß das γ-Eisen die Fähigkeit besitzt, auch bei Temperaturen unterhalb E mit einer gewissen Menge Cementit eine (wenn auch nicht absolut stabile) feste Lösung (s. S. 153) zu bilden. Wir wollen nun der Einfachheit halber annehmen, daß β- und α-Eisen kein merkliches Lösungsvermögen für Kohlenstoff besitzen.[1] Wenn wir diese Annahme machen, wenn also die β-Kristalle sich aus der hier allerdings festen Lösung von Cementit und Eisen rein ausscheiden, so muß ihre Ausscheidungstemperatur, mit anderen Worten die Umwandlungstemperatur des γ-Eisens in β-Eisen mit steigendem Kohlenstoffgehalte längs EI sinken und zwar bis zur Temperatur $I = 770^0$, bei der die reinen β-Kristalle in die α-Kristalle übergehen. Es findet demgemäß bei Konzentrationen zwischen F und I ein Stabilitätswechsel statt, indem die bis dahin ausgeschiedenen reinen β-Kristalle bei der konstanten Temperatur der Horizontalen FI in die nunmehr stabile α-Form übergehen. Der Umstand, daß sich von jetzt an aus der festen Lösung „γ-Eisen-Cementit" sofort α-Eisen ausscheiden muß, gibt sich durch eine plötzliche Richtungsänderung der Umwandlungskurve in I zu erkennen. Im Schnittpunkt G der Kurven EIG und $a'G$ treffen wir auf Verhältnisse, die der eutektischen Kristallisation ganz analog sind.

---

[1] Vergl. jedoch dazu die Untersuchung von BENEDICKS, Recherches phys. et phys.-chim. sur l'acier au carbone, Upsala 1904, wonach β-Eisen 0,27% Härtungskohle zu lösen vermag. Von einer Unterscheidung zwischen Härtungskohle und Carbidkohle ist hier abgesehen. In welcher Form sich der Kohlenstoff im Eisen vorzugsweise in Lösung befindet, ist nicht mit Sicherheit anzugeben. Vergl. v. JÜPTNER Ber. **39** (1906), 2385.

Die hier feste „Lösung von Cementit und Eisen" (= Martensit) ist bei dieser Temperatur sowohl mit Cementit wie mit α-Eisen gesättigt. Es findet daher bei weiterer Wärmeentziehung gleichzeitig Ausscheidung beider Kristallarten in einem solchen Verhältnisse statt, daß dadurch die Konzentration der festen Lösung nicht geändert wird. Die Temperatur bleibt so lange konstant, bis der Martensit von der Konzentration G vollkommen in ein eutektisches Gemisch aus α-Eisen und Cementit umgewandelt ist. Das Eutektikum, welches eine schön lamellare Struktur aufweist, führt den Namen Perlit. Der Punkt G liegt bei 0.85 $^0/_0$ C und 690^0. Die eutektische Horizontale erstreckt sich von K bis H, die relative Menge des Eutektikums hat ihr Maximum in G und nimmt nach beiden Seiten hin linear nach Null ab. Falls die Kristallisation in der beschriebenen Weise stattfindet, so besteht die erkaltete Legierung bei Konzentrationen

von 0—0.85 $^0/_0$ C aus Ferrit (α-Eisen) und Perlit (Eutektikum G),
von 0.85 $^0/_0$ C aus Perlit (Eutektikum G),
von 0.85—6.7 $^0/_0$ C aus Cementit (Carbid Fe$_3$C) und Perlit (Eutektikum G).

Nun ist es durch genügend schnelle Abkühlung möglich, die auf $E\,I\,G\,a'$ stattfindenden Reaktionen zu verhindern. Dadurch hat man es in der Hand, noch instabilere Zustände zu realisieren als unser Diagramm wiedergibt.

2. Das vollkommen stabile System Eisen-Kohlenstoff.

Nach Heyn (l. c.) sprechen folgende Erfahrungstatsachen zugunsten der Annahme, daß das soeben besprochene Schmelzdiagramm zum Teil nicht vollkommen stabile Zustände darstellt:

1. Legierungen, deren Kohlenstoffgehalt wesentlich höher ist als dem Punkte $B' = 4.2$ $^0/_0$ entspricht, enthalten nach erfolgter Erstarrung nicht nur Cementit, sondern auch primär ausgeschiedenen Graphit. Die Menge des Graphits ist um so größer, je langsamer die Abkühlung erfolgte.

2. Setzt man Eisen-Kohlenstofflegierungen genügend lange Zeit (viele Tage lang) höherer Temperatur, etwa Rotglut aus, so stellen sie nach erfolgter Abkühlung, zum Teil wenigstens, ein Gemenge aus praktisch reinem Eisen und Kohlenstoff dar. Die Form, in der der Kohlenstoff ausgeschieden ist, wird von den Metallurgen Temperkohle genannt. Sie steht dem Graphit in ihren Eigenschaften sehr nahe und ist möglicherweise damit identisch. (Graphit und Temperkohle, als nicht chemisch mit dem Eisen verbundener Kohlenstoff, bleiben beim Behandeln der Legierungen mit Säuren ungelöst zurück.)

Aus diesen Beobachtungen wird geschlossen, daß das stabile Eisen-Kohlenstoffsystem bei Rotglut aus reinem Eisen und reinem Kohlenstoff besteht. Nun scheidet sich aber bei der Kristallisation geschmolzener Eisen-Kohlenstofflegierungen das Eisen niemals rein, sondern stets in Form von Mischkristallen aus. Man könnte geneigt sein, diese Erscheinung instabilen Zuständen zuzuschreiben; doch erscheint dies wenig wahrscheinlich, sofern man annimmt (und zu einer gegenteiligen Annahme liegt kein Grund vor), daß die flüssigen Lösungen von Kohlenstoff in Eisen nur in einer Form existieren. Denn die Schmelzpunktserniedrigung, die ein reiner Stoff durch Zusatz eines anderen erfährt, ist dann am größten, wenn das Lösungsmittel (s. S. 68) rein auskristallisiert. Eine Kurve, die dem Gleichgewicht „Kristalle von reinem A — Schmelze $A + B$" entspricht, wird daher für alle Konzentrationen bei tieferer Temperatur verlaufen, als die Kurve des Gleichgewichts „Mischkristalle $A + B$ — Schmelze $A + B$". Sofern also Ausscheidung einer Kristallart sowohl in reiner Form als auch in Form von Mischkristallen möglich ist, und sofern zwischen der Schmelze und den sich aus ihr ausscheidenden Kristallen Gleichgewicht besteht, wird die reine Form bei ihrer Ausscheidung instabil sein. Aus diesem Grunde ziehen wir es vor, das primär in Form von Mischkristallen ausgeschiedene Eisen als stabil zu betrachten und tragen der Auffassung von HEYN in der Form Rechnung, wie es in Fig. 67 b geschehen ist. Das Eisen scheidet sich auch im vollkommen stabilen System bei Konzentrationen zwischen 0 und B längs des Kurvenastes AB primär in Form von Mischkristallen aus, deren Zusammensetzung durch den Kurvenast Aa angedeutet ist. Der Verlauf dieser beiden Kurvenäste ist der gleiche, wie der von AB' und Aa' im nicht vollkommen stabilen Systeme (Fig. 67 a). Dagegen findet die primäre Ausscheidung des Kohlenstoffs im vollkommen stabilen Systeme nicht in Form von Cementit, sondern in Form von Graphit statt. Dies wird durch den Kurvenast DB (Fig. 67 b) wiedergegeben, der für alle Konzentrationen bei höherer Temperatur als der Kurvenast $D'B'$ (Fig. 67 a) verlaufen muß. Eine vollkommen stabile Verbindung zwischen Eisen und Kohlenstoff existiert hiernach innerhalb des betrachteten Konzentrationsgebietes nicht. Trifft dies auch für höhere Konzentrationen zu, und besteht auch weiterhin vollständige Mischbarkeit im flüssigen Zustande zwischen Eisen und Kohlenstoff, so muß BD bis zum Schmelzpunkte des reinen Graphits ansteigen. Doch ist über Konzentrationen von mehr als 8 % C nichts Sicheres bekannt. Nach der Untersuchung von CHARPY (l. c.) liegt der eutektische Punkt B des vollkommen stabilen Systems (Fig. 67 b) nur etwa 10—15° höher als der eutektische Punkt B' des nicht vollkommen stabilen Systems (Fig. 67 a). Daher ist für B eine Temperatur von rund 1150° und eine Konzentration von 4 % C angenommen. Die Konzentration des mit Graphit gesättigten stabilen Mischkristalls a entspricht etwa 2 % C. Ist die Temperatur bis zu der Horizontalen aBd (= 1150°) gefallen, so kristallisiert alles, und die Legierung besteht nach vollendeter Kristallisation bei Konzentrationen von 0 bis a % C nur aus Mischkristallen, die bei idealem Kristallisationsverlauf alle die durch die Zusammensetzung der ursprünglichen Legierung gegebene Zusammensetzung haben. Bei höheren Konzentrationen besteht die Legierung aus zwei Bestandteilen, nämlich den gesättigten Mischkristallen a einerseits und Graphit andererseits, von denen je nach der Konzentration der eine oder der andere Bestandteil sowohl primär als auch im Eutektikum auftritt. Die relativen Mengen des Eutektikums „Mischkristalle a — Graphit" sind in bekannter Weise durch Senkrechte auf der Horizontalen aBd angedeutet. Die Löslichkeit der Stoffe ineinander nimmt nun im allgemeinen, wie wir wissen, mit fallender Temperatur ab. Der gesättigte Mischkristall a wird demnach bei weiterer Abkühlung Kohlenstoff und zwar im stabilen System nicht als Cementit, sondern in reiner Form ausscheiden. Der Auffassung HEYNS werden wir nun in der Weise gerecht, daß wir eine sehr schnelle Abnahme der Löslichkeit des Kohlenstoffs mit sinkender Temperatur annehmen, so daß dieselbe schon bei ca. 1000° (im Punkte X) praktisch Null ist. Dies möge durch die Kurve aX ausgedrückt sein. Durch diese allerdings recht hypothetische Kurve tragen wir also der Annahme Rechnung, daß die in Temperaturgebieten unterhalb X (= 1000°) befindlichen Eisen-Kohlenstofflegierungen nur als reines Eisen und reiner Kohlenstoff (in Form von Graphit resp. Temperkohle) stabil sind. [1] Bei nor-

---

[1] BENEDICKS (l. c.) nimmt auf Grund von Versuchen von MANNESMANN und CHARPY und GRENET eine langsamere Abnahme der Löslichkeit von Kohlenstoff in Eisen bei sinkender Temperatur an. Jedoch würde dann das Temperaturgebiet, in dem die Legierung vollständig in reines Eisen und Kohlenstoff zerfallen kann, unterhalb 800° (bei etwa 750°) liegen. Dem steht anscheinend ein Versuch von WÜST (Metallurgie 3, S. 11, Lichtbild 22 bis 24) entgegen, der noch bei 980° teilweisen Zerfall eines Eisens mit 3,8 % Kohlenstoff in reines Eisen und Temperkohle ergab. Genaueres wird man über diesen Punkt erst aussagen können, wenn durch Versuche festgestellt ist, ob und bei welcher Temperatur vollständiger Zerfall der Eisen-Kohlenstofflegierungen in Eisen und Kohlenstoff eintreten kann.

maler Abkühlung wird allerdings die Kurve aX stets übersprungen. Halten wir die Legierung jedoch, wie es beim Tempern geschieht, mehrere Tage lang bei möglichst hoher, allerdings stets unterhalb X liegender Temperatur, so findet die durch das Diagramm geforderte Entmischung, zum Teil wenigstens, statt.

Da nach unserem Diagramm sämtliche unterhalb X (= ca. 1000°) befindlichen Legierungen in stabilem Zustande in reines Eisen und reinen Kohlenstoff zerfallen sein müssen, so kann die Umwandlungstemperatur des γ- resp. β-Eisens durch die Gegenwart von Kohlenstoff nicht verändert werden. Es sind daher durch $E = 890°$ und $F = 770°$ (s. S. 215) Horizontale zu ziehen, die die konstanten Umwandlungstemperaturen des Eisens bei verschiedenen Konzentrationen wiedergeben. Die vollkommen stabilen Eisen-Kohlenstofflegierungen können also, wenn unser Schmelzdiagramm richtig ist, unterhalb 1000° nur reines Eisen und reinen Kohlenstoff (Graphit oder Temperkohle) enthalten. Der vollständige Eintritt des stabilen Zustandes wird jedoch, wie erwähnt, durch die Neigung zu Unterkühlungen stets verhindert.

3. Das vollständige System Eisen-Kohlenstoff.

Die so sehr verschiedenen Eigenschaften, die man zwei Eisen-Kohlenstofflegierungen von gleicher Zusammensetzung erteilen kann, finden ihre Erklärung in der verschiedenen Stabilität der Systeme. Diese Mannigfaltigkeit kommt durch die Vereinigung beider Diagramme zum Ausdruck. Fig. 67c gibt (unter Weglassung einiger störender Einzelheiten, wie der Senkrechten auf den eutektischen Geraden und der Horizontalen durch E und F) die Vereinigung der beiden Diagramme 67a und b zu einem einzigen. Die stabilen Zuständen entsprechenden Gleichgewichtskurven sind gestrichelt gezeichnet, da sie thermisch nicht nachgewiesen und demnach einigermaßen hypothetisch sind, zum Unterschied von den voll ausgezogenen Gleichgewichtskurven, die nicht vollkommen stabilen Zuständen entsprechen. Die beiden Diagramme stimmen nur in bezug auf die Punkte A, E, F und die aus diesem Grunde abwechselnd voll ausgezogenen und gestrichelt gezeichneten Gleichgewichtskurven Aa und AB überein. Soweit keine Übereinstimmung stattfindet, müssen die voll ausgezogenen Kurven unterkühlte Zustände darstellen und daher unterhalb der gestrichelten liegen. Nach der hier dargelegten Auffassung können in erstarrten Eisen-Kohlenstofflegie-

rungen bei gewöhnlicher Temperatur folgende Bestandteile ange-
troffen werden.

1. In absolut stabilem Zustande (Fig. 67b): reines α-Eisen
($=$ Ferrit) zusammen mit Graphit (resp. Temperkohle).

2. In nicht absolut stabilem Zustande (Fig. 67a):
    a) Ferrit mit Perlit (Eutektikum aus Ferrit und Cementit).
    b) Perlit allein.
    c) Perlit und Cementit.

3. Im wenigst stabilen Zustande, d. h. wenn auch die Kurve
$EJGa'$ übersprungen wird: Martensit (Mischkristalle aus γ-Eisen und
Cementit), event. zusammen mit Cementit.

Durch die Möglichkeit, daß der Stabilitätszustand an verschiedenen Stellen in derselben Legierung ein verschiedener sein
kann, daß also die sub. 1, 2, 3 aufgezählten Bestandteile nebeneinander und in wechselnder Menge auftreten können, hat man es
in der Hand, die Eigenschaften der Eisen-Kohlenstofflegierungen
innerhalb weiter Grenzen beliebig zu variieren, ohne ihre Zusammensetzung zu verändern. So besteht der Unterschied zwischen grauem
und weißem Roheisen darin, daß ersteres Graphit in größerer oder
geringerer Menge, letzteres nur chemisch gebundenen Kohlenstoff
enthält. Da als Roheisen die Legierungen mit mehr als 1.8%
Kohlenstoffgehalt bezeichnet werden, so muß weißes Roheisen ausschließlich aus Cementit und Perlit, event. auch Martensit zusammengesetzt sein, während in grauem Roheisen daneben auch noch
Graphit vorhanden ist. Nur letzteres darf daher beim Behandeln
mit Säuren einen Rückstand von Kohle hinterlassen, während der
chemisch gebundene Kohlenstoff stets in Form von Kohlenwasserstoffen frei wird.

Enthält das Roheisen kein Silicium, so erstarrt es bis zu einem
Kohlenstoffgehalt von 4% nur als weißes Roheisen. Silicium vermindert die Neigung zu Unterkühlungen je nach seiner Menge in
größerem oder geringerem Maße. Siliciumhaltige Roheisen erstarren
auch bei einem Kohlenstoffgehalte von rund 4% in grauer Form,
enthalten also Graphit, daneben allerdings auch wechselnde Mengen
von Cementit. Bei höheren, 4% übersteigenden Kohlenstoffgehalten
gelingt es aber auch bei praktisch siliciumfreien Roheisensorten,
den Graphit (als Garschaum) bei langsamer Abkühlung primär zur
Ausscheidung zu bringen.[1] Mangan hat im Gegensatz hierzu die

---

[1] Allerdings erscheint dieses nach neueren Versuchen von Wüst nicht
sicher.

Eigenschaft, die Unterkühlungen zu fördern. Manganhaltige Roheisensorten erstarren daher auch noch bei Kohlenstoffgehalten von
über 5 %, im allgemeinen in Form des weißen Roheisens. Die Ausscheidung von Kohlenstoff aus cementithaltigen Eisensorten bei längerem
Erhitzen auf Rotglut ist schon S. 217 besprochen worden.

Eisen-Kohlenstofflegierungen von 1.8 % Kohlenstoff und darunter
werden als Stahl, Schmiedeeisen usw. bezeichnet. Das Diagramm
zeigt, daß in diesem Gebiete wegen des Auftretens der Kurve $E\,J\,G\,a'$
die Möglichkeit der verschiedenen Zustände eine besonders große
ist. Will man ein Eisen von bestimmten Eigenschaften herstellen,
so ist hierzu die Kenntnis des Diagramms in Verbindung mit der
Kenntnis der Eigenschaften der einzelnen Gefügebestandteile (siehe
nachstehende Tabelle) von großem Werte.

Tabelle 6.

	Härte.	Jodtinktur färbt:	Verhalten gegen 10 % ige Schwefel-säure in der Kälte.
Ferrit Fe.	Weichstes Struktur-element.	Sehr schwach oder gar nicht.	Löst sich leicht unter H-Entwickelung.
Cementit Fe_3C.	Härtestes Struktur-element.	Nicht.	Löst sich nicht.
Perlit $Fe + Fe_3C$.	Mittel.	Nicht merklich.	Löst sich teilweise.
Martensit, Mischkristalle von Cementit u. γ-Eisen.	Wechselnde Härte je nach dem C-Gehalt. Stets weicher als Cementit.	Gelb bis braun.	Löst sich unter Entwickelung von Wasserstoff und Kohlenwasser-stoffen.

Wollen wir beispielsweise einem Eisen von bestimmtem Kohlenstoffgehalte, etwa 1 %, eine möglichst große Härte erteilen, so ist die
Entstehung des mittelweichen Perlits zu verhindern und die Legierung
demgemäß aus dem Gebiete des Martensits möglichst schnell in das
Gebiet geringer Reaktionsgeschwindigkeit überzuführen, in dem eine
Umwandlung des Martensits in Perlit und Cementit nicht mehr stattfindet. Dieses Abschrecken wird als Härten bezeichnet. Die Temperatur, bei der die schnelle Abkühlung einzusetzen hat, muß oberhalb $E\,J\,G\,a'$ liegen und ergibt sich bei Kenntnis des Kohlenstoff-
gehaltes ohne weiteres aus dem Diagramm. Setzt man den ge-

härteten Stahl einer Temperatur von über 200° aus, so befindet er sich in einem Gebiete, in dem der Zerfall des Martensits in Ferrit und Cementit schon mit merkbarer Geschwindigkeit vor sich geht (vergl. HEYN, loc. cit. S. 499). Man kann in dieser Weise einem Stahl, dessen Härte das gewünschte Maß übersteigt, eine geringere Härte erteilen („Anlassen des Stahls").

§ 7. Anhang.

Die Fortschritte in der Erkenntnis der Natur der Metalllegierungen verdankt man in erster Linie der thermischen Methode. Dadurch, daß sie uns, wie wir sahen, nicht nur über den augenblicklichen Zustand der Legierungen, sondern auch über ihre ganze Entstehungsgeschichte unterrichtet, liefert sie den Schlüssel zum Verständnisse der oft recht verwickelten Beziehungen der Komponenten. In zwei Fällen jedoch versagt sie, nämlich einmal, wenn die Reaktion unter sehr geringer Wärmetönung verläuft, und dann, wenn die Reaktionsgeschwindigkeit unter den betreffenden Versuchsbedingungen so gering ist, daß die Reaktion nicht mehr durch den Wärmefluß reguliert wird (S. 11). Es seien daher an dieser Stelle einige andere Methoden kurz angeführt, die bisher zur Untersuchung binärer Systeme Verwendung gefunden haben. Sie teilen sich in solche, die zur Ermittelung der Gleichgewichtskurven, und in solche, welche nur zur Untersuchung der erstarrten Mischungen Verwendung finden. Zu den letzteren gehört die schon eingehend besprochene mikroskopische Untersuchung der Schliffe.

A. Methoden zur Ermittelung der Gleichgewichtskurven.

1. Methode der Löslichkeitsbestimmung.

Diese Methode ist im Prinzipe mit der thermischen Methode identisch. Während jedoch bei der thermischen Methode die Konzentration der flüssigen Mischung bekannt ist, und man die Temperatur ihrer beginnenden Erstarrung, bei der sie sich mit einer kristallisierten Phase im Gleichgewichte befindet, ermittelt, wird hier die Zusammensetzung der flüssigen Mischung bestimmt, die bei gegebener Temperatur mit eben dieser kristallisierten Phase im Gleichgewichte ist. Die Methode hat hauptsächlich beim Studium der Gleichgewichte Salz—Wasser Dienste geleistet. Sie zeichnet sich durch große Genauigkeit aus und versagt auch bei geringer Wärmetönung nicht. Eine Kontrolle für Erreichung des Gleichgewichts bietet sich dadurch, daß man seine Einstellung von beiden Seiten erfolgen läßt. Bei metallographischen Untersuchungen stehen der Anwendung dieser Methode wegen der Notwendigkeit der Trennung der Kristalle von der Mutterlauge erhebliche Schwierigkeiten entgegen (s. S. 1).

2. Dilatometrische Methode.

Die meisten Körper erleiden bei der Erstarrung eine Volumkontraktion. Bestimmt man das spezifische Volumen eines reinen

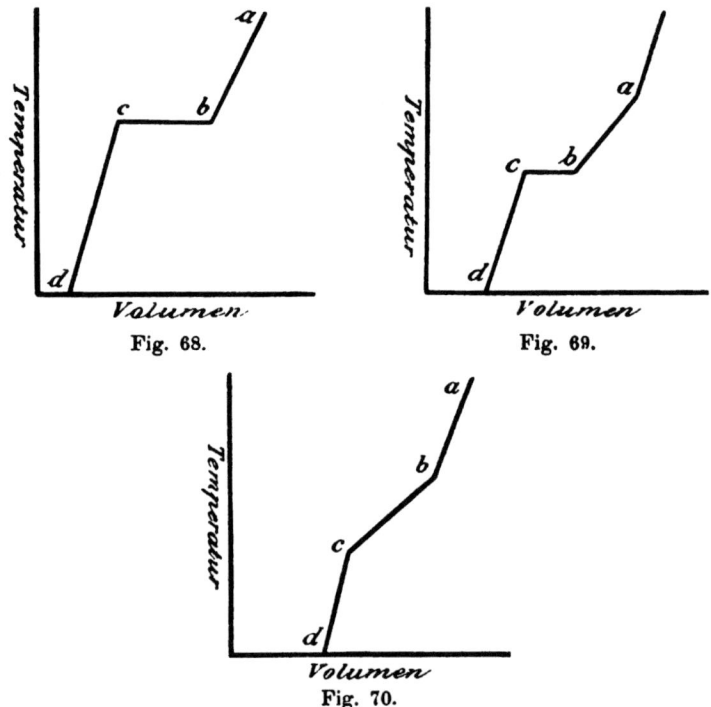

Fig. 68.

Fig. 69.

Fig. 70.

Körpers bei verschiedenen Temperaturen, so erhält man eine Kurve wie Fig. 68. Man erkennt daraus, daß der Körper einheitlich erstarrt ist, indem bei der konstanten Temperatur der Horizontalen *b c* durch den Übergang aus dem flüssigen in den kristallisierten Zustand eine starke Volumverminderung stattgefunden hat. Fig. 69 gibt die Temperaturvolumkurve einer Mischung, deren Erstarrung bei der Temperatur *a* einsetzt und bei der Temperatur *b c* eutektisch zu Ende geht. Fig. 70 stellt die Volumtemperaturkurve eines erstarrenden

Mischkristalles mit dem Kristallisationsintervalle bc dar. Natürlich kann die Methode zur Bestimmung jeder unter Volumveränderung vor sich gehenden Umwandlung dienen. Ihre Anwendbarkeit ist unabhängig von dem Betrage der Wärmetönung, doch stellen sich ihr bei höherer Temperatur nicht unbeträchtliche experimentelle Schwierigkeiten entgegen.

3. Optische Methode.

Dölter[1] benutzt zur Bestimmung des Schmelzpunktes auf optischem Wege sein Kristallisationsmikroskop für hohe Temperaturen.[2] Zwischen Objekttisch und Objektiv des Mikroskops ist ein kleiner elektrischer Ofen eingeschoben, der eine Schale enthält, in welcher sich das zu untersuchende Pulver befindet. Der Punkt, bei dem Goldstaub sich zu einer geschmolzenen Kugel vereinigt, kann sehr scharf beobachtet und seine Temperatur mittels eines geeignet angebrachten Thermoelementes genau bestimmt werden. Die Methode eignet sich besonders zur Bestimmung des Schmelzpunktes solcher Silikate, die (wahrscheinlich infolge hoher Viskosität der Schmelze) ein abnormes Verhalten zeigen (s. S. 9). In derartigen Fällen wurde zuerst eine Rundung der Ecken der Kristallbruchstücke beobachtet, dann erfolgte die der Kanten und der früher eckigen Bruchstücke, bis diese zu einem hellen, glasigen Tropfen vereinigt waren. Unter Umständen bestand zwischen beginnender und vollendeter Schmelzung ein Temperaturunterschied bis zu 100°.

4. Andere Methoden.

Natürlich kann prinzipiell jede Veränderung, die mit dem Übergange von der einen in die andere Form verbunden ist, zur Bestimmung der Gleichgewichtskurve dienen. Bei gewissen Metallen kommt hier besonders die Änderung der magnetischen Permeabilität in Betracht. Die magnetischen Eigenschaften der Legierungen können sehr verschieden sein von denen ihrer Komponenten. So ist eine Legierung von 25 % Nickel und 75 % Eisen, sogen. Nickelstahl, im allgemeinen bei gewöhnlicher Temperatur so gut wie unmagnetisch. Umgekehrt können an sich unmagnetische Metalle magnetische Legierungen bilden. Ein Beispiel hierfür bietet eine

---

[1] Dölter, *Zeitschr. für Elektrochemie* 12 (1906), 617.
[2] Dölter, *Phys.-chem. Mineralogie.* Leipzig 1905, S. 130.

Legierung aus Cu, Mn und Al.[1] Nach WEDEKIND[2] sind be-
stimmte chemische Verbindungen des Mangans die Träger des
Ferromagnetismus. (Vergl. dazu eine demnächst in der Z. anorg.
Chem. erscheinende Arbeit von WILLIAMS.)

B. Methoden zur Untersuchung der erstarrten Mischungen.

1. Bestimmung des spezifischen Volumens der vollständig erstarrten Legierung.

Das spezifische Volumen von Gemengen läßt sich nach der
Mischungsregel berechnen. Bilden zwei Stoffe keine Verbindung mit-
einander, so wird die Abhängigkeit des spezifischen Volumens von der
Konzentration, sofern keine Mischbarkeit im kristallisierten Zustande

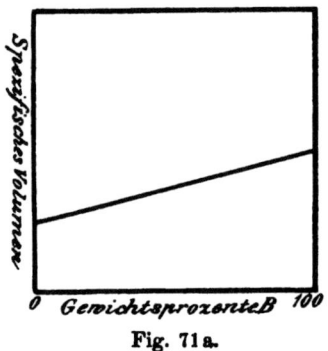

Fig. 71a.

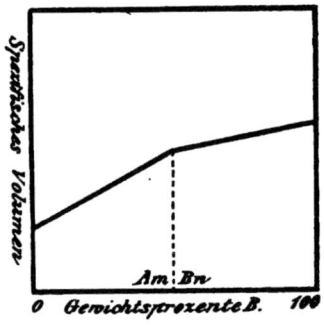

Fig. 71b.

vorliegt, durch eine gerade Linie gegeben sein (Fig. 71a). Bildet sich
jedoch eine Verbindung von der Konzentration $A_m B_n$, so wird diese
Abhängigkeit durch zwei sich bei der Konzentration der Verbindung
schneidende Gerade gegeben sein[3] (Fig. 71b). Die Anwendung dieser
(bei ausgeschlossener Mischbarkeit in kristallisiertem Zustande) anscheinend einwandsfreien Methode hat zu manchen Irrtümern geführt.
Die Methode beruht auf der Voraussetzung, daß in dem untersuchten
Gemenge nur zwei Strukturelemente vorhanden sind, entweder der
Stoff A oder der Stoff B und die Verbindung. Wir haben bei der
Besprechung des verdeckten Maximums gesehen, daß diese Bedingung bei unvollständigem Verlauf der Reaktion (s. S. 128, 132) nicht

---

[1] HEUSLER, Über die Synthese ferromagnetischer Manganlegierungen.
Marburg 1904.

[2] WEDEKIND, Ber. **40** (1907), 1259.

[3] MAEY, Zeitschr. phys. Chem. **29** (1899), 119; **88** (1901), 292.

erfüllt ist. In allen derartigen Fällen muß diese Methode zu falschen
Resultaten führen.[1] Außerdem sei noch auf die praktisch jedoch
nicht so sehr ins Gewicht fallenden Beobachtungen von KAHLBAUM
und STURM[2] hingewiesen, wonach das spezifische Gewicht reiner
Metalle, je nach der Vorbehandlung, etwas schwanken kann.

2. Bestimmung der elektrischen Leitfähigkeit.

Durch die umfangreichen und exakten Untersuchungen von
MATTHIESSEN[3] hat man zwei Gruppen von Legierungen kennen gelernt, nämlich solche, deren spezifische Leitfähigkeit sich nach der

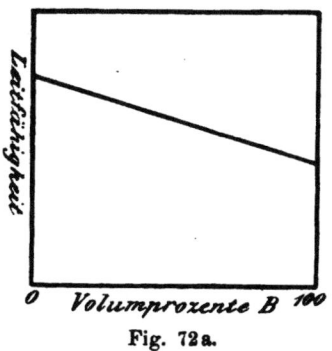

Fig. 72a.

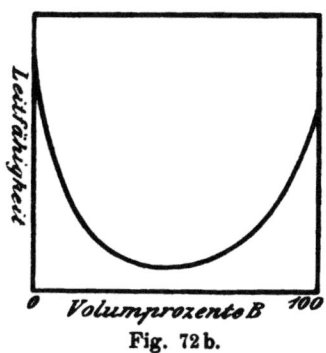

Fig. 72b.

Mischungsregel aus der Leitfähigkeit der Komponenten annähernd
berechnen läßt, und solche, bei denen die reinen Metalle schon durch
geringe Zusätze eine starke Verminde-
rung ihrer Leitfähigkeit erleiden. Trägt
man die Leitfähigkeit in Abhängigkeit
von der Konzentration in Volumprozenten in ein Koordinatensystem ein,
so erhält man im ersten Falle eine gerade Linie (Fig. 72a), im zweiten, wenn
beide Metalle sich gleich verhalten,
eine Kurve von etwa der Form Fig. 72b.
Beispiele für den ersten Fall sind fünf
bekannt, nämlich Sn-Zn, Sn-Pb, Sn-Cd,

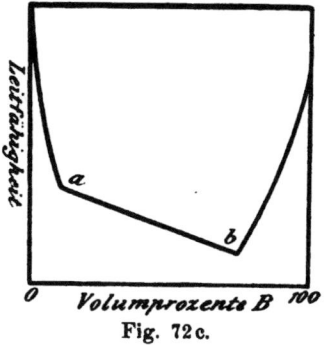

Fig. 72c.

---

[1] VOGEL, *Z. anorg. Chem.* **45** (1905), 20.
[2] KAHLBAUM und STURM, *Z. anorg. Chem.* **46** (1905), 217.
[3] MATTHIESSEN, *Pogg. Ann.* **110** (1860), 190.

Pb-Cd, Zn-Cd; Beispiele für den zweiten Fall liefern z. B. Au-Ag, Au-Cu, Cu-Ni. LE CHATELIER[1] war der erste, der trotz der damals noch spärlichen Kenntnisse über die Konstitution der Metalllegierungen den zwischen Konstitution und Leitfähigkeit bestehenden Zusammenhang anscheinend richtig erkannte. Er nimmt an, daß lineare Abhängigkeit der spezifischen Leitfähigkeit von der Volumkonzentration (Fig. 72a) dann eintritt, wenn die Komponenten im kristallisierten Zustande nebeneinander gelagert sind. Den zweiten, häufig beobachteten Fall der starken Erniedrigung der Leitfähigkeit der Gemische gegenüber der der Komponenten (Fig. 72b) führt er auf Bildung von Mischkristallen zurück. Dieser letztere Schluß erscheint ihm „schwer bestreitbar bei den Legierungen des Eisens mit dem Nickel und Mangan, und des Silbers mit dem Golde". Zeigt die Leitfähigkeitskurve ein eckiges Maximum, so deutet dieses nach LE CHATELIER auf die Existenz einer Verbindung.

ROOZEBOOM[2] machte gegen die Ausführungen von LE CHATELIER verschiedene Bedenken geltend. Zunächst wies er darauf hin, daß auch in dem Falle, daß eine Legierung zu einem Konglomerat der reinen Metalle kristallisiert, keine lineare Abhängigkeit der Leitfähigkeit von der Volumkonzentration stattzufinden braucht. Betrachten wir Stäbe einer Legierung aus gleichen Volumprozenten zweier im kristallisierten Zustande nicht mischbarer Metalle mit den resp. spezifischen Leitfähigkeiten λ_1 und λ_2. Sind die beiden Komponenten in der Stromrichtung nebeneinander gelagert, wie es Fig. 73a zeigt, so berechnet sich die Durchschnittsleitfähigkeit Λ nach der Mischungsregel, in diesem Falle also zu $\frac{\lambda_1 + \lambda_2}{2}$. Nehmen wir dagegen Aneinanderlagerung der Metalle senkrecht zur Stromrichtung an (Fig. 73b), so berechnet sich der Durchschnittswiderstand $\frac{1}{\Lambda}$ nach der Mischungsregel zu $\frac{1}{2}\left(\frac{1}{\lambda_1} + \frac{1}{\lambda_2}\right)$, und wir erhalten darnach in diesem Falle $\Lambda = \frac{2 \cdot \lambda_1 \lambda_2}{\lambda_1 + \lambda_2}$. Dieser letztere Wert ist stets kleiner als der erstere, die Differenz ist $(\lambda_1 - \lambda_2)^2$ proportional.

ROOZEBOOM schließt nun, daß wegen der in Wirklichkeit regellosen Anordnung der Teilchen weder die Leitfähigkeit noch ihr

---

[1] LE CHATELIER, Revue générale des Sciences 6 (1895), 531, Contribution à l'étude des alliages, Paris (1901), S. 446.

[2] ROOZEBOOM, Die heterogenen Gleichgewichte. II. Teil (1904), S. 186.

reziproker Wert eine lineare Funktion der Volumzusammensetzung sein kann.

Wenn dies auch prinzipiell richtig erscheint, so wird doch bei Metallkonglomeraten im allgemeinen eine angenähert lineare Abhängigkeit der spezifischen Leitfähigkeit von der Volumkonzentration

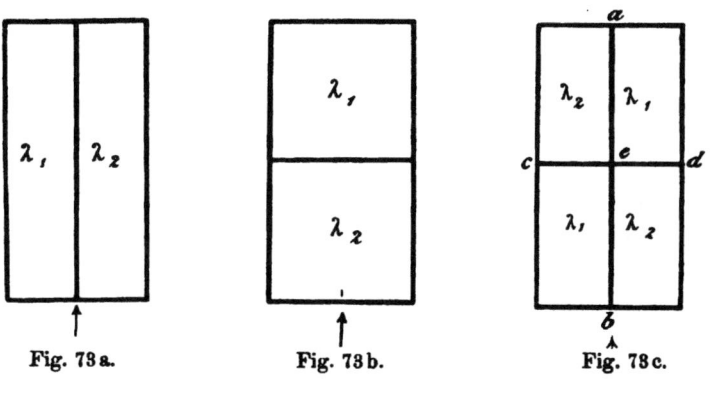

Fig. 73 a.   Fig. 73 b.   Fig. 73 c.

zu erwarten sein. Nehmen wir beispielsweise eine Anordnung der Bestandteile wie Fig. 73c sie zeigt, die der Wirklichkeit jedenfalls schon näher kommt als die in Fig. 73a und b angenommenen Anordnungen. Die Berechnung der Leitfähigkeit für solchen Fall ist selbst unter der vereinfachenden Annahme, daß wir eine Fläche (dünne Platte) vor uns haben, eine schwierige, auf elementarem Wege nicht zu lösende Aufgabe. Denkt man sich die Figur durch einen Schnitt $a\,b$

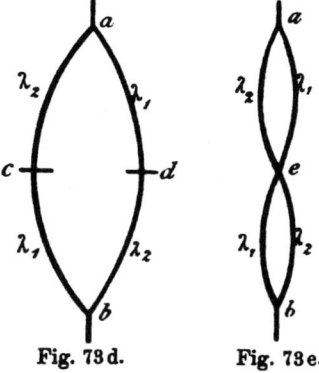

Fig. 73 d.   Fig. 73 e.

in zwei Teile geteilt und berechnet die mittlere Leitfähigkeit, so kommt man zu dem Resultat, daß sich der spezifische Widerstand nach der Mischungsregel berechnet:

$$\frac{1}{\varLambda} = \tfrac{1}{2}\left(\frac{1}{\lambda_1} + \frac{1}{\lambda_2}\right).$$

Legt man jedoch zunächst durch $c\,d$ einen Schnitt, so gilt dasselbe für die spezifische Leitfähigkeit und man erhält

$$\varLambda = \frac{\lambda_1 + \lambda_2}{2}.$$

Im ersten Falle haben wir eine Zerlegung nach Fig. 73 d, im zweiten nach Fig. 73 e vorgenommen. Keine der beiden Lösungen kann streng richtig sein, da aus der im ersten Falle gemachten Annahme, daß ab (Fig. 73 c) eine Stromlinie sei, die für den zweiten Fall gemachte Annahme, daß cd eine Potentiallinie sei, folgt. Doch wird die für den zweiten Fall gemachte Annahme, daß das Potential in den Punkten c und d (Fig. 73 c) gleich ist, für einen drahtförmigen Leiter ungefähr erfüllt sein und demnach eine in erster Annäherung lineare Abhängigkeit der Leitfähigkeit von der Konzentration als wahrscheinlich erscheinen. Von event. auftretenden Thermokräften ist hierbei allerdings abgesehen.

Ein zweiter Einwand von ROOZEBOOM stützte sich darauf, daß die Leitfähigkeit selbst bei reinen Metallen in hohem Grade von ihrer Vorbehandlung, je nachdem Kompression, Torsion, Aus-glühen usw, stattgefunden hat, abhängig sein kann. Das gilt, wie wir S. 227 sahen, in gewisser Hinsicht auch für das spezifische Volumen, doch sind die dort beobachteten Änderungen weit gering-fügiger als bei der Leitfähigkeit.

Wenn man auch die prinzipielle Berechtigung obiger Einwände keineswegs bestreiten kann, so scheint LE CHATELIER doch im wesentlichen das richtige getroffen zu haben. Insbesondere ist der Einfluß, den die von ROOZEBOOM angeführten Ursachen auf die Leitfähigkeit in Metallkonglomeraten ausüben können, nicht von solcher Größe, um den Unterschied zwischen den beiden Typen „angenäherte Linearität" (Fig. 72 a) und „starke Erniedrigung bei geringen Zusätzen" (Fig. 72 b) irgendwie zu verwischen. Jedenfalls werden die Anschauungen von LE CHATELIER neuerdings von GUERTLER[1] mit Nachdruck befürwortet. GUERTLER vergleicht ebenso wie LE CHATELIER die hauptsächlich von MATTHIESSEN gegebenen Leitfähigkeitsdiagramme mit den entsprechenden Schmelzdiagrammen, die inzwischen in größerer Anzahl und exakt ausgearbeitet worden sind. Er unterscheidet drei Typen, die beiden extremen Fälle Fig. 72 a, wo keine Mischbarkeit im kristallisierten Zustande herrscht, und Fig. 72 b, den er für vollkommene Mischbarkeit im kristallisierten Zu-stande reserviert, und ferner noch den in Fig. 72 c dargestellten mitt-leren Fall einer Mischungslücke, für den das System Cu-Co ein schönes Beispiel gibt. Hier besteht zwischen den Konzentrationen 0 und a einerseits und b und 100 anderseits Mischbarkeit im kristallisierten

---

[1] GUERTLER, Z. anorg. Chem. 51 (1906), 397.

Zustande und demgemäß gegenüber den reinen Metallen eine starke
Abnahme der spezifischen Leitfähigkeit, während zwischen den Konzentrationen a und b, in welchem Gebiete die Legierung aus einem
Konglomerat der beiden gesättigten Mischkristalle a und b besteht,
die spezifische Leitfähigkeit eine lineare Funktion der Volumkonzentration ist. Die Fälle, in denen Verbindungen auftreten,
werden durch Aneinanderfügung dieser drei einfachen Typen in bekannter Weise erhalten.

Was den praktischen Wert der Bestimmung der Leitfähigkeit
zur Ermittelung der Konstitution der Legierungen anbetrifft, so steht
ihr als experimentelle Schwierigkeit zunächst die Sprödigkeit vieler
Metallegierungen gegenüber, die es häufig unmöglich macht, die Metalle
in die zur exakten Widerstandsbestimmung geeignetste Drahtform zu
bringen. Eine Methode zur exakten Bestimmung des spezifischen
Widerstands eines Metallregulus, wie man ihn unmittelbar nach dem
Schmelzen erhält, wäre hierfür von großem Werte. Will man die
Methode zur Ermittelung der Zusammensetzung von Verbindungen
benutzen, so muß auch hier, ebenso wie bei der Benutzung des
spezifischen Volumens (S. 226) die Bedingung erfüllt sein, daß nur
zwei Strukturelemente vorhanden sind.

Zeigt die Leitfähigkeitskurve einen schwachen Knick, so erscheint es gewagt, daraus auf die Existenz einer Verbindung zu
schließen. Hierfür liefert die von GUERTLER zuerst[1] gegebene Vereinigung des Leitfähigkeits- und Schmelzdiagramms des Systems
Gold-Zinn und die später[2] gegebene Berichtigung ein Beispiel. Der
Knick a auf der Leitfähigkeitskurve,[1] der zuerst infolge der von
MATTHIESSEN benutzten, heute nicht mehr gebräuchlichen Äquivalent-
gewichte als der Verbindung AuSn entsprechend angesehen wurde,
hat durch die Berichtigung[2] seine Existenzberechtigung verloren
und „dürfte, da er ohnehin nur äußerst schwach angedeutet ist,
ohne den Meßresultaten MATTHIESSENS Zwang anzutun, in Fortfall
kommen". Eine vollkommene Übereinstimmung der Aussagen des
Leitfähigkeits- und Schmelzdiagramms wird auch jetzt nicht erreicht,
die Differenz wird durch unvollständigen Reaktionsverlauf (s. S. 126)
zu erklären versucht. Die einzige Gold-Zinnverbindung, die auf der
Leitfähigkeitskurve ihren scharfen und ungezwungenen Ausdruck
findet, ist demnach die Verbindung AuSn, worauf schon VOGEL[3] bei

---

[1] GUERTLER, *Z. anorg. Chem.* **51** (1906), 414, Fig. 18.
[2] GUERTLER, *Z. anorg. Chem.* **54** (1907), 88, Fig. 18.
[3] VOGEL, *Z. anorg. Chem.* **46** (1905), 73.

der Ausarbeitung des Schmelzdiagramms dieses Systems hingewiesen hat.

Ein anderes Beispiel für die der Methode in experimenteller Hinsicht zurzeit noch anhaftende Unsicherheit bietet das System Kupfer-Antimon. BAIKOW[1] hat auf Grund seines Schmelzdiagramms auf die Existenz zweier Verbindungen von den resp. Formeln $SbCu_2$ und $SbCu_3$ geschlossen. Bei eben diesen Konzentrationen findet GUERTLER[2] auf der von ihm auf Grund der Versuche von KAMENSKY[3] konstruierten Leitfähigkeitskurve plötzliche Richtungsänderungen, und zwar bei der Konzentration Cu_2Sb eine scharfe nach oben, bei der Konzentration Cu_3Sb eine nach unten gerichtete Spitze. KAMENSKY[3] selber hat jedoch auf Grund seiner (mittels der Induktionswage angestellten) Versuche eine Kurve konstruiert, die bei der Konzentration $SbCu_2$ zwar ebenfalls eine nach oben gerichtete Spitze aufweist, deren nach unten gerichtete Spitze aber bei der Konzentration $SbCu_4$ liegt, und hat daraus, natürlich ohne Kenntnis des Schmelzdiagramms, auf die Existenz zweier Legierungen von „wohl definierter Zusammensetzung" mit den resp. Formeln $SbCu_2$ und $SbCu_4$ geschlossen.

Auch im System Cu-Ag erscheint die Art und Weise, wie GUERTLER[4] die Aussagen des Leitfähigkeitsdiagramms mit denen des Schmelzdiagramms in Einklang zu bringen sucht, nicht frei von Bedenken. Das Schmelzdiagramm deutet auf die Existenz von Mischkristallen mit einer Mischungslücke. Man sollte danach erwarten, daß die Leitfähigkeitskurve dem Typus „Figur 72 c" angehörte. Die bei lückenlosem Isomorphismus stets konvex gegen die Konzentrationsachse gekrümmte Leitfähigkeitskurve (Fig. 72 b) ist bei Vorhandensein einer Mischungslücke nicht vollständig realisierbar und wird bei den Konzentrationen der gesättigten Mischkristalle durch ein geradliniges Stück unterbrochen. Im System Cu-Ag gelingt es aber nicht, die beiden Stücke der Leitfähigkeitskurve, die durch das geradlinige Stück voneinander getrennt sind, zu einer einzigen überall konvex gegen die Konzentrationsachse verlaufenden Kurve zu verbinden. Es wäre möglich, daß dieses dadurch hervorgerufen wird, daß die Komponenten isodimorph (s. S. 188) sind. Man hätte es dann allerdings mit einem weiteren, vierten Typus zu tun, und

---

[1] BAIKOW, Veröff. des Wegebauinstituts Kaiser Alexander I. Petersburg 1902. LANDOLT-BÖRNSTEIN, Phys.-chem. Tabellen, III. Aufl. S. 800 (1905).

[2] GUERTLER, Z. anorg. Chem. 51 (1906), 418.

[3] KAMENSKY, Phil. Mag. [5] 17 (1884), 270.

[4] GUERTLER, Z. anorg. Chem. 51 (1906), 406.

demnach ein Mittel, durch Leitfähigkeitsmessungen den Fall der beschränkten Isomorphie von dem der Isodimorphie zu unterscheiden. Das experimentelle Material reicht jedoch nicht aus, um solch allgemeine Schlüsse zu ziehen, zumal die Mischungslücke hier möglicherweise viel größer ist als GUERTLER annimmt.[1]

Die Verminderung der spezifischen Leitfähigkeit scheint ein äußerst empfindliches Reagens auf Mischbarkeit im kristallisierten Zustande zu sein.[2] In manchen Fällen, z. B. in dem schon erwähnten System Cu-Co, wird die Methode sich dazu eignen, die Mischungslücke der beiden Komponenten genau festzustellen. In anderen Fällen, z. B. in den Systemen Au-Cu und Cu-Ag (s. o.) erscheint ihr aber auch in dieser Hinsicht die thermische und mikroskopische Methode bei weitem überlegen.

Wenn bei vollkommenem Isomorphismus zwischen den beiden Komponenten eine Schmelze bei irgendeiner Konzentration einheitlich erstarrt, darf man bekanntlich daraus nicht ohne weiteres auf die Existenz von Verbindungen schließen (s. S. 180). GUERTLER nimmt an, daß, falls eine Verbindung existiert, die Kurve der spezifischen Leitfähigkeit in Abhängigkeit von der Konzentration aus zwei Ästen von der Form Fig. 72b bestehen und demgemäß bei der Konzentration der Verbindung eine scharfe Spitze zeigen müsse. A priori steht dies, selbst wenn man den rein empirischen Regeln über die Leitfähigkeit absolute Gültigkeit zuspricht, wohl nicht ohne weiteres fest, da wir über den Dissoziationsgrad einer kristallisierten Verbindung, die mit ihren Komponenten Mischkristalle bildet, nichts wissen. Das Fehlen einer solchen Spitze berechtigt also auch bei isomorphen Mischungen nicht dazu, auf die Nicht-Existenz einer Verbindung zu schließen.

3. Bestimmung des Temperaturkoeffizienten der elektrischen Leitfähigkeit.

Für die reinen Metalle gilt nach CLAUSIUS angenähert das Gesetz, daß der spezifische Widerstand der absoluten Temperatur

---

[1] OSMOND, Bull. de la Soc. d'Encouragement pour l'Industrie Nationale V 2, 1 (1897), 837.

[2] Allerdings steht dem eine ganz neuerdings (Z. anorg. Chem. 53 [1907], 137) veröffentlichte Angabe von STOFFEL entgegen, wonach Zinn mit Blei und ebenso mit Cadmium in beschränktem Maße Mischkristalle bilden soll. Da in den Systemen Sn-Pb und Sn-Cd annähernd eine lineare Abhängigkeit der Leitfähigkeit von der Volum-Konzentration besteht (s. S. 227), so erscheint eine nochmalige Prüfung dieser Angaben erwünscht. Vergl. auch SACKUR, Ztschr. f. Elektrochemie 10 (1904), 522.

proportional wächst. Bezeichnen wir den spezifischen Widerstand eines Metalles bei $0°C$ mit A_0, bei $t°C$ mit A_t, so ist danach

$$A_t = A_0(1 + \alpha t).$$

wo α für alle Metalle dasselbe und dem Ausdehnungskoeffizienten der Gase gleich ist. Wegen der nur angenäherten Gültigkeit des Gesetzes genügt es, α zu rund 0.004 anzunehmen. Bei den nachfolgenden Erörterungen wollen wir polymorphe Umwandlungen, soweit sie mit einer merklichen Änderung des elektrischen Verhaltens verknüpft sind, ausschließen.

Das experimentelle Material über den Temperaturkoeffizienten der elektrischen Leitfähigkeit verdanken wir in erster Linie MATTHIESSEN und VOGT.[1] Folgende von ihnen aufgefundene Regelmäßigkeit ist für unseren Zweck von Interesse. Wir wollen den gemessenen spezifischen Widerstand einer Legierung mit C bezeichnen. Würde die spezifische Leitfähigkeit eine lineare Abhängigkeit von der Konzentration in Volumprozenten zeigen (s. S. 227), so könnten wir sie nach der Mischungsregel aus der Leitfähigkeit der Komponenten berechnen, den auf diese Weise berechneten spezifischen Widerstand wollen wir mit A bezeichnen. MATTHIESSEN und VOGT fanden nun in vielen Fällen nachstehende Regel gut erfüllt:

„Die Differenz des gemessenen und berechneten Widerstandes ist von der Temperatur unabhängig."

$C - A =$ konstant für jede einzelne Mischung.

LIEBENOW[2] hat auf Grund theoretischer Betrachtungen für den spezifischen Widerstand der Legierungen in Abhängigkeit von der Temperatur folgende von ihm als Hauptgleichung bezeichnete Formel aufgestellt:

$$C_0(1 + \gamma t) = A_0(1 + \alpha t) + B_0(1 + \beta t). \tag{1}$$

Hierin haben C_0 und A_0 die oben angegebene Bedeutung als gemessener resp. berechneter Widerstand bei $0°C$, t bedeutet die Temperatur in Celsiusgraden, γ ist der wirklich beobachtete Temperaturkoeffizient des spezifischen Widerstandes, α der Temperaturkoeffizient der reinen Metalle. B_0 bedeutet den durch die Legierung der beiden Metalle miteinander hervorgerufenen Zusatzwiderstand bei $0°$ und β dessen Temperaturkoeffizienten.

---

[1] MATTHIESSEN und VOGT, *Pogg. Ann.* 122 (1864) 19.

[2] LIEBENOW, *Z. f. Elektrochemie* 4 (1897), 201, 217. Vgl. auch die Darstellung der LIEBENOWschen Theorie und ihrer Folgerungen bei NERNST, Theoret. Chem. IV. Aufl. 1907, S. 406.

LIEBENOW zerlegt danach den Gesamtwiderstand einer Legierung in zwei Teile A und B, von denen A den Metallen an und für sich zuzuschreiben ist, während B durch die gleichzeitige Anwesenheit zweier Metalle bedingt wird. Es ist für die hier aus der Formel zu ziehenden Folgerungen natürlich belanglos, ob man den Zusatzwiderstand B mit LIEBENOW dem Auftreten von Thermokräften zuschreibt, oder ob man ihn als durch die Struktur der Legierung (Auftreten von Mischkristallen etc.) hervorgerufen ansieht. Der von MATTHIESSEN und VOGT aufgefundenen Regelmäßigkeit trägt LIEBENOW nun dadurch Rechnung, daß er in diesen Fällen in erster Annäherung

$$\beta = 0$$

setzt. Er erhält dann

$$C_0(1 + \gamma t) = A_0(1 + \alpha t) + B_0. \tag{2}$$

Solange diese Gleichung gilt, müssen die von t freien und mit t behafteten Glieder unter sich gleich sein. Wir erhalten also

$$C_0 = A_0 + B_0 \tag{3}$$

und

$$C_0 \gamma = A_0 \alpha \quad \text{oder} \quad \frac{C_0}{A_0} = \frac{\alpha}{\gamma}. \tag{4}$$

Gleichung 4 entspricht einer ebenfalls von MATTHIESSEN und VOGT gegebenen Regel, aus der sie die zuerst erwähnte durch Umformung ableiteten.

Wir können aus diesen Gleichungen mit LIEBENOW folgende Schlüsse ziehen:

a) Ist $B_0 = 0$, so wird $C_0 = A_0$ und $\gamma = \alpha$. Der gemessene Widerstand ist bei allen Temperaturen gleich dem berechneten, der Temperaturkoeffizient gleich dem der reinen Metalle. Wir haben 5 Metallpaare, die angenähert dieses Verhalten zeigen, S. 227 kennen gelernt.

b) Ist B_0 groß gegen A_0, so ist $\dfrac{C_0}{A_0} = \dfrac{A_0 + B_0}{A_0} = \dfrac{\alpha}{\gamma}$ groß.

Legierungen mit stark herabgedrückter spezifischer Leitfähigkeit haben demnach einen kleinen Temperaturkoeffizienten.

Die Kurve, welche den Temperaturkoeffizienten des spezifischen Widerstandes und ebenso der spezifischen Leitfähigkeit bei einer bestimmten Temperatur in Abhängigkeit von der Konzentration darstellt, muß nach obigem einen analogen Verlauf zeigen, wie die Kurve, welche die spezifische Leitfähigkeit selber in Abhängigkeit von der Konzentration darstellt.

Tragen wir daher den Temperaturkoeffizienten der spezifischen
Leitfähigkeit bei einer bestimmten Temperatur in Abhängigkeit von
der Konzentration in Volumprozenten in ein Koordinatensystem ein,
so erhalten wir für den Fall a eine gerade Linie, also ein dem
Leitfähigkeitsdiagramm eben dieses Falles (Fig. 72a) ganz entsprechendes Diagramm, nur muß diese Gerade hier wegen der ungefähren Gleichheit der Temperaturkoeffizienten der reinen Metalle
nahezu horizontal verlaufen. Auch in allen anderen Fällen erleiden die Kurven keinerlei Veränderungen ihres Charakters, sondern
zeigen einen ganz analogen Verlauf, wie die entsprechenden Leit-
fähigkeitskurven Fig. 72b und c resp. die durch Aneinanderfügung
dieser abgeleiteten komplizierteren Formen (s. S. 231).

Diese oben aus Gleichung 2 sub a und b gezogenen Folgerungen veranlassen ganz neuerdings GUERTLER[1] zu dem Vorschlage,
die Bestimmung des Temperaturkoeffizienten in Abhängigkeit von
der Konzentration zur Ermittlung der Konstitution von Metalllegierungen zu benutzen. Er glaubt dadurch der Schwierigkeit, die
viele Legierungen durch ihre Sprödigkeit der direkten Bestimmung
der Leitfähigkeit entgegensetzen, aus dem Wege zu gehen. Der
Zusatzwiderstand B wird nach LE CHATELIER als durch Mischkristalle hervorgerufen angesehen. Auch Verbindungen schreibt
GUERTLER einen spezifischen Verbindungswiderstand zu.

Was die Zuverlässigkeit dieser Methode anbetrifft, so besitzen
die beiden Regeln von MATTHIESSEN und VOGT und die diesen
äquivalente Gleichung 2 nur bedingte Gültigkeit. Aus Gleichung 4
folgt nämlich, da C_0, A_0 und α stets positiv sind, daß γ stets positiv
ist. Es gibt jedoch Legierungen, die von einer gewissen Temperatur ab
einen negativen Temperaturkoeffizienten des Widerstandes besitzen,
z. B. Kupfer-Nickel- und Kupfer-Manganlegierungen.[2] Wenn man
die obige Zerlegung des Gesamtwiderstandes in zwei Teile beibehalten
will, kann nach LIEBENOW hier nur die allgemeine Gleichung 1
Geltung haben, wobei β in dem betreffenden Temperaturgebiete
einen negativen Wert haben muß.

In Anbetracht der nachweislich nur bedingten Gültigkeit der
MATTHIESSENschen Regeln, der Irrtümer, die durch das Auftreten
polymorpher Umwandlungen hervorgerufen werden können und des
Mangels an experimentellem Material wird man der Bestimmung

[1] GUERTLER, Z. anorg. Chem. 54 (1907), 58. Vgl. auch LIEBENOW, loc.
cit. S. 219.
[2] FEUSSNER und LINDECK, Abh. d. Phys.-Techn. Reichsanstalt 2 (1895), 501.

des Temperaturkoeffizienten der Leitfähigkeit als selbständiger Methode zur Ermittlung der Konstitution der Legierungen im allgemeinen noch keine große Bedeutung beimessen. In gewissen Fällen wird auch sie natürlich Anhaltspunkte geben können. Hierfür liefert die schon von LIEBENOW[1] mit Hilfe dieser Methode aufgefundene Verbindung Cu-Zn ein Beispiel. In manchen Fällen kann man die Bestimmung der Leitfähigkeit in Abhängigkeit von der Temperatur mit Vorteil zum Nachweise polymorpher Umwandlungen verwenden.[2]

4. Bestimmung des Dampfdrucks einer Komponente.

Es kommt vor, daß ein kristallwasserhaltiges Salz die verschiedenen Wassermoleküle verschieden fest gebunden hält. Ein Beispiel dafür liefert der Kupfervitriol, $CuSO_4 + 5H_2O$, der schon bei gewöhnlicher Temperatur langsam verwittert, im Trockenschrank bei 100^0 vier Moleküle Wasser abgibt, das letzte aber erst beim Erhitzen über 200^0 verliert. Ein solches Salz bildet also verschiedene Verbindungen mit Wasser, die wir als Hydrate bezeichnen. Genauen Einblick in die hier obwaltenden Verhältnisse erhält man, wenn man die Tension des Wasserdampfes verschieden gewässerten Kupfervitriols bei konstanter Temperatur bestimmt. Wir wollen zunächst aber einen einfacheren Fall kennen lernen, nämlich den, daß das betreffende Salz unter den gewählten Versuchsbedingungen kein Hydrat bildet.

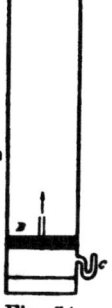

Fig. 74.

Als solches eignet sich Kochsalz, und unsere Aufgabe ist es, die Tension des Wasserdampfes im System Wasser—Chlornatrium für alle möglichen Konzentrationen, jedoch bei einer bestimmten Temperatur, als welche wir 50^0 C wählen, kennen zu lernen. Wir wollen die Bestimmung in folgender Weise ausführen: In einem luftleeren Zylinder A mit luftdicht schließendem Stempel B (Fig. 74) befinde sich eine Kochsalzlösung von bestimmter Konzentration. Da das Chlornatrium nicht in meßbarem Grade verdampft, so wird in dem oberhalb der Lösung befindlichen Raume nur Wasserdampf vorhanden sein können. Wir wollen annehmen, wir seien in der Lage, mittels eines Manometers C jederzeit die Spannkraft des Wasserdampfes,

[1] LIEBENOW, loc. cit. S. 221.
[2] LE CHATELIER, Revue générale des Sciences 6 (1895), 533. Contribution à l'étude des alliages S. 448.

welche uns einen Maßstab für seine Konzentration im Gasraum liefert, zu bestimmen. Nach einem dem Gesetz der Schmelzpunktserniedrigung ganz analogen „Gesetze der Dampfdruckerniedrigung" wird die Dampfspannung des reinen Wassers durch Auflösen eines anderen Stoffes erniedrigt, und zwar auch hier um so stärker, je konzentrierter die Lösung ist. Der Dampfdruck über einer Lösung bestimmter Konzentration ist bei konstanter Temperatur eindeutig bestimmt. Da der Dampf über reinem Wasser bei 50° eine Spannkraft von ca. 92 mm Quecksilber hat, so wird die Spannkraft des über der Chlornatriumlösung befindlichen Wasserdampfes niedriger sein. Nehmen wir an, sie betrage im Anfang etwa 91 mm. Wir wollen nun den Stempel B allmählich in unserem als sehr lang anzunehmenden Zylinder in die Höhe ziehen, wodurch eine weitere Verdampfung des Wassers aus der Kochsalzlösung bewirkt wird. Dadurch wird sie aber konzentrierter, und es findet demgemäß ein Sinken der Dampfspannung statt. Dieses Sinken wird jedenfalls so lange anhalten, bis die Lösung mit Chlornatrium gesättigt ist. Die Dampfspannung der gesättigten Chlornatriumlösung beträgt bei 50° etwa 70 mm. Wird nun durch fortgesetztes Hochziehen des Stempels eine weitere Vergrößerung des Gasraumes und weitere Verdampfung des Wassers bewirkt, so kann trotzdem vorläufig keine Veränderung der Dampfspannung eintreten, da die gesättigte Lösung bei konstant gehaltener Temperatur ihre Zusammensetzung nicht weiter ändern kann. Durch weitere Verdampfung des Wassers wird nur die Menge der gesättigten Lösung geändert, indem für jedes verdampfende Gramm Wasser eine bestimmte Menge Chlornatrium auskristallisiert. Die Dampfspannung der Lösung, d. h. die Konzentration des Wasserdampfes im Gasraum, ist jedoch von der Menge der vorhandenen Lösung unabhängig. Von dem Momente an, in dem sich der erste Kochsalzkristall ausgeschieden hat, haben wir daher ein Gleichgewicht, welches aus den drei in ihrer Zusammensetzung unveränderlichen Phasen: „Gesättigte Kochsalzlösung, kristallisiertes Kochsalz und Wasserdampf von 70 mm Druck" besteht. Die Reaktionsgleichung kann in der Form:

$$[\text{NaCl} + n\,\text{H}_2\text{O}] \underset{\longrightarrow}{\longleftarrow} \text{NaCl} + n\,\text{H}_2\text{O} \quad (t = 50°)$$

Ges. Lösung.   krist.   Wasserdampf v.
70 mm Druck.

geschrieben werden.

Hochziehen des Stempels bewirkt Fortschreiten der Reaktion von links nach rechts; es vermindert sich die Menge der gesättigten

Lösung, es vermehrt sich die Menge der Kochsalzkristalle und die Menge des Wasserdampfes, keine der Phasen ändert ihre Zusammensetzung, bis der letzte Tropfen gesättigter Lösung verschwunden ist. Niederdrücken des Stempels bewirkt entgegengesetzten Reaktionsverlauf, auch hier bleibt die Tension des Wasserdampfes so lange konstant, bis das letzte Kochsalzkriställchen aufgelöst ist. Wegen dieser Unveränderlichkeit der Zusammensetzung der am Gleichgewichte beteiligten Phasen bezeichnen wir ein derartiges Gleichgewicht ebenfalls als ein vollständiges.[1]

Haben wir durch fortgesetztes Hochziehen des Stempels die letzte Menge Wasser aus der flüssigen Phase in den Dampfraum übergeführt, so haben wir einen Moment Gleichgewicht zwischen kristallisiertem Kochsalz und Wasserdampf von 70 mm Druck. Durch weiteres Heben des Stempels kann nur noch eine Vergrößerung des Volumens des Wasserdampfes und demnach ein Sinken der Dampfspannung bewirkt werden, deren Betrag sich unter Annahme der Gültigkeit der Gasgesetze leicht berechnen läßt. Es ist klar, daß wir, wenn unser Zylinder lang genug ist, die Tension des Wasserdampfes über den Kochsalzkristallen unter jede beliebige Größe sinken lassen können, so daß sie schließlich praktisch Null ist.

Wir stellen die Resultate unseres Versuchs in dem Volumen-Druckdiagramme Fig. 75 a zusammen. Auf der horizontalen Achse tragen wir das Volumen des gasförmigen Systems ab, hinreichend genau gemessen durch die Höhe, bis zu der wir den Stempel hinaufgezogen haben, auf der dazu senkrechten Achse die Tension des Wasserdampfes, die unser Manometer bei dem betreffenden Volumen anzeigte. Wir sehen, daß unsere Volumdruckkurve aus drei scharf voneinander getrennten Stücken besteht, die drei verschiedenen Zuständen unseres Systems entsprechen. *a* fällt, falls

---

[1] Das hier auftretende vollständige Gleichgewicht ist dem bisher betrachteten vollkommen analog. Bisher haben wir den auf dem Systeme lastenden Druck als unveränderlich (= 1 Atm.), die Temperatur als veränderlich angesehen, das Gleichgewicht war ein vollständiges, so lange eine Veränderung des Wärmeinhalts keine Veränderung der Temperatur bewirkte (s. S. 38 und über die dieser Auffassung im allgemeinen zugrunde liegende Idealisierung S. 265 u. 266). Jetzt halten wir die Temperatur des Systems konstant, das Gleichgewicht ist ein vollständiges, so lange eine Veränderung des Volumens keine Veränderung des Druckes bewirkt. In beiden Fällen bleibt beim Fortschreiten der Reaktion nach der einen oder andern Richtung die Zusammensetzung sämtlicher Phasen so lange unverändert, bis eine der Phasen verbraucht ist.

man von einer hinreichend verdünnten Lösung ausgeht, praktisch mit der Tension des reinen Wassers zusammen. Zwischen
a und *b* haben wir ein zweiphasiges System, bestehend aus der
Dampfphase und der Lösung von Salz in Wasser, deren Konzentration in dem Maße zunimmt, wie die Tension sinkt. Im
Punkte *b* hat die Lösung ihre höchste Konzentration erreicht,
und es kommt jetzt als neue Phase das kristallisierte Chlornatrium
hinzu. Das horizontale Stück *b c* entspricht daher einem dreiphasigen
System, bestehend aus der Dampfphase, einer flüssigen und einer

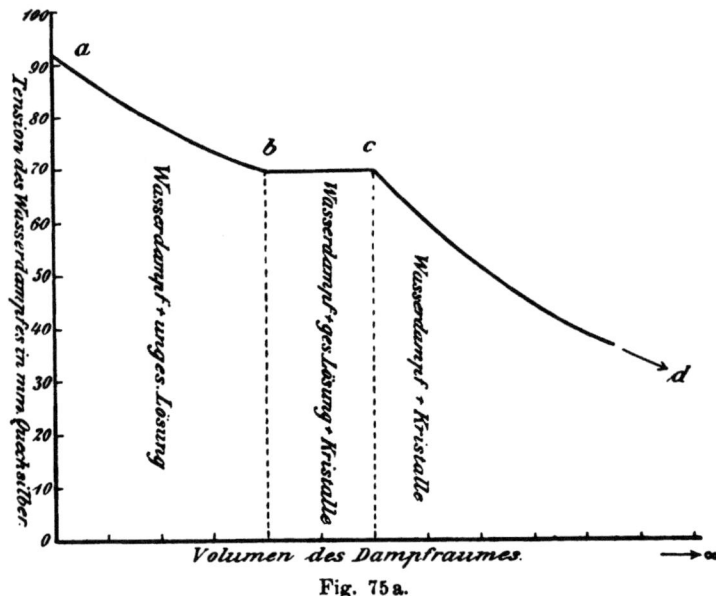

Fig. 75 a.

kristallisierten Phase. Im Punkte *c* ist alles Wasser verdampft, so
daß unser System wiederum aus nur zwei Phasen, nämlich aus dem
Dampf und den Kristallen besteht. Wir sehen, daß der Dampfdruck über dem kristallisierten Kochsalz ein unbestimmter ist, indem
er, sofern die Tension der gesättigten Kochsalzlösung nicht überschritten wird, jeden beliebigen Wert zwischen dieser und Null annehmen kann (der Punkt *d* ist der Schnittpunkt des Kurvenastes *c d*
mit der Volumachse und liegt bei $V = \infty$). Das heißt nichts weiter,
als daß wir bei 50° Kochsalzkristalle beliebig lange, ohne daß sie
eine Veränderung erleiden (also zerfließen), in einem wasserdampfhaltigen Raume aufbewahren können, sofern die Wasserdampf

tension kleiner ist als die Tension der bei der betreffenden Temperatur gesättigten Kochsalzlösung. Ist die Dampfspannung dieselbe wie die der gesättigten Kochsalzlösung, so hängt es von dem der Dampfphase zur Verfügung stehenden Raume ab, wieviel als kristallisiertes Kochsalz, wieviel als gesättigte Lösung zugegen ist. Bei konstant gehaltenem Volumen bleibt dieses Verhältnis unverändert.

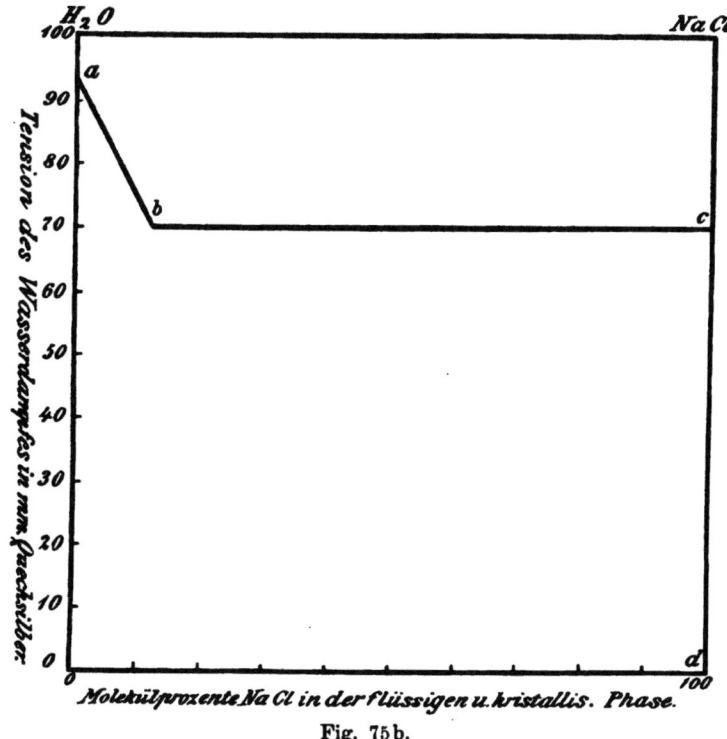

Fig. 75 b.

Statt des Volumen-Druckdiagrammes wählen wir zweckmäßig ein Konzentrations-Druckdiagramm (Fig. 75 b). Auf der Konzentrationsachse tragen wir die durchschnittliche Zusammensetzung der vorhandenen flüssigen und kristallisierten Phasen, etwa in Molekülprozenten, auf, auf der Druckachse die Tension des bei der Versuchstemperatur (50°) damit im Gleichgewichte befindlichen Wasserdampfes. Auch hier entspricht der Strecke *a b* das Gleichgewicht zwischen der Lösung und dem Dampfe, während das horizontale Stück *b c* dem Gleichgewicht zwischen Lösung, kristallisiertem Koch-

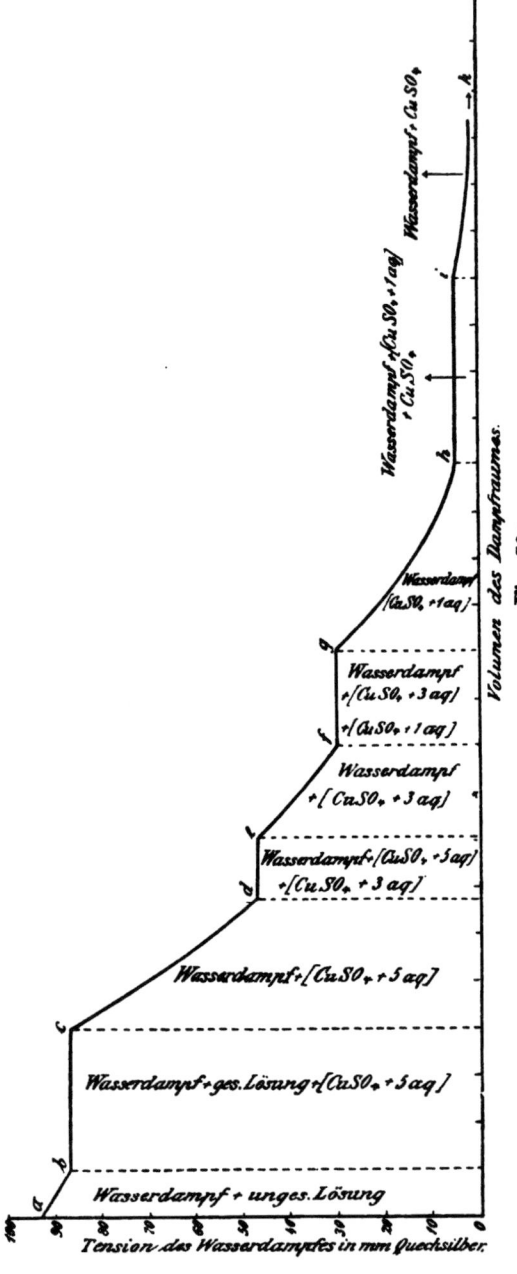

Fig. 76a.

salz und Dampf entspricht. Das Stück *c d* der Fig. 75a fällt hier mit der Druckachse zusammen, entsprechend der wechselnden Dampftension, die mit reinem Kochsalz im Gleichgewicht sein kann.

Zeigt umgekehrt ein aus einem Salz und Wasser zusammengesetztes System die in Fig. 75a dargestellte Abhängigkeit der Wasserdampftension vom Volumen resp. die in Fig. 75b dargestellte Abhängigkeit der Wasserdampftension von der Konzentration, so kann man schließen, daß das betreffende Salz bei der Versuchstemperatur keine Verbindung mit Wasser (Hydrat) bildet.

Wir wollen jetzt in ganz derselben Weise die Wasserdampftension des Systems Kupfersulfat-Wasser bei konstanter Temperatur (50°) bei den verschiedensten Konzentrationen bestimmen.

Fig. 76a gibt analog Fig. 75a den ungefähren Verlauf der Kurve der Wasserdampftension in Abhängigkeit von dem Volumen der Dampfphase wieder. Wir werden bei fortgesetzter Vergrößerung des Volumens der Gasphase auch hier anfänglich ein kontinuierliches Sinken der Wasserdampftension, entsprechend dem Kurvenast ab in Fig. 76a, beobachten, bis die Sättigungskonzentration der Lösung erreicht ist und die Abscheidung der ersten Kupfervitriolkristalle $CuSO_4 + 5H_2O$ erfolgt. Die Tension des Wasserdampfes über der gesättigten Lösung beträgt hier 87 mm und bleibt, entsprechend dem horizontalen Stück bc, trotz fortgesetzten Hochziehens des Stempels so lange konstant, bis der letzte Tropfen der Lösung verschwunden und demgemäß alles Kupfersulfat in Form des Hydrates $CuSO_4 + 5H_2O$ vorhanden ist. Vergrößert man nun den Gasraum noch weiter, so wird man zunächst ein Sinken des Dampfdrucks, gemäß den Gasgesetzen, beobachten, wie es durch den Kurvenast cd wiedergegeben ist. Doch wird dieses Sinken nur so lange stattfinden können, wie das Hydrat $CuSO_4 + 5H_2O$ unverändert bleibt. Dies ist oberhalb 47 mm Wasserdampfdruck der Fall. Ist diese Tension erreicht, so bemerkt man plötzlich, daß das Manometer, trotz fortgesetzten Hochziehens des Stempels, Druckkonstanz (entsprechend de) anzeigt, dadurch hervorgerufen, daß der Kupfervitriol sein Wasser ganz oder teilweise (darüber muß der weitere Verlauf unseres Experimentes Auskunft geben) abgibt. Wir nehmen der Kürze halber vorweg, daß das letztere der Fall ist, und daß es die Reaktion

$$[CuSO_4 + 5H_2O] \underset{\text{krist.}}{\overset{}{\rightleftarrows}} [CuSO_4 + 3H_2O] + 2H_2O \quad (t = 50°)$$
$$\text{krist.} \qquad\qquad \text{krist.} \qquad \text{Wasserdampf v.}$$
$$\text{47 mm Druck}$$

ist, welche Veranlassung zu dem hier stattfindenden vollständigen Gleichgewichte gibt. Fortgesetztes Hochziehen des Stempels bewirkt Fortschreiten der Reaktion von links nach rechts, es vermindert sich die Menge des wasserreichen Hydrates, es vermehrt sich die des wasserärmeren und des Wasserdampfes, ohne daß eine der Phasen ihre Konzentration ändert, denn solange noch ein Kristall des wasserreichen Hydrats vorhanden ist, kann die Dampftension nicht unter diejenige sinken, bei der er sein Wasser verliert. Ist jedoch der letzte Kristall des wasserreichen Hydrates verschwunden, so bewirkt weiter fortgesetztes Hochziehen des Stempels eine Verdünnung des Wasserdampfes und demgemäß ein Sinken seiner Tension (längs ef), bis das Hydrat $CuSO_4 + 3H_2O$ sein Wasser abzugeben beginnt. Das ist bei einer Tension von 30 mm der Fall, und man beobachtet bei dieser Tension eine dritte Periode konstanten Dampfdruckes (Horizontale fg), die durch die Reaktion

$$[\underset{\text{krist.}}{CuSO_4 + 3H_2O}] \; \rightleftharpoons \; [\underset{\text{krist.}}{CuSO_4 + 1H_2O}] + \underset{\substack{\text{Wasserdampf v.} \\ \text{30 mm Druck}}}{2H_2O} \qquad (t = 50^0)$$

bewirkt wird und so lange besteht, bis der letzte Kristall des Hydrates $CuSO_4 + 3H_2O$ in das wasserärmste Hydrat $CuSO_4 + 1H_2O$ übergegangen ist. Erst dann wird eine weitere Vergrößerung des Volumens erneutes Sinken des Dampfdrucks (längs des Kurvenastes $g\,h$ bewirken), bis bei 4.4 mm auch das letzte Wassermolekül abgegeben wird. Wir werden also bei diesem Drucke eine vierte Periode konstanten Manometerstandes, angedeutet durch die Horizontale $h\,i$, beobachten, die ihren Abschluß dadurch findet, daß nunmehr sämtliches Wasser in die Gasphase übergegangen ist. Die Reaktionsgleichung lautet:

$$[\underset{\text{krist.}}{CuSO_4 + 1H_2O}] \; \rightleftharpoons \; \underset{\text{krist.}}{CuSO_4} + \underset{\substack{\text{Wasserdampf v.} \\ \text{4.4 mm Druck.}}}{1H_2O} \qquad (t = 50^0)$$

Bei weiter fortgesetzter Volumenvergrößerung findet kontinuierliche Abnahme des Dampfdruckes gegen Null hin statt. Dies wird durch den Verlauf des Kurvenastes $i\,k$ wiedergegeben, der sich asymptotisch der Volumenachse nähert.

Fig. 76b stellt die erhaltenen Resultate in einem Konzentrations-Druckdiagramme dar. Auf der Konzentrationsachse ist wiederum die Durchschnittskonzentration der vorhandenen flüssigen und kristallisierten Phasen, ausgedrückt in Molekülprozenten, aufgetragen. Die einander entsprechenden Knicke in Fig. 76a und b sind mit denselben Buchstaben bezeichnet. Wir erkennen hier wieder die schon bei dem Systeme Chlornatrium-Wasser beobachtete Tatsache, daß eine einzelne Kristallart mit Wasserdampf sehr verschiedener Tension im Gleichgewicht sein kann. So ist z. B. das Hydrat $CuSO_4 + 5H_2O$ bei 50^0 mit allen zwischen d und c liegenden Wasserdampftensionen im Gleichgewicht, d. h. es kann bei dieser Temperatur beliebig lange mit Wasserdampf aller dieser Dichten in Berührung sein, ohne zu verwittern oder zu zerfließen. Herrscht in dem Gasraum die Wasserdampftension c, so kommt es auf das Verhältnis der Größe des Gasraumes zu der im System vorhandenen Wassermenge an, ob das Kupfersulfat als gesättigte Lösung oder als kristallisiertes $CuSO_4 + 5H_2O$ oder als ein Gemenge dieser beiden Formen vorhanden ist. Herrscht im Gasraum die Tension d, so gilt das gleiche für die beiden Hydrate mit fünf und drei Molekülen Wasser. Die Dampftension ist also nur dann durch die Konzentration eindeutig festgelegt, wenn nicht die reinen Hydrate vorliegen, sondern eine wenn auch nur geringe Spur einer zweiten Phase, sei es ein anderes Hydrat oder die gesättigte Lösung, zugegen ist. Daher ist es prinzipiell wenigstens nicht richtig, von einer Wasserdampftension des Hydrates $CuSO_4 + 5H_2O$ zu sprechen, sofern man nicht weiterhin angibt, ob es die Tension ist, bei der die Kristalle Wasser aufnehmen, „zerfließen", oder ob es die ist, bei der sie Wasser ab-

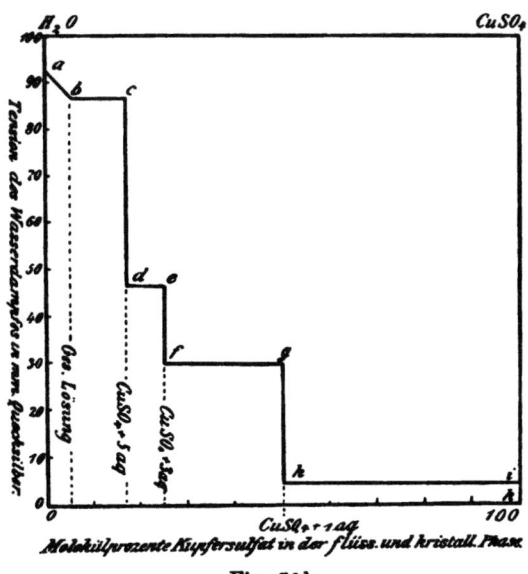

Fig. 76 b.

geben, „verwittern", können. Doch wollen wir kurzweg als Tension eines Hydrates diejenige bezeichnen, bei der es Wasser abgeben kann, also die, die eigentlich dem Gleichgewichte mit dem niederen Hydrate entspricht. In diesem Sinn bezeichnen wir bc als Tension der gesättigten Lösung, de als Tension des Hydrates $CuSO_4 + 5H_2O$, fg als Tension des Hydrates mit drei Molekülen und hi als Tension des Hydrates mit einem Moleküle Wasser.

Wir haben also mit Einrechnung der gesättigten Lösung so viele voneinander verschiedene Hydrate, als wir horizontale Teile auf unserer treppenförmigen Dampfspannungskurve haben und besitzen demgemäß umgekehrt ein Mittel, aus der Abhängigkeit der

Dampfspannung von der Konzentration die Anzahl der Verbindungen, die ein Salz mit Wasser eingeht, zu ermitteln.

Von Verzögerungen ist hier abgesehen. Die experimentelle Bestimmung kann in einfacher Weise dadurch geschehen, daß man die sukzessive entwässerten Hydrate in das Vakuum einer Barometerröhre bringt und die sich schließlich einstellende Erniedrigung der Quecksilberhöhe mißt, sie kann aber auch noch auf mancherlei andere Weise ausgeführt werden. [1]

Die diskontinuierliche Änderung der Dampfspannung ist durch die Untersuchung von ANDREÄ [2] durchaus sichergestellt. Sie ist, wie wir aus unserem Diagramm Fig. 76 b ohne weiteres ersehen, an die Bedingung geknüpft, daß bei einer bestimmten Konzentration eine Phase vollständig verschwindet und an ihre Stelle eine andere tritt. So ist bei Konzentrationen links von cd neben dem Hydrat $CuSO_4 + 5H_2O$ die gesättigte Lösung, rechts davon neben eben diesem Hydrat das wasserärmere Hydrat $CuSO_4 + 3H_2O$ stabil. Es muß demnach praktisch vollständige Nichtmischbarkeit der Phasen miteinander vorhanden sein. Trifft dies nicht zu, so stoßen wir auf Verhältnisse wie zwischen a und b, wo sich die Zusammensetzung der flüssigen Phase von reinem Wasser a bis zur gesättigten Lösung b kontinuierlich ändert und ebenso eine kontinuierliche Änderung der Wasserdampftension mit sich bringt. Auch derartige Beziehungen zwischen zwei Hydraten werden demnach in unserem Diagramme zum Ausdruck kommen.

Wenn wir unser System anstatt aus Wasser und wasserfreiem Salze ganz allgemein aus einer flüchtigen und einer praktisch nichtflüchtigen Komponente zusammengesetzt denken, so können wir die hier gewonnenen Erfahrungen natürlich auch zur Ermittelung der Verbindungen, die zwei solche Komponenten miteinander eingehen, benutzen. Voraussetzung ist dabei, daß die nichtflüchtige Komponente unter keinen Umständen, also auch nicht als Verbindung, in den Gasraum geht. Andernfalls werden die Verhältnisse weit komplizierter. Für metallographische Untersuchungen hat diese Methode zurzeit wenig Bedeutung, da die Dampfspannung der meisten Metalle sehr gering ist, solange man nicht zu solchen Temperaturen geht, bei denen die Messung des Dampfdruckes schon erhebliche experimentelle Schwierigkeiten bereitet. Ihre ausführliche Besprechung

---

[1] Vergl. z. B. MÜLLER-ERZBACH, *Zeitschr. phys. Chem.* 19 (1896), 135.

[2] ANDREÄ, *Zeitschr. phys. Chem.* 7 (1891), 241.

ist im wesentlichen in Rücksicht auf die unter 6. zu beschreibende Methode erfolgt.

5. Bestimmung der Löslichkeit einer Komponente.

Die physikalische Chemie hat die große Analogie zwischen dem Verhalten der Gase und der Lösungen aufgedeckt. Man kann vielleicht, wenn man dieser Analogie besonders scharfen Ausdruck verleihen will, geradezu den Dampfzustand als Lösung einer Substanz im Raum, im Vakuum, bezeichnen. Haben wir ein System aus zwei Komponenten, von denen nur die eine in einem dritten, indifferenten Körper, den wir als Lösungsmittel benutzen wollen, löslich ist, und arbeiten wir für eine bestimmte Temperatur statt wie in 4. das Tensions-Konzentrationsdiagramm hier das Löslichkeits-Konzentrationsdiagramm aus, so werden wir auf ganz die gleichen Verhältnisse treffen. ABEGG und HAMBURGER [1] untersuchten in dieser Weise die Polyjodide der Alkalimetalle, indem sie als indifferentes Lösungsmittel Benzol verwandten. Auch diese Methode hat für Metallegierungen keine Anwendung gefunden.

6. Bestimmung der elektrolytischen Lösungstension.

Mit der Auflösung eines Metalles in einem Stoffe, der selbst kein Metall ist, z. B. in Wasser, ist stets eine chemische Veränderung verbunden, so daß es nicht möglich ist, das Metall aus seiner Lösung durch Kristallisation zurückzugewinnen. NERNST hat gezeigt, daß man trotzdem die bei der Untersuchung der gewöhnlichen Lösungsvorgänge, z. B. von Zucker in Wasser gewonnenen Erfahrungen vollkommen auf den Lösungsvorgang von Metallen in Wasser übertragen kann, wenn man den Metallen statt der gewöhnlichen Lösungstension die sogenannte „elektrolytische Lösungstension" zuschreibt, vermöge deren sie das Bestreben haben, nicht als gewöhnliche Moleküle, sondern als positive Ionen in Lösung zu gehen. Diese elektrolytische Lösungstension spielt prinzipiell ganz dieselbe Rolle wie die Dampftension, die wir sub 4., und die gewöhnliche Lösungstension, die wir sub 5. besprochen haben. Haben wir also ein System von zwei Metallen, von denen das eine ein starkes Bestreben hat, in den Ionenzustand überzugehen, während dieses Bestreben bei dem zweiten so gut wie Null ist, so können wir durch Ausarbeitung eines „Elektrolytische Lösungstensions-Konzentrationsdiagramms" vollkommenen Aufschluß über die Beziehungen beider Metalle zueinander

---

[1] ABEGG und HAMBURGER, Z. anorg. Chem. 50 (1906), 408.

bei der betr. Temperatur erhalten. Das Metall mit der erheblichen Lösungstension bezeichnet man als das unedle, dasjenige, dessen Lösungstension einen zu vernachlässigenden Wert hat, heißt das edle. Betrachtet man unter diesem Gesichtspunkte Fig. 75 b als ein die elektrolytische Lösungstension in Abhängigkeit von der Konzentration darstellendes Diagramm, in welchem die Konzentrationsachse nach Atomprozenten des edlen Metalles B eingeteilt ist, so haben wir bei Konzentrationen zwischen a und b Löslichkeit beider Metalle ineinander anzunehmen. Zwischen b und c besteht die Legierung aus einem Gemenge zweier gesättigter Mischkristalle, von denen der eine die Konzentration b hat, während der zweite, praktisch wenigstens, mit dem des edlen Metalles identisch ist. Fig. 76 b wird bei derselben Auffassung außerdem noch die Existenz dreier Verbindungen der beiden Metalle erkennen lassen, deren Zusammensetzung durch die resp. Formeln A_5B, A_3B und AB ausgedrückt wird.

Der Wert der Lösungstension bestimmt bis auf eine additive Konstante die Potentialdifferenz, die die Legierung in einer Lösung des unedleren Metalles von bestimmter Ionenkonzentration gegen eine beliebige Normalelektrode zeigt.[1] Einer kontinuierlichen oder sprungweisen Änderung der Lösungstension entspricht ebenfalls eine kontinuierliche oder sprungweise Änderung dieser Potentialdifferenz. Daher läuft die Methode praktisch meistens auf eine Messung elektromotorischer Kräfte hinaus. Nach SACKUR[2] kann man das Verhältnis der Lösungstensionen eines Metalles A in reinem Zustande und in einer Legierung mit einem zweiten Metalle B dadurch ermitteln, daß man die Gleichgewichts-Konzentration bestimmt, bis zu welcher das Metall A einmal in reinem Zustande, das andere Mal in Legierung mit B das Metall B aus seiner Salzlösung zu verdrängen vermag.

Die Methode der Bestimmung der elektromotorischen Kräfte zur Untersuchung der Konstitution der Legierungen wurde zuerst von LAURIE[3] und dann von HERSCHKOWITSCH[4] angewandt, welch' letzterer eine den Versuchen LAURIES anhaftende mögliche Fehlerquelle[5] zu vermeiden wußte. Doch sind auch die Resultate von HERSCHKOWITSCH kaum mit den auf thermischem Wege erhaltenen

---

[1] Vergl. dazu jedoch NERNST. *Zeitschr. phys. Chem.* **22** (1897), 539.

[2] SACKUR, *Z. Elektrochem.* **10** (1904), 522; Ber. **38** (1905) S. 2186.

[3] LAURIE, *Journ. chem. Soc.* **65** (1894), 1031.

[4] HERSCHKOWITSCH, *Zeitschr. phys. Chem.* **27** (1898), 123.

[5] OSTWALD, *Zeitschr. phys. Chem.* **16** (1895), 750.

Resultaten in Einklang zu bringen. Dagegen erhielt BIJL[1] (s. S. 193) bei der Untersuchung der Cadmiumamalgame eine vollkommene Übereinstimmung zwischen den Aussagen des Schmelzdiagrammes und den auf Grund der Bestimmung der elektromotorischen Kraft erhaltenen Resultaten und konnte insbesondere mittels letzterer Methode den Verlauf der Entmischungskurve beider, beschränkte Mischbarkeit zeigender Komponenten bis zu gewöhnlicher Temperatur hinab verfolgen. Absolute Übereinstimmung der auf beiden Wegen erhaltenen Resultate kann man natürlich nicht unter allen Umständen verlangen, da ja bei der thermischen Untersuchung Reaktionen mit geringer Wärmetönung und solche, welche mit geringer Geschwindigkeit verlaufen, übersehen werden. Daher ist (neben der dem gleichen Zwecke dienenden mikroskopischen Untersuchung der Schliffe) eine messende Methode zur Bestimmung der Konstitution der Metalllegierungen im vollständig erstarrten Zustande von höchstem Werte, einmal weil bei Übereinstimmung der Resultate diese eine erhöhte, an Gewißheit grenzende Sicherheit gewinnen und dann, weil Differenzen auf stattgehabte Reaktionen hinweisen, die mittels der thermischen Methode nicht bemerkt wurden. Was nun den Wert der vorliegenden Methode in dieser Hinsicht anbetrifft, so besteht ein Hauptvorzug derselben gegenüber den auf Bestimmung der Leitfähigkeit beruhenden Methoden darin, daß ihre theoretische Grundlage bekannt und durchaus sichergestellt ist. Vorbedingung ist auch hier, daß die eingetretenen Reaktionen vollständig verlaufen sind. Eine Erschwerung der Bestimmungen kann unter Umständen durch sogenannte Passivitätserscheinungen bewirkt werden, indem die betreffenden Metalle infolge noch nicht vollkommen aufgeklärter Umstände ein edleres Verhalten zeigen können, als ihnen ihrer Natur nach zukommt. Doch würde dieses Hindernis durch Wahl des geeigneten Elektrolyten, eventuell durch Ausführung der Bestimmungen bei etwas erhöhter Temperatur, wohl stets zu überwinden sein. Unter allen Umständen ist darauf zu achten, daß der gemessene Wert der elektromotorischen Kraft wirklich dem Endwerte entspricht. BIJL beobachtete in einigen Fällen, daß dies erst nach einigen Tagen der Fall war. Der Umstand, daß einer großen Änderung der elektrolytischen Lösungstension eine relativ geringe Änderung der elektromotorischen Kraft entspricht (einer Steigerung der Lösungstension auf den 10fachen Wert entspricht bei Zimmertemperatur eine Zu-

---

[1] BIJL, *Zeitschr. phys. Chem.* **41** (1902), 641.

nahme der elektromotorischen Kraft eines n-wertigen Metalles um $\dfrac{0.058}{n}$ Volt) kann in Anbetracht der Genauigkeit der Meßmethoden für Potentialdifferenzen[1] im allgemeinen nicht als Hindernis für die Anwendung dieser Methode betrachtet werden.

7. Bestimmung der Bildungswärme.

Geht die Vereinigung zweier Stoffe mit erheblicher Wärmeentwicklung vor sich, so muß man, wenn einmal die Verbindung, das andere Mal die Komponenten in unverbundenem Zustande in demselben Gewichtsverhältnisse gelöst werden, eine verschiedene Wärmetönung erhalten, deren Differenz, wenn wir von dem Betrage der Mischungswärme absehen, gleich der Verbindungswärme beider Stoffe ist. Voraussetzung ist natürlich, daß die schließliche Beschaffenheit der Lösung in beiden Fällen die gleiche ist. So ist die Beobachtung, daß manche wasserfreien Salze sich unter Temperaturerhöhung in Wasser lösen, in vielen Fällen auf Bildung von Hydraten zurückzuführen. Zur Aufklärung der Konstitution der Metallegierungen ist diese Methode erfolgreich noch nicht verwandt worden. (Betr. Ausführung der Versuche vergl. HERSCHKOWITSCH l. c.)

8. Methode der Rückstands-Analyse.

Unterscheiden sich die beiden Komponenten einer Verbindung sehr in ihrer Widerstandsfähigkeit gegen ein bestimmtes chemisches Reagens, so ist im allgemeinen die Verbindung weniger angreifbar, als die am wenigsten widerstandsfähige Komponente. Man kann daher, wenn man eine die leichter angreifbare Komponente im Überschusse enthaltende Legierung mit dem betr. Reagens behandelt, jene fortlösen und so die Verbindung rein darstellen und analysieren. Man bezeichnet diese Methode als die Methode der Rückstands-Analyse. Sie hat früher vielfach und zum Teil erfolgreiche Anwendung gefunden, so isolierten MYLIUS, FÖRSTER und SCHÖNE[2] mit ihrer Hilfe das als Cementit bezeichnete Eisencarbid Fe_3C (s. S. 215). In zahlreichen anderen Fällen hat sie jedoch zu falschen Resultaten geführt.

Auf gleicher Grundlage beruht die Bestimmung der Angreifbarkeit der Legierungen verschiedener Konzentrationen durch verdünnte Säuren.[3] Bilden 2 Metalle keine Verbindung miteinander,

---

[1] Vergl. hierüber RICHARDS und FORBES, *Zeitschr. phys. Chem.* **58** (1907), 683.

[2] MYLIUS, FÖRSTER und SCHÖNE, *Z. anorg. Chem.* **13** (1896), 38.

[3] SACKUR, *Z. Elektrochem.* **10** (1904), 526; Ber. **38** (1905), 2186.

so ist die Angreifbarkeit eine stetige Funktion der Zusammensetzung der Legierungen, während die Angreifbarkeit im Falle einer chemischen Verbindung eine diskontinuierliche Änderung bei der betreffenden Konzentration erleiden wird.

Schließlich beruht auch die Entwicklung der Struktur der Schliffe durch Ätzen auf der gleichen Grundlage.

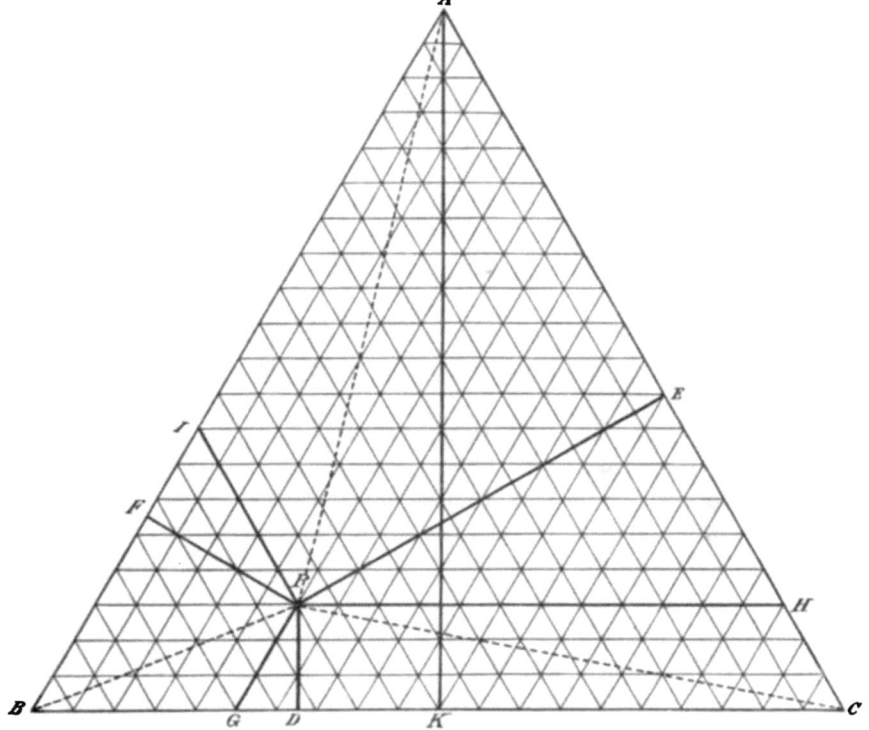

Fig. 77.

4. Kapitel: **Dreistoff-Systeme.**

Die graphische Darstellung der Zusammensetzung eines Dreistoff-Systems geschieht am besten nach GIBBS mit Hilfe des gleichseitigen Dreiecks[1] (Fig. 77). Dazu ist die Kenntnis folgender geometrischer Eigenschaften desselben notwendig.

---

[1] Sogenanntes Dreiecks-Koordinatenpapier wird neuerdings von der Firma SCHLEICHER & SCHÜLL, Düren, in den Handel gebracht.

1. In jedem gleichseitigen Dreieck ist die Summe der von einem Punkt P innerhalb des Dreiecks auf die drei Seiten gefällten Senkrechten gleich der Höhe h.

$$PD + PE + PF = h \quad \text{(Fig. 77)}.$$

Beweis: Man zerlegt das Dreieck durch die gestrichelten Hilfslinien PA, PB, PC in drei Dreiecke PBC, PAC, PAB, deren resp. Inhalte, wenn wir die Länge der Seiten mit s bezeichnen, gleich $s \cdot \dfrac{PD}{2}$, $s \cdot \dfrac{PE}{2}$, $s \cdot \dfrac{PF}{2}$ sind. Ihre Summe ist gleich dem Gesamtinhalte des Dreiecks $s \cdot \dfrac{h}{2}$, woraus sich die Richtigkeit der obigen Behauptung ergibt.

2. Zieht man durch P gleichzeitig noch Parallele zu den drei Seiten, also PG, PH und PJ, so verhalten sich

$$PD : PE : PF = PG : PH : PI,$$

und ferner ist

$$PG + PH + PI = s \quad \text{(Länge der Seite)}.$$

Der Beweis ergibt sich aus der Ähnlichkeit der Dreiecke PDG, PEH, PFI und AKB.

Mit Hilfe jedes dieser Sätze können wir die Zusammensetzung eines Dreistoff-Systemes nach Gewichts- oder Atomprozenten durch einen Punkt im Innern des Dreiecks ausdrücken. Die Ecken A, B und C sollen den reinen Stoffen A, B, C entsprechen. Wir ordnen jedem Gemische der drei Stoffe einen solchen Punkt P zu, daß sein senkrechter Abstand

PD von der Seite BC den Gehalt an A,
PE „ „ „ AC „ „ „ B und
PF „ „ „ AB „ „ „ C ausdrückt.

Da $PD + PE + PF = h$ ist, so erhalten wir den Gehalt in Prozenten dadurch, daß wir $^1/_{100}\, h$ als Maßeinheit annehmen.

Aus Satz 2 folgt, daß wir ebensogut die Strecken PG, PH, PI, welche den einzelnen Seiten parallel sind, zur Bestimmung der Zusammensetzung der Gemische benutzen können. Da die Summe dieser drei Strecken gleich der Seitenlänge s ist, so haben wir in diesem Falle den 100. Teil der Seitenlänge als Maßeinheit zu wählen.

Die Proportionalität

$$PD : PE : PF = PG : PH : PI$$

beweist, daß beide Darstellungsarten zu identischen Resultaten führen. Der Punkt P entspricht daher in jedem Falle demselben Mischungsverhältnisse.

Die Punkte A, B, C entsprechen, wie erwähnt, den reinen Stoffen. Demgemäfs ist ihr Abstand von der gegenüberliegenden Seite gleich 100. Die Seiten AB, BC, AC entsprechen den binären Gemischen aus A und B, aus B und C und aus A und C.

Wir erkennen, daß das Schmelzdiagramm eines ternären Systems nicht mehr in der Ebene, sondern nur noch im Raume darstellbar ist. Wir denken uns zu diesem Zwecke die Temperaturachse senkrecht zur Zeichenebene aufgetragen und erhalten so ein räumliches Modell von prismatischer Form, dessen drei Seiten durch die Zweistoff-Systeme $A - B$, $B - C$ und $C - A$ gebildet werden.

§ 1. Es herrscht vollständige Mischbarkeit im flüssigen, vollständige Nichtmischbarkeit im kristallisierten Zustande.

A. Die Komponenten bilden keine chemische Verbindung miteinander.

Wenn wir eine Legierung dreier Stoffe, die das in der Überschrift angegebene Verhalten zueinander zeigen, erkalten lassen, so wird sich im allgemeinen bei Eintritt der Kristallisation ein einziger Stoff ausscheiden. Es sei dies bei der vorliegenden Konzentration der Stoff A. Nach einiger Zeit beginnt auch die Ausscheidung des zweiten Stoffes, etwa B, und schließlich auch des dritten Stoffes C. Von diesem Momente an ist die Schmelze mit ihren drei Bestandteilen gesättigt und erstarrt, ganz wie wir es beim binären Eutektikum gesehen haben, ohne Änderung ihrer Zusammensetzung bei niedrigster konstanter Temperatur als ternäres Eutektikum. Die Abkühlungskurve einer ternären Legierung (Fig. 78) wird daher im allgemeinen zwei Knicke a und b und einen Haltepunkt cd erkennen lassen. Durch Ausscheidung der Komponente A bleibt in der Schmelze das Verhältnis der beiden Komponenten B und C zueinander ungeändert. Die Zusammensetzung derartiger Mischungen, die bei wechselndem Gehalte an A ein konstantes Verhältnis zwischen B und C zeigen, wird durch die Punkte einer durch A gezogenen Geraden angegeben. (Der Beweis ergibt sich aus Fig. 79, indem sich aus der Ähnlichkeit der Dreiecke $A P_1 D_1$ und $A P_2 D_2$ einerseits und $A P_1 E_1$ und $A P_2 E_2$ andererseits die Proportionen $\dfrac{P_1 D_1}{P_2 D_2} = \dfrac{P_1 A}{P_2 A} = \dfrac{P_1 E_1}{P_2 E_2}$ ergeben, woraus

unmittelbar die obige Behauptung $\dfrac{P_1 D_1}{P_1 E_1} = \dfrac{P_2 D_2}{P_2 E_2}$ folgt.)

Durch Kenntnis des sich zuerst ausscheidenden Bestandteils ist demnach die Konzentrationsänderung der zurückbleibenden Schmelze, solange sich nur diese Kristallart ausscheidet, bestimmt. Um ihre weitere Konzentrationsänderung kennen zu lernen, muß zunächst die Konzentration des ternären Eutektikums bekannt sein. Sie sei durch E (Fig. 80) gegeben. Es ist dies, wie wir sahen, die Konzentration, bei der die Schmelze mit den drei Kristallarten gesättigt ist. Da-

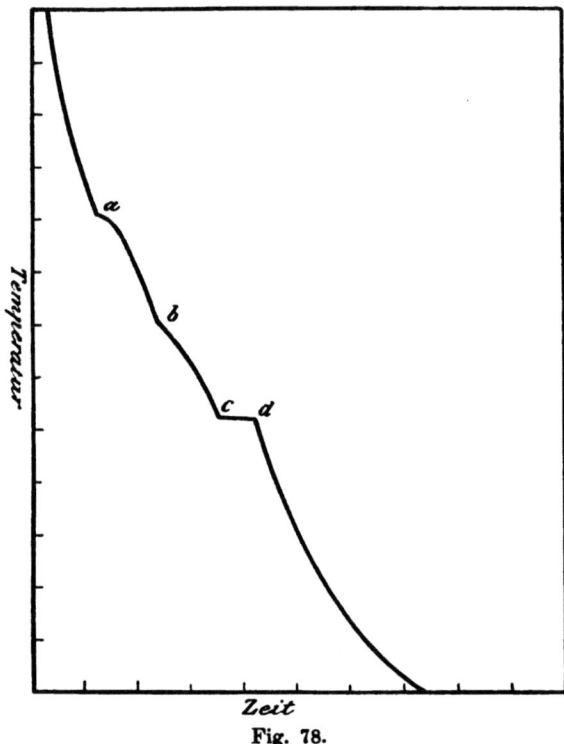

Fig. 78.

durch ist sie eindeutig bestimmt und hat den niedrigsten Erstarrungs- punkt (s. o.). Ferner seien durch E_1, E_2, E_3 die Konzentrationen der binären Eutektika aus A und B, A und C und B und C an- gegeben. Nun wird beispielsweise durch Zusatz von C zu dem aus A und B bestehenden Eutektikum E_1 sowohl der Schmelz- punkt dieses Eutektikums erniedrigt, als auch im allgemeinen eine Änderung des Verhältnisses von A zu B in der mit A und B gesättigten Schmelze bewirkt. Die Konzentrationsänderung, die eine mit zwei Kristallarten gesättigte Schmelze bei wachsendem Zusatze der dritten erleidet, werde durch die resp. Kurven $E_1 E$, $E_2 E$ und $E_3 E$ wiedergegeben. Diese drei Kurven müssen sich im ternären eutektischen Punkte, in dem die Schmelze mit allen drei Kristallarten gesättigt ist, schneiden. Durch Kenntnis der Lage dieser Kurven ist nun die Konzentrationsänderung, die eine Schmelze von der Zusammensetzung des Punktes P (Fig. 80) erfährt, vollständig bestimmt. Die Schmelze scheidet zunächst längs der Geraden PD, die eine Verlängerung von AP über P hinaus darstellt, die Kristallart A aus, bis im Punkte D die Kurve $E_1 E$, die die Zusammensetzung der mit den beiden Kristallarten A und B gesättigten Schmelzen angibt, geschnitten wird. Es findet hierauf unter gleichzeitiger Ausscheidung von A und B eine Konzentrationsänderung der Schmelze

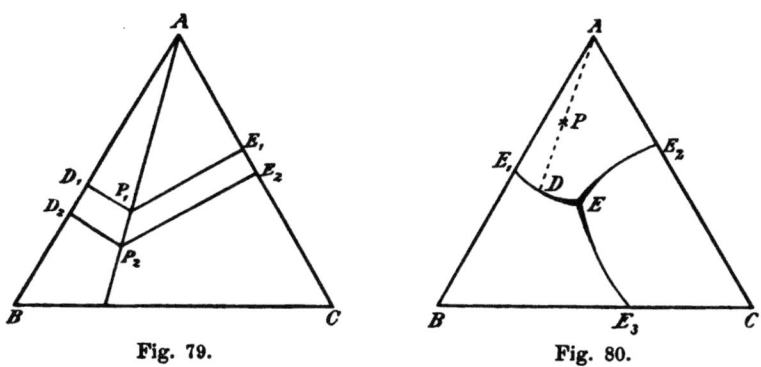

Fig. 79.   Fig. 80.

längs DE statt, bis der Rest derselben im Punkte E ohne Änderung seiner Zusammensetzung zum ternären Eutektikum erstarrt. Die Richtung des Temperaturabfalls ist in Fig. 80 durch Stärkerwerden der Kurven angegeben. Bezüglich der relativen Menge des ternären Eutektikums ergibt sich, daß ihr Maximum im ternären eutektischen Punkt E liegt, und daß sie nach den Seiten des Dreiecks hin, wo nur ein oder zwei Stoffe vorhanden sind, linear gegen Null abnimmt. Graphisch wäre diese Menge daher durch eine dreiseitige Pyramide mit der Grundfläche ABC und der Spitze E wiederzugeben.

Trägt man senkrecht zur Zeichenebene die Temperatur des Kristallisationsbeginns auf, so erhält man ein räumliches Modell, wie es Fig. 81 darstellt. Die drei Ecken A, B, C des Prismas entsprechen in bezug auf ihre Höhe den Schmelzpunkten der reinen Stoffe, die Seitenwände des Prismas stellen die drei Zweistoff-Systeme dar, deren binäre Eutektika in bezug auf ihre Konzentration und ihren Erstarrungspunkt durch die Punkte E_1, E_2, E_3 wiedergegeben werden. Die drei von diesen binären eutektischen Mischungen ausgehenden Kurven entsprechen dem unvollständigen Gleichgewichte von je zwei Kristallarten mit der Schmelze. Sie laufen unter beständigem Temperaturabfall alle drei in dem Punkte E, dem ternären eutektischen Punkte, zusammen, der, wie wir sahen, dem vollständigen Gleich-

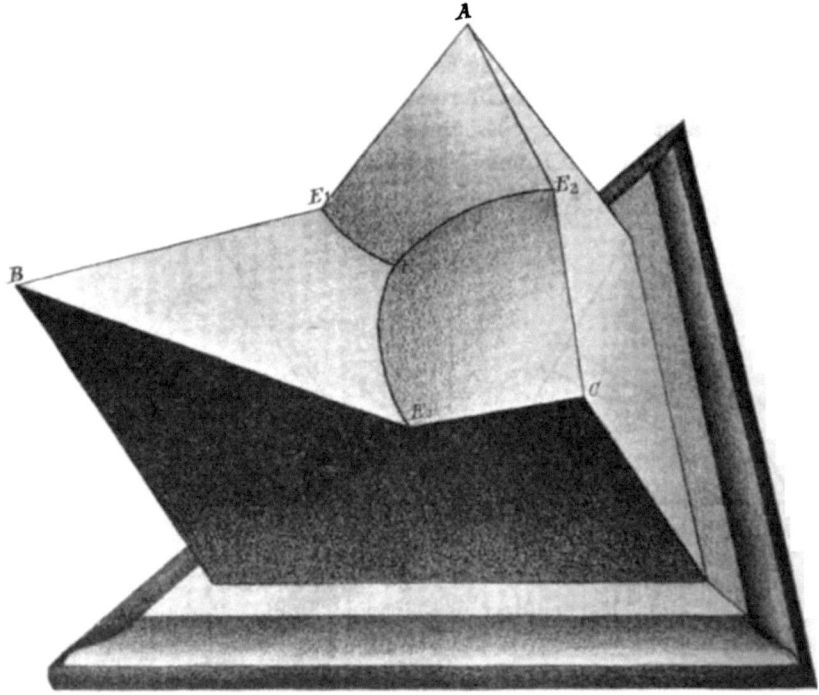

Fig. 81.

gewichte der drei Kristallarten mit der Schmelze entspricht. Bei allen Temperaturen, die niedriger als E liegen, ist die Schmelze vollständig kristallisiert. Die drei Kurven EE_1, EE_2, EE_3, längs deren je zwei Kristallarten mit der Schmelze im Gleichgewichte sind, stellen die Schnittlinien je zweier Flächen dar, auf denen Gleichgewicht je einer Kristallart mit der Schmelze besteht. Es sind dies die Fläche AE_1EE_2, auf der die Kristallart A, die Fläche BE_1EE_3, auf der die Kristallart B und CE_2EE_3, auf der die Kristallart C zuerst ausgeschieden wird. Die Konzentrationsänderung einer Schmelze bei allmählicher Abkühlung ist oben besprochen. Wir erkennen, daß die Kurven der Fig. 80 die Projektionen der entsprechenden Raumkurven der Fig. 81 auf die Konzentrationsebene darstellen.

Die Darstellung der Erstarrungsvorgänge durch ein räumliches Modell hat trotz des Vorzugs der Anschaulichkeit verschiedene Mängel. Insbesondere sind die mit der Darstellung einer solchen Raumfigur in der Ebene verknüpften Verzerrungen der einzelnen Teile oft störend. Eine exakte zweidimensionale Darstellung der Versuchsresultate kann durch Wiedergabe der Schnitte der Raumfigur mit Ebenen parallel und senkrecht zur Temperaturachse geschehen. Wir wollen hier nur die letztere Darstellungsweise kurz besprechen, und betreffs der Gestalt der Schnitte mit Ebenen parallel zur Temperaturachse auf die Ausführungen von STOFFEL[1] sowie SAHMEN und v. VEGESACK[2] verweisen. Man denkt sich beispielsweise das in Fig. 81 abgebildete Modell durch horizontale Ebenen in verschiedener Höhe geschnitten und projiziert die Schnittlinien auf die Konzentrationsebene. Auf solche Weise ist das in Fig. 82 dargestellte Diagramm entstanden, welches das von CHARPY[3] ausgearbeitete Schmelzdiagramm des Systems Pb-Bi-Sn wiedergibt. Die gestrichelten Linien sind die Schnittlinien der horizontalen Ebenen mit der Oberfläche der Schmelzfigur, von denen also jede die Konzentrationen gleicher Erstarrungstemperatur miteinander verbindet. Aus diesem Grunde werden sie als Isothermen bezeichnet. Die ihnen beigeschriebenen Zahlen geben die Temperaturen an, für die sie gelten. Jede der drei Kristallarten A, B, C ist bei gleicher Temperatur mit unendlich vielen aus A, B und C bestehenden Schmelzen, deren Zusammensetzung durch die betreffende Isotherme gegeben ist, im Gleichgewichte. Die Projektionen der Kurven EE_1, EE_2, EE_3 (Fig. 81) stellen sich in Fig. 82 als die Verbindungslinien der Punkte dar, in denen sich zwei Isothermen schneiden, die derselben Temperatur, aber verschiedenen Kristallarten entsprechen. Der eutektische Punkt E liegt bei der Konzentration

$$32\,^0/_0 \ Pb$$
$$15.5\,^0/_0 \ Sn$$
$$52.5\,^0/_0 \ Bi$$

und der Temperatur 96°.

Dieses ternäre Eutektikum ist das bekannte ROSESche Metallgemisch.

---

[1] STOFFEL, Z. anorg. Chem. 53 (1907), 156 ff.

[2] SAHMEN und v. VEGESACK, Zeitschr. phys. Chem. 59 (1907), 257.

[3] CHARPY, Contribution à l'étude des alliages, 1901, p. 203.

Binäre und besonders ternäre Legierungen aus Cu, Sn, Sb, Pb,
Zn finden in der Technik als sogenannte Lagermetalle eine aus-
gedehnte Anwendung. Bei in Lagern rotierenden Wellen läßt sich
durch Anwendung von Schmiermitteln Reibung von Metall an Metall
nicht vollkommen verhindern. Ein ideales Lagermetall muß daher
zwei Eigenschaften haben. Es soll zunächst einen geringen Reibungs-

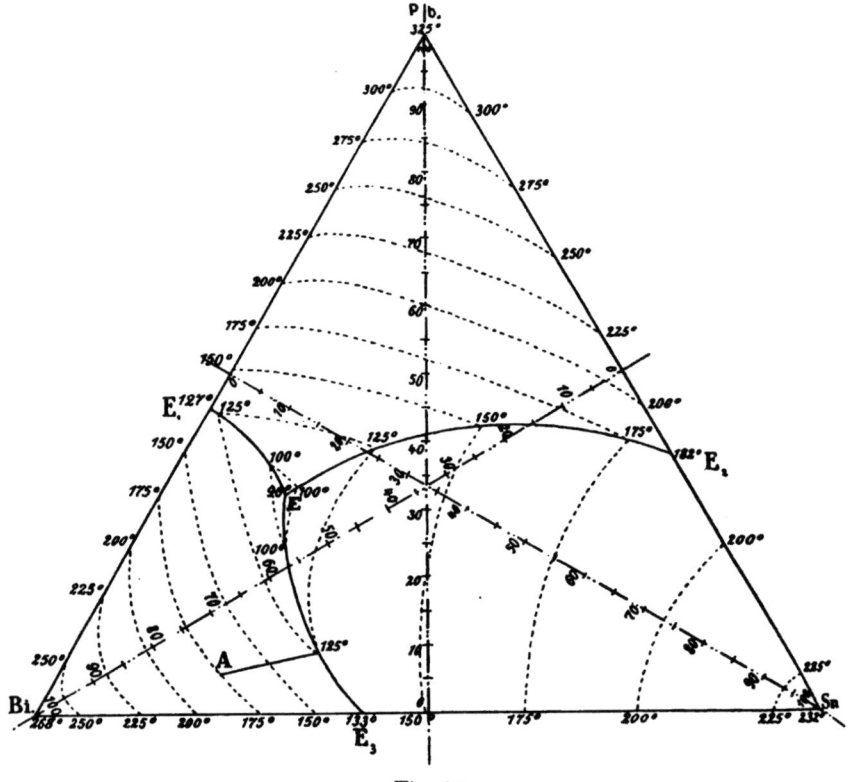

Fig. 82.

Schmelzdiagramm des Systems Pb-Bi-Sn nach Charpy.

koeffizienten besitzen und daher hart sein. Gleichzeitig soll es sich
der rotierenden Welle möglichst genau anschmiegen, es muß also
auch weich resp. plastisch sein. Diese sich widersprechenden Eigenschaften kann ein einheitlicher Stoff natürlich nicht besitzen. Man
kann diesen Forderungen aber in der Weise gerecht werden, daß man
Legierungen wählt, die aus harten Körnern, umgeben von einer

weichen Grundmasse bestehen. CHARPY (l. c.) konnte auf Grund der mikroskopischen Untersuchung in Verbindung mit Bestimmungen der Druckfestigkeit und Sprödigkeit die Konzentrationsgrenzen angeben, innerhalb deren eine Legierung als Lagermetall brauchbar ist.

B. Die Komponenten bilden beim Zusammenschmelzen eine unzersetzt schmelzende chemische Verbindung miteinander.

Bilden zunächst zwei Komponenten A und B eine unzersetzt schmelzende Verbindung $A_m B_n$ miteinander, so wird die entsprechende Seitenwand der Schmelzfigur eine Gestalt zeigen, wie sie in Fig. 16c (S. 77) dargestellt ist. Die Konzentration der beiden Eutektika ist in Fig. 83 durch E_1 und E_1' wiedergegeben. Natürlich ist es zulässig, das System „Verbindung $A_m B_n$—Komponente C" als binäres System auf-zufassen. Diese Konzentrationen werden durch die Verbindungslinie $A_m B_n$—C dargestellt, das Eutek-tikum $A_m B_n$—C liege bei E_4. Die Kurven in Fig. 83 entsprechen den Gleichgewichten zweier Kristall-arten mit der Schmelze. Die Richtung des Temperaturabfalls ist wiederum durch Stärkerwerden der Kurven gekennzeichnet. Wir müssen hier zwei ternäre Eutektika E und E' beobachten, von denen

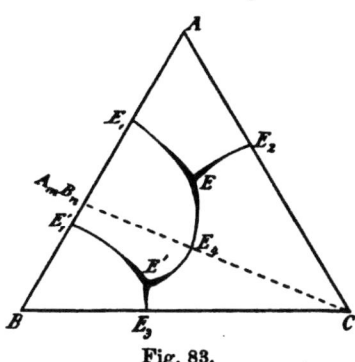

Fig. 83.

das erste den drei Kristallarten A, $A_m B_n$ und C, das zweite B, $A_m B_n$ und C entspricht. Hiernach wird es nicht schwer sein, das diesem Falle entsprechende räumliche Modell zu konstruieren. Entsprechend der S. 77 dargelegten Tatsache, daß der Verbindung $A_m B_n$ keine scharfe Spitze, sondern ein mehr oder minder abgeflachtes Maximum auf der Schmelzkurve entspricht, stellt die Oberfläche der Schmelz-figur längs $A_m B_n$—C einen mehr oder weniger gerundeten Bergrücken dar, der sich von $A_m B_n$ bis E_4 senkt, dann gegen C wieder ansteigt, und der nach C zu immer schmaler wird, um dort in eine scharfe Spitze auszulaufen. Durch einen Schnitt längs der Geraden $A_m B_n$—C kann das Schmelzdiagramm in zwei voneinander unabhängige Teile zerlegt werden, deren jeder einem Dreistoff-System ohne Verbindung mit den resp. Komponenten $A_m B_n$, A und C und $A_m B_n$, B und C entspricht. Je nachdem die Anfangskonzentration der Schmelze ober-halb oder unterhalb der Geraden $A_m B_n$—C liegt, bleibt die Zusammensetzung aller während der Kristallisation auftretenden Phasen entweder im Dreiecke $(A_m B_n)$ CA oder $(A_m B_n)$ CB. Aus diesem Grunde wird $A_m B_n—C$ als unüberschreitbare Linie bezeichnet. Entspricht die Konzentration der Schmelze einem Punkte dieser Linie, so gilt das auch für die bei der Abkühlung auftretenden Phasen (s. o.).

Eine ternäre Verbindung $A_m B_n C_o$ wird nicht einem Bergrücken, sondern einem isolierten Bergkegel entsprechen, dessen Kuppe je nach der Dissoziation der geschmolzenen Verbindung mehr oder weniger abgerundet erscheint. Treten außerdem noch binäre Verbindungen in größerer oder geringerer Anzahl auf, so kann die Oberfläche der Schmelzfigur recht kompliziert erscheinen. Die Erforschung der ternären Systeme ist bisher noch nicht sehr weit fortgeschritten. Zwei ternäre Metallverbindungen, nämlich $NaKHg_2$ und $NaCdHg$ sind kürzlich von JÄNECKE[1] aufgefunden worden.

§ 2. Es herrscht vollständige Mischbarkeit im flüssigen und kristallisierten Zustande.

Wir wollen uns hier auf den Fall beschränken, daß die Erstarrungskurven der drei binären Systeme dem Typus I nach ROOZEBOOM entsprechen. Zeigen daher die drei Seitenwände unseres Prismas (Fig. 84) diesen in Fig. 40 (S. 160) dargestellten Typus, so wird eine durch die drei l-Kurven gelegte Fläche die Temperatur des Beginns der Kristallisation angeben. Denken wir uns durch die drei entsprechenden, gestrichelt gezeichneten s-Kurven ebenfalls eine Fläche gelegt, so erhalten wir für jede Konzentration die Temperatur, bei der die Legierungen (hinreichend schnelle Einstellung des Gleichgewichts vorausgesetzt) vollständig erstarrt sind. In dem von den beiden Flächen umschlossenen Gebiete können Kristalle und Schmelze nebeneinander existieren. Schneidet man beide Flächen durch eine horizontale Ebene, so erhält man zwei Isothermen ab und cd, von

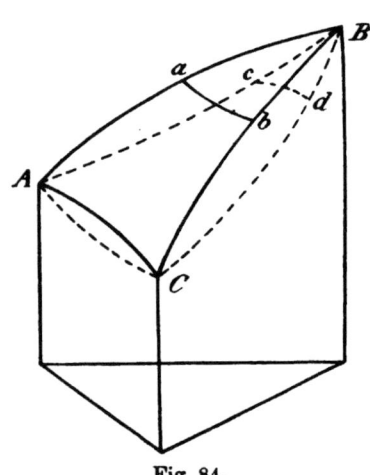

Fig. 84.

---

[1] JÄNECKE, *Zeitschr. phys. Chem.* **57** (1906), 507.

denen *ab* die Konzentration der Schmelze und *cd* diejenige der Mischkristalle wiedergibt. Es bedarf hier besonderer Versuche darüber, in welcher Weise die Punkte beider Kurven einander zugeordnet sind, im Gegensatz zu dem Zweistoff-System, wo prinzipiell wenigstens durch Bestimmung des Beginns und Endes der Kristallisation gleichzeitig auch die Gleichgewichtskonzentrationen gegeben sind (s. S. 163).

Ein Beispiel für diesen Fall ist nicht bekannt. Boeke[1] hat das Schmelzdiagramm des Systems: „Natrium-Sulfat, -Molybdat, -Wolframat", ausgearbeitet, doch entspricht das Verhalten dieser drei Stoffe infolge des Auftretens von Minimum und Isodimorphie nicht den hier vorausgesetzten einfachen Beziehungen, so daß der Aufbau der Schmelzfigur, zum Teil auch infolge von Umwandlungen im kristallisierten Zustande, recht kompliziert erscheint. Eine ausführliche theoretische Behandlung des Auftretens von Mischkristallen in ternären Systemen verdanken wir Schreinemakers.[2]

Schließlich sei hier noch auf die Untersuchung von Sahmen und v. Vegesack[3] über das Auftreten von binären Mischkristallen in ternären Systemen hingewiesen

§ 3. Anhang. Die Phasenregel.

Wir haben uns bei den ternären Systemen kurz fassen können, weil bei Besprechung derselben prinzipiell neue Gesichtspunkte nicht zutage getreten sind. Das Verhalten eines heterogenen, also aus mehreren Phasen zusammengesetzten Systems bei Zufuhr und Entziehung von Wärme läßt hier wie dort zwei Arten von Gleichgewichten erkennen, die unvollständigen und vollständigen, je nachdem die bewirkte Änderung des Wärmeinhaltes eine Änderung der Temperatur hervorbringt oder nicht. Wir sahen, daß das erstere eintrat, wenn wenigstens eine der Phasen ihre Zusammensetzung änderte,[4] daß das letztere der Fall war, wenn die Zusammensetzung aller Phasen unverändert blieb. Beim Einstoff-System war das heterogene Gleichgewicht stets ein vollständiges. Die Temperatur, bei der ein einheitlicher kristallisierter Stoff mit seiner Schmelze im Gleichgewichte ist, ist bei konstantem Druck unveränderlich, da beispielsweise Wärmeentziehung nur eine Vermehrung der

[1] Boeke, *Z. anorg. Chem.* **50** (1906), 355.
[2] Schreinemakers, *Zeitschr. phys. Chem.* **50** (1905), 169; **51** (1905), 547, **52** (1905), 513.
[3] Sahmen und v. Vegesack, *Zeitschr. phys. Chem.* **59** (1907), 265.
[4] Vergl. dazu beispielsweise die Ausführungen S. 200.

kristallisierten, eine Verminderung der flüssigen Phase, aber keine Veränderung der Zusammensetzung der beiden Phasen bewirkt. Dagegen
ist ein einheitlicher kristallisierter Stoff mit einer aus zwei Stoffen
zusammengesetzten Schmelze nicht im vollständigen Gleichgewichte.
Hierfür haben wir eine Menge Beispiele kennen gelernt. Es sei
nur an das zuerst (S. 38 u. f.) behandelte Gefrieren einer verdünnten
Kochsalzlösung erinnert, bei der im Anfang wenigstens Wärmeentziehung eine Konzentrierung der Lösung infolge Ausscheidung von
Eis und demgemäß ein Sinken der Gefriertemperatur bewirkt. Dies
dauert so lange, bis die Temperatur zur eutektischen gesunken ist,
bei der neben den Eiskristallen sich auch Salzkristalle ausscheiden.
Hierdurch wird die Lösung gezwungen, ohne Änderung ihrer Zusammensetzung zu erstarren. Während also beim Einstoff-System
zwei Phasen zum Aufbau eines vollständigen Gleichgewichtes hinreichend sind, bedarf es bei diesem Zweistoff-Systeme hierzu dreier
Phasen. An diesem Beispiele erkennen wir ferner, daß der Hinzutritt einer neuen Phase die Möglichkeiten, unter denen man das
System realisieren kann, verringert und also gerade die entgegengesetzte Wirkung hat wie die Hinzufügung eines neuen Stoffes, die
diese Möglichkeiten vergrößert. Das Zweiphasen-System Eis—Wasser
ist unter Atmosphärendruck nur bei 0^0 realisierbar. Das System
Eis—Kochsalzlösung ist unter Atmosphärendruck zwischen den Grenzen
0^0 und -22.4^0 realisierbar. Es ist zweiphasig wie das vorige, enthält aber einen Stoff, das Kochsalz, mehr. Das System Eis—kristallisiertes Kochsalz—Kochsalzlösung kann wiederum unter Atmosphärendruck nur bei einer Temperatur (-22.4^0) existieren. Die
Einschränkung des Existenzgebietes eines Systems durch Hinzutritt
neuer Phasen tritt sehr deutlich in dem in Fig. 81 dargestellten
ternären Systeme zutage. Die Flächen entsprechen dem Gleichgewichte je einer Kristallart mit der Schmelze. So besteht auf
$A E_1 E E_2$ Gleichgewicht zwischen kristallisiertem A und Schmelze.
Solche Systeme können bei allen Temperaturen zwischen den Tem-
peraturgrenzen A und E in allen durch die Projektion der Fläche
auf die Konzentrationsebene gegebenen Konzentrationen realisiert
werden. Auch durch Festlegung der Temperatur ist die Konzentration der Schmelze keineswegs bestimmt, sondern kann innerhalb
der durch die betreffende Isotherme (Fig. 82) angegebenen Werte
beliebig variieren (s. S. 257). Tritt eine neue Phase, etwa die Kristallart B hinzu, so ist das Existenzgebiet auf eine Kurve, in diesem
Falle $E_1 E$ reduziert, welche die Schnittlinie zweier „Flächen mit je

einer Kristallart" darstellt. Auch hier ist das Gleichgewicht Kristalle
A — Kristalle B — Schmelze bei allen zwischen E_1 und E liegenden
Temperaturen realisierbar, doch ist durch Festlegung der Temperatur (bei konstantem Druck) die Konzentration der Schmelze eindeutig bestimmt, da eine horizontale Ebene diese Kurve nur in einem
Punkte schneidet. Die Kurve unvollständigen Gleichgewichts E_1 E,
längs deren drei Phasen im Dreistoff-System miteinander im Gleichgewichte sind, entspricht dem unvollständigen Gleichgewichte eines
aus zwei Phasen bestehenden Zweistoff-Systems, welches ebenfalls
durch eine Kurve wiedergegeben wird (s. z. B. Fig. 9 b). Tritt in
unser Dreistoff-System als vierte Phase noch die Kristallart C hinzu,
so ist sein Existenzgebiet bei konstantem Druck auf den Punkt E,
den Schnittpunkt der drei Kurven „Gleichgewicht zweier Kristallarten und Schmelze" verringert. Es ist also bei gegebenem Druck
die Temperatur und die Zusammensetzung jeder Phase des Systems
eindeutig bestimmt, d. h. es herrscht vollständiges Gleichgewicht.
In derselben Weise ist ja auch das binäre Eutektikum als Schnittpunkt zweier Kurven unvollständigen Gleichgewichts zwischen je
einer Kristallart und Schmelze zu betrachten.

Wenn wir also die Zahl der Phasen, die zur Herstellung eines
vollständigen Gleichgewichts hinreichend sind, für die einzelnen
Systeme zusammenstellen, so erhalten wir:

Für ein Einstoff-System 2 Phasen,
   „ „ Zweistoff-System 3   „
   „ „ Dreistoff-   „   4   „

und wir werden schließen, daß
für ein n-Stoff-System $n+1$ Phasen hinreichend sind, um ein
vollständiges heterogenes Gleichgewicht herzustellen.[1]

Die von uns berücksichtigten Gleichgewichte beschränkten sich
meist auf solche, in denen die beteiligten Phasen flüssig oder kristallisiert waren. Auf solche Gleichgewichte hat die Änderung des
Druckes verhältnismäßig wenig Einfluß, und wir waren daher berechtigt, die durch nicht zu große Druckänderungen hervorgebrachten
Wirkungen zu vernachlässigen. Das geschah dadurch, daß wir den

---

[1] Unter bestimmten Umständen (s. S. 156 u. f.) kann beispielsweise in
einem aus 2 Stoffen bestehenden System schon durch zwei Phasen ein vollständiges Gleichgewicht hergestellt werden. Ein solches System ist dann für
die betreffende Konzentration und das betreffende Temperaturgebiet als Einstoff-System anzusehen. (Vergl. hierzu S. 34 u. f.)

Druck als konstant annahmen. Variieren wir jedoch den Druck innerhalb weiter Grenzen, nach Hunderten oder Tausenden von Atmosphären, so wird sein Einfluß beispielsweise auf die Schmelztemperatur schon ganz erheblich. Hiernach ist also das vollständige heterogene Gleichgewicht noch nicht jeder Veränderungsmöglichkeit beraubt, insofern als wir den auf dem System lastenden Druck verändern und dadurch gleichzeitig auch eine Veränderung der Gleichgewichtstemperatur bewirken können. Wir wissen aus den bisherigen Erfahrungen, daß der Hinzutritt einer neuen Phase die Existenzmöglichkeit des Systems stets auf ein kleineres Gebiet beschränkt und wir befinden uns in Übereinstimmung mit der Theorie und der Erfahrung, wenn wir behaupten, daß für ein n-Stoff-System, welches aus $n + 2$ Phasen besteht, auch der Druck eindeutig festgelegt ist, und daß es danach keine Veränderungsmöglichkeit besitzt, oder richtiger, daß jede Veränderung das Verschwinden einer Phase bewirken muß. Da das Existenzgebiet eines solchen bezüglich des Drucks, der Temperatur und der Zusammensetzung der einzelnen Phasen vollständig bestimmten Systems das denkbar kleinste ist, so kann eine Verringerung dieses Existenzgebietes, wie sie der Hinzutritt einer neuen Phase bewirken würde, nicht mehr eintreten. Wir sehen daraus, daß in einem n-Stoff-System nicht mehr als $n + 2$ Phasen nebeneinander existieren können. Auch diese sind, wie gesagt, nur bei einer bestimmten Temperatur und einem bestimmten Druck nebeneinander existenzfähig. Ein einfaches Beispiel für ein aus $n + 2$ Phasen bestehendes n-Stoff-System bietet das Gleichgewicht zwischen den drei Aggregatzuständen eines reinen Stoffes, z. B. des Wassers. Wir wissen, daß unter Atmosphärendruck die Gleichgewichtstemperatur Eis—flüssiges Wasser $0°$ ist, und daß der Schmelzpunkt des Eises durch Druckerhöhung um $0.0077°$ pro Atmosphäre sinkt (s. S. 7). Bei einem Druck von 100 Atmosphären wird also die Gefriertemperatur des Wassers bei $-0.77°$ liegen. Das vollständige Gleichgewicht Eis—flüssiges Wasser kann demnach bei verschiedenen Temperaturen realisiert werden, sofern dem Druck der entsprechende Wert erteilt wird. Durch Angabe der Gleichgewichtstemperatur ist der Druck, durch Angabe des Drucks die Gleichgewichtstemperatur bestimmt. Kommt aber als neue Phase noch der Wasserdampf hinzu, so verschwindet diese Veränderungsmöglichkeit des Systems. Eis, flüssiges Wasser und Wasserdampf können nur bei $+ 0.0077°$ und 4.57 mm Druck, dem Druck des bei dieser Temperatur gesättigten Wasserdampfes, nebeneinander existieren. (Die Kleinheit dieses Drucks gegenüber dem Atmosphärendruck bewirkt, daß die Gleichgewichtstemperatur praktisch um den für die Druckänderung von einer Atmosphäre angegebenen Betrag steigt.)

Dem scheint die Beobachtung zu widersprechen, daß man auch in einem nichtevakuierten, mit einem indifferenten Gase, etwa Luft von einer Atmosphäre angefüllten Raume das Gleichgewicht „Eis— flüssiges Wasser—Wasserdampf", und zwar in diesem Falle wegen des eine Atmosphäre betragenden Drucks bei 0° realisieren kann. Dieser scheinbare Widerspruch findet darin seine Erklärung, daß in letzterem Falle auch die Luft an dem Gleichgewichte beteiligt ist, und zwar nicht nur in der Gasphase, sondern auch in der kristallisierten und flüssigen Phase. Sowohl das Eis wie das flüssige Wasser haben von jedem im Gasraum anwesenden Gase ein dessen Partialdruck entsprechendes Quantum gelöst, so daß wir außer dem Wasser soviel unabhängige Bestandteile anzunehmen haben, wie Gase vorhanden sind. Prinzipiell also gibt es von diesem Standpunkt aus kein indifferentes Gas, d. h. kein solches, von dessen Gegenwart man absehen kann.

Diese Auseinandersetzung zeigt, daß zum Zwecke der Anwendung obiger Betrachtungen unsere Versuchsanordnung in irgend einer Weise zu idealisieren ist, wenn wir unsere Schmelzversuche nicht im Vakuum, sondern, wie es allgemein geschieht, in offenen, mit der atmospärischen Luft kommunizierenden Gefäßen ausführen. Das kann in zweifacher Weise geschehen.

Bei der einen Betrachtungsweise sehen wir von der Gegenwart der Atmosphäre ab und nehmen an, wir arbeiten im Vakuum, so daß das System nur unter dem Druck der von ihm ausgesandten Dämpfe steht. Haben wir dann beispielsweise eine erstarrende eutektische Mischung aus zwei Metallen in unserm Schmelzgefäße, so haben wir außer den drei Phasen: Kristallart A, Kristallart B, Schmelze noch eine vierte, die Gasphase, und erkennen, daß nach obiger Regel für $n = 2$ eine größere Anzahl von Phasen nicht gleichzeitig in unserm System vorhanden sein kann. Druck (gleich der Summe der Partialdrucke der beteiligten Stoffe), Temperatur, Zusammensetzung der einzelnen Phasen sind nach obigem vollkommen festgelegt und können nicht verändert werden, bevor eine der Phasen aus dem System verschwunden ist. Daher rührt die zuweilen in der Literatur vorkommende Bezeichnung eines solchen Systems als „nonvariantes System".

Bei der zweiten Betrachtungsweise denken wir uns die Oberfläche der Schmelze mittels eines vollkommen aufliegenden, absolut dicht schließenden Stempels vor der Berührung mit der Atmosphäre geschützt. Der auf dem Stempel lastende Atmosphärendruck überträgt sich dann einfach als mechanischer Druck auf unser System. Die gasförmige Phase wird hier als nicht vorhanden angesehen. Diese Auffassung ist den bisherigen Erörterungen zugrunde gelegt. Betrachten wir von diesem Standpunkt aus das erstarrende binäre Eutektikum, so haben wir es mit einem vollständigen Gleichgewichte zu tun. Es besteht aus n (= 2) + 1 = 3 Phasen, nämlich Kristallart A, Kristallart B und Schmelze. Auf dem System lastet ein bestimmter mechanischer Druck, dessen Veränderung innerhalb gewisser Grenzen eine Verschiebung der Gleichgewichtstemperatur bewirkt, ohne daß eine der Phasen aus dem System verschwinden muß.

Beide Auffassungen idealisieren, d. h. sie setzen andere Versuchsbedingungen voraus, als sie der Wirklichkeit entsprechen. Doch weichen die unter gewöhnlichen Verhältnissen erhaltenen Daten so wenig von denen ab, die man bei möglichst genauer Innehaltung der einen oder anderen idealen Versuchsbedingung erhalten würde, daß wir bei der Wiedergabe der Versuchsresultate hierauf keine Rücksicht zu nehmen brauchen. Man führt, wenn möglich, die Versuche in der Atmosphäre eines solchen Gases aus, welches praktisch ohne Einwirkung auf die Schmelze ist. Daß eine Veränderung des Schmelzpunktes um mehr als 0.03° pro eine Atmosphäre Druckänderung bis jetzt noch nicht beobachtet ist, wurde schon Seite 7 erwähnt.

Wir kommen also zu dem Resultate, daß nach Abrechnung der Gasphase in einem n-Stoff-Systeme höchstens $n + 1$ Phasen gleichzeitig vorhanden sein können. Sind sie gleichzeitig vorhanden, so kann Zuführung oder Entziehung von Wärme bei konstant gehaltenem Drucke keine Temperatur- und Konzentrationsänderung, sondern nur eine Änderung der Mengen der einzelnen Phasen hervorbringen. Erst wenn eine Phase vollständig aufgezehrt ist, bewirkt weitere Veränderung des Wärmeinhaltes des Systems eine Konzentrationsänderung in mindestens einer Phase, womit gleichzeitig eine Änderung der Gleichgewichtstemperatur verknüpft ist. Es ist klar, daß die Kenntnis dieser Beziehung das Studium der Gleichgewichtsverhältnisse sehr erleichtert. So können wir, ohne den Kristallisationsvorgang zu kennen, von vornherein sagen, daß die gleichzeitige Ausscheidung zweier Kristallarten aus einer aus diesen beiden Stoffen bestehenden Schmelze (eutektische Kristallisation eines Zweistoff-

Systems) bei konstanter Temperatur verlaufen muß, da hier n (= 2) + 1 = 3 Phasen, nämlich die beiden Kristallarten und ihre Schmelze miteinander im Gleichgewichte sind. Wir erkennen, daß in einem aus drei Stoffen bestehenden System Kristallisation bei konstanter Temperatur erst dann erfolgen muß, wenn, wie bei der Erstarrung des ternären Eutektikums, vier Phasen miteinander im Gleichgewichte sind. In dem S. 144 besprochenen Falle, wo unvollständige Mischbarkeit im flüssigen, vollständige Nichtmischbarkeit im kristallisierten Zustande besteht, muß vollständiges Gleichgewicht, also Temperaturkonstanz, dann eintreten, wenn neben den beiden flüssigen Phasen eine Kristallart auftritt. Niemals können hier aber neben den beiden flüssigen Phasen zwei Kristallarten gleichzeitig auftreten, da in diesem Falle die Zahl der möglichen koexistierenden Phasen um eine zu groß wäre.

Auch für die Beurteilung der Struktur der erstarrten Reguli liefert die Kenntnis obiger Beziehungen einen wertvollen Fingerzeig. Die Koexistenz der $n + 1$ flüssigen oder kristallisierten Phasen ist nur möglich bei der dem herrschenden Druck entsprechenden Gleichgewichtstemperatur. Befindet sich ein System bei tieferer Temperatur, so muß eine der Phasen aufgezehrt sein. Daher kann ein im Gleichgewicht befindliches Zweistoff-System im erstarrten Zustande höchstens zwei Kristallarten, ein Dreistoff-System höchstens drei Kristallarten erkennen lassen. Sind mehr vorhanden, so haben wir es mit abnormer Struktur, hervorgebracht durch unvollständigen Reaktionsverlauf (s. S. 128, 132), zu tun. In einem solchen System herrscht kein Gleichgewicht. Eine Ausnahme hiervon könnte nur dann eintreten, wenn die Temperatur, bei der die Schliffe untersucht werden, zufällig mit der Temperatur eines vollständigen Gleichgewichts übereinstimmt. Abgesehen davon, daß bei gewöhnlicher Temperatur im allgemeinen keine Veränderung in den Schliffen mehr stattfindet, könnte man diese Vermutung dadurch prüfen, daß in solchem Falle eine geringe Abkühlung oder Erwärmung das Verschwinden eines oder zweier Strukturelemente bewirken müßte.

Die oben auseinandergesetzten Beziehungen sind spezielle Fälle eines allgemeinen, von GIBBS [1] auf theoretischem Wege aufgefundenen Gesetzes, der sogenannten Phasenregel, wonach für ein im Gleichgewicht befindliches System die Anzahl der Freiheitsgrade (= Ver-

---

[1] GIBBS, Thermodynamische Studien, übersetzt von OSTWALD, Leipzig 1892, S. 115.

änderungsmöglichkeiten) F, die Anzahl der Komponenten n und die Anzahl der Phasen P durch die Gleichung

$$F = n + 2 - P$$

miteinander verknüpft sind. Wir sehen, daß der Hinzutritt einer neuen Phase dem System eine Veränderungsmöglichkeit nimmt. Da F nicht negativ werden kann, so ist die Anzahl der koexistierenden Phasen inklusive der Gasphase höchstens $n + 2$. Das Gesetz gilt unter der Voraussetzung, daß das System sich im Gleichgewicht befindet, setzt also hinreichende Reaktionsgeschwindigkeit voraus.

II. TEIL.

Praktischer Teil.

1. Kapitel: Thermische Untersuchung.

§ 1. Temperaturmessung.

Auf die Temperaturmessung mit Hilfe von Flüssigkeitsthermometern soll hier nicht eingegangen werden. Bei metallographischen Untersuchungen bedient man sich im allgemeinen der Thermoelemente, die auch bei solchen Temperaturen, bei denen eine Messung durch Flüssigkeitsthermometer noch angängig ist, diesen gegenüber den Vorzug haben, daß man ihnen ohne Schwierigkeit kleine Dimensionen erteilen kann. Hierdurch wird der durch die Meßinstrumente verursachte Wärmeaustausch mit der Umgebung nach Möglichkeit eingeschränkt, und die Temperaturmessung auch bei geringen Substanzmengen erleichtert. Die thermoelektrische Temperaturbestimmung besteht darin, daß man die elektromotorische Kraft mißt, die an den freien Enden zweier zusammengelöteter Drähte verschiedener Metalle, des sogenannten Thermoelementes, entsteht, wenn diese eine andere Temperatur haben als die Lötstelle. Der Betrag dieser elektromotorischen Kraft ist abhängig von der Temperaturdifferenz zwischen der Lötstelle und den freien Enden des Thermoelementes; kennt man diese Abhängigkeit und die Temperatur der freien Enden, so kann man durch Bestimmung der elektromotorischen Kraft die Temperatur der Lötstelle bestimmen. Für einen zwischen -200^0 und $+600^0$ liegenden Temperaturbereich verwendet man vorteilhaft Thermoelemente mit großer elektromotorischer Kraft, deren einer Draht aus Kupfer (oder Eisen), deren anderer aus Konstantan besteht. Für Messungen zwischen $+200^0$ und $+1600^0$ bedient man sich meist des LE CHATELIERschen Thermoelementes, dessen einer Draht

aus Platin, dessen anderer aus einer Legierung· von 90% Platin und
10% Rhodium besteht. (Bis ca. 2000° reicht das Thermoelement
von HERAEUS, welches aus reinem Iridium und einer Legierung von
Iridium mit 10% Ruthenium besteht.) Thermoelemente mit einer von
der Physikalisch-Technischen Reichsanstalt beigegebenen Tabelle ihrer
Spannung als Funktion der Temperatur sind im Handel. Fig. 85
stellt für das LE CHATELIERsche Element die elektromotorische Kraft

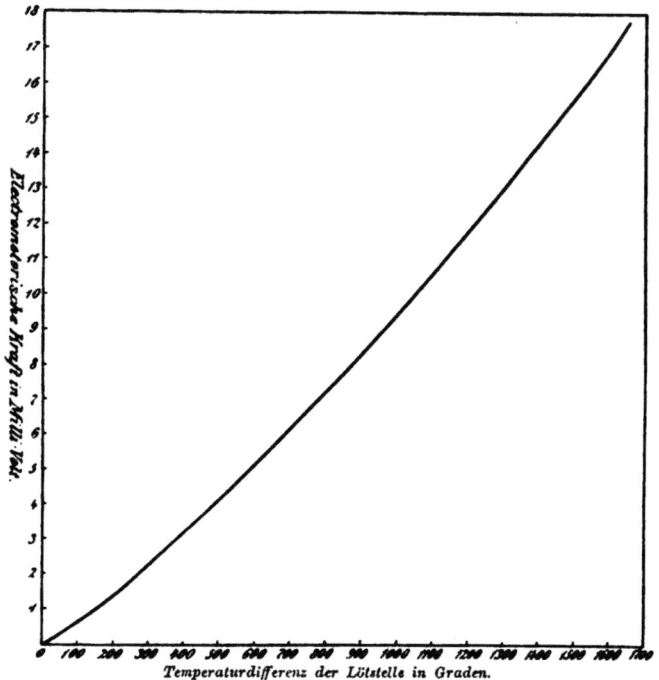

Temperaturdifferenz der Lötstelle in Graden.

Fig. 85.

in Abhängigkeit von der Temperaturdifferenz nach der Untersuchung
von HOLBORN und DAY[1] unter der Voraussetzung dar, daß die Temperatur der freien Enden 0° beträgt. Auf der horizontalen Achse
ist die Temperatur der erhitzten Lötstelle in Celsiusgraden, auf der
dazu senkrechten Achse die elektromotorische Kraft in Millivolt
aufgetragen. Wir bemerken, daß die Spannung der Temperaturdifferenz keineswegs proportional ist, sondern daß ihre Zunahme pro

---

[1] HOLBORN und DAY, *Drudes Ann.* 2 (1900), 505.

100° Temperaturdifferenz bei niederen Temperaturen etwa halb so groß ist wie bei höheren Temperaturen. Zwischen 250 und 1100° konnten HOLBORN und DAY (l. c.) den Verlauf der Kurve mit großer Genauigkeit durch eine einzige quadratische Interpolationsformel darstellen. Zur Messung der Temperaturen bis 1130° wurde ein Stickstoff-Thermometer benutzt. Oberhalb 1130° wurde eine Temperaturbestimmung nicht ausgeführt, die weitere Fortsetzung der Kurve ist extrapoliert unter der Voraussetzung, daß die erwähnte quadratische Interpolationsformel auch für höhere Temperaturen Geltung hat. LUMMER und PRINGSHEIM[1] kamen auf Grund ihrer Untersuchungen über die Gesetze der schwarzen Strahlung zu dem Resultat, daß diese Extrapolation berechtigt ist.[2]

Zur Messung der elektromotorischen Kräfte bedient man sich eines Zeigergalvanometers, auf dessen Skala man zur Vermeidung von Umrechnungen außer der Einteilung in Millivolt auch die der gemessenen Spannung entsprechende Temperatur angegeben findet, wenn man das LE CHATELIERsche Thermoelement benutzt und dessen freie Enden auf 0° C hält. Da der Ausschlag des Instrumentes der Spannungsdifferenz proportional ist, so ist die Teilung der Temperaturskala für niedere Temperaturen viel enger als für höhere. Die Anforderungen, die man an ein solches Instrument stellen muß, sind sofortige Einstellung, also gute Dämpfung, große Empfindlichkeit und großer innerer Widerstand, gegen den der im übrigen Stromkreis vorhandene Widerstand nicht in Betracht kommt. Die von der Firma SIEMENS & HALSKE für diesen Zweck konstruierten Millivoltmeter haben ca. 400 Ohm inneren Widerstand und eine Empfindlichkeit von 0.1 Millivolt pro 1° (= 0.8 mm) Ausschlag. Es sind Galvanometer nach DEPREZ-D'ARSONVAL, sie bestehen also aus einer von dem zu messenden Strome durchflossenen Spule, die sich in einem starken Magnetfeld dreht. Das Instrument (Fig. 86) ist beim Gebrauch an einem erschütterungsfreien Ort horizontal aufzustellen, was mittels dreier verstellbarer Fußschrauben nach einer in

---

[1] LUMMER und PRINGSHEIM, *Phys. Zeitschr.* 3 (1901). 98.

[2] In einer ganz neuerdings erschienenen Arbeit von HOLBORN und VALENTINER, *Ann. Phys.* [4] 22 (1907), 1, wird die Zulässigkeit dieser Extrapolation auf Grund von Temperaturmessungen mittels des Stickstoff-Thermometers, die sich bis 1600° erstreckten, bestritten. Da die Anerkennung der Resultate der Verfasser, die den Schmelzpunkt des Palladiums zu 1575° bestimmten, auch eine Änderung der einen Strahlungskonstanten (im Exponenten des Wienschen Gesetzes) um 2,6% fordern würde, so ist diese Arbeit hier nicht berücksichtigt.

der Kappe eingelassenen Libelle geschieht. Nach Loslösung der Arretierung muß der Zeiger auf 0 stehen. Geringe Abweichungen von der Nullage können durch vorsichtiges geringes Verschieben eines am Aufhängungspunkt der Spule angebrachten Elfenbeinstiftes beseitigt werden. Ist die Abweichung größer als zwei Skalenteile (0.2 Millivolt), so ist ein Einstellen auf diese Weise nicht mehr möglich, und das Instrument muß repariert werden. Es darf natürlich nur in arretiertem Zustande transportiert werden. Auch wenn längere Zeit keine Messungen vorgenommen werden, ist eine Arretierung des Voltmeters anzuraten. Das Instrument ist gegen Erwärmung zu schützen. Läßt sich seine Aufstellung in der Nähe einer Wärmequelle nicht umgehen, so entzieht man es der Einwirkung der Wärmestrahlung durch Zwischenschiebung einer hinreichenden Anzahl starker Asbestscheiben. Hat eine Erwärmung stattgefunden, so ist für einige Zeit der Nullpunkt nicht konstant, sondern hat sich nach jeder Messung geändert, so daß eine genaue Temperaturbestimmung unmöglich ist. Gewöhnlich behebt sich dieser Übelstand im Laufe einiger Tage ohne weiteres Zutun.

Fig. 86.

In neuester Zeit werden ebenfalls von der Firma SIEMENS & HALSKE Instrumente für zwei Temperaturmeßbereiche geliefert, deren innerer Widerstand veränderlich ist und entweder ca. 400 oder 130 Ohm beträgt, je nach den Klemmen, mittels derer der Anschluß des Galvanometers erfolgt. Eine Millivoltskala findet sich hier nicht, sondern zwei Temperaturskalen.

Die beiden Drähte des LE CHATELIERschen Thermoelementes werden in einer durch überschüssigen Sauerstoff gespeisten Gebläselampe in der Weise zusammengeschmolzen, daß die Lötstelle L (Fig. 87) eine Kugel bildet. Im hiesigen Laboratorium werden gewöhnlich dünne Thermoelemente (von 0.2 mm Dicke) verwendet, einerseits des hohen Platinpreises wegen, andererseits, um der Schmelze möglichst wenig Wärme durch den thermometrischen Apparat zu entziehen (s. S. 268). Die Lötstelle des Thermoelementes wird, um sie vor Berührung mit der metallischen Schmelze zu schützen, in

ein unglasiertes, an einem Ende (mittels Sauerstoffgebläses) zuge-
schmolzenes Porzellanschutzrohr *A* von 1.7 mm innerer und 2.5 mm
äußerer Weite und etwa 15 cm Länge (bezogen von der Königlichen
Porzellanmanufaktur Berlin) geschoben. Bei Temperaturen unter 800⁰
kann man statt des Porzellanschutzrohres auch ein Rohr aus schwer
schmelzbarem Glas, z. B. Jenaer Verbrennungsglas, benutzen. (Bei
nicht metallischen, das Thermoelement nicht angreifenden Schmelzen
wendet man natürlich ein solches Schutzrohr, welches den Wärmeaustausch zwischen Schmelze und Thermoelement erschwert und
daher die Knicke und Haltepunkte auf den Abkühlungskurven undeutlicher macht, nicht an.) Die Isolierung beider Drähte voneinander
innerhalb des Porzellanschutzrohres kann durch Zwischenschieben
eines dünnen Glimmerblättchens geschehen. Bequemer und sicherer ist

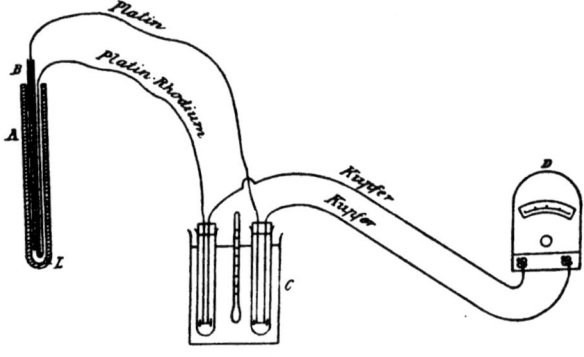

Fig. 87.

es, den einen Draht des Thermoelementes, soweit er sich im Porzellanrohr
befindet, durch eine dünne Kapillare *B* zu ziehen. Als solche dienen
im hiesigen Laboratorium Kapillaren aus der Masse, die für die
Stifte der Nernstlampen Verwendung findet. Sie haben einen inneren
Durchmesser von 0.3 mm und einen äußeren von 1 mm. Es ist am
bequemsten, sie, bevor man sie über das Thermoelement zieht, in
2—3 cm lange Stücke zu zerbrechen. Die Isolierung wird dadurch
in keiner Weise beeinträchtigt.

Die beiden freien Enden des Thermoelementes werden mittels
Klemmschrauben mit etwa 1 mm starken Kupferdrähten verbunden,
welche zum Voltmeter *D* führen. Die Klemmschrauben sind in
kleine Reagensgläser eingeschlossen, die sich in einem mit Wasser
gefüllten Becherglase *C* befinden. Durch Messung der Wasser-
temperatur läßt sich die Temperatur der freien Enden des Thermo-

elementes (Klemmentemperatur) jederzeit feststellen, ev. auch auf 0^0 konstant halten. Es ist schon erwähnt worden, daß die Temperaturskala des Voltmeters die Temperaturdifferenz zwischen der Lötstelle und den freien Enden des LE CHATELIERschen Thermoelementes nur dann exakt wiedergibt, wenn die freien Enden eine Temperatur von 0^0 C haben. Beträgt die Klemmentemperatur (gemessen durch die Temperatur des Wassers im Becherglase C) t^0, so ist die der Temperaturdifferenz zwischen 0 und t^0 entsprechende Spannung zu der am Instrument abgelesenen Spannung zu addieren, um die der Summe beider Spannungen entsprechende Temperatur der heißen Lötstelle zu erhalten. Bequemer ist es, die nachfolgende Tabelle 7 von VOGEL[1] zu benutzen.

Tabelle 7.

Temperaturangabe des Voltmeters in Graden	ϱ
0	1
100	0,89
200	0,76
300	0,65
400	0,59
500	0,56
600	0,54
700	0,52
800	0,51
900	0,50
1000	0,49

Man addiert zu der direkt am Voltmeter abgelesenen Temperatur einfach die mit ϱ multiplizierte Klemmentemperatur. Der Abnahme des Faktors ϱ mit steigender Temperatur entspricht die aus Fig. 85 ersichtliche, mit steigender Temperatur wachsende Zunahme der Spannung pro 100^0 Temperaturdifferenz. Bei Temperaturen über 500^0 erreicht man im allgemeinen eine hinreichende Genauigkeit, wenn man $\varrho = {}^1/_2$ annimmt, also zu der unmittelbar am Voltmeter abgelesenen Temperatur die Hälfte der Klemmentemperatur, die im allgemeinen 30^0 C nicht überschreiten wird, addiert. (Für andere Thermoelemente gelten natürlich andere Korrektionen. Beispielsweise addiert man bei Anwendung des Elementes Kupfer—Konstantan die ganze Klemmentemperatur, da die elektromotorische Kraft hier angenähert der Temperaturdifferenz proportional ist.)

---

[1] VOGEL, *Z. anorg. Chem.* **45** (1905), 13.

Das Thermoelement ist vor seiner Verwendung zu eichen. Da Thermoelemente von so geringer Dicke wie 0.2 mm von der Physikalisch-Technischen Reichsanstalt zur Eichung nicht zugelassen werden, so sei kurz hierauf eingegangen, zumal auch eine häufige Kontrolle der Angaben eines im Gebrauche befindlichen Thermoelementes unerläßlich ist. Man eicht die Thermoelemente, indem man zweckmäßig die Schmelzpunkte folgender Metalle als Fixpunkte benutzt.

Blei	$326.9^{0\,[1]}$
Antimon	$630.6^{0\,[1]}$
Gold	$1064^{0\,[1]}$
Nickel	$1451^{0\,[2]}$
Palladium	$1541^{0\,[3]}$

Blei, Antimon und Nickel können in genügender Reinheit von der Firma C. A. F. Kahlbaum, Berlin, bezogen werden. Der Schmelzpunkt wird hier in gewöhnlicher Weise durch Aufnahme einer Abkühlungskurve bestimmt. Das gleiche Verfahren kann auch bei Gold und Palladium (letzteres zu beziehen von der Firma HERAEUS, Hanau) benutzt werden. Doch zieht man hier aus Preisrücksichten häufig die sogenannte Drahtmethode[4] vor, die darin besteht, daß man die beiden Drähte des Thermoelementes an der Lötstelle auseinanderschneidet, ein 5 mm langes Drahtstück des betreffenden Metalles einfügt, allmählich erhitzt und die Thermokraft im Augenblick des Durchschmelzens beobachtet. Erhitzt man nicht zu schnell, so bemerkt man bei dieser Temperatur zunächst ein kurzes Halten und dann, wenn alles geschmolzen ist, infolge der Unterbrechung des Stromkreises eine Rückkehr des Galvanometerzeigers in die Nullage. Es kommt vor, daß diese Rückkehr erst bei zu hoher Temperatur stattfindet, wenn nämlich der geschmolzene Tropfen hängen bleibt und so den Stromkreis noch einige Zeit geschlossen hält. In solchem Falle kann man das Halten des Galvanometerzeigers als hinreichendes Kriterium für die erfolgte Schmelzung ansehen. Diese Methode läßt sich nur bei edlen Metallen, die sich an der Luft nicht oxydieren, und nur dann anwenden, wenn ihr Schmelzpunkt durch das Material des Thermoelementes nicht erniedrigt wird. Verfügt man über eine

---

[1] HOLBORN und DAY, *Drudes Ann.* 2 (1900), 545.
[2] RUER, *Z. anorg. Chem.* 51 (1906), 225.
[3] NERNST und v. WARTENBERG, Verhandlungen der deutschen physikalischen Gesellschaft, 8. Jahrgang, 1906, S. 48.
[4] HOLBORN und DAY, *Drudes Ann.* 2 (1900), 524.

hinreichende Substanzmenge (ca. 20—30 g), so ist auch hier die Tiegel-
methode (wie die Methode der Aufnahme einer Abkühlungskurve
wegen des als Schmelzgefäß gewöhnlich verwandten Tiegels auch
genannt wird) in jedem Falle vorzuziehen, da sie, abgesehen von ihrer
größeren Sicherheit und Genauigkeit, auch keine Trennung der beiden
Enden des Thermoelementes erfordert.

Eine Übereinstimmung der Versuche bis auf 5° C wird man
als genügend ansehen. Bemerkt sei noch, daß Kupfer (Schmelzpunkt 1084° nach Holborn und Day) sich zur Eichung der Thermoelemente nicht sehr eignet, weil es nach Heyn[1] in geschmolzenem
Zustande (das sich bei nicht vollständig ausgeschlossenem Luftzutritt
bildende) Kupferoxydul löst und damit ein 20° tiefer schmelzendes
Eutektikum bildet. Auch Silber schmilzt und erstarrt nach Callendar
und Heycock & Neville in oxydierender Atmosphäre niedriger als
in reduzierender.[2] Die Schmelzpunkte des Bleis, des Antimons und
des Goldes können als sicher angesehen werden. Der Schmelzpunkt
des Nickels (1451°) ist auf Grundlage des Palladiumschmelzpunkts
1541° bestimmt worden. Holborn und Valentiner geben, wie erwähnt, ganz neuerdings den Schmelzpunkt des Palladiums zu 1575°
an. Die Annahme dieses Wertes bedingt die Ungültigkeit der bisher
benutzten, der Temperaturskala der Voltmeter zugrunde liegenden
Interpolationsformel und bringt daher recht unbequeme Korrektionen
mit sich. Daher erscheint es zweckmäßig, den Wert 1541° für den
Palladiumschmelzpunkt bis zur endgültigen Entscheidung beizu-
behalten. Bei Temperaturangaben über 1100° ist nach obigem die
Angabe der Fixpunkte zum Zwecke event. späterer Korrektionen
anzuraten.

Welche Metalle man zur Eichung des Thermoelementes wählt,
hängt natürlich von dem Temperaturbereich ab, innerhalb dessen
man es benutzen will. Bei Zugrundelegung des Palladiumschmelz-
punktes 1541° verlaufen die Korrektionen der Angaben eines Thermoelementes in erster Annäherung linear, so daß zwei Fixpunkte zur
Anfertigung der ganzen Korrektionstabelle schon hinreichend erscheinen und ein event. dritter als Kontrolle dienen kann. Zur
Prüfung eines schon in Benutzung befindlichen Thermoelementes
auf die Unveränderlichkeit seiner Angaben ist die Bestimmung eines

---

[1] Heyn, Mitteilungen der Königl. Technischen Versuchsanstalt Berlin
1900, 315.

[2] Heycock und Neville, *Journ. chem. Soc.* 1895, S. 160, 1024. Holborn und
Day, l. c., S. 528.

einzigen Schmelzpunktes hinreichend. Die mit dem Gebrauch eines Thermoelementes verknüpfte allmähliche Abnahme seiner Länge bringt bei der hier beschriebenen Spannungsmessung allein schon eine Veränderung der Temperaturangaben mit sich, wenn die Dicke des Thermoelementes nur 0.2 mm beträgt. Der Widerstand eines solchen Elementes ist bei gewöhnlicher Temperatur ca. 9 Ohm, wenn jeder Draht eine Länge von 1 m hat. Ist das Thermoelement auf die Hälfte verkürzt, so hat sein Widerstand um $4^1/_2$ Ohm abgenommen, wodurch bei einem Gesamtwiderstand des Stromkreises von rund 450 Ohm eine Vergrößerung der angezeigten Spannung und daher auch der angezeigten Temperaturdifferenz um 1 $^0/_0$ bewirkt wird. Doch scheint dies nicht die einzige Ursache für die in praxi beobachtete Veränderlichkeit bei Erneuerung der Lötstelle zu sein. [1] Es ist anscheinend schwer, solch dünne Drähte von einer in allen Teilen gleichmäßigen Beschaffenheit herzustellen. Dieses dürfte der Grund sein, aus dem die Physikalisch-Technische Reichsanstalt nur Drähte von größerem Durchmesser zur Eichung zuläßt, da die Wirkung der Widerstandsänderung durch Anwendung einer anderen, wenngleich weniger bequemen Spannungsmeßmethode (Kompensationsmethode) beseitigt werden kann.

Gewisse Gase, wie Schwefeldämpfe, Phosphordämpfe, greifen das Thermoelement stark an und machen es brüchig und sehr unzuverlässig in seinen Angaben. Dasselbe gilt auch für den Wasserstoff bei hohen (1200^0 übersteigenden) Temperaturen. Es ist daher nicht anzuraten, wenn man Legierungen leicht oxydierbarer Metalle bei über 1200^0 untersucht, eine Atmosphäre von Wasserstoff zu benutzen, da dieser vermöge seiner Diffussionsfähigkeit das Porzellanschutzrohr des Thermoelementes mit Leichtigkeit durchdringt. Andererseits ist es ohne besondere Vorsichtsmaßregeln sehr schwierig, selbst beim Einleiten von Stickstoff, jeglichen Zutritt von atmosphärischer Luft und damit jegliche Oxydation einer leicht Sauerstoff aufnehmenden Schmelze zu verhindern. Dies wird dann sehr unbequem, wenn die entstehenden Oxyde, wie die des Mangans und Siliciums, Porzellan stark angreifen. In diesem Falle wird das Porzellanschutzrohr für das Thermoelement gewöhnlich zuerst zerstört. LEVIN und TAMMANN [2] schützten es durch Auftragen einer Schicht Magnesia. Auf das Porzellan kann jedoch die Magnesia nicht direkt aufgetragen werden, weil sie bei hohen Temperaturen

---

[1] HOLBORN und DAY, l. c., S. 540 ff.

[2] LEVIN und TAMMANN, *Z. anorg. Chem.* 47 (1905), 186.

eine leicht flüssige Verbindung mit dem Porzellan eingeht. Deshalb wird das Schutzrohr des Thermoelementes zunächst mit einer Hülle von Nickel oder Platin umgeben und hierauf die Magnesiamasse (bestehend aus Magnesia und etwas gestoßenen Porzellanscherben, angerührt mit einer Lösung von Tragant und Dextrin) aufgetragen, wobei man den oberen Teil des Nickel- resp. Platinbleches freiläßt. Man trocknet das so vorbereitete Schutzrohr zuerst an der Luft und brennt es vor der Benutzung bei ca. 1400° im Kohleofen (siehe unten). Auf diese Weise geschützt hält das Rohr einen oder mehrere Versuche aus, doch hat diese Methode den Übelstand, daß der durch die dicke Magnesiaschicht weiterhin erschwerte Wärmeaustausch zwischen Schmelze und Thermoelement eine verstärkte Undeutlichkeit der Knicke und Haltepunkte auf den Abkühlungskurven bewirkt. Man zieht es daher, wenn möglich, vor, ein ungeschütztes Porzellanrohr zu verwenden und zunächst das Zusammenschmelzen der Komponenten in einer Wasserstoffatmosphäre auszuführen. Hat man eine homogene Schmelze, so ersetzt man den Wasserstoffstrom durch einen Stickstoffstrom und führt jetzt erst das Thermoelement zum Zwecke der Aufnahme der Abkühlungskurve ein. Auf diese Weise gelingt es meistens, sowohl eine nennenswerte Oxydation der Schmelze und damit eine Zerstörung des Schutzrohres als auch eine Beschädigung des Thermoelementes durch den Wasserstoff zu vermeiden.

Vollständig aus Magnesia hergestellte Schutzrohre haben sich noch nicht bewährt.

§ 2. Die Vorrichtungen zum Schmelzen.

A. Für Temperaturen bis 1100°.

Als Schmelzgefäße benutzt man, wenn möglich, aus Preisrücksichten kleine hessische Tiegel, deren Dimensionen natürlich den Substanzmengen anzupassen sind. Im allgemeinen nimmt man zu den einzelnen Versuchen 25 g, seltener schon 50 g Substanz, und kommt daher mit Tiegeln aus, deren Höhe ca. 5 cm und deren äußerer Durchmesser am oberen Ende ca. 3 cm beträgt. Nicht porös, außerordentlich haltbar, aber auch viel teurer sind die englischen Schmelztiegel (von der Firma Morgan, Battersea Works, London, zu beziehen durch jede Firma, die chemische Apparate führt). Da diese so gut wie kein Aufsaugungsvermögen für die Schmelze haben, wird man sie für besonders kostbare Metalle verwenden. In Fällen, in denen die Schmelze Silikate stark angreift, kann man Graphittiegel verwenden. Die Tiegel stehen in einem

Draht- oder Tondreiecke, welches sich in einem Schutzmantel befindet (Fig. 88). Letzterer hat eine Höhe von ca. 10 cm und besteht aus zwei ineinander gesetzten, unten durchbohrten, mit Asbest umwickelten Tonzylindern *A* und *B* von 5 resp. 8 cm Durchmesser. Der äußere Zylinder ist mit starkem Eisendraht umwickelt, um ihn in einen passenden Stativring einhängen zu können. Der Zwischenraum zwischen beiden Zylindern ist mit Chamotte, Sand oder ähnlichem, schlecht leitendem Material ausgefüllt. Die Erhitzung geschieht durch einen Bunsenbrenner, Teklubrenner oder mittels eines

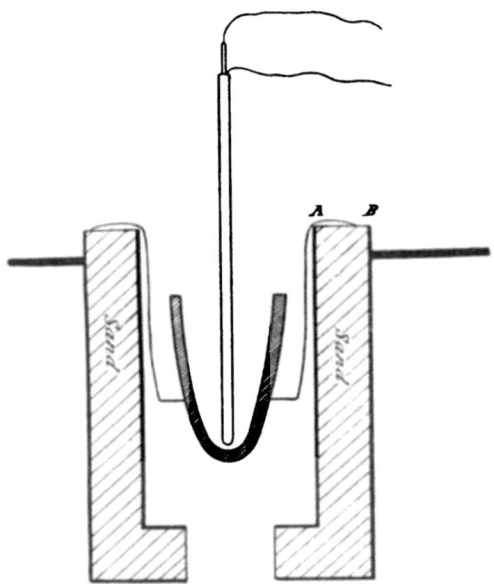

Fig. 88.

Gebläses. Nach Entfernung der Heizvorrichtung wird die obere Öffnung des Schutzmantels mit einer Asbestplatte bedeckt, die untere durch eine mit erhitztem Sand gefüllte Schale geschlossen, um auf diese Weise eine zu schnelle Abkühlung durch kalte Luftströmungen zu vermeiden. Damit die bei den verschiedenen Konzentrationen erhaltenen Abkühlungskurven untereinander vergleichbar sind, muß nach Möglichkeit für gleiche Abkühlungsbedingungen und gleiche Stellung des Thermoelementes im Tiegel gesorgt werden. Letzteres erreicht man am einfachsten dadurch, daß man das das Thermoelement umschließende Schutzrohr in vertikaler Lage den Boden des Tiegels berühren läßt. Zu seiner Befestigung dient eine kleine Stativklemme.

Hat man eine oxydierbare Schmelze, so ist es in einigen Fällen hinreichend, sie mit einer Schicht Holzkohle zu bedecken. Auch kann man die Schmelzung unter einer schützenden Schicht, bestehend aus einem Gemisch von Chlorkalium und Chlornatrium, oder Chlorkalium und Chlormagnesium vornehmen.[1] Am besten ist es jedoch in solchen Fällen, die Schmelzversuche in Röhren, unter Anwendung einer schützenden Atmosphäre, auszuführen (s. u.).

B. Für alle Temperaturen.

Für Schmelzversuche, die eine Temperatur über 1100° erfordern, ist die Heizung durch den elektrischen Strom am bequemsten. Im hiesigen Institut werden Kurzschlußöfen aus Kohle benutzt, die mit Wechselstrom niedriger Spannung geheizt werden. Das städtische Elektrizitätswerk liefert Gleichstrom von 220 und 440 Volt Spannung. Die Umformung des Gleichstroms in Wechselstrom wird durch einen rotierenden Umformer bewirkt, der bei dem kleinsten, an 220 Volt angeschlossenen Modelle in maximo etwa 3 Kilowatt aufnimmt und Einphasen-Wechselstrom von 150 Volt Spannung abzunehmen gestattet. Dieser Wechselstrom wird der primären Wickelung eines Transformators zugeführt, dessen sekundäre Wickelung bei 5—10 Volt Spannung einen Strom von ca. 600—300 Ampère liefert. Mittels eines Kurbelregulators und zweier Schiebewiderstände, welche sämtlich in die primäre Wickelung eingeschaltet sind, wird die Spannung resp. die Stromstärke reguliert. Die sekundäre Wickelung ist mit zwei kräftigen Kupferbügeln verbunden, in deren Klemmbacken der elektrische Ofen eingespannt wird. Ein Ampèremeter gestattet die der primären Wickelung zugeführte Stromstärke zu messen, während ein Voltmeter die Spannung an den Sekundärklemmen des Transformators anzeigt. Dieses kleinste Modell ist sehr angenehm in der Handhabung, wenn man nur bis zu Temperaturen von etwa 1500° zu gehen braucht. Es ist nämlich bei den weiter unten zu besprechenden Dimensionen des Ofens und des Schmelzgefäßes nicht möglich, selbst bei Benutzung eines wenig gebrauchten und daher geringen Widerstand besitzenden Ofens die Schmelze beträchtlich über 1600° zu erhitzen. Dadurch besteht auch bei unaufmerksamer Handhabung keine Gefahr des Durchschmelzens der Porzellan-

---

[1] Žemčužnyj, Z. anorg. Chem. **49** (1906), 886.

schmelzgefäße. Außer diesem kleinsten Modelle sind im hiesigen Institut noch zwei andere vorhanden, die an die 440-Voltleitung angeschlossen sind, und von denen das eine in maximo 8, das andere 10 Kilowatt aufnehmen kann, um dafür einen Wechselstrom von 310 Volt Spannung und entsprechender Stromstärke zu liefern. Die übrige Einrichtung ist ganz die gleiche, wie bei dem kleinen Modelle. In der sekundären Wickelung kann man bei 6—10 Volt Spannung Ströme von 1200—700 resp. 1500—900 Ampère erhalten. [1]

Der Kurzschlußofen ist in Fig. 89 im Vertikalschnitt und in der Ansicht von oben dargestellt und besteht im wesentlichen aus einem Rohre A aus Retortenkohle (bezogen von der Firma Conrady, Nürnberg) von 13 cm Länge und 3 cm äußerem, 2 cm innerem Durchmesser. (Eine zweite Sorte für weitere Schmelzröhren, wie Magnesiaröhren, hat bei gleichen äußeren Dimensionen eine innere Weite von 2.3 cm.) Die Stromzuführung geschieht auf folgende Weise: Gegen die beiden Enden des Rohres A werden je zwei halbkreisförmige Kohlebacken B von 2 cm Höhe und 9 cm äußerem Durchmesser geklemmt. Es geschieht das mittels der eisernen (besser kupfernen) mit Schrauben versehenen Schellen C von $2^{1}/_{2}$ cm Höhe und 0.7 cm Dicke, welche an die den Strom zuführenden kupfernen Bügel angeschlossen werden. Als Wärmeschutz dient ein Tonrohr D von 9 cm Durchmesser und $8^{1}/_{2}$ cm Höhe. Der Raum zwischen Tonrohr und Kohlerohr ist mit ausgeglühter Holzkohle angefüllt. Der Ofen steht auf einer mit Sand gefüllten eisernen Schale und zwar zweckmäßig unter einem Abzuge. Bei der Herstellung werden die einzelnen Fugen mit einem Brei aus Graphit und Holzteer verschmiert. Darauf wird der Ofen an die Stromzuführung angeschlossen und einem erst schwachen, dann allmählich gesteigerten Strome ausgesetzt. Der Ofen ist „fertig gebrannt" und damit gebrauchsfertig, wenn bei etwa 1000° nur noch geringe Mengen Dämpfe entweichen. Beim Gebrauch verändert sich die Dicke des Kohlerohres durch

---

[1] Die obenbeschriebene Einrichtung hat die Firma Gebrüder Ruhstrat, Göttingen, für das hiesige Institut geliefert. Die Preise betragen

	3 K. W.	8 K. W.	10 K. W.
bei maximaler Energieentnahme von			
für den Gleichstrom-Wechselstromumformer	550 M.	800 M.	950 M.
für den Wechselstromtransformator	550 M.	1000 M.	1350 M.
	1100 M.	1800 M.	2300 M.

inklusive Meßinstrumente, Widerstände usw.

Liefert die Stromzentrale Wechselstrom, so fällt natürlich die Beschaffung des Gleichstrom-Wechselstromumformers fort.

Abbrand, so daß es im allgemeinen nach etwa 20 stündiger Benutzung erneuert werden muß. (Die hier beschriebenen Öfen liefert der Institutsmechaniker Herr Ernst Beulke zum Preise von 11 Mk. per Stück.)

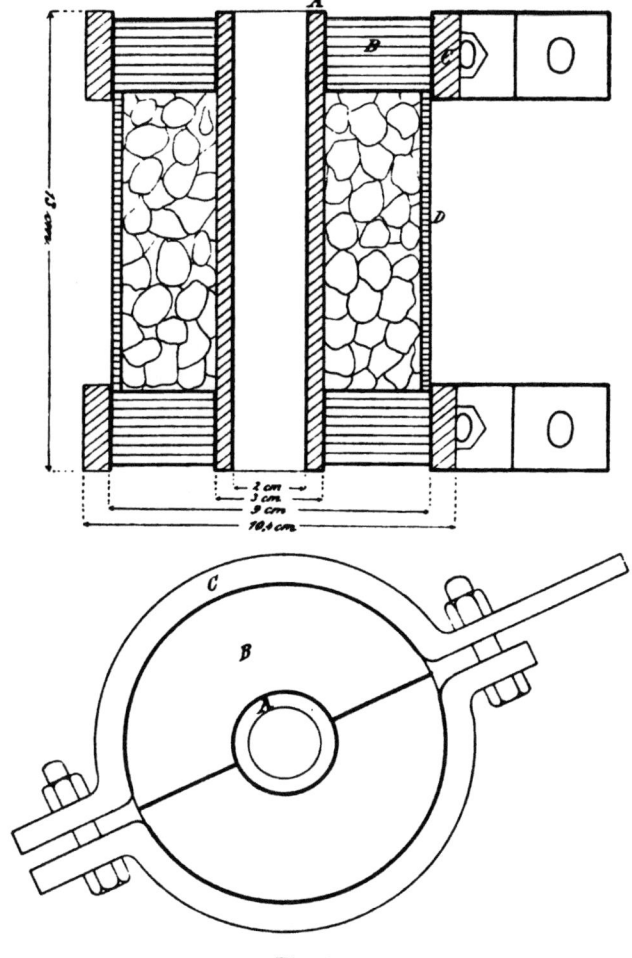

Fig. 89.

Als Schmelzgefäße dienen im allgemeinen Probierröhren aus unglasiertem Porzellan (bezogen von der Königlich Sächsischen Porzellanmanufaktur in Meißen). Sie haben eine Länge von 10 cm, einen inneren Durchmesser von 1.5 cm und eine Wandstärke von

1—2 mm. Außer den Schmelzröhren aus gewöhnlicher weißer Porzellanmasse werden auch noch solche aus einer besonders feuerfesten grauen Porzellanmasse benutzt. Braucht man zum Zusammenschmelzen der Komponenten eine Temperatur von über 1600°, bei der Porzellan zu schmelzen beginnt, so benutzt man Probierröhren aus gebrannter Magnesia, die von der Königlichen Porzellanmanufaktur Berlin geliefert werden. Ihre Länge und ihr innerer Durchmesser sind dieselben wie die der Porzellanröhren, nur besitzen sie eine etwas größere Wandstärke, ca. $2^1/_2$ mm. Sie haben sich sehr gut bewährt, im Gegensatz zu den aus Magnesia hergestellten Schutzröhren für das Thermoelement, bei denen sich genügende Haltbarkeit und hinreichend geringe Wandstärke bisher noch nicht vereinigen ließen.

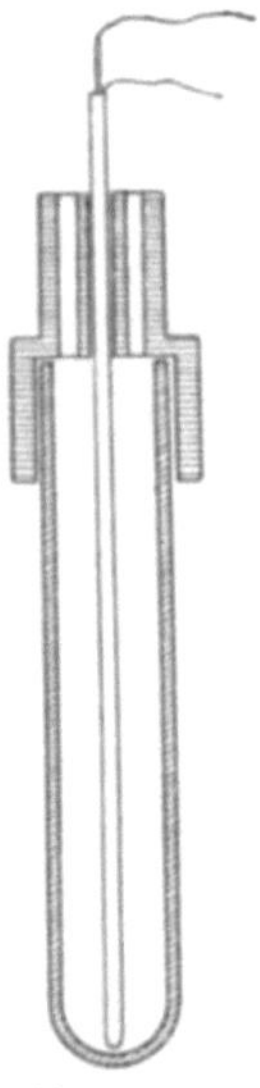

Das Schmelzrohr wird so weit in den Ofen eingelassen, daß es etwa 2 cm daraus hervorragt. Als Untersatz eignen sich Stücke alter Bogenlampenkohlen. Man verschließt es zweckmäßig mittels eines dreifach durchbohrten Messinghütchens in der Weise, wie es die Durchschnittszeichnung Fig. 90 darstellt. Die Länge des Hütchens beträgt etwa 4 cm, sein innerer Durchmesser ist so gewählt, daß es bei gewöhnlicher Temperatur ohne Zwang auf das Rohr aufgeschoben werden kann. Die Durchbohrungen müssen das 2.5 mm weite Porzellanschutzrohr für das Thermoelement bequem durchlassen. Durch die mittlere Durchbohrung wird das Schutzrohr mit dem Thermoelement geführt und hierdurch eine stets gleichmäßige und zentrale Lage

Fig. 90.

desselben bewirkt. Die zweite Öffnung dient zum Durchlassen des Gaszuleitungsrohres, falls man, wie es gewöhnlich geschieht, die Versuche in einer Stickstoffatmosphäre ausführt. Der hierzu benutzte „Bombenstickstoff" wird durch eine Lösung von Pyrogallol in Natronlauge vom Sauerstoff befreit und dann mittels Schwefelsäure getrocknet. Die dritte Öffnung dient zur Einführung eines Rührers, um eventuelle Unterkühlungen verhindern zu können, falls man es nicht vorzieht, das Schutzrohr des Thermoelementes zum Rühren zu verwenden. Als Gaszuleitungsrohr und als Rührer dienen im allgemeinen die gleichen Porzellanrohre, die man zum Schutze der Thermoelemente verwendet.

Haben die Komponenten sehr verschiedene Schmelzpunkte, so bringt man die schwerer schmelzbare Komponente in den unteren

Teil des Schmelzgefäßes, weil dort die Temperatur am höchsten ist. Die hier geschilderte Schmelzmethode eignet sich für alle Temperaturen von etwa 300° an bis zu ca. 2000°.

Elektrische Widerstandsöfen benutzt man dann, wenn man keinen Starkstrom von niedriger Spannung zur Verfügung hat. Für hohe Temperaturen kommen nur Platinöfen in Betracht. Es sind dies Rohre aus feuerfester Masse, wie Magnesia, Chamotte, MARQUARDscher Masse. Sie sind umwickelt mit Platindraht oder, nach HERAEUS, besser mit Platinfolie, welche zur Aufnahme des Stromes dienen und daher einen der Stromquelle entsprechenden, genügend hohen Widerstand besitzen müssen. Da die feuerfeste Masse bei ca. 1500° elektrolytisch zu leiten beginnt und hierdurch eine allmähliche Zerstörung des Platins bewirkt wird, so sind auch die Öfen von HERAEUS für Dauerbetrieb nur unterhalb 1500° zu benutzen. Auch abgesehen hiervon stehen sie hinter den Kurzschlußöfen zurück, verlangen beispielsweise ziemlich vorsichtige Handhabung und sind schwer zu reparieren.

C. Für Temperaturen bis 800° (resp. 1100°) bei Benutzung einer schützenden Atmosphäre.

Will man das Schmelzen in einer schützenden Atmosphäre vornehmen, so wird man, auch wenn man nicht elektrisch heizt, auf die Anwendung von Tiegeln verzichten und die Schmelzung in der in Fig. 90 skizzierten Weise in Probierröhren aus Porzellan vornehmen, wobei man sich zweckmäßig, falls man bis 1100° erhitzen will, des in Fig. 88 dargestellten Schutzmantels bedient. Für Temperaturen bis 800° verwendet man, wenn die Natur der Schmelze es gestattet, Schmelzrohre aus schwer schmelzbarem Glase, z. B. aus Jenaer Verbrennungsglas. Fig. 91 stellt eine in solchen Fällen zweckmäßige Versuchsanordnung dar, wie sie von GRUBE[1] bei der Untersuchung der Magnesiumlegierungen benutzt wurde. Das gläserne Schmelzrohr A befindet sich in einem zylindrischen Sandbad B aus Eisen, welches durch einen kräftigen Vierbrenner erhitzt wird. Es wird so eine lokale Überhitzung des Glasrohres vermieden. Das Sandbad ist von einem Asbestmantel C umgeben, der oben mit

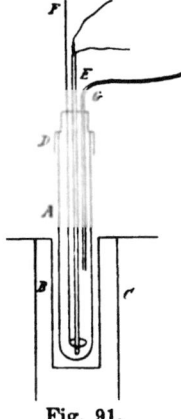

Fig. 91.

---

[1] GRUBE, Z. anorg. Chem. **44** (1905) 117.

Asbestpappe zugedeckt und während der Abkühlung auch nach unten durch eine mit Sand gefüllte Schale abgeschlossen wird. Das Schmelzrohr ist in der S. 282 geschilderten Weise durch ein Hütchen D verschlossen, durch dessen drei Durchbohrungen das mit dem gläsernen Schutzrohr E umgebene Thermoelement, der Rührer F und das Gaszuleitungsrohr G geführt sind. GRUBE benutzte eine Wasserstoffatmosphäre, die bei 800° das Thermoelement noch nicht schädigt (s. S. 276).

§ 3. Die Aufnahme der Abkühlungskurven resp. Erhitzungskurven.

Untersucht man eine binäre Legierung, so pflegt man, um zunächst einen Überblick zu gewinnen, bei der Aufnahme der Abkühlungskurven der verschiedenen Konzentrationen von 10 zu 10 % fortzuschreiten.[1] Die zur Aufnahme einer Abkühlungskurve nötige Substanzmenge beträgt, je nach dem spezifischen Gewicht der betreffenden Metalle, 20—30 g. Selbstverständlich erhitzt man so hoch, daß die Legierung vollständig geschmolzen ist und rührt dann zur Erzielung gleichmäßiger Mischung mittels eines Rührers oder mittels des Thermoelementes kräftig um. Nach Abstellung der Erhitzung bemerkt man zunächst noch ein weiteres Steigen der Temperatur, dadurch hervorgerufen, daß die den Gefäßwänden mitgeteilte Wärmemenge mit einer gewissen Verspätung zu dem Thermoelement gelangt. Dieser Umstand bewirkt ferner, daß, nachdem das Temperaturmaximum erreicht ist und die Temperatur zu fallen beginnt, die Abkühlungsgeschwindigkeit zunächst geringer ist als dem normalen Wert entspricht. Es ist daher, wenn möglich, etwa 50° über die Temperatur zu erhitzen, bei der man mit der Aufnahme der Abkühlungskurve beginnen will. Die Aufnahme der Abkühlungskurve geschieht dadurch, daß man in bestimmten, durch eine Sekundenuhr angezeigten Intervallen, meistens von 10 zu 10 Sekunden, unter Umständen von 5 zu 5 Sekunden, die Temperatur der abkühlenden Schmelze notiert und nach Beendigung der Versuche die Temperatur in Abhängigkeit von der Zeit in der Seite 5 angegebenen Weise graphisch dargestellt.[2]

---

[1] Über die zweckmäßige Auswahl der zu untersuchenden Konzentrationen eines Dreistoff-Systems vergl. SAHMEN und v. VEGESACK, *Zeitschr. phys. Chem.* 59 (1907), 262.

[2] Eine andere graphische Darstellung besteht darin, daß man die Abkühlungsgeschwindigkeit oder auch ihren reziproken Wert als Funktion der Temperatur aufzeichnet.

Es kommt häufig vor, daß die Schmelzen zu Unterkühlungen neigen, die sich im allgemeinen dadurch zu erkennen geben, daß bei schließlichem Eintritt der Kristallisation ein plötzlicher Temperaturanstieg stattfindet. Untersucht man die Erstarrung eines Gemisches, so kann die Temperatur nicht vollständig wieder bis zu der Höhe ansteigen, bei der normalerweise die Ausscheidung einer Kristallart beginnt. Man sucht daher die Unterkühlung zu verhindern, was in den meisten Fällen durch kräftiges Rühren geschehen kann. Genügt dies nicht, so impft man die Schmelze, indem man im richtigen, event. durch einen Vorversuch zu ermittelnden Moment, wenn sich nämlich die Temperatur der Schmelze einige Grade über der der beginnenden Kristallausscheidung befindet, Teilchen der schon erkalteten Schmelze hineinwirft und kräftig umrührt.

Zweckmäßig läßt man der Aufnahme einer Abkühlungskurve die einer Erhitzungskurve folgen. Es ist dies unter allen Umständen anzuraten, da hierdurch eine vorzügliche Kontrolle der Angaben der Abkühlungskurven bewirkt wird. Die Zuführung der Wärme muß natürlich möglichst gleichmäßig erfolgen, was sich bei elektrischer Erhitzung bequem erreichen läßt. Reine Metalle und ihre reinen Verbindungen lassen sich nicht überhitzen. Bei Gemischen ist das hingegen wohl möglich, da bei der Schmelztemperatur des Gemisches der Schmelzpunkt der einen Komponente noch nicht erreicht ist, und wir es daher mit einem Lösungsvorgang zu tun haben. Doch sind hierdurch bewirkte Störungen im allgemeinen selten. Insbesondere in solchen Fällen, in denen in der schon zum Teil erstarrten Schmelze Unterkühlungen auftreten, wo also der Zustand der Mischung ein Impfen mit Rühren unmöglich macht, bietet die Aufnahme der Erhitzungskurven oft die einzige Möglichkeit zur Aufklärung der Kristallisationsvorgänge.

Selbstregistrierende Pyrometer, die auf der Benutzung von Spiegelgalvanometern beruhen und den Galvanometerausschlag in Abhängigkeit von der Zeit auf photographischem Wege registrieren, sind von ROBERTS-AUSTEN[1], SALADIN und LE CHATELIER[2], und KURNAKOW[3] angegeben worden. Ein selbstregistrierendes Zeigergalvanometer stellt die Firma Siemens & Halske her.[4]

---

[1] ROBERTS-AUSTEN, Fünf Berichte an Institution of Mechanical Engineers, Proceedings, 1891, 93, 95, 97, 99.

[2] SALADIN und LE CHATELIER, *Revue de métallurgie*, Februar 1904.

[3] KURNAKOW, *Z. anorg. Chem.* 42 (1904), 184.

[4] *Zeitschr. f. Instrumentenkunde* 25 (1905), 273.

§ 4. Konstruktion der „idealisierten" Abkühlungskurven resp. Erhitzungskurven.

Die Gestalt der sich aus den Versuchen ergebenden Abkühlungskurven weicht in mehrerer Hinsicht von der ab, die wir bei unseren theoretischen Erörterungen angenommen haben. Der Grund liegt darin, daß die Voraussetzungen, die wir betreffs des Verhaltens der Substanzen und der Ausführung der Versuche machten, niemals

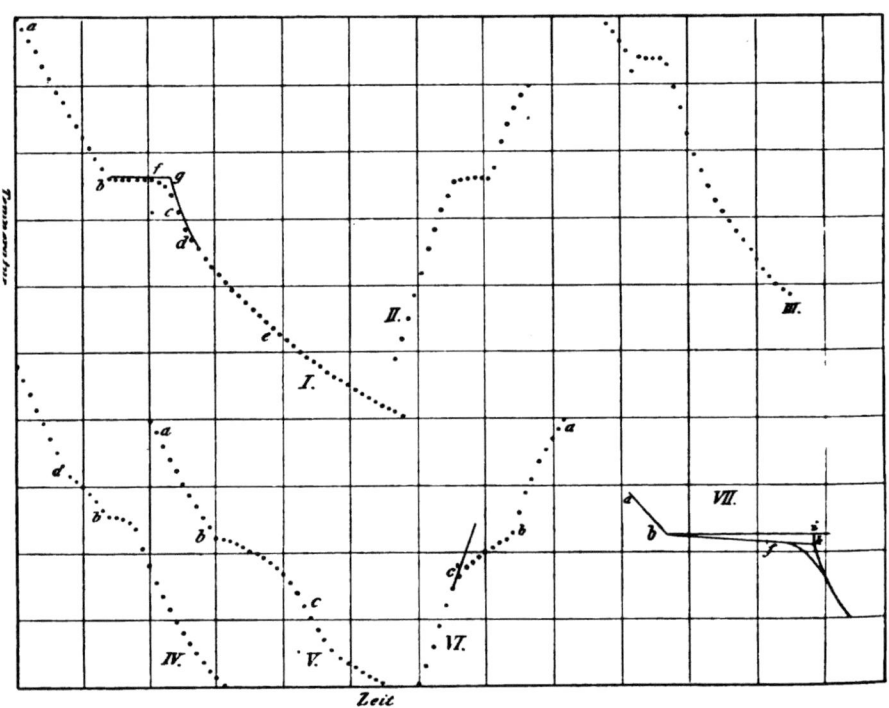

Fig. 92.

vollständig, häufig sogar sehr unvollkommen erfüllt sind. Da wir aber im allgemeinen über die Ursachen dieser Abweichungen unterrichtet sind, so ist es möglich, aus den direkt erhaltenen Abkühlungskurven „idealisierte" zu konstruieren, die den theoretischen Abkühlungskurven, bei denen eine exakte Erfüllung unserer Voraussetzungen gefordert wird, sehr nahekommen. Fig. 92 I gibt die Abkühlungskurve eines reinen Stoffes (des Silbers), wie sie bei Benutzung des elektrischen Kurzschlußofens erhalten wurde. Die Ein-

teilung der Zeitachse ist nach 100 Sekunden, die der Temperaturachse nach 100° erfolgt. Da keine Unterkühlungen auftreten, ist
der Anfang der Kristallisation scharf ausgeprägt, dagegen findet sich
zur Zeit des Endes der Kristallisation nicht ein scharfer Knick,
sondern die Temperatur beginnt etwa vom Punkt f an zuerst langsam
zu fallen, fällt dann immer schneller bis zum Punkte c, dem Wendepunkt auf der Abkühlungskurve, um schließlich auf dem Kurvenstück cde mit abnehmender Geschwindigkeit zu fallen. Der Grund
dieser Erscheinung, der bei allen direkt beobachteten Abkühlungskurven auftritt, liegt nach TAMMANN[1] darin, daß der Wärmeabfluß
nicht nur von der Oberfläche der Schmelze aus, sondern auch durch
den thermometrischen Apparat stattfindet, und daß ferner die von
uns S. 17 vorausgesetzte gute Wärmeleitfähigkeit, die meßbare
Temperaturdifferenzen in unserm System ausschließt, nicht vollkommen vorhanden ist. Wenn die Schmelze im
Tiegel A (Fig. 93) mit zentrisch in dieselbe tauchen-
dem Thermometer B abkühlt, so setzt sich nicht nur
an dem Tiegelrand, sondern auch um das Thermometer herum eine Kruste von Kristallen ab. Die
letzten Reste der Schmelze kristallisieren also im
Raume CCC, dessen Abstand vom Thermometer B um
so geringer ist, je kleiner das Verhältnis der durch das
Thermometer abgeführten Wärmemenge zu der durch
die Tiegelwand abfließenden Wärmemenge ist. Es wird

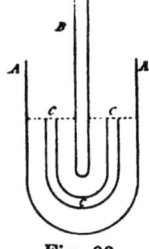

Fig. 93.

sich nun eine Differenz zwischen der Temperatur des Thermometers
und der Temperatur der Schmelze einstellen, wenn die dem Thermometer zufließende Wärmemenge kleiner ist als die, welche es nach
außen abgibt. Dieses findet etwa vom Punkte f der Abkühlungskurve Fig. 92 I an statt, wo ein langsames Fallen der gemessenen
Temperatur einsetzt, obgleich der Rest der Schmelze bei konstanter
Temperatur kristallisiert. Da der Zufluß der Wärme zum Thermometer mit fortschreitender Kristallisation durch das Dickerwerden
der Kristallkruste um dasselbe immer mehr erschwert wird, so wird
die Abkühlungsgeschwindigkeit immer größer und erreicht ihr Maximum im Punkte c (Fig. 92 I), wo wir also die Kristallisation als beendigt ansehen müssen. Von da ab wird sie wieder geringer, um
bald ihren normalen, innerhalb nicht zu weiter Temperaturbereiche
wenig abnehmenden Wert anzunehmen. Der Punkt c trennt daher

[1] TAMMANN, *Z. anorg. Chem.* **47** (1905), 291.

einen zur Zeitachse konkaven und konvexen Teil der Abkühlungskurve voneinander, er ist ein sogenannter Wendepunkt.

Die Tatsache, daß in dem Zeitpunkte, in dem dem Thermometer keine Kristallisationswärme mehr zugeführt wird, ein besonders
starker Temperaturabfall stattfindet, hat ihren Grund darin, daß
noch eine andere, S. 18 gemachte Voraussetzung, daß nämlich die
Abkühlung gegen eine auf konstanter Temperatur befindliche Umgebung (konstante Konvergenztemperatur) stattfindet, durchaus nicht
erfüllt ist. Die Schmelze befindet sich zunächst in einem Gefäße, dessen
Masse nicht gegen die der Schmelze zu vernachlässigen ist. Da wir
nur die Abkühlung der Schmelze untersuchen, so ist das Schmelzgefäß,
sofern seine Temperatur von der der Schmelze abweicht, zur Umgebung
zu rechnen. Das Schmelzgefäß wiederum ist von einem Wärmeschutz
umgeben, z. B. dem heißen Kohlerohr des elektrischen Ofens mit
seinen weiteren Umhüllungen oder einem Tonschutzmantel usw. Diese
„Umgebung" kühlt sich natürlich allmählich ab. Die Erkaltung der
Schmelze erfolgt also gegen eine Umgebung mit veränderlicher, allmählich abnehmender Temperatur. Im allgemeinen wird hierdurch
keine besonders hervortretende Änderung der Gestalt der Abkühlungskurven bewirkt, dieselben zeigen vielmehr, wie wir erkennen, den
S. 12 u. f. hergeleiteten, in Fig. 3 (S. 14) dargestellten logarithmischen
oder doch einen sehr ähnlichen Verlauf. Anders jedoch, wenn durch
eine innere Wärmequelle die Schmelze eine Zeitlang auf konstanter
Temperatur gehalten wird. Während dieser Zeit kühlt sich die
Umgebung (gleich Umhüllung) ruhig weiter ab, die Temperaturdifferenz zwischen ihr und der Schmelze wird immer größer und
erreicht in dem Moment ihr Maximum, wo diese Wärmequelle versiegt, die Kristallisation der Schmelze also beendet ist. Es wird
nun so lange eine vergrößerte Abkühlungsgeschwindigkeit zu beobachten sein, bis diese Temperaturdifferenz wieder ihren normalen
Wert erreicht hat. Das ist etwas unter dem Punkte c im Punkte d
(Fig. 92 I) der Fall.

Um nun den angenähert theoretischen Verlauf der Abkühlungskurve zu ermitteln, bedenken wir, daß die Stücke ab und de der
experimentell ermittelten Abkühlungskurve Fig. 92 I diesem hinreichend nahekommen. Verlängern wir also das Kurvenstück de
kontinuierlich über d hinaus bis zum Schnittpunkt g mit der durch
b gelegten Horizontalen bg, so haben wir in $abgde$ die „idealisierte"
Abkühlungskurve konstruiert, deren Verlauf oberhalb b und unterhalb d mit dem tatsächlich beobachteten zusammenfällt.

Fig. 92 II gibt eine ebenfalls mit Hilfe des elektrischen Ofens aufgenommene Erhitzungskurve von demselben Stoffe (reinem Silber). Hier findet die Schmelzung zunächst am Rande des Gefäßes statt. Daher ist die Wärmeleitung zum Thermoelemente im Anfang am meisten erschwert und bessert sich in dem Maße wie die Kristallschicht von dem Thermoelemente fortschmilzt. Dem entspricht, daß auf der Erhitzungskurve bei Beginn der Schmelzung nicht sofort Temperaturkonstanz, sondern zunächst nur ein allerdings sehr stark verlangsamter Temperaturanstieg zu beobachten ist. Ist alles geschmolzen, so findet ein plötzlicher starker Anstieg statt, der sich durch einen scharfen Knick auf der Erhitzungskurve kundgibt. Die Konstruktion der idealisierten Erhitzungskurve ist in analoger Weise durchzuführen wie die der Abkühlungskurve.

Fig. 92 III gibt die Abkühlungskurve des reinen Palladiums, wobei eine Unterkühlung stattgefunden hat.

Fig. 92 IV gibt die Abkühlungskurve einer Legierung mit 70% Pd und 30% Pb. Es findet zuerst bei a Ausscheidung einer Kristallart, dann von b an eutektische Kristallisation statt. In allen diesen Fällen ist es einfach, aus den tatsächlich beobachteten Abkühlungskurven die idealisierten zu erhalten.

Wir haben im theoretischen Teile vielfach gesehen, von welcher Wichtigkeit die Kenntnis der relativen Mengen des Eutektikums bei den verschiedenen Konzentrationen zur Ermittelung der Konstitution der Legierungen ist. Nun ist die bei der eutektischen Kristallisation freiwerdende Wärmemenge der Menge des vorhandenen Eutektikums proportional. Vergleicht man also gleiche Gewichtsmengen verschiedener Konzentrationen miteinander, so ist diese Wärmemenge der relativen Menge des Eutektikums proportional. Ginge die Abkühlung in der S. 17 u. f. vorausgesetzten idealen Weise vor sich, so wären unter gleichen Abkühlungsbedingungen und für gleiche Mengen der Schmelzen verschiedener Konzentrationen die Zeiten der eutektischen Kristallisation den freiwerdenden Wärmemengen und daher auch den relativen Mengen des Eutektikums proportional. Man hätte also in diesem Verfahren eine Methode zur Bestimmung der relativen Menge des Eutektikums. Da bei Teilung der Konzentrationsachse nach Gewichtsprozenten (s. S. 100) die relative Menge des Eutektikums vom Maximum 1 nach den beiden Konzentrationen, wo sie Null wird, linear abnimmt, so ist das gleiche auch betreffs der Dauer der eutektischen Kristallisationszeiten zu erwarten. Die Erfahrung bestätigt, wie wir sahen, diesen

Schluß nicht allgemein. Man findet neben der in Fig. 94 I. ausgedrückten linearen Abnahme der eutektischen Zeiten (dargestellt durch diesen proportionale Senkrechte bei den entsprechenden Konzentrationen) eine zu langsame Abnahme (Fig. 94 II) und eine zu schnelle Abnahme (Fig. 94 III). Die zu langsame Abnahme (Fig. 94 II) läßt sich auf Grund unserer Versuchsbedingungen einfach erklären. Wir sahen, daß in der Zeit, während der die Temperatur der

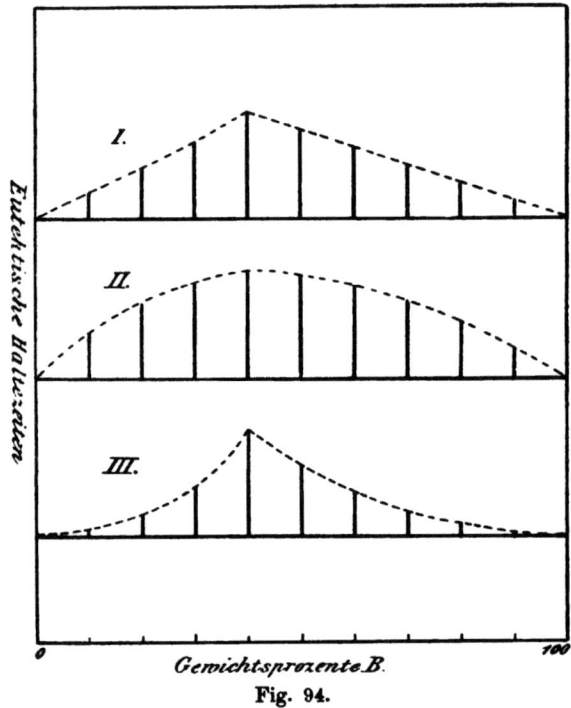

Fig. 94.

Schmelze durch die Kristallisationswärme konstant gehalten wird, sich die Umgebung weiter abkühlt. Da die pro Zeiteinheit abgegebene Wärmemenge ceteris paribus der Temperaturdifferenz zwischen der Schmelze und ihrer Umgebung proportional ist, so ergibt sich daraus, daß eine um so größere Wärmemenge zur Konstanthaltung der Temperatur erforderlich ist, je länger diese Periode dauert. Es müßte demgemäß, wenn die Menge des Eutektikums verdoppelt wird, die entsprechende eutektische Haltezeit auf weniger als das Zweifache ansteigen. Für die häufig beobachtete zu schnelle Abnahme

(Fig. 94 III) ist wahrscheinlich die Neigung der Substanz zu Unterkühlungen verantwortlich zu machen. Ist eine große Menge Eutektikum vorhanden, und hat die Ausscheidung der zwei Kristallarten an irgendeiner Stelle einmal begonnen, so wird in der noch zum großen Teil flüssigen Schmelze durch das Rühren eine große Anzahl von Keimen gleichmäßig verteilt werden und hierdurch eine rechtzeitige, nur durch den Wärmefluß bedingte Kristallisation eintreten können. Anders jedoch, wenn die Menge des Eutektikums gering ist und am Ende der Kristallisation, wo die größtenteils erstarrte Schmelze ein Rühren nicht mehr zuläßt, das noch geschmolzene Eutektikum sich an einzelnen Stellen der Schmelze befindet, die voneinander durch kristallisierte Massen getrennt sind. In einem solchen Falle kann es vorkommen, daß an den einzelnen Stellen die Ausscheidung des zweiten Bestandteiles eine verschieden große Verzögerung erleidet und die Kristallisation des Eutektikums nicht bei einer bestimmten Temperatur, sondern in einem größeren oder geringeren Temperaturintervall verläuft. Die geringe Änderung, die die Abkühlungskurve hierdurch in ihrem Verlaufe erfährt, kann sich der Beobachtung entziehen. In einem solchen Falle werden wir also eine zu schnelle Abnahme der eutektischen Zeiten beobachten müssen und die Zeit der eutektischen Kristallisation kann anscheinend schon Null werden, bevor die Menge des Eutektikums selbst Null geworden ist.

Durch Kompensation beider Einflüsse wird häufig die theoretisch geforderte lineare Abhängigkeit der eutektischen Haltezeiten von der Konzentration bewirkt. Die Erfahrung hat gezeigt, daß sich im allgemeinen auch in den Fällen, wo diese Kompensation nicht eintritt, die uns ausschließlich interessierenden Konzentrationen, bei denen die relative Menge des Eutektikums ihr Maximum hat resp. Null wird, mit hinlänglicher Sicherheit ermitteln lassen. Die letzteren Konzentrationen ermittelt man, indem man die Kurve, die die Endpunkte der den eutektischen Zeiten proportionalen Senkrechten miteinander verbindet, kontinuierlich bis zum Schnittpunkte mit der Grundlinie, auf der sie errichtet sind, durchführt.

Um die gleichen Bedingungen der Abkühlung zu realisieren, ist es natürlich notwendig, daß die für die verschiedenen Konzentrationen benutzten Schmelzgefäße möglichst gleich sind, daß der Wärmeschutz möglichst derselbe ist usw. usw. Ferner ist auch darauf zu achten, daß die Schmelzgefäße stets ein angenähert gleiches Volumen Schmelze enthalten. Haben die beiden Komponenten sehr verschiedene Dichten, so muß man, um dieses zu erreichen, für die verschiedenen Konzentrationen verschiedene Gesamtmengen verwenden. In solchen Fällen hat man die ermittelten eutektischen Kristallisationszeiten natürlich durch die Gewichte der einzelnen Schmelzen zu dividieren, um sie für die gleiche Gewichtsmenge Schmelze zu erhalten. Da nach Gleichung 4 S. 15 unter gleichen Abkühlungsbedingungen das Produkt aus Abkühlungsgeschwindigkeit und spezifischer Wärme konstant ist, so wird man eine gleiche Abkühlungsgeschwindigkeit der verschiedenen Schmelzen nur dann erwarten können, wenn die spezifische Wärme sich mit der Konzentration nicht ändert.

Wenn die Komponenten Mischkristalle miteinander bilden, ist die Temperatur, bei der die Kristallisation beendet ist, auf den Abkühlungskurven meistens sehr wenig ausgeprägt. Hierfür gibt Fig. 92 V ein Beispiel, sie stellt die Abkühlungskurve einer Mischung aus 90 % Silber und 10 % Palladium dar. Nur der Beginn der Kristallisation macht sich durch einen scharfen Knick b bemerkbar. Zur Ermittelung des Endes der Kristallisation benutzt man in solchem Falle nach TAMMANN den Wendepunkt c, bei dem die Abkühlungsgeschwindigkeit ihr Maximum hat, die Kristallisation also beendet ist. Es wäre aber natürlich unrichtig, das ganze Temperaturintervall bc als Kristallisationsintervall $J_{10\%\,Pd}$ anzusprechen. Auch dem bei konstanter Temperatur kristallisierenden reinen Silber wäre ja unter diesen Umständen ein Kristallisationsintervall bc (Fig. 92 I) zuzuschreiben. Es ist also von dem so ermittelten scheinbaren Kristallisationsintervall $J_{10\%\,Pd}$ ein gewisser Betrag $\varDelta J$ abzuziehen, der dadurch zu ermitteln wäre, daß man das scheinbare Kristallisationsintervall für einen bei gleicher Temperatur unter gleichen Abkühlungsbedingungen einheitlich kristallisierenden Körper von gleicher Wärmeleitfähigkeit bestimmt. Nach TAMMANN kann man das in der Weise umgehen, daß man dieses abzuziehende Intervall aus den scheinbaren Kristallisationsintervallen der beiden Komponenten nach der Mischungsregel berechnet. Sind J_A und J_B die scheinbaren Kristallisationsintervalle für die Komponenten A resp. B, und ist die betreffende Konzentration in Gewichtsprozenten B gleich x, enthält also die Legierung $x\,\%\,B$ und $(100-x)\,\%\,A$, so ist der von dem beobachteten Kristallisationsintervall J abzuziehende Betrag

$$\varDelta J = \frac{1}{100}\left[(100-x)\cdot J_A + x\,J_B\right].$$

In manchen Fällen läßt die Erhitzungskurve das Kristallisationsintervall ohne weiteres ziemlich deutlich erkennen. So zeigt Fig. 92 VI die Erhitzungskurve für dieselbe Mischung, 90 °/₀ Ag + 10 °/₀ Pd, für die Fig. 92 V die Abkühlungskurve gibt. Der Beginn der Schmelzung im Punkte c, in dem infolge verlangsamten Temperaturanstiegs ein ziemlich starkes Abbiegen der Erhitzungskurve von dem bisherigen fast linearen Verlauf einsetzt, ist hier deutlich, wenn auch nicht ganz so scharf zu erkennen, wie das Ende der Schmelzung in b. Der für das scheinbare Intervall eines reinen Stoffes in diesem Falle abzuziehende Betrag ist verhältnismäßig klein, wie ein Vergleich der Kurven Figg. 92 I und II ohne weiteres erkennen läßt, und kann als konstant (unter diesen Verhältnissen zu etwa 5°) angenommen werden.

Ist das Kristallisationsintervall sehr gering, so kann man zu seiner Bestimmung folgendes Verfahren einschlagen: [1] Der Punkt f (Fig. 92 I), in dem bei der Kristallisation eines einheitlichen Stoffes das Thermometer ein Sinken der Temperatur anzeigt, liegt in normalen Fällen, d. h. wenn das Thermometer nicht allzugroße Wärmemengen fortführt, im letzten Drittel der Kristallisationszeiten. Verbindet man also den Punkt b, der den Anfang der Kristallisation angibt, mit dem Punkte f, der etwa ²/₃ der Kristallisationszeit entspricht, so erhält man bei einem einheitlichen Stoffe eine gerade Linie. Liegen aber Mischkristalle vor (Fig. 92 VII), so ist b f gegen die Zeitachse geneigt. Eine Verlängerung der geraden Linie b f bis zum Punkte h, der dem Ende der Kristallisation entspricht, ergibt dann das gesuchte Kristallisationsintervall h i.

Wir sehen aus obigem, daß die Ermittelung des Kristallisationsintervalles bei Mischkristallen durch Aufnahme der Abkühlungskurven eine verhältnismäßig unsichere ist und daß die Schwierigkeit darin besteht, das Ende der Kristallisation festzustellen. Daher sei an dieser Stelle auf die Methode von HEYCOCK und NEVILLE [2] hingewiesen, welche bei der Untersuchung der Kupfer-Zinnlegierungen (Bronzen) das Ende der Kristallisation dadurch ermittelten, daß sie die Legierungen bei verschiedenen Temperaturen abschreckten und die Struktur der Schliffe mikroskopisch untersuchten. Die ausgeschiedenen Kristalle sind um so größer, je langsamer ihre Ausscheidung erfolgt. Daher kann man die vor der Abschreckung ausgeschiedenen Kristalle durch ihre Größe leicht von den nach der Abschreckung ausgeschiedenen, viel kleineren unterscheiden. Sind

---

[1] RUER, Zeitschr. anorg. Chem. **49** (1906), 379.
[2] HEYCOCK und NEVILLE, Phil. Trans. **202**, (1903), 1.

die kleinen Kristalle vollständig aus den Schliffen verschwunden, so ist die Abschreckung erfolgt, nachdem alles kristallisiert war. Auf diese Weise kann das Ende der Kristallisation bei den einzelnen Konzentrationen ziemlich genau bestimmt werden. Eine solch genaue Festlegung des Kristallisationsintervalles hat natürlich nur dann Zweck, wenn man sicher ist, daß der zur Erzielung des Gleichgewichts notwendige Konzentrationsausgleich (s. S. 163) so gut wie vollständig stattgefunden hat, da nur in diesem Falle die Kurve, die die Temperaturen des Endes der Kristallisation miteinander verbindet, mit der *s*-Kurve zusammenfällt.

Schließlich sei noch darauf hingewiesen, daß ein schwacher Knick in der Abkühlungskurve dann am deutlichsten hervortritt, wenn man die Kurve so zeichnet, daß ihre Neigung gegen die Achsen 45° beträgt. [1]

2. Kapitel: Untersuchung der Struktur.

Auf die Wichtigkeit der mikroskopischen Untersuchung der Schliffe zum Zwecke der Kontrolle und Ergänzung der Resultate der thermischen Untersuchung ist im theoretischen Teile wiederholt hingewiesen worden. Die Aufgabe, die Ergebnisse beider Untersuchungsmethoden miteinander in Einklang zu bringen, ist in manchen Fällen eine außerordentlich schwierige und stellt große Anforderungen an die Erfahrung des Metallographen. Besonders wenn die thermische Untersuchung das Auftreten von Mischkristallen anzeigt, läßt die mikroskopische Untersuchung der Schliffe häufig eine Struktur erkennen, die wenig mit diesem Ergebnis im Einklang steht. Es ist schon S. 170 darauf hingewiesen, wie man in solchen Fällen nachweisen kann, daß die inhomogene Struktur der Reguli lediglich auf mangelhaften Konzentrationsausgleich zwischen Kristallen und Schmelze bei der Erstarrung zurückzuführen ist. Die Ausbildung der mikroskopischen Untersuchungsmethoden verdankt man hauptsächlich SORBY, MARTENS, HEYN, BEHRENS,[2] OSMOND,[3] WEDDING und LE CHATELIER.[4]

---

[1] Boeke, *Z. anorg. Chem.* 50 (1906), 358.

[2] BEHRENS, Das mikroskopische Gefüge der Metalle und Legierungen. Hamburg und Leipzig 1894.

[3] OSMOND, Methode générale pour l'analyse micrographique des Aciers au carbone. Contribution à l'étude des alliages, Paris 1901, S. 277. In deutscher Sprache erschienen unter dem Titel: Mikrographische Analyse der Eisen-Kohlenstofflegierungen von F. OSMOND, übersetzt aus dem Französischen von L. HEURICH. Halle 1906.

[4] LE CHATELIER, Contribution à l'étude des alliages, p. 421.

§ 1. Herstellung der Schliffe.

Zum Zwecke der mikroskopischen Untersuchung werden die erkalteten Reguli meistens mit einer glatt geschliffenen, spiegelglänzenden Fläche, die zweckmäßig einige Quadratzentimeter groß ist, versehen. Die Art und Weise, wie dies zu erreichen ist, ist je nach den Eigenschaften, besonders der Härte der betreffenden Legierung eine etwas verschiedene. Bei weichen Legierungen ist es oft außerordentlich schwierig, event. unmöglich, Flächen zu erhalten, die auch unter dem Mikroskop keinerlei „Schleifkratzer" erkennen lassen. Da man bei einiger Übung in der Lage ist, diese Schleifkratzer von solchen Streifungen, die der Struktur der Kristalle eigentümlich sind, zu unterscheiden, so stellt dieser Übelstand der mikroskopischen Untersuchung kein absolutes Hindernis entgegen.

Von großer Wichtigkeit ist es jedoch, daß die Zusammensetzung der Legierung in ihren einzelnen Teilen eine gleichmäßige ist. Unterscheiden sich die zuerst ausgeschiedenen Kristalle bezüglich ihres spezifischen Gewichtes sehr von der Mutterlauge, so sammeln sie sich leicht im oberen oder unteren Teile der Schmelze an und geben zu einer ungleichmäßigen Beschaffenheit derselben Veranlassung. Die mikroskopische Untersuchung kann dann leicht zu Irrtümern führen. Häufig erkennt man schon am äußeren Aussehen der Schliffe ohne weiteres, daß der obere und untere Teil eine verschiedene Beschaffenheit haben. In anderen Fällen klärt erst die mikroskopische Untersuchung eines von oben nach unten durchschnittenen Regulus hierüber auf. Hat man Anzeichen für eine Neigung zum „Saigern", wie diese Erscheinung genannt wird, so läßt man die Schmelze nicht zu langsam erkalten und rührt sie solange wie möglich kräftig um. [1]

Ist der zu untersuchende Regulus hart (Härte 4 und darüber), und besteht er aus nicht zu kostbarem Materiale, so erteilt man ihm eine ebene Fläche durch Anschleifen auf rotierenden Schmirgeloder Carborundumscheiben, wobei man von gröberer zu feinerer Körnung übergeht. Im hiesigen Laboratorium dient als Schleifmaschine ein kleiner elektrischer Motor mit einer Tourenzahl von ca. 1800 in der Minute, auf dessen horizontaler Achse die entsprechenden Scheiben aufgesetzt werden können. Natürlich kann man auch Schleifsteine mit Handbetrieb verwenden. Es ist darauf zu achten, daß die Reguli beim Schleifen nicht heiß werden, weil

---

[1] Vergl. auch S. 129 u. f.

hierdurch nachträgliche Veränderungen in der Struktur eintreten
können, daher taucht man sie von Zeit zu Zeit, vielleicht alle
10 Sekunden, in ein Gefäß mit kaltem Wasser. Die weitere
Behandlung der Schliffe geschieht auf Schmirgelpapier von immer
feiner werdender Körnung. OSMOND (l. c.) stellt folgende Anforderungen an ein brauchbares Schmirgelpapier: Das Papier muß von
gleichmäßigem Korn sein, das Schmirgelpulver muß so fest haften,
daß es sich beim Reiben nicht loslöst, das Papier darf sich nur
strich- und nicht stellenweise abnutzen, wie dies bei lose sitzendem
Schmirgelpulver geschieht, schließlich dürfen das Papier und der
Leim selber weiches Eisen nicht ritzen. Da das Papier des Handels
diesen Anforderungen nur selten genügt, so gibt er eine Vorschrift
zur Herstellung brauchbaren Schmirgelpapiers, bezüglich deren auf
das Original verwiesen sei. Im hiesigen Institut wird das sogenannte französische Schmirgelpapier der Firma Georg Voss & Co.
Deuben, Bezirk Dresden, benutzt, das in den Körnungen 3, 2, 1,
0, 00 und ferner 0, 1, 2, 3, 5, 10, 15, 20, 30, 60 Minuten hergestellt wird. Im allgemeinen kommt man mit sechs Sorten, etwa
3, 1, und ferner 10, 20, 30, 60 Minuten aus. Das Schmirgelpapier
wird mit Hilfe von Reißnägeln auf rechteckige Holzbretter (etwa
30 × 15 cm) glatt aufgespannt und darauf der Schliff hin und her
gerieben. Das Schleifen auf jeder einzelnen Nummer Schmirgelpapier hat so zu geschehen, daß die Schleifrinnen in einer bestimmten Richtung verlaufen. Beim Übergang zu der nächsten
Nummer Schmirgelpapier schleift man in der dazu senkrechten
Richtung und zwar so lange, bis die zu der neuen Schleifrichtung
senkrechten und daher leicht zu erkennenden Risse von der vorhergehenden Nummer vollständig verschwunden sind. Man erreicht
auf diese Weise, daß, falls die Schleifkratzer von der letzten Nummer
Schmirgelpapier beim Polieren nicht vollständig verschwinden, sie
doch wenigstens ohne weiteres als solche erkannt werden, da sie
im ganzen Schliffe die gleiche Richtung haben, welches auch die
Lagerung der einzelnen Kristallpolygone sein möge. Schließlich
werden die Schliffe poliert und zwar mit Hilfe einer rotierenden
Filz- oder Lederscheibe, auf die Metall-Polierwachs (ebenfalls zu
beziehen von obiger Firma) aufgetragen ist. Für den Fall, daß zum
Schleifen der Reguli Metall-Schleifwachs Verwendung findet, ist streng
darauf zu achten, daß es nicht auf die Polierscheibe gelangt,
da diese dann zum Polieren untauglich und nur noch als Schleif-
scheibe zu verwenden ist.

Den Reguli von besonders spröden Legierungen kann man zunächst durch Abschlagen eine zu weiterer Behandlung geeignete, möglichst ebene Fläche erteilen.

Weiche Legierungen werden zweckmäßig nicht auf den Carborundum resp. Schmirgelscheiben präpariert, da diese sich dann leicht mit Metallresten vollsetzen und stumpf werden. Man erteilt ihnen durch Anfeilen, zuerst mit der Grob- dann mit der Schlichtfeile, eine ebene Fläche. Die weitere Behandlung erfolgt mittels Schmirgelpapiers in der oben angegebenen Weise. Schließlich poliert man sie auf einem über ein glattes Brett gespannten Filz (event. Putzleder) mit Wiener Kalk und Putzöl (Stearinöl). Nach BEHRENS (l. c.) nehmen verschiedene sehr widerspenstige weiche und dabei bröckelige Legierungen vortreffliche Politur an auf feinen Wetzsteinen (Rasiermessersteinen), die mit einer Spur Petroleum eingefettet sind. Man verreibt mit dem Finger einen Tropfen Petroleum, wischt kräftig mit einem Lappen und reibt mit dem Handballen, bis der Stein vollkommen trocken erscheint. OSMOND benutzt zum Polieren weicher Eisen-Kohlenstofflegierungen Englischrot, und zwar die als Juwelierrot bezeichnete Sorte. Er rät, das käufliche Präparat vor dem Gebrauch auszuwaschen, oder noch besser das Polierrot selber herzustellen und beim Brennen desselben die Temperatur möglichst niedrig zu halten. Besonders gute Dienste leistete ihm das in den Spiegelfabriken verwendete Oxalatrot (Englischrot aus Eisenoxalat). Benutzt man nach LE CHATELIER Aluminiumoxyd zum Polieren, so kommt man wesentlich schneller zum Ziele. Die von OSMOND benutzte Poliermaschine war von Fueß in Steglitz bei Berlin konstruiert (Preis 60 Mk). Auf ihre glattgehobelte horizontale Gußscheibe wird ein Stück kurzhaariges Tuch aufgespannt und mit Polierpulver fein bestreut.

Legierungen aus kostbarem Material, von denen man möglichst wenig verlieren will, werden nicht angeschliffen oder angefeilt, sondern durchgesägt.

§ 2. Entwicklung der Struktur.

Unterscheiden sich die einzelnen Gefügebestandteile durch ihre Farbe voneinander, so läßt sich die Struktur der Schliffe ohne weiteres erkennen. Hierfür bieten die von VOGEL [1] untersuchten Gold-Bleilegierungen ein gutes Beispiel.

---

[1] VOGEL, *Z. anorg. Chem.* **45** (1905), 11.

Falls die Gefügebestandteile verschiedene Härte oder Elastizität besitzen, können sich dadurch, daß die weichen Gefügebestandteile beim Schleifen und Polieren stärker abgenutzt werden als die harten, Reliefs auf den Schliffen einstellen. Im allgemeinen sucht man dies zu vermeiden, weil es leicht vorkommt,· daß die Höhenunterschiede so groß werden, daß ein scharfes Einstellen unter dem Mikroskop nicht mehr möglich ist, und die oben angegebenen Verfahren zum Schleifen und Polieren der Reguli liefern bei richtiger Ausführung ebene Schliffflächen. Es gibt aber auch Methoden, welche diese Unterschiede der einzelnen Gefügebestandteile in bezug auf ihre mechanischen Eigenschaften zur Entwicklung der Struktur benutzen. Es sind dieses das „Schleifen auf Relief"[1] und das „Reliefpolieren"[2]. Letztere Methode hat sich bei der Untersuchung der Eisen-Kohlenstofflegierungen (vergl. Tabelle 6 S. 222) als wertvoll erwiesen und beruht auf der Anwendung einer elastischen, sich den entstehenden Unebenheiten leicht anschmiegenden Unterlage, z. B. von Pergament. Als Poliermittel benutzt man die gewöhnlichen Poliermaterialien (wie Juwelierrot) und Wasser. Das Reliefpolieren kann mit einem leichten chemischen Angriff verbunden werden („Ätzpolieren")․[3] Merkwürdigerweise kann man hierzu Lösungen verwenden, die an und für sich Eisen nicht angreifen, z. B. Süßholzextrakt, Ammoniakwasser oder am zweckmäßigsten eine 2 %ige Lösung von Ammoniumnitrat. Das Ätzpolieren geschieht in derselben Weise wie das Reliefpolieren, nur ersetzt man das Wasser durch eine dieser Lösungen.

Meistens gelangt man am schnellsten zum Ziele, wenn man nur die verschiedenen chemischen Eigenschaften der einzelnen Gefügebestandteile zur Entwicklung der Struktur benutzt. Man „ätzt" die Schliffe, d. h. man behandelt sie mit Reagenzien, von denen die einzelnen Bestandteile in verschiedenem Grade angegriffen werden. Die durch das Ätzmittel stark angegriffenen Stellen verlieren dadurch das ihnen durch die Politur erteilte Reflexionsvermögen, während die nicht oder wenig angegriffenen Stellen mehr oder weniger gute Spiegel geblieben sind. Damit ein Ätzmittel gleichmäßig angreift, muß natürlich eine vollständige Benetzung stattfinden und demgemäß der Schliff zuvor von Fett befreit werden. Man erreicht dies durch Eintauchen in Alkohol, auch Äther oder Chloroform und nachträgliches Abreiben mit einem fettfreien Tuche. Einige halten es für sicherer, die Entfettung durch trockenes Abreiben mit

---

[1] BEHRENS, l. c., S. 10.
[2] OSMOND, Contribution à l'étude des alliages, S. 280.

Wiener Kalk oder Zinnasche, welche auf einem reinen Tuche oder auch auf feinfaserigem Holze verteilt werden, vorzunehmen.

Welches Ätzmittel für eine Legierung geeignet ist, und wie lange es einwirken muß, kann nur der Versuch entscheiden. Man bringt zu dem Zwecke auf die Legierung einen Tropfen des auf seine Wirkung zu prüfenden Ätzmittels, spült es nach einigen Sekunden ab und betrachtet den Schliff, event. unter dem Mikroskop. Beobachtet man keine oder sehr schwache Wirkung, so wiederholt man event. die Ätzung der betreffenden Stelle, indem man das Ätzmittel entsprechend länger einwirken läßt. War die Wirkung zu stark, so wiederholt man die Ätzung an einer anderen Stelle, indem man die Einwirkungszeit des Ätzmittels verkleinert oder dieses verdünnt. Es ist häufig nicht leicht, das richtige Ätzmittel zu finden. Zuweilen tritt die Struktur sehr schön hervor, wenn man den Schliff etwas überätzt und dann leicht überpoliert.

Gebräuchliche Ätzmittel sind Säuren, wie Salpetersäure, Schwefelsäure, Salzsäure, und zwar sowohl in konzentrierter Form als auch in jeglicher Verdünnung bis $1\,^0/_0$ und darunter. Sehr langsam, aber auch sehr gleichmäßig wirken Lösungen von Säuren in Amylalkohol, beispielsweise eine $4\,^0/_0$ige amylalkoholische Lösung von Salpetersäure oder Pikrinsäure. Derartige Lösungen haben zum Ätzen eisenhaltiger Legierungen Verwendung gefunden. Hat man mit Pikrinsäure geätzt, so spült man den Schliff mit absolutem Alkohol ab und wischt mit einem weichen Flanellappen nach. Auch äthylalkoholische Lösungen der verschiedenen Säuren sind vielfach benutzt worden. Bei Legierungen mit Edelmetallen erreicht man mit Königswasser in verschiedener Verdünnung oft gute Resultate.

Auf die Verwendung der Jodtinktur zur Untersuchung der Eisen-Kohlenstofflegierungen wurde schon S. 222 hingewiesen. Nach Osmond darf sie nicht mit absolutem Alkohol hergestellt sein. Die in der Medizin gebräuchliche Jodtinktur hat die richtige Konzentration. Er trägt sie mit dem Finger auf, indem er nach und nach bis zu einem Tropfen pro Quadratzentimeter zugibt. Das Ätzen dauert bis zur Entfärbung der Tinktur und wird, wenn nötig, wiederholt. Hierauf wird mit Alkohol abgespült und event. mit einem feinen, trockenen Leinentuche abgetrocknet. Besser noch trocknet man durch Aufblasen von Luft.

Auch eine wässerige Lösung von Kupferammoniumchlorid hat vielfach Anwendung gefunden, beispielsweise bei der Untersuchung der Antimon-Wismutlegierungen, wo Hüttner und Tammann die antimonreichen Kristalle von den wismutreichen dadurch unterscheiden konnten, daß erstere in der Kälte von verdünnter Kupferammoniumchloridlösung viel weniger angegriffen wurden, als letztere.

In anderen Fällen führt Ätzung mit alkalischen Lösungen zum Ziele. So erhielt VOGEL bei Gold-Antimonlegierungen von hoher Goldkonzentration durch längere Einwirkung wässeriger Natronlauge gute Kontraste (s. S. 125). Auch bei Legierungen des Zinks, des Aluminiums und des Siliciums kann dies Ätzmittel zweckmäßig sein.

Ammoniak wird man bei kupferhaltigen Legierungen versuchen. Zusatz von Wasserstoffsuperoxyd beschleunigt in vielen Fällen seine Wirkung.

Le CHATELIER[1] benutzt den elektrischen Strom zum Ätzen, indem er die zu untersuchende Metallegierung zur Anode des Stromkreises macht. Beträgt die Stromdichte $1/_{1000}$—$1/_{100}$ Amp. pro Quadratzentimeter, die Einwirkungszeit 10—1 Minute, so wird nur der am wenigsten widerstandsfähige Strukturbestandteil geätzt. Die Stromdichte ist um so geringer zu wählen, je weniger sich die Strukturbestandteile in ihrer Angreifbarkeit voneinander unterscheiden. Eine geringere Stromdichte als $1/_{1000}$ Amp. pro Quadratzentimeter ist jedoch nicht anzuraten, da sonst eine ungleichmäßige Verteilung des Stromes auf der Oberfläche des Schliffes stattfindet. Als Elektrolyt dient eine wässerige Salzlösung, welche im stromlosen Zustande die betreffende Legierung nicht angreift. In den meisten Fällen wurde Ammoniumnitrat benutzt. Zuweilen trat die Ätzung deutlicher hervor, wenn zu dem Elektrolyten ein Salz hinzugefügt wurde, welches mit dem angegriffenen Metalle einen Niederschlag gibt, wie beim Kupfer Ferrocyankalium oder Rhodankalium.

In manchen Fällen wird ein Schliff schon durch die Luft geätzt, er „läuft an". Eine solche Oxydierbarkeit der Legierung kann natürlich für die Untersuchung der Struktur sehr hinderlich sein. Es ist unter Umständen unmöglich, den Schliff zu polieren. Zuweilen findet die Oxydation vorzugsweise eines Bestandteiles und nur an feuchter Luft statt. Solche Schliffe bewahrt man, nachdem sie durch die stets wasserhaltige Atmosphäre genügend geätzt sind, im Exsiccator auf.

Erfolgt die Oxydation bei gewöhnlicher Temperatur nicht mit hinreichender Schnelligkeit, so kann man sie durch Erhitzen, „Anlassen", beschleunigen. Man erhitzt den fettfreien und vollständig

---

[1] LE CHATELIER, Contribution à l'étude des alliages, S. 67.

trocknen Schliff auf einer eisernen Platte oder in einem mit Sand gefüllten Tiegel, bis sich die gewünschten Anlassfarben (Interferenzfarben, hervorgebracht durch ein dünnes Oxydhäutchen) zeigen und kühlt dann möglichst schnell ab. Die Ausführung der Methode erfordert Übung.

§ 3. Die mikroskopische Untersuchung.

Wegen ihrer Undurchsichtigkeit können die Metallschliffe nur im auffallenden Lichte untersucht werden. Lassen wir auf eine vollkommen spiegelnde Fläche Licht in schräger Richtung auffallen, so gelangt in ein Mikroskop, dessen optische Achse senkrecht zur spiegelnden Fläche steht (Fig. 95 a), kein Licht, die Fläche erscheint dunkel. Wir müssen, wenn die spiegelnde Fläche hell erscheinen soll, die optische Achse des Mikroskops schräg zu ihr in Richtung

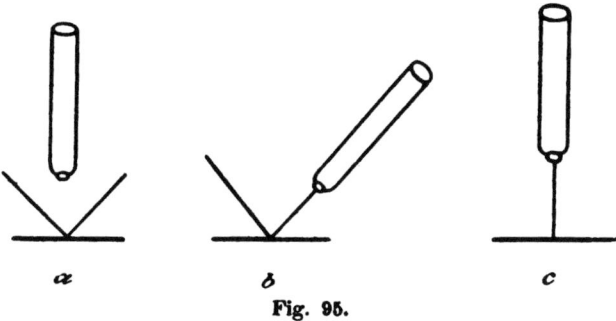

a b c

Fig. 95.

des reflektierten Strahles aufstellen (Fig. 95 b). Fällt der Lichtstrahl hingegen in senkrechter Richtung auf die spiegelnde Fläche, so wird diese in einem senkrecht zu ihr befindlichen Mikroskop gleichfalls hell erscheinen (Fig. 95 c). Beleuchtet man eine diffus reflektierende Fläche, so wird stets ein ziemlich unverändert bleibender Betrag des einfallenden Lichts in das Mikroskop gelangen, wie auch dessen Stellung zur Richtung des einfallenden Lichtes sein mag. Für das Aussehen einer durch Ätzung an einzelnen Stellen ihres Spiegelglanzes beraubten, ursprünglich vollkommen spiegelnden Fläche ergibt sich daher folgendes: Bei der Anordnung Fig. 95 a gelangt von den spiegelnden Stellen kein Licht, von den nichtspiegelnden dagegen diffuses Licht in das Mikroskop. Die nicht angegriffenen Stellen erscheinen dunkel, die angegriffenen hell. Bei den Anordnungen Figg. 95 b und c gelangt alles auf die nicht angegriffenen, vollkommen spiegelnden Stellen auffallende Licht in das Mikroskop, diese Stellen erscheinen demgemäß hier heller als die diffus reflektierenden, trotzdem der durch letztere in das Mikroskop gelangende Lichtbetrag ungefähr der gleiche ist wie bei der Anordnung Fig. 95 a.

Eine Anordnung wie Fig. 95 a läßt sich mit den üblichen Hilfsmitteln treffen. Zur Beobachtung kann ein beliebiges Mikroskop mit festem Stativ dienen. Das schräg auffallende Lichtbündel kann mittels einer einfachen oder zusammengesetzten, passend aufgestellten Linse gesammelt werden. Da nur wenig Licht, nämlich nur das der diffus reflektierenden Stellen in das Mikroskop gelangt, so können schwache Vergrößerungen angewendet werden.

Die Anordnung Fig. 95 b verlangt ein Mikroskopstativ, mittels dessen eine beliebige Stellung des Mikroskops ermöglicht wird. Ein solches ist das MARTENSsche Kugelmikroskopstativ, so genannt wegen seiner diesem Zwecke dienenden Kugelgelenke. Für starke Vergrößerungen ist auch diese Anordnung, trotz der in das Mikroskop gelangenden größeren Lichtmenge, nicht geeignet, da die verschiedene Entfernung, die die einzelnen Teile der belichteten Fläche vom Objektiv (wegen ihrer schiefen Stellung zur Mikroskopachse) haben, eine scharfe Einstellung für kurze Brennweiten unmöglich macht. Natürlich kann man mit dem MARTENSschen Stativ auch die Anordnung Fig. 95 a realisieren.

Für stärkere Vergrößerung kommt danach nur die durch Fig. 95 c angedeutete Anordnung mit senkrechter Stellung des Mikroskops und senkrechter Strahleninzidenz, die man mittels eines sogenannten Vertikal-Illuminators erzielen kann, in Betracht. Der Vertikal-Illuminator (Fig. 96) besteht im wesentlichen aus einem zwischen Objektiv und Okular angebrachten Glasprisma A, dessen äußerste Kante nur bis zur optischen Achse des Mikroskops reicht. Der Strahl eines seitlich einfallenden Lichtbündels, welches durch eine Irisblende bei B auf das erforderliche Maß abgeblendet werden kann, wird durch das Prisma total nach unten reflektiert, durch das Objektiv C abgelenkt, fällt auf das zu untersuchende Objekt D, wird reflektiert, wieder abgelenkt und gelangt so, parallel zur optischen Achse, in das Okular.

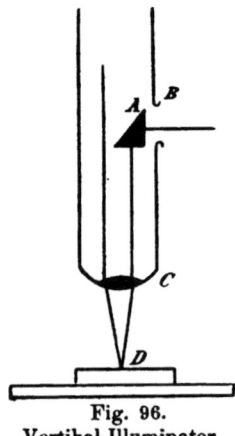

Fig. 96.
Vertikal-Illuminator.

Die Konstruktion des benutzten Mikroskops bietet nichts Außergewöhnliches und richtet sich nach der geforderten Vergrößerung und Bildschärfe. Das im hiesigen Institut gebrauchte, von der optischen Werkstätte R. Winkel, Göttingen, gelieferte Mikroskop ist für 18-, 60-, 140-, 310- und 640fache Vergrößerungen eingerichtet. Als Lichtquelle dient gewöhnliches Gasglühlicht, welches durch eine mit einer Irisblende versehene Linse zu einem Lichtbündel konzentriert wird.

§ 4. Die photographische Aufnahme.

Zum Zwecke der photographischen Aufnahme der Schliffe kann man einfach, nachdem man mittels des Mikroskopes eine passende Stelle des Schliffes ausgesucht hat, das Okular des Mikroskopes durch

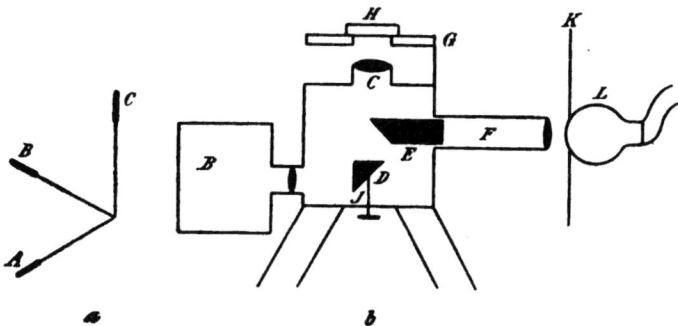

Fig. 97.
Mikroskop nach L. Chatelier.

eine photographische Kamera ersetzen. Das hierzu nötige stetige Umwechseln von Okular und Kamera ist natürlich lästig und wird durch eine von Le Chatelier[1] angegebene Anordnung überflüssig. Die Le Chateliersche Anordnung besteht in einer Vereinigung eines Okulares A und einer Kamera B, deren optischen Achsen beide horizontal und senkrecht zueinander stehen, mit einem gemeinsamen Objektiv C, dessen optische Achse vertikal gerichtet ist und daher auf den beiden anderen Achsen senkrecht steht (Fig. 97a). Die drei optischen Achsen bilden also ein rechtwinkliges, dreiachsiges Koordinatensystem miteinander. Die hierzu notwendige Ablenkung der Strahlen wird durch zwei total reflektierende Prismen D und E bewirkt, die in Fig. 97b eine solche Stellung zueinander haben, daß das Licht in die photographische Kamera B geworfen wird. Ein

---

[1] Le Chatelier, Contribution à l'étude des alliages, S. 431.

Lichtstrahl, welchem eine zu der Achse des Beleuchtungstubus *F* parallele Richtung erteilt ist, fällt auf das Prisma *E*, durch das er total nach oben reflektiert wird. Er gelangt auf diese Weise in das Objektiv *C*, wird hier gebrochen, von der unteren Seite des Objektes *H* reflektiert und wieder durch *C* gebrochen. Der Strahlengang ist ganz der gleiche, wie beim Vertikal-Illuminator Fig. 96, der Lichtstrahl trifft, vertikal nach unten gerichtet, auf das Prisma *D* und gelangt von hier durch totale Reflexion in die Kamera *B*. Dreht man das Prisma *D* um die vertikale Achse *J* um 90°, so gelangt der Lichtstrahl in das rechtwinklig zu *B* (senkrecht zur Zeichenebene) angebrachte, in Fig. 97 b nicht sichtbare Okular *A*. Der durchbohrte Objekttisch *G* ist verstellbar. Um einen Schliff zu photographieren, legt man ihn, die abzubildende Fläche nach unten gerichtet, auf den Objekttisch *G*, stellt das Prisma *D* so, daß das Licht in das Okular fällt, wählt die geeignete Stelle aus und bewirkt hierauf durch Drehung des Prismas *D*, daß das Licht in die Kamera fällt.

Die photographische Technik unterscheidet sich in keiner Weise von der gewöhnlichen. Die Belichtungsdauer der Platten richtet sich natürlich nach der Stärke der zur Belichtung dienenden Lichtquelle. Im hiesigen Institut wird als solche mit Vorliebe eine Nernstlampe *L* (großes Modell) benutzt. Zur Vermeidung schädlichen Nebenlichtes wird zwischen sie und den Beleuchtungstubus *F* eine durchlochte Platte *K* aufgestellt. Die Belichtungsdauer beträgt bei dieser Lichtquelle etwa 10 Minuten. Benutzt man eine Bogenlampe als Lichtquelle, so dauert sie ebensoviele Sekunden. Doch ist letzteres weniger zu empfehlen, da die Lichtstärke wegen des ungleichmäßigen Brennens einer solchen Bogenlampe großen Schwankungen unterworfen ist.

Die Platte wird nach der Belichtung in üblicher Weise entwickelt, in saurem Fixierbad fixiert, abgespült, getrocknet und ist dann zur Herstellung der Positive fertig. Sind die Kontraste in dem zu photographierenden Objekt schwach, so tun farbenempfindliche Eosinplatten nach VOGEL-OBERNETTER (hergestellt von Otto Perutz, München) gute Dienste. Die Kontraste treten bei kurzer Belichtung am deutlichsten hervor. Zur Herstellung der Kopien ist glänzendes Papier vorzuziehen. Ist die Platte nicht sehr kontrastreich, so kopiert man sie auf „Rembrandt"-Papier, welches man bis zu dunklen Bronzetönen belichtet. Betreffs Trocknens und Fixierens der Bilder sei auf die den einzelnen Papieren beigegebenen Vorschriften verwiesen.

Schluß.

Wir werfen zum Schlusse einen Blick auf die Bedeutung, welche
die hier geschilderten Methoden und die mit ihrer Hilfe erhaltenen
Resultate für die Praxis haben. Bei Bewertung der Dienste, welche
die Metallographie der Technik bis jetzt geleistet hat, darf man nicht
außer acht lassen, daß die Zeit, während der man Metallegierungen
benutzt hat, ohne auch nur das Bedürfnis zu haben, ihre Konstitution kennen zu lernen, unvergleichlich lang ist gegen die wenigen
Jahre, während deren eine erfolgreiche wissenschaftliche Bearbeitung
dieses Gebietes stattgefunden hat. Wenn daher an dieser Stelle
auch nicht über umwälzende Neuerungen berichtet werden kann, die
die metallographische Forschung auf dem Gebiete der Metall-In-
dustrie hervorgerufen hat, so erscheint trotzdem die Förderung, die
der Technik durch diese junge Wissenschaft schon jetzt zu Teil
geworden ist, in hohem Grade der Beachtung wert.

Die Metallographie liefert uns zunächst Mittel zur Beurteilung
eines Produktes in solchen Fällen, in denen die chemische Analyse
im Stiche läßt, und damit ein wertvolles Hilfsmittel im Material-
Prüfungswesen und zur Kontrolle des Fabrikbetriebes. Wir haben
bei dem Eisen-Kohlenstoffdiagramm gesehen, wie sehr die Eigenschaften zweier Legierungen gleicher Zusammensetzung voneinander
differieren können. Den mit der Struktur der Eisen-Kohlenstofflegierungen Vertrauten lehrt die mikroskopische Untersuchung eines
Schliffes alsbald, ob das vorliegende Material die verlangten Eigenschaften hat oder nicht.

Sind die Eigenschaften der einzelnen Gefügebestandteile eines
Systems bekannt, so läßt ein Blick auf das vollständig ausgearbeitete Diagramm ohne weiteres erkennen, wie man zu verfahren
hat, um die Eigenschaften einer Legierung von bestimmter Zusammensetzung innerhalb der möglichen, ebenfalls durch das Diagramm angezeigten Grenzen beliebig zu variieren. Speziell bei den
Eisen-Kohlenstofflegierungen sind wir diesem Ziele schon ziemlich
nahe. Die Temperatur, bis zu der eine Eisensorte bestimmten
Kohlenstoffgehalts zu erhitzen ist, das Temperaturgebiet, innerhalb
dessen man sie bei der Abkühlung längere Zeit verweilen lassen,
und dasjenige, durch das man sie mit möglichster Geschwindigkeit
hindurchführen muß, um diese oder jene Stahlsorte zu erzielen, das
alles können wir dem Diagramm entnehmen, welches in kürzester
und anschaulichster Weise unsere Erfahrungen über diesen Gegen-

stand zusammenfaßt. Die erhöhte Sicherheit einer auf solcher Grundlage betriebenen Fabrikation wird kein Techniker gering einschätzen.

Auch der auf diesem Gebiet rationell vorgehende Erfinder wird die Kenntnis der Konstitution der Metallegierungen nicht entbehren können, gleichviel ob er die Absicht hat, schon bekannte Wirkungen mit billigeren Hilfsmitteln zu erzielen, oder ob er neuen, bisher an eine Legierung noch nicht gestellten Anforderungen gerecht werden will. Das Schmelzdiagramm zeigt ihm die ausgezeichneten Konzentrationen, wie die reinen Verbindungen, die Grenzen der Mischbarkeit, die Eutektika usw., so daß er nur die Eigenschaften dieser und einiger zwischenliegender Konzentrationen zu untersuchen braucht, um darüber orientiert zu sein, ob der eingeschlagene Weg zum Ziele führt oder nicht. An Stelle planlosen Probierens tritt das zielbewußte Experiment. Die S. 258 erwähnte Untersuchung von CHARPY über die Lagermetalle liefert hierfür ein mustergiltiges Beispiel.

Die technisch wichtigsten Metallegierungen sind, wie S. 153 erwähnt, durchgängig solche, deren Komponenten im kristallisierten Zustande beträchtliche Mischbarkeit zeigen. Die Erfahrung lehrt, daß ein Metall, welches im kristallisierten Zustande eine, wenn auch verhältnismäßig geringe Menge eines anderen Stoffes gelöst enthält, häufig eine weitgehende Änderung seiner Eigenschaften in bezug auf Härte, Festigkeit, Leitfähigkeit usw. erfährt. Es liegen sogar schon Versuche vor, diese Gesetzmäßigkeiten in quantitativer Richtung zu erforschen. C. BENEDICKS[1] kommt zu dem Resultat, daß die Elemente, zu gleichen Atomprozenten in Eisen gelöst, dessen spezifischen Widerstand um den gleichen Betrag erhöhen. Bezüglich des Einflusses der gelösten Stoffe auf die Härte des Eisens ergaben sich zum Teil ähnliche, jedoch weniger einfache Beziehungen.

Wenn wir auch hier erst am Anfang einer Entwicklung stehen, so wird man es doch für wahrscheinlich halten, daß ein technischer Fortschritt auf dem Gebiete der Metallegierungen weniger auf empirischem Wege als auf Grundlage einer genauen Kenntnis ihrer Konstitution erfolgen wird.

BENEDICKS, Recherches physiques et physico-chimiques sur l'acier au carbone. Upsala 1904.

Autorenregister.

Sachregister.

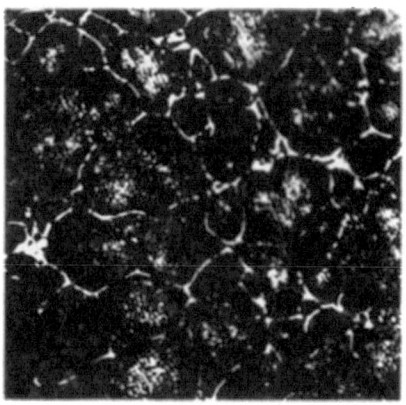

Fig. 1.
10% Sn.   V. 70.

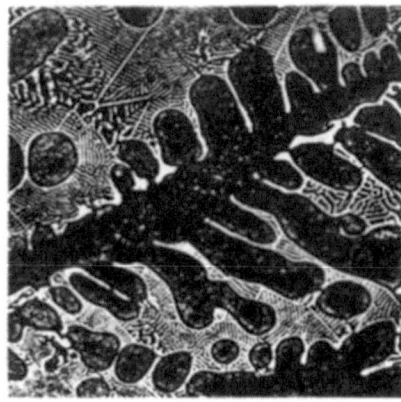

Fig. 2.
24% Sn.   V. 100.

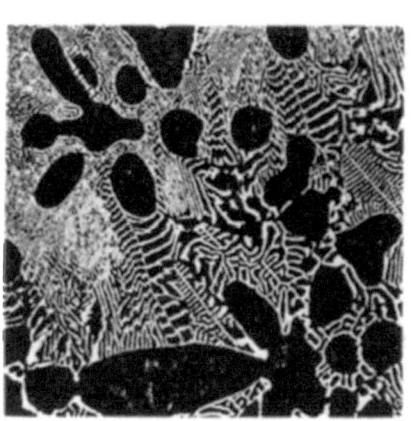

Fig. 3.
30% Sn.   V. 100.

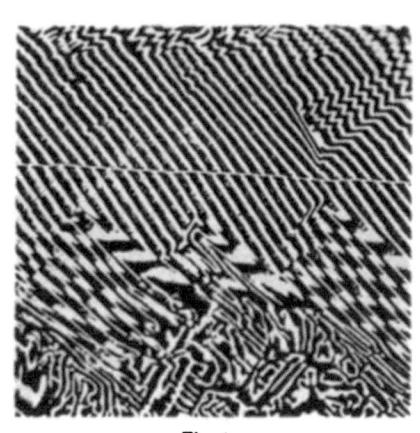

Fig. 4.
39% Sn.   V. 170.

Fig. 5.
42% Sn.   V. 70.

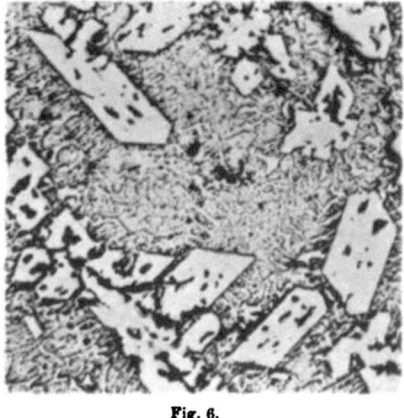

Fig. 6.
46% Sn.   V. 70.

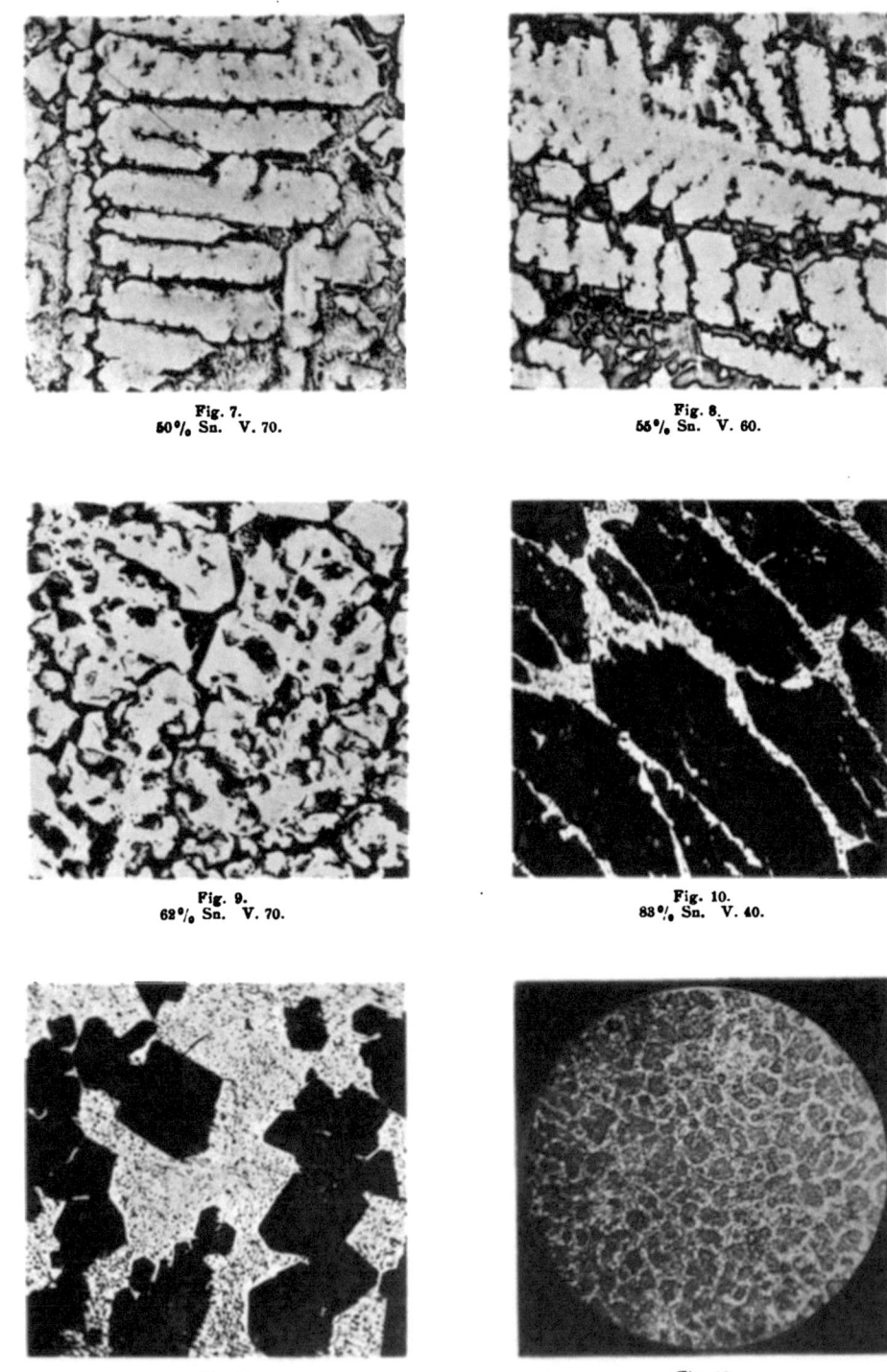

Fig. 7.
50% Sn. V. 70.

Fig. 8.
55% Sn. V. 60.

Fig. 9.
62% Sn. V. 70.

Fig. 10.
83% Sn. V. 40.

Fig. 11.
91% Sn. V. 45.

Fig. 12.
99% Sn. V. 50.

Fig. 1.
80 % Gold + 20 % Antimon.
27 fache Vergrößerung.
Geätzt mit NaOH.

Fig. 2.
75 % Gold + 25 % Antimon.
70 fache Vergrößerung.
Geätzt mit NaOH.

Fig. 3.
60 % Gold + 40 % Antimon
70 fache Vergrößerung.
Geätzt mit NaOH.

Fig. 4.
40 % Gold + 60 % Antimon.
22 fache Vergrößerung.
Geätzt mit Königswasser.

Graph. Institut Julius Klinkhardt, Leipzig.

Verlag von Leopold Voss in Hamburg (und Leipzig).

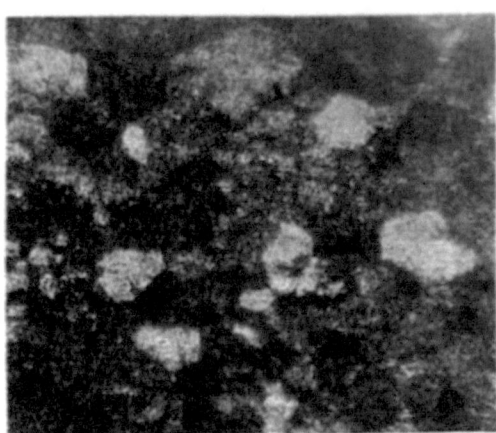

Fig. 1. 40% Au + 60% Pd.
Mit verdünntem Königswasser geätzt.
70 fache Vergrößerung.

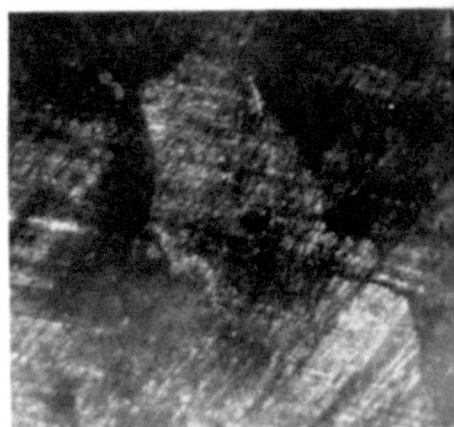

Fig. 2. Palladium rein.
Mit conc. Salpetersäure geätzt.
70 fache Vergrößerung.

Fig. 3. 80% Cu + 70% Pd.
Mit verdünnter Salpetersäure geätzt und dann überpoliert.
70 fache Vergrößerung.

Graph. Institut Julius Klinkhardt, Leipzig

Verlag von Leopold Voss in Hamburg (und Leipzig).

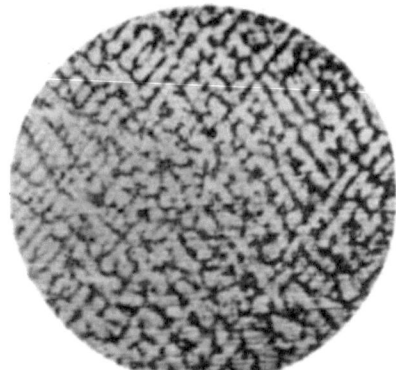

Fig. 1.
70 % Eisen + 30 % Mangan.
40 fache Vergrößerung.

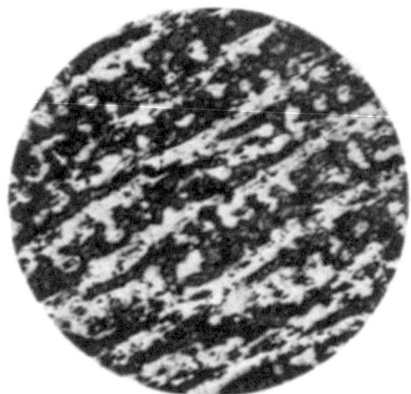

Fig. 2.
50 % Eisen + 50 % Mangan (schnell abgekühlt).
100 fache Vergrößerung.

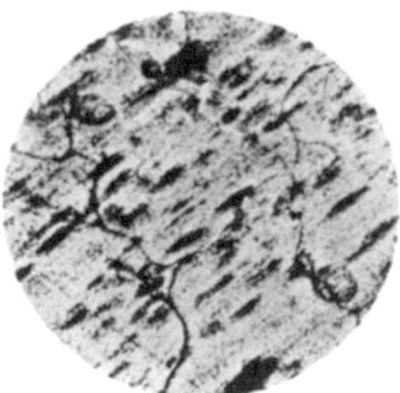

Fig. 3.
50 % Eisen + 50 % Mangan (langsam abgekühlt).
100 fache Vergrößerung.

Graph. Institut Julius Klinkhardt, Leipzig.

Verlag von Leopold Voss in Hamburg (und Leipzig).